ŒUVRES
DE
CHATEAUBRIAND

Études historiques

TOME NEUVIÈME

PARIS
DUFOUR, MULAT ET BOULANGER, LIBRAIRES-ÉDITEURS
6, RUE DE BEAUNE, PRÈS LE PONT-ROYAL
(Ancien hôtel de Nesle)

M DCCC LVII

ŒUVRES
DE
CHATEAUBRIAND

TOME IX

LAGNY. — TYPOGRAPHIE DE VIALAT

CHARLEMAGNE

ŒUVRES

DE

CHATEAUBRIAND

Études historiques

TOME NEUVIÈME

PARIS

DUFOUR, MULAT ET BOULANGER, ÉDITEURS

6, RUE DE BEAUNE, PRÈS LE PONT-ROYAL

(Ancien hôtel de Nesle)

M DCCC LVII

PRÉFACE GÉNÉRALE

ÉDITION DE 1826

Si j'avais été le maître de la Fortune, je n'aurais jamais publié le recueil de mes ouvrages. L'avenir (supposé que l'avenir entende parler de moi) eût fait ce qu'il aurait voulu. Plus d'un quart de siècle passé sur mes premiers écrits sans les avoir étouffés ne m'a pas fait présumer une immortalité que j'ambitionne peut-être moins qu'on ne le pense. C'est donc contre mon penchant naturel, et aux dépens de ce repos, dernier besoin de l'homme, que je donne aujourd'hui l'édition de mes œuvres. Peu importent au public les motifs de ma détermination, il suffit qu'il sache (ce qui est la vérité) que ces motifs sont honorables.

J'ai entrepris les *Mémoires* de ma vie : cette vie a été fort agitée. J'ai traversé plusieurs fois les mers; j'ai vécu dans la hutte des Sauvages et dans le palais des rois, dans les camps et dans les cités. Voyageur aux champs de la Grèce, pèlerin à Jérusalem, je me suis assis sur toutes sortes de ruines. J'ai vu passer le royaume de Louis XVI et l'empire de Buonaparte; j'ai partagé l'exil des Bourbons, et j'ai annoncé leur retour. Deux poids qui semblent attachés à ma fortune la font successivement monter et descendre dans une proportion égale : on me prend, on me laisse; on me reprend dépouillé un jour, le lendemain on me jette un manteau, pour m'en dépouiller encore. Accoutumé à ces bourrasques, dans quelque port que j'arrive, je me regarde toujours comme un navigateur qui va bientôt remonter sur son vaisseau, et je ne fais à terre aucun établissement solide. Deux heures m'ont suffi pour quitter le ministère, et pour remettre les clés de l'hôtellerie à celui qui devait l'occuper.

Qu'il faille en gémir ou s'en féliciter, mes écrits ont teint de leur couleur grand nombre des écrits de mon temps. Mon nom, depuis vingt-cinq années, se trouve mêlé aux mouvements de l'ordre social : il s'attache au règne de Buonaparte, au rétablissement des autels, à celui de la monarchie légitime, à la fondation de la monarchie constitutionnelle. Les uns repoussent ma personne, mais prêchent mes doctrines, et s'emparent de ma politique en la dénaturant; les autres s'arrangeraient de ma personne si je consentais à la séparer de mes principes. Les plus grandes affaires ont passé par mes mains. J'ai connu presque tous les rois, presque tous les hommes, ministres ou autres, qui ont joué un rôle de mon temps. Présenté à Louis XVI, j'ai vu Washington au début de ma carrière, et je suis retombé à la fin sur ce que je vois aujourd'hui. Plusieurs fois Buonaparte me menaça de sa colère et de sa puissance, et cependant il était entraîné par un secret penchant vers moi, comme je ressentais une involontaire admiration de ce qu'il y avait de grand en lui. J'aurais tout été dans son gouvernement si je l'avais voulu ; mais il m'a toujours manqué pour réussir une passion et un vice : l'ambition et l'hypocrisie.

De pareilles vicissitudes, qui me travaillèrent presque au sortir d'une enfance malheureuse, répandront peut-être quelque intérêt dans mes Mémoires. Les ouvrages que je publie seront comme les preuves et les pièces justificatives de ces Mémoires. On y pourra lire d'avance ce que j'ai été, car ils embrassent ma vie entière. Les lecteurs qui aiment ce genre d'études rapprocheront les productions de ma jeunesse de celles de l'âge où je suis parvenu : il y a toujours quelque chose à gagner à ces analyses de l'esprit humain.

Je crois ne me faire aucune illusion, et me juger avec impartialité. Il m'a paru, en relisant mes ouvrages pour les corriger, que deux sentiments y dominaient : l'amour d'une religion charitable, et un attachement sincère aux libertés publiques. Dans l'*Essai historique* même, au milieu d'innombrables erreurs, on distingue ces deux sentiments. Si cette remarque est juste, si j'ai lutté, partout et en tout temps, en faveur de l'indépendance des hommes et des principes religieux, qu'ai-je à craindre de la postérité ? Elle pourra m'oublier, mais elle ne maudira pas ma mémoire.

Mes ouvrages, qui sont une histoire fidèle des trente prodigieuses années qui viennent de s'écouler, offrent encore auprès du passé des vues assez claires de l'avenir. J'ai beaucoup prédit, et il restera après moi des preuves irrécusables de ce que j'ai inutilement annoncé. Je n'ai point été aveugle sur les destinées futures de l'Europe ; je n'ai cessé de répéter à de vieux gouvernements, qui furent bons dans leur temps et qui eurent leur renommée, que force était pour eux de s'arrêter dans des monarchies constitutionnelles, ou d'aller se perdre dans la république. Le despotisme militaire, qu'ils pourraient secrètement désirer, n'aurait pas même aujourd'hui une existence de quelque durée.

L'Europe, pressée entre un nouveau monde tout républicain et un ancien empire tout militaire, lequel a tressailli subitement au milieu du repos des armes, cette Europe a plus que jamais besoin de comprendre sa position pour se sauver. Qu'aux fautes politiques intérieures on mêle les fautes politiques extérieures, et la décomposition s'achèvera plus vite : le coup de canon dont on refuse quelquefois d'appuyer une cause juste, tôt ou tard on est obligé de le tirer dans une cause déplorable.

Vingt-cinq années se sont écoulées depuis le commencement du siècle. Les hommes de vingt-cinq ans qui vont prendre nos places n'ont point connu le siècle dernier, n'ont point recueilli ses traditions, n'ont point sucé ses doctrines avec le lait, n'ont point été nourris sous l'ordre politique qui l'a régi ; en un mot, ne sont point sortis des entrailles de l'ancienne monarchie, et n'attachent au passé que l'intérêt que l'on prend à l'histoire d'un peuple qui n'est plus. Les premiers regards de ces générations cherchèrent en vain la légitimité sur le trône, emportée qu'elle était déjà depuis sept années par la révolution. Le géant qui remplissait le vide immense que cette légitimité avait laissé après elle, d'une main touchait le bonnet de la liberté, de l'autre, la couronne : il allait bientôt les mettre à la fois sur sa tête, et seul il était capable de porter ce double fardeau.

Ces enfants qui n'entendirent que le bruit des armes, qui ne virent que des palmes autour de leurs berceaux, échappèrent par leur âge à l'oppression de l'empire : ils n'eurent que les jeux de la victoire dont leurs pères portaient les chaînes. Race innocente et libre, ces enfants n'étaient pas nés quand la révolution commit ses forfaits ; ils n'étaient pas hommes quand la restauration multiplia ses fautes : ils n'ont pris aucun engagement avec nos crimes ou avec nos erreurs.

Combien il eût été facile de s'emparer de l'esprit d'une jeunesse sur laquelle des malheurs qu'elle n'a pas connus ont néanmoins répandu une ombre et quelque chose de grave ! La restauration s'est contentée de donner à cette jeunesse sérieuse des représentations théâtrales des anciens jours, des imitations du passé qui ne sont plus le passé. Qu'a-t-on fait pour la race sur qui reposent aujourd'hui les destinées de la France ? Rien. S'est-on même aperçu qu'elle existait ? Non ; dans une lutte misérable d'ambitions vulgaires, on a laissé le monde s'arranger sans guide. Les débris du dix-huitième siècle, qui flottent épars dans le dix-neuvième, sont au moment de s'abîmer ; encore quelques années, et la société religieuse, philosophique et politique, appartiendra à des fils étrangers aux mœurs de leurs aïeux. Les semences des idées nouvelles ont levé partout ; ce serait en vain qu'on les voudrait détruire : on pouvait cultiver la plante naissante, la dégager de son venin, lui faire porter un fruit salutaire ; il n'est donné à personne de l'arracher.

Une déplorable illusion est de supposer nos temps épuisés, parce qu'il ne semble plus possible qu'ils produisent encore, après avoir enfanté tant de choses. La faiblesse s'endort dans cette illusion ; la folie croit qu'elle peut surprendre le genre humain dans un moment de lassitude, et le contraindre à rétrograder. Voyez pourtant ce qui arrive.

Quand on a vu la révolution française, dites-vous, que peut-il survenir qui soit digne d'occuper les yeux ? La plus vieille monarchie du monde renversée, l'Europe tour à tour conquise et conquérante, des crimes inouïs, des malheurs affreux recouverts d'une gloire sans exemple : qu'y a-t-il après de pareils événements ? Ce qu'il y a ? Portez vos regards au delà des mers. L'Amérique entière sort républicaine de cette révolution que vous prétendiez finie, et remplace un étonnant spectacle par un spectacle plus étonnant encore.

Et l'on croirait que le monde a pu changer ainsi, sans que rien ait changé dans les idées des hommes ! on croirait que les trente dernières années peuvent être regardées comme non avenues, que la société peut être rétablie telle qu'elle existait autrefois ! Des souvenirs non partagés, de vains regrets, une génération expirante que le passé appelle, que le présent dévore, ne parviendront point à faire renaître ce qui est sans vie. Il y a des opinions qui périssent comme il y a des races qui s'éteignent, et les unes et les autres restent tout au plus un objet de curiosité et de recherche dans les champs de la mort. Que loin d'être arrivée au but, la société marche à des destinées nouvelles ; c'est ce qui me paraît incontestable. Mais laissons cet avenir plus ou moins éloigné à ses jeunes héritiers : le mien est trop rapproché de moi pour étendre mes regards au delà de l'horizon de ma tombe.

O France, *mon cher pays et mon premier amour !* un de vos fils, au bout de sa carrière, rassemble sous vos yeux les titres qu'il peut avoir à votre bienveillance maternelle. S'il ne peut plus rien pour vous, vous pouvez tout pour lui, en déclarant que son attachement à votre religion, à votre roi, à vos libertés, vous fut agréable. Illustre et belle patrie, je n'aurais désiré un peu de gloire que pour augmenter la tienne.

ÉTUDES
ou
DISCOURS HISTORIQUES

SUR LA CHUTE

DE L'EMPIRE ROMAIN

LA NAISSANCE ET LES PROGRÈS

DU CHRISTIANISME ET L'INVASION DES BARBARES

AVANT-PROPOS

MARS 1831

> « Souvenez-vous, pour ne pas perdre de vue le train du
> « monde, qu'à cette époque (*la chute de l'empire ro-*
> « *main*). . . . . il y avait des
> « historiens qui fouillaient comme moi les archives du
> « passé au milieu des ruines du présent ; qui écrivaient
> « les annales des anciennes révolutions au bruit des ré-
> « volutions nouvelles ; eux et moi prenant pour table,
> « dans l'édifice croulant, la pierre tombée à nos pieds,
> « en attendant celle qui devait écraser nos têtes. »
> (*Etude sixième*, seconde partie.)

Je ne voudrais pas, pour ce qui me reste à vivre, recommencer les dix-huit mois qui viennent de s'écouler. On n'aura jamais une idée de la violence que je me suis faite ; j'ai été forcé d'abstraire mon esprit dix, douze et quinze heures par jour, de ce qui se passait autour de moi, pour me livrer puérilement à la composition d'un ouvrage dont personne ne parcourra une ligne. Qui lirait quatre gros volumes, lorsqu'on a bien de la peine à lire le feuilleton d'une gazette ? J'écrivais l'histoire ancienne, et l'histoire moderne frappait à ma porte ; en vain je lui criais : « At-
« tendez, je vais à vous. » Elle passait au bruit du canon, en emportant trois générations de rois.

Et que le temps concorde heureusement avec la nature même de ces *Études !* On abat les croix, on poursuit les prêtres ; et il est question de croix et de prêtres à toutes les pages de mon récit : on bannit les Capets, et je publie une histoire dont les Capets occupent huit siècles. Le plus long et le dernier travail de ma vie, celui qui m'a coûté le plus de recherches, de soins et d'années, celui où j'ai peut-être remué le plus d'idées et de faits, paraît lorsqu'il ne peut trouver de lecteurs ; c'est comme si je le jetais dans un puits, où il va s'enfoncer sous l'amas des décombres qui le suivront. Quand une société se compose et se décompose; quand il y va de l'existence de chacun et de tous; quand on n'est pas sûr d'un avenir d'une heure, qui se soucie de ce que fait, dit et pense son voisin? Il s'agit bien de Néron, de Constantin, de Julien, des Apôtres, des Martyrs, des Pères de l'Église, des Goths, des Huns, des Vandales, des Francs, de Clovis, de Charlemagne, de Hugues Capet et de Henri IV! Il s'agit bien du naufrage de l'ancien monde, lorsque nous nous trouvons engagés dans le naufrage du monde moderne! N'est-ce pas une sorte de radotage, une espèce de faiblesse d'esprit, que de s'occuper de lettres dans ce moment? Il est vrai; mais ce radotage ne tient pas à mon cerveau, il vient des antécédents de ma méchante fortune. Si je n'avais pas tant fait de sacrifices aux libertés de mon pays, je n'aurais pas été obligé de contracter des engagements qui s'achèvent de remplir dans des circonstances doublement déplorables pour moi. Je ne puis suspendre une publication [1] dont je ne suis pas le maître; il faut donc couronner par un dernier sacrifice tous mes sacrifices. Aucun auteur n'a été mis à une pareille épreuve : grâce à Dieu, elle est à son terme : je n'ai plus qu'à m'asseoir sur des ruines, et à mépriser cette vie que je dédaignais dans ma jeunesse.

Après ces plaintes bien naturelles, et qui me sont involontairement échappées, une pensée me vient consoler. J'ai commencé ma carrière littéraire par un ouvrage où j'envisageais le christianisme sous les rapports poétiques et moraux; je la finis par un ouvrage où je considère la même religion sous ses rapports philosophiques et historiques : j'ai commencé ma carrière politique avec la restauration; je la finis avec la restauration. Ce n'est pas sans une secrète satisfaction que je me trouve ainsi conséquent avec moi-même. Les grandes lignes de mon existence n'ont point fléchi : si, comme tous les hommes, je n'ai pas été semblable à moi-même dans les détails, qu'on le pardonne à la fragilité humaine. Les principes sur lesquels se fonde la société m'ont été chers et sacrés; on me rendra cette justice de reconnaître qu'un amour sincère de la liberté respire dans mes ouvrages, que j'ai été passionné pour l'honneur et la gloire de ma patrie; que, sans envie, je n'ai jamais refusé mon admiration aux talents dans quelque parti qu'ils se soient trouvés. Me serais-je laissé trop emporter à l'ardeur de la polémique? Je m'en repens, et je rends justice aux qualités que je pourrais avoir méconnues : je veux quitter le monde en ami.

---

[1] Celle de la dernière livraison de la première édition des Œuvres complètes.

PRÉFACE

Hérodote commence son histoire par déclarer les motifs qui la lui ont fait entreprendre ; Tacite explique les raisons qui lui ont mis la plume à la main. Sans avoir les talents de ces historiens, je puis imiter leur exemple ; je puis dire, comme Hérodote, que j'écris pour la gloire de ma patrie, et parce que j'ai vu les maux des hommes. Plus libre que Tacite, je n'aime ni ne crains les tyrans. Désormais isolé sur la terre, n'attendant rien de mes travaux, je me trouve dans la position la plus favorable à l'indépendance de l'écrivain, puisque j'habite déjà avec les générations dont j'ai évoqué les ombres.

Les sociétés anciennes périssent; de leurs ruines sortent des sociétés nouvelles : lois, mœurs, usages, coutumes, opinions, principes même, tout est changé. Une grande révolution est accomplie, une grande révolution se prépare : la France doit recomposer ses annales, pour les mettre en rapport avec les progrès de l'intelligence. Dans cette nécessité d'une reconstruction sur un nouveau plan, où faut-il chercher des matériaux? Quels sont les travaux exécutés avant notre temps? Qu'y a-t-il à louer ou à blâmer dans les écrivains de l'ancienne école historique? La nouvelle école doit-elle être entièrement suivie, et quels sont les auteurs les plus remarquables de cette école? Tout est-il vrai dans les théories religieuses, philosophiques et politiques du moment? Voilà ce que je me propose d'examiner dans cette préface. Je travaillais depuis bien des années à une histoire de France dont ces *Études* ne présenteront que l'exposition, les vues générales et les débris. Ma vie manque à mon ouvrage : sur la route où le temps m'arrête, je montre de la main aux jeunes voyageurs les pierres que j'avais entassées, le sol et le site où je voulais bâtir mon édifice.

Origine commune des peuples de l'Europe. — Documents et historiens étrangers à consulter pour l'histoire de France.

Les anciens avaient conçu l'histoire autrement que nous ; ils la regardaient comme un simple enseignement, et, sous ce rapport, Aristote la place dans un rang inférieur à la poésie : ils attachaient peu d'importance à la vérité matérielle ; pourvu qu'il y eût un fait vrai ou faux à raconter, que ce fait offrît un grand spectacle ou une leçon de morale et de politique, cela leur suffisait. Délivrés de ces immenses lectures sous lesquelles l'imagination et la mémoire sont également écrasées, ils avaient peu de documents à consulter ; leurs citations ne sont presque rien, et quand ils renvoient à une autorité, c'est presque toujours sans indication précise. Hérodote se contente de dire dans son premier livre, *Clio*, qu'il écrit d'après les historiens de Perse et de Phénicie; dans son second livre, *Euterpe*, il parle d'après les prêtres égyptiens qui *lui ont lu* leurs Annales. Il reproduit un vers de l'*Iliade*, un passage de l'*Odyssée*, un fragment d'Eschyle : il ne faut pas plus d'autorités à Hérodote, ni à ses auditeurs des jeux Olympiques. Thucydide n'a pas une seule citation : il mentionne seulement quelques chants populaires.

Tite-Live ne s'appuie jamais d'un texte : *des auteurs, des historiens rapportent*; c'est sa manière de procéder. Dans sa troisième Décade, il rappelle les dires de Cintius Alimentus, prisonnier d'Annibal, et de Cœlius et Valérius sur la guerre Punique.

Dans Tacite les autorités sont moins rares, quoique encore bien peu nombreuses ; on n'en compte que treize de nominales : ce sont, dans le premier livre des *Annales*, Pline, historien des guerres de Germanie ; dans le quatrième livre, les *Mémoires* d'Agrippine, mère de Néron, ouvrage dont on ne saurait trop déplorer la perte ; dans le treizième livre, Fabius Rusticus, Pline l'historien, et Cluvius ; dans le quatorzième, Cluvius ; dans le quinzième, Pline. Dans le troisième livre des *Histoires*, Tacite nomme Messala et Pline, et renvoie à des *Mémoires* qu'il avait entre les mains ; dans le quatrième livre, il s'en réfère aux prêtres égyptiens ; dans les *Mœurs des Germains*, il écrit un vers de Virgile en l'altérant. Souvent il dit : « Les historiens de ces temps racontent : » *Temporum illorum scriptores prodiderint* ; il explique son système en déclarant qu'il ne rapporte le nom des auteurs que lorsqu'ils diffèrent entre eux. Ainsi deux citations vagues dans Hérodote, pas une dans Thucydide, deux ou trois dans Tite-Live, et treize dans Tacite, forment tout le corps des autorités de ces historiens. Quelques biographes, comme Suétone et Plutarque surtout, ont lu un peu plus de *Mémoires* ; mais les nombreuses citations sont laissées aux compilateurs, comme Pline le naturaliste, Athénée, Macrobe, et saint Clément d'Alexandrie, dans ses *Stromates*.

Les annalistes de l'antiquité ne faisaient point entrer dans leurs récits le tableau des différentes branches de l'administration : les sciences, les arts, l'éducation publique, étaient rejetés du domaine de l'histoire ; Clio marchait légèrement, débarrassée du pesant bagage qu'elle traîne aujourd'hui après elle. Souvent l'historien n'était qu'un voyageur racontant ce qu'il avait vu. Maintenant l'histoire est une encyclopédie ; il y faut tout faire entrer, depuis l'astronomie jusqu'à la chimie ; depuis l'art du financier jusqu'à celui du manufacturier ; depuis la connaissance du peintre, du sculpteur et de l'architecte, jusqu'à la science de l'économiste ; depuis l'étude des lois ecclésiastiques, civiles et criminelles, jusqu'à celle des lois politiques. L'historien moderne se laisse-t-il aller au récit d'une scène de mœurs et de passions, la gabelle survient au beau milieu ; un autre impôt réclame ; la guerre, la navigation, le commerce, accourent. Comment les armes étaient-elles faites alors ? D'où tirait-on les bois de construction ? Combien valait la livre de poivre ? Tout est perdu si l'auteur n'a pas remarqué que l'année commençait à Pâques et qu'il l'ait datée du 1er janvier. Comment voulez-vous qu'on s'assure en sa parole, s'il s'est trompé de page dans une citation, ou s'il a mal coté l'édition ? La société demeure inconnue, si l'on ignore la couleur du haut-de-chausses du roi et le prix du marc d'argent. Cet historien doit savoir non-seulement ce qui se passe dans sa patrie, mais encore dans les contrées voisines ; et parmi ces détails, il faut qu'une idée philosophique soit présente à sa pensée et lui serve de guide. Voilà les inconvénients de l'histoire moderne : ils sont tels qu'ils nous empêcheront peut-être d'avoir jamais des historiens comme Thucydide, Tite-Live et Tacite ; mais on ne peut éviter ces inconvénients, et force est de s'y soumettre.

L'écrivain appelé à nous peindre un jour un grand tableau de notre histoire, ne se bornera pas à la recherche des sources d'où sortent immédiatement les Franks et les Français ; il étudiera les premiers siècles des sociétés qui environnent la France, parce que les jeunes peuples de diverses contrées, comme les enfants de divers pays, ont entre eux la ressemblance commune que leur donne la nature, et parce que ces peuples, nés d'un petit nombre de familles alliées, conservent dans leur adolescence l'empreinte des traits maternels.

Quatre espèces de documents renferment l'histoire entière des nations dans l'ordre successif de leur âge : les poésies, les lois, les chroniques contenant les faits généraux, les mémoires peignant les mœurs et la vie privée. Les hommes chantent d'abord ; ils écrivent ensuite.

Nous n'avons plus les Bardits que fit recueillir Charlemagne ; il ne nous reste qu'une ode en l'honneur de la victoire que Louis, fils de Louis le Bègue, remporta en 881 sur les Normands ; mais le moine de Saint-Gall et Ermold le Noir ont tout à fait écrit dans le goût de la chanson germanique.

La mythologie et les poésies scandinaves ; les *Edda* et les *Sagas* ; les chants des Scaldes, que nous ont conservés Snorron, Saxon le grammairien, Adam de Brême et les chroniques anglo-saxonnes ; les Nibelungs, quoique d'une date plus récente, suppléent à nos pertes : on verra l'usage que j'en ai fait en essayant de tracer l'histoire des mœurs barbares. Quant à ce qui concerne les langues, les évangiles goths d'Ulphilas sont un trésor.

Pour le midi de la France, M. Raynouard a réhabilité l'ancienne langue romane, et, en publiant les poésies écrites ou chantées dans cette langue, il a rendu un service important.

M. Fauriel, à qui nous devons la belle traduction des chants populaires de la Grèce, doit montrer, dans la formation de la langue romane, les traces des trois plus anciennes langues de la Gaule, encore parlées aujourd'hui, l'une en Écosse, l'autre dans le pays de Galles et la Basse-Bretagne, la troisième, chez les Basques. Il a remarqué un poëme sur les guerres des Arabes d'Espagne et des chrétiens de l'Occitanie, dont le héros est un prince aquitain nommé Walther : ne serait-ce point Waiffre? Plusieurs chants remémorent les rébellions de divers chefs du midi de la France contre les monarques carlovingiens : cela sert de plus en plus à prouver que les hostilités de Charles le Martel, de Pepin et de Charlemagne, contre les princes d'Aquitaine, eurent pour cause une inimitié de race, les descendants des Mérovingiens régnant au delà de la Loire. On nous fait espérer que M. Fauriel s'occupe d'une histoire des Barbares dans les provinces méridionales de la France : le sujet serait digne de son rare savoir et de ses talents.

Il ne faut pas s'en tenir aux lois salique, ripuaire et gombette pour l'étude des lois barbares ; on doit considérer comme chapitres d'un même code national, les lois lombardes, allemandes, bavaroises, russes (celles-ci ne sont que le droit suédois), anglo-saxonnes et galliques : avec les dernières on peut reconstruire plusieurs parties du primitif édifice gaulois. Toutes ces lois ont été imprimées ou séparément ou dans les différents recueils des historiens de la France, de l'Italie, de l'Allemagne et de l'Angleterre. Le père Canciani recueillit à Venise, en 1781, *Barbarum leges antiquæ*, en cinq volumes in-fol. ; excellente collection qui devrait être dans nos bibliothèques : on y trouve la traduction italienne des *Assises du royaume de Jérusalem* et divers morceaux inédits. On assure que nous aurons bientôt les *Assises* entières publiées sur le manuscrit retrouvé, avec les traductions, grecque-barbare et italienne, de 1490. L'Académie des inscriptions s'en occupe.

La collation des deux textes de la loi salique, dont il existe dix-huit ou vingt manuscrits connus, collation faite par M. Wiarda, est estimable ; il sera bon d'y avoir égard. Mais Bignon reste toujours docteur en cette matière, comme Baluze est à jamais l'homme des *Capitulaires* et des *Formules*.

Après les poésies et les lois, on ne consultera pas sans fruit, pour les six premiers siècles des temps barbares, les historiens de la Russie, de la Pologne, de la Suède et de l'Allemagne, quoique en général ils aient écrit après les nôtres.

Le plus ancien annaliste russe est un moine de Kioff, Nestor. La monarchie russe fut fondée vers le milieu du neuvième siècle : Kioff, depuis l'an 882, en devint la première capitale. A la fin du dixième siècle, Kioff et toute la vieille Russie embrassèrent le christianisme. Nestor rédigea en slavon son ouvrage vers l'an 1073. Cet ouvrage a été traduit en allemand par Scherer, et commenté par Schloezer : il n'en existe aucune traduction française ou latine. Quelques notes tirées de Nestor se trouvent seulement dans la traduction française de l'histoire de Karemsine. Nestor a imité Constantin, Cedren, Zonare et autres écrivains de la *Byzantine*; il a transporté dans son texte plusieurs passages de ces écrivains ; il nous a conservé *in extenso* deux documents précieux de l'histoire de la Russie, les traités de paix d'Olez et d'Igor avec la cour de Constantinople. Les Grecs eux-mêmes ne connaissaient pas l'existence de ces deux pièces, car elles sont de l'époque la plus stérile de leurs annales, de l'an 813 à l'an 959.

La chronique de Nestor finit à l'année 1096. Nestor reste, d'après l'opinion de Schloezer, la première, l'unique source, au moins la source principale pour l'histoire du Nord scandinave et finois ; jusqu'à lui ces contrées étaient, pour les historiens, *terra incognita*. Dans un des continuateurs de Nestor, on remarque le plus ancien code des lois russes, nommé *la Vérité russe*, ou *le Droit russe*; il est tiré des lois scandinaves. Les premiers souverains de la Russie vinrent de la Scandinavie, appelés qu'ils furent par la volonté des peuplades russes. Pour se convaincre que *le Droit russe* est d'origine scandinave, il suffit de le comparer avec la législation suédoise, dont les fragments les plus authentiques ont été conservés. Un ouvrage assez rare aujourd'hui, imprimé à Abo ou à Upsal (*de Jure Sveonum Gothorumque vetusto*), offre le texte original du Droit russe, et souvent on ne peut comprendre le texte russe qu'à l'aide du texte suédois.

Un travail à consulter sur les historiens et la littérature slavo-russe, est celui de Kohl, *Introductio ad histor. litterar. Slav.*

Les historiens des autres peuples d'origine slave sont venus plus tard que Nestor, et même plus tard que son premier continuateur; car Nestor a écrit entre l'an 1056 et l'an 1116; et l'historien de Prague, Cosme, est mort l'an 1125.

Martin Gallus, annaliste de Pologne, doit être placé de 1109 à 1136. Helmold, dont l'ouvrage sert de source à l'histoire du moyen âge de l'Allemagne, et surtout à celle des Slaves, a écrit à Lubeck, vers l'an 1170, *Chronica Slavorum*.

Adam de Brême est presque contemporain de Nestor; il est utile pour l'histoire du Danemarck. Un autre annaliste aussi consciencieux que Nestor, et de quelques années plus ancien que lui (mort l'année 1018), est Difmar, évêque de Mersebourg; il a écrit touchant l'Allemagne.

Tous les documents de l'histoire de la Germanie se trouveront réunis dans le Recueil des historiens allemands, que publie en Hanovre le savant Paertz sous les auspices du baron de Stein. M. Paertz a visité le cabinet de nos chartes, et il a fouillé dans les archives du Vatican pour l'histoire du moyen âge de l'Allemagne.

Le premier volume in-folio de ce Recueil a été publié, le second et le troisième doivent bientôt paraître. Ce Recueil rendra utiles ceux connus jusqu'à présent sous la dénomination de *Scriptores rerum germanicarum*. Reste à savoir pourtant si l'on se pourra passer de la collection de Leibnitz, de *Scriptores rerum brunsvicensium*. Leibnitz, génie universel, a pressenti l'importance de son travail pour la mythologie des Slaves et des Germains, et même pour la langue de ces peuples : dans une de ses préfaces on trouve, sur l'histoire du moyen âge, des idées que les appréciateurs modernes de ces temps n'ont souvent fait que reproduire sous d'autres formes.

L'*Histoire de Suède*, de Dalen, est une compilation assez complète, mais peu critique; celle de Rühs est la plus estimée. Le nouveau Recueil, dont deux volumes ont déjà paru, est de Geyer. On a deux forts in-folio de Lagerbring, composés de matériaux historiques et législatifs sur la Suède.

L'*Histoire de Danemarck*, de Mallet, n'est pas à négliger. L'introduction relative à la mythologie et aux poésies du Nord est intéressante, quoique depuis on ait fait des progrès dans la langue et des découvertes dans les fables scandinaves.

Saxo-Grammaticus est le Nestor du Danemarck, comme Snorron est l'Hérodote du Nord : ce pays possède aussi un recueil de *Scriptores*.

Quant à l'*Histoire de Pologne*, outre Martin Gallus, on trouve Vincent Kadlubeck, évêque de Cracovie, mort en 1223. L'évêque Dlugosh compila les annales de son pays, vers le milieu et la fin du quinzième siècle, empruntant ses récits, comme il l'avoue lui-même, aux traditions populaires.

Par ordre de Nicolas Ier on procède en Russie à la réunion des documents slaves et autres titres de ce vaste empire. La Lusace et la Bavière commencent des collections. La société formée à Francfort s'occupe sans relâche de la découverte et de la publication des diplômes et papiers nationaux de l'Allemagne.

Telles sont les richesses que nous offre le Nord de l'Europe. Toutefois n'abusons pas, comme on est trop enclin à le faire, des origines scandinaves, slaves et tudesques. Il semble aujourd'hui que toute notre histoire soit en Allemagne, qu'on ne trouve que là nos antiquités et les hommes qui les ont connues. Les quarante ans de notre révolution ont interrompu les études en France, tandis qu'elles ont continué dans les universités germaniques; les Allemands ont regagné sur nous une partie du temps que nous avions gagné sur eux; mais si, pour le droit, la philologie et la philosophie, ils nous devancent à l'heure qu'il est, ils sont encore loin d'être arrivés en histoire au point où nous nous trouvions lorsque nos troubles ont éclaté.

Rendons justice aux savants de l'Allemagne, mais sachons que les peuples septentrionaux sont, comme *peuples*, plus jeunes que nous de plusieurs siècles; que nos chartes remontent beaucoup plus haut que les leurs ; que les immenses travaux des bénédictins de Saint-Maur et de Saint-Vannes ont commencé bien avant les travaux historiques des professeurs de Gœttingue, d'Iéna, de Bonn, de Dresde, de Weimar, de Brunswick, de Berlin, de Vienne, de Presbourg, etc. ; que les érudits français, supérieurs par la clarté et la précision aux érudits d'outre-Rhin, les surpassent encore par la solidité et l'universalité des recherches. Les Allemands ne l'emportent véritablement sur nous que dans la *codification* : encore les grands légistes, Cujas, Domat, Dumoulin, Pothier, sont-ils Français. Nos voisins ont sur les origines des nations barbares quelques notions particulières qu'ils doivent aux langues parlées en Dalmatie, en Hongrie, en Servie, en Bohême, en Pologne, etc. ; mais un esprit sain ne doit pas attacher trop d'importance à ces études qui finissent par dégénérer dans une métaphysique de grammaire, laquelle paraît d'autant plus merveilleuse qu'elle est plus noyée dans les brouillards.

Que par l'étude du sanscrit et des différents dialectes indien, thibétain, chinois, tartare, on parvienne à dresser des formules au moyen desquelles on découvre le mécanisme général du langage humain, *philosophiquement* parlant, ce sera un progrès considérable de la science ; mais, *historiquement* parlant, il est douteux qu'il en résulte beaucoup de lumières. Au système des origines communes par les racines du *logos*, on opposera toujours avec succès le synchronisme ou la spontanéité du verbe comme de la pensée, dans divers temps et dans divers pays.

Si nous passons de l'Allemagne à l'Angleterre, il n'est pas sans profit de parcourir les poésies anglo-saxonnes, galliques, écossaises, irlandaises, afin de prendre un sentiment général de l'enfance d'une société barbare ; mais il ne les faudrait pas convertir en preuves, car la vanité cantonnale a tellement mêlé les chants faits après coup, aux chants originaux, qu'on les peut à peine distinguer.

Quant aux lois, j'ai déjà dit qu'il était bon de consulter les lois anglo-saxonnes et galliques. Les *Actes* de Rymer, continués par Robert-Sanderson, sont un bon recueil ; mais ils ne commencent qu'à l'an 1101, sautent tout à coup de l'an 1103 à l'an 1137 ; et continuent de la sorte avec des lacunes de dix, quinze et vingt ans, jusqu'au treizième siècle, où les chartes se multiplient. Ce recueil, tout important qu'il soit, est fort inférieur à celui des ordonnances de nos rois et autres collections qui doivent faire suite à ces ordonnances ; les matières y sont mêlées et incohérentes ; elles ne sont point précédées de ces admirables préfaces dont les de Laurières, les Secousse, les Vilevault, les Bréquigny, ont enrichi leur travail, et qui sont des traités complets du Droit français. Le Clerc et Rapin ont pourtant donné, dans le dixième volume des *Actes* de Rymer, un abrégé historique sec, mais utile, des vingt volumes de l'édition de Londres de 1745.

Dans les historiens primitifs de l'Angleterre, l'annaliste français peut glaner avec succès les trois *Gildas*, l'*Histoire ecclésiastique* de Bède, et, dans les bas siècles, les chroniqueurs, poëtes ou prosateurs de la race normande. Les traductions anglo-saxonnes faites du latin, par Alfred le Grand, les lois de ce prince publiées par Guillaume Lombard, son Testament avec les notes de Manning, apprennent quelques faits curieux. Dans sa traduction anglo-saxonne d'Orose, Alfred a inséré deux périples scandinaves de la Baltique, du Norvégien Other et du Danois Wulfstan : c'est ce qu'il y a de plus authentique touchant cette mer intérieure au bord de laquelle étaient cantonnés ces Barbares qui devaient aller conquérir les habitants civilisés des rivages de la Méditerranée.

Il existe plusieurs recueils des historiens anglais, mais sans ordre ; ils se répètent aussi, parce que, dans ce pays de liberté, le gouvernement ne fait rien et les particuliers font tout. Il faut joindre à la collection d'Heidelberg (1587), la collection de Francfort (1601), et les dix auteurs du recueil de Selden (Londres 1652) : on aura alors à peu près tout ce qui est relatif aux mœurs communes de l'Angleterre et de la France. La réunion des anciens historiens anglais, écossais, irlandais et normands de Camden ne vaut pas sa *Britanniæ Descriptio*, c'est celle-là qu'il faut étudier pour les origines romaines et barbares. Le génie des Normands, lié si intimement au nôtre, se décèle surtout dans le *Doomsdaybook* : ce document, d'un prix inestimable, a été imprimé en 1783, par ordre du parlement d'Angleterre. On le compléterait en consultant le pouillé général du clergé d'Angleterre et du pays de Galles, auquel Édouard II fit travailler en 1291 ; le manuscrit de ce pouillé est aux bibliothèques d'Oxford. La principauté de Galles, les comtés de Northumberland, de Cumberland, de Westmoreland et de Durham manquent au *Doomsdaybook* : cette statistique offre le détail des terres cultivées, habitées ou désertes de l'Angleterre, le nombre des habitants libres ou serfs, et jusqu'à celui des troupeaux et des ruches d'abeilles. Dans le *Doomsdaybook*, sont grossièrement dessinées les villes et les abbayes.

Il ne faut pas négliger de consulter les cartes du moyen âge ; elles sont utiles non-seulement pour la géographie historique, mais encore parce qu'à l'aide des noms propres de lieu on retrouve des origines de peuples. Dans le périple de Wulfstan, par exemple, l'île de Bornholm est appelée *Burgendaland*, et dans l'ouvrage historique de Snorron, *Heims-Kringla*, on voit que les Scandinaves disaient *Borgundar-holm* : voilà la patrie des Burgundes ou Bourguignons. En ne pressant pas trop ces indications, on en tire un bon parti ; mais il ne faudrait pas, comme plusieurs auteurs allemands, se figurer qu'une tribu de Franks prit le nom de *Salii*, parce qu'elle campait sur les bords de la Saale en Franconie. Le gouvernement anglais a employé à Rome le savant Marini à la collection des lettres des papes et des autres pièces relatives à l'histoire de la Grande-Bretagne, depuis l'an 1216.

Le Portugal et l'Espagne fournissent d'autres espèces de documents. Les langues qu'on parlait dans le midi de la Gaule, avant que ces langues eussent été envahies par le picard ou le français wallon, étaient parlées dans la Catalogne, le long du cours de l'Èbre, et se répandaient derrière les Basques par les vallées des Astures, jusque dans les Lusitanies. Les poëmes primitifs du Cid et les romances de la même époque, les anciennes lois maritimes de Barcelonne, le récit de l'expédition de la grande compagnie catalane en Morée, doivent être lus la plume à la main par l'historien français ; il trouvera aujourd'hui de nouveaux éclaircissements dans les *Antiquités du Droit maritime*, savant ouvrage de M. Pardessus, et dans la *Chronique* en grec-barbare *des guerres des Français en Romanie et en Morée*, publiée par M. Buchon, à qui l'on doit de si utiles éditions.

Alphonse Ier, roi de Castille, surnommé le Sage, a laissé en vieux espagnol un corps de législation bon à consulter. Alphonse remonte souvent aux lois premières ; il y a un ton de candeur et de vertu dans l'exposé de ses institutions, qui rend ce roi de Castille un digne contemporain de saint Louis.

Parmi les chroniqueurs espagnols, Idace doit être recherché pour la peinture des mœurs des Suèves et des Goths, et pour celle des ravages de ces peuples dans les Espagnes et les Gaules ; mais il y a plus à prendre dans Isidore de Séville, postérieur à Idace d'environ cinquante ans. Il faut lire particulièrement dans Isidore la fin de sa *Chronique*, depuis l'an 500 de Jésus-Christ, son *Histoire des rois goths, vandales et suèves*, son livre des *Étymologies*, sa *Règle pour les moines de l'Andalousie*, et ses ouvrages de grammaire. Dans la collection des historiens espagnols en quatre volumes in-folio, l'ordre chronologique des auteurs n'a point été suivi ; parmi les bruts matériaux de l'histoire d'Espagne, gît le travail des écrivains modernes, et en particulier l'*Historia de rebus hispanicis* de Mariana. Les premiers livres de cette histoire sont excellents, surtout dans la traduction espagnole. Il y a deux cents pages à parcourir dans les *Antiquités lusitaniennes* de Resend.

En descendant de l'Espagne à l'Italie, on retrouve la civilisation qui ne périt jamais sur la terre natale des Romains. Néanmoins, le royaume d'Odoacre, celui des Goths, celui des Lombards, ont laissé des documents où l'on reconnaît la trace des Barbares. Les collections de Muratori offrent seules une large moisson. Mais nous avons négligé d'ouvrir, lorsque nous le pouvions, deux sources, l'Escurial et le Vatican, dont l'abondance aurait renouvelé une partie de l'histoire moderne. Qu'on en juge par un fait presque entièrement ignoré : il est d'usage de tenir un registre secret sur lequel est inscrit, heure par heure, tout ce que dit, fait et ordonne un pape pendant la durée de son pontificat. Quel trésor qu'un pareil journal !

Archives françaises.

Parlons de ce qui nous appartient et indiquons nos propres richesses. Rendons d'abord un éclatant hommage à cette école des bénédictins que rien ne remplacera jamais. Si je n'étais maintenant un étranger sur le sol qui m'a vu naître; si j'avais le droit de proposer quelque chose, j'oserais solliciter le rétablissement d'un ordre qui a si bien mérité des lettres. Je voudrais voir revivre la congrégation de Saint-Maur et de Saint-Vannes dans l'abbatial de Saint-Denis, à l'ombre de l'église de Dagobert, auprès de ces tombeaux dont les cendres ont été jetées au vent au moment où l'on dispersait la poussière du Trésor des chartes : il ne fallait aux enfants d'une liberté sans loi, et conséquemment sans mère, que des bibliothèques et des sépulcres vides.

Des entreprises littéraires qui doivent durer des siècles demandaient une société d'hommes consacrés à la solitude, dégagés des embarras matériels de l'existence, nourrissant au milieu d'eux les jeunes élèves héritiers de leur robe et de leur savoir. Ces doctes générations, enchaînées aux pieds des autels, abdiquaient à ces autels les passions du monde, renfermaient avec candeur toute leur vie dans leurs études, semblables à ces ouvriers ensevelis au fond des mines d'or qui envoient à la terre des richesses dont ils ne jouiront pas. Gloire à ces Mabillon, à ces Montfaucon, à ces Martène, à ces Ruinart, à ces Bouquet, à ces d'Achéry, à ces Vaisette, à ces Lobineau, à ces Calmet, à ces Ceillier, à ces Labat, à ces Clémencet, et à leurs révérends confrères, dont les œuvres sont encore l'intarissable fontaine où nous puisons tous tant que nous sommes, nous qui affectons de les dédaigner! Il n'y a pas de frère lai, déterrant dans un obituaire le diplôme poudreux que lui indiquait dom Bouquet ou dom Mabillon, qui ne fût mille fois plus instruit que la plupart de ceux qui s'avisent aujourd'hui, comme moi, d'écrire sur l'histoire, de mesurer du haut de leur ignorance ces larges cervelles qui embrassaient tout, ces espèces de contemporains des Pères de l'Église, ces hommes du passé gothique et des vieilles abbayes, qui semblaient avoir écrit eux-mêmes les chartes qu'ils déchiffraient. Où en est la collection des historiens de France? Que sont devenus tant d'autres travaux gigantesques? Qui achèvera ces monuments autour desquels on n'aperçoit plus que les restes vermoulus des échafauds où les ouvriers ont disparu?

Les bénédictins n'étaient pas le seul corps savant qui s'occupât de nos antiquités; dans les autres sociétés religieuses ils avaient des émules et des rivaux. On doit aux jésuites la collection des Hagiographes, laquelle a pris son nom de l'érudit qui l'a commencée. Le père Hardouin, mon compatriote, ignorait-il quelque chose? esprit un peu singulier toutefois. Le père Labbe doit être noté pour avoir fourni le plan et la liste des auteurs de la collection de la Byzantine, et pour avoir publié les huit premiers volumes de l'édition des Conciles. Le père Petau est devenu l'oracle de la chronologie. Le père Sirmond a mis au jour la Notice des *dignités* des Gaules et les ouvrages de Sidoine Apollinaire, etc., etc.

Les prêtres de l'Oratoire comptent dans leur ordre Charles le Cointe, auteur des *Annales ecclesiastici Francorum*, continuées par Gérard Dubois et par Julien Loriot ses confrères. Nous devons à Jacques le Long la *Bibliothèque historique de la France*, corrigée et augmentée par Fevret de Fontette, etc., etc.

La magistrature parlementaire, le chancelier à sa tête, était elle-même un corps lettré qui commandait des travaux et ne dédaignait pas d'y porter la main. On le verra quand j'indiquerai les manuscrits à consulter, et les entreprises arrêtées par l'action révolutionnaire.

L'Académie des inscriptions travaillait de son côté aux fouilles de nos anciens monuments : je n'ai pas compté dans ses Mémoires moins de deux cent cinquante-sept articles sur tous les points litigieux de notre archéologie. On trouve les membres de cette illustre académie chargés de la direction de plusieurs grands travaux qui s'exécutaient avec le concours des lumières de diverses sociétés, sous le patronage du gouvernement. Plus heureuse que la congrégation de Saint-Maur, l'Académie des inscriptions existe encore; elle voit encore à sa tête ses chefs vénérables, les Dacier, les Sacy, les Quatremère de Quincy, savants de race, comme les Bignon, les Valois, les Sainte-Marthe, et dont les confrères continuent d'être parmi nous les fidèles interprètes de l'antiquité.

Auprès de ces trois grands corps, des bénédictins, des magistrats et des académiciens, se trouvaient des hommes isolés, comme les Du Cange, les Bergier, les Lebœuf, les Bullet, les Decamps et tant d'autres : leurs dissertations consciencieuses ont jeté la plus vive lumière sur les points obscurs de nos origines. Il est inutile d'indiquer ce qu'il faut choisir dans ces auteurs. Quel puits de science que Du Cange ! on en est presque épouvanté.

Je recommande surtout à nos historiens futurs une lecture sérieuse des conciles, des annales particulières des provinces et des coutumes de ces provinces, tant latines que gauloises : c'est là qu'avec les Vies des Saints pour les huit premiers siècles de notre monarchie, se trouve la véritable histoire de France.

Et néanmoins, ces matériaux imprimés, dont le nombre écrase l'imagination, ne sont qu'une partie des documents à consulter. Les Archives, le Cabinet ou le Trésor des chartes, les rôles et les registres du parlement, les manuscrits de la bibliothèque publique et des autres bibliothèques, doivent appeler l'attention. Ce n'est pas tout que de chercher les faits dans des éditions commodes, il faut voir de ses propres yeux ce qu'on peut nommer la physionomie des temps, les diplômes que la main de Charlemagne et de saint Louis ont touchés ; la forme extérieure des chartes, le papyrus, le parchemin, l'encre, l'écriture, les sceaux, les vignettes ; il faut enfin manier les siècles et respirer leur poussière. Alors, comme un voyageur à des régions inconnues, on revient avec son journal écrit sur les lieux, et un portefeuille rempli de dessins d'après nature.

Dans une note substantielle, M. Champollion-Figeac a donné des renseignements que je me fais un devoir de reproduire.

« On se proposa, il y a déjà longtemps, de réunir en une seule collection générale tous les
« documents authentiques relatifs à l'histoire de France. Colbert et d'Aguesseau jetèrent les
« premiers fondements de cette collection. L'établissement, en 1759, du *Dépôt de législation*,
« assemblage méthodique de toutes les lois du royaume, qui fut porté à plus de trois cent mille
« pièces, et qui doit exister encore, soit à la Chancellerie, soit aux Archives royales, amenait, comme une de ses dépendances naturelles, la réunion de tous les monuments historiques qu'il était possible de découvrir, et Louis XV ordonna cette réunion en 1762, sous le
» ministère de M. Bertin. Des arrêts du conseil, 8 octobre 1763 et 18 janvier 1764, réglèrent
« l'ordre du travail, celui des dépenses, appelèrent le zèle et le concours de tous les savants
« vers ce grand but d'utilité publique ; établirent, en 1779, des conférences très-propres à régulariser tant d'honorables efforts, les excitèrent de plus en plus par de nouvelles dispositions
« ajoutées aux précédentes, en 1781, sous le ministère de M. de Maurepas, et augmentèrent,
« en 1783, par l'influence de M. d'Ormesson, les fonds destinés aux dépenses du cabinet.
« M. de Calonne proposa, en 1785, de nouveaux moyens d'émulation qui furent généralement
« utiles, et le clergé s'y associa en 1786, en ajoutant, aux fonds accordés par le roi, un supplément pris sur les dépenses qu'il affectait à l'histoire de l'Église. Les états des provinces imitèrent ce généreux exemple ; les ordres de M. de Calonne procurèrent, en 1787, le concours
« de tous les intendants ; et l'organisation du travail, sagement centralisée dans les mains de
« l'historiographe de France, Moreau, sous l'autorité du ministère, rendit tous ces efforts propices et fructueux. Les hommes instruits de tous les pays recherchaient l'honneur d'y concourir ; le roi honorait leur empressement, et récompensait leurs plus notables services par
« des grâces de tout genre. La congrégation de Saint-Maur et celle de Saint-Vannes avaient
« échelonné leurs plus habiles ouvriers sur tous les points de la France où quelque recherche
« était à faire. Les documents arrivaient en abondance, tout semblait assurer la prochaine publication du Rymer français, mieux conçu, plus utile que celui d'Angleterre ; un arrêt du conseil, du 10 octobre 1788, assurait de plus en plus ce précieux résultat à l'histoire de France,
« et l'impression du premier volume, contenant les instruments de la première race, avançait
« rapidement, quand la révolution survint. Un décret du 14 août 1790, ordonna le transport
« de tous les documents historiques à la Bibliothèque royale ; bientôt on querella, et on supprima ensuite les fonds spéciaux qui leur étaient affectés, et il fallut oublier, durant trente-six ans, ces vénérables archives de la monarchie française.

« Les travaux des Baluze, Du Cange, Dupuy, d'Achéry, Martène et Mabillon, avaient assez
« prouvé qu'il existait, hors du Trésor des chartes de la couronne, une foule de documents
« d'un grand intérêt, quelquefois d'une grande importance, pour l'histoire et le droit public du
» royaume. On comprit dès lors l'insuffisance relative des deux grands ouvrages entrepris

« par ordre du roi, le recueil des ordonnances et celui des historiens de France. Ce dernier,
« d'après son plan sagement conçu, était purement historique, n'admettait pas les actes d'ad-
« ministration générale émanés de l'autorité royale, et le premier n'embrassait que les ordon-
« nances des rois de la troisième race. Il y avait donc, malgré les Capitulaires de Baluze, des
« lacunes immenses pour les temps écoulés depuis l'origine de la monarchie jusqu'à l'avéne-
« ment des Capétiens. Elles ne pouvaient être comblées que par cette foule de chartes et
« d'actes de toute espèce déposés, ou plus généralement oubliés, dans les nombreux chartriers
« des villes, des églises, des monastères, des compagnies judiciaires et des grandes maisons.
« Il s'agissait de reconstruire par leur témoignage les annales véridiques et complètes de la
« France, et, par leur réunion en un dépôt commun, de créer un centre perpétuel pour toutes
« les recherches ordonnées par le gouvernement ou entreprises par des particuliers.

« Ce plan n'effraya point, par son étendue, ceux qui l'avaient conçu, ni l'autorité qui devait
« en assurer l'accomplissement. Mais le travail sur les chartes et les diplômes de l'histoire de
« France comprenait deux parties distinctes, quoique étroitement liées entre elles : 1° la table
« générale des chartes imprimées ; M. de Bréquigny fut chargé de la rédiger, et il en publia
« trois volumes in-folio, commençant par une lettre du pape Pie Ier à l'évêque de Vienne,
« qu'on croit de l'année 142 ou bien 166, et finissant avec le règne de Louis VII en 1179 :
« l'impression du quatrième volume fut interrompue à la page 568, arrivant à l'année 1243 ;
« quelques recueils des bonnes feuilles ont été conservés. 2° La réunion la plus nombreuse
« possible, soit de chartes originales, publiées ou inédites, soit de copies fidèles de toutes les
« chartes et autres instruments historiques et non publiés ; on y joignit les inventaires d'un
« grand nombre de chartriers ou d'archives, plusieurs cartulaires et le dépouillement de ceux
« de la Bibliothèque du roi, des terriers, des collections de pièces formées par des particuliers,
« des portefeuilles laissés par des savants dont les travaux étaient analogues à la nature du
« dépôt, enfin quelques ouvrages manuscrits intéressant l'histoire de France, et qu'on ne né-
« gligea jamais de sauver de la dispersion : tel est le magnifique manuscrit sur vélin, conte-
« nant le procès de Jeanne d'Arc, et connu sous le nom de *manuscrit de d'Urfé*.

« Le but final de l'entreprise était arrêté, dès son origine même, dans la pensée de ceux qui
« la dirigeaient ; mais pour atteindre ce but, outre tout leur zèle et toutes leurs lumières, il
« leur fallait le secours du temps, et ce secours leur manqua. On avait fait pressentir que la
« collection générale de ces diplômes pourrait un jour être publiée en entier ; le roi en avait
« donné l'espérance au monde savant en 1782, et quelques années après, le premier volume de
« la Collection des Chartes et les deux volumes des Lettres du pape Innocent III (le plus ha-
« bile jurisconsulte de son siècle, et qui n'eut pas moins d'influence sur les affaires de la France
« que sur celles des autres États de la chrétienté) étaient déjà sous presse, le premier par les
« soins de M. de Bréquigny, et les deux autres par ceux de M. du Theil, qui en avait recueilli
« à Rome tous les matériaux. Le dépôt lui-même prenait une consistance qui accroissait son
« utilité ; il devenait le centre de ces grands travaux historiques qui seront un éternel honneur
« pour les lettres françaises, et de précieux modèles pour tous les peuples jaloux de leur propre
« renommée. On y venait puiser à la fois pour le Recueil des ordonnances, le Recueil des his-
« toriens de France, l'Art de vérifier les dates, et la nouvelle Collection des conciles ; époque
« à jamais mémorable de notre histoire littéraire, où, sous la même protection et par le seul
« effet de la munificence royale, les presses françaises produisaient à la fois ces quatre grandes
« collections dont le mérite égalait l'étendue, et en même temps la *Gallia christiana*, la Col-
« lection des chartes, les Lettres historiques des papes, la Table chronologique des chartes
« imprimées, l'histoire littéraire de la France et les histoires particulières des provinces par les
« bénédictins, le Glossaire français de Sainte-Palaye et Mouchet, le Froissard complet de
« M. Dacier, les Notices et Extraits des Manuscrits, et les Mémoires de l'Académie des belles-
« lettres, qui ont fondé et propagé dans le monde savant les plus solides principes de l'érudi-
« tion classique. Ces prospérités littéraires étaient dans tout leur éclat en 1789, et en 1791 il
« ne restait que le douloureux souvenir de tant de glorieuses entreprises. »

M. Champollion parle de l'interruption de ces travaux, mais il ne dit pas quelle en fut la cause immédiate ; je le vais dire.

Le 19 juin 1792, Condorcet monta à la tribune de l'Assemblée nationale, et prononça ce discours :

« C'est aujourd'hui l'anniversaire de ce jour mémorable où l'Assemblée constituante, en dé-
« truisant la noblesse, a mis la dernière main à l'édifice de l'égalité politique. Attentifs à imiter
« un si bel exemple, vous l'avez poursuivie jusque dans les dépôts qui servent de refuge à son
« incorrigible vanité. C'est aujourd'hui que, dans la capitale, la Raison brûle au pied de la sta-
« tue de Louis XIV ces immenses volumes qui attestaient la vanité de cette caste. D'autres ves-
« tiges en subsistent encore dans les bibliothèques publiques, dans les chambres des comptes,
« dans les chapitres à preuve et dans les maisons des généalogistes. Il faut envelopper ces
« dépôts dans une destruction commune. Vous ne ferez point garder aux dépens de la nation
« ce ridicule espoir qui semble menacer l'égalité. Il s'agit de combattre la plus ridicule, mais
« la plus incurable de toutes les passions. En ce moment même elle médite encore le projet de
« deux chambres ou d'une distinction de grands propriétaires, si favorable à ces hommes qui
« ne cachent plus combien l'égalité pèse à leur nullité personnelle.

« Je propose, en conséquence, de décréter que tous les départements sont autorisés à brûler
« les titres qui se trouvent dans les divers dépôts. »

L'Assemblée, après avoir décrété l'urgence, adopte à l'unanimité le projet de Condorcet, qui venait de dire, dans les dernières phrases de son discours, tout ce qu'on répète aujourd'hui : nous en sommes à la parodie.

Le 22 février 1795, il fut ordonné de *brûler sur la place des Piques trois cent quarante-sept volumes et trente-neuf boîtes.*

Condorcet, malgré tous ses soins, ne se tint pas si fort assuré de l'égalité qu'il ne s'en précautionnât d'une bonne dose dans le poison qu'il portait habituellement sur lui.

En 1793, le ministre Rolland écrivit aux conservateurs de la Bibliothèque pour leur enjoindre de livrer les manuscrits : ils répondirent qu'ils étaient prêts à obéir, mais ils prirent la liberté de faire observer humblement qu'il fallait aussi détruire l'*Art de vérifier les dates*, et le *Dictionnaire de Moréri*, comme empoisonnés d'un grand nombre d'articles pareils à ceux dont on voulait, avec tant de raison, purger la terre. Plus tard, le comité de salut public décréta que les armes de France seraient enlevées de dessus les livres de la Bibliothèque : on passa un marché avec un vandale pour cette entreprise, qui devait coûter un million cinq cent trente mille francs. L'écu de France était taillé à l'aide d'un emporte-pièce, et remplacé par un morceau de maroquin. Quand les armes se trouvaient appliquées sur une feuille du volume, on coupait cette feuille. Ne pourrait-on pas aujourd'hui reprendre cette belle opération ?

Le Cabinet des médailles fut dénoncé : les médailles d'or et d'argent devaient être portées à la Monnaie pour y être fondues. L'abbé Barthélemy s'adressa à Aumont, ami de Danton, qui fit casser le décret. Danton ne faisait fondre que les hommes. Un comédien ambulant, ensuite garde-magasin, sollicita la place de conservateur des manuscrits ; interrogé s'il pourrait les lire, il répondit : « Sans doute ; j'en ai fait. » De précieux manuscrits furent vendus à la livre aux épiciers ; d'autres, envoyés à Metz, servirent à faire des gargousses. On chargea nos canons avec notre vieille gloire : tous les coups portèrent, et elle fit éclater notre gloire nouvelle.

La république aristocratique du Directoire procéda d'une autre manière que la république démocratique de la Convention ; elle ordonna de corriger dans Racine, Bossuet et Massillon, tout ce qui sentait la religion et la royauté. Des hommes de mérite se consacrèrent à ces élucubrations philosophiques : le travail sur Racine fut achevé, je ne sais par qui.

Il se peut que nous n'ayons pas aujourd'hui la stupide fureur d'un sage de la Convention, ni la naïve animosité d'un citoyen du Directoire ; mais aimons-nous mieux ce qui fut ? Irions-nous même jusqu'à prendre la peine de corriger ce pauvre Racine, qui aurait pu faire quelque chose, si Boileau ne lui eût gâté le goût, et s'il fût né de notre temps ? Il avait des dispositions.

Et pourtant, puisque nous ne sommes plus touchés que des seuls faits, nous devrions reconnaître que le passé est un fait, un fait que rien ne peut détruire, tandis que l'avenir, à nous si cher, n'existe pas. Il est pour un peuple des millions de millions d'avenirs possibles ; de tous ces avenirs un seul sera, et peut-être le moins prévu. Si le passé n'est rien, qu'est-ce que l'avenir, sinon une ombre au bord du Léthé, qui n'apparaîtra peut-être jamais dans ce monde? Nous vivons entre un néant et une chimère.

De l'édition commencée des Catalogues des chartes et de l'impression de ces chartes, épîtres et documents, il n'est échappé, comme on vient de le lire dans la notice de M. Champollion, que quelques exemplaires ; le reste a été mis au pilon. Les volumes imprimés, publiés par Bréquigny et de La Porte du Theil, *Diplomata, Chartæ, Epistolæ et alia Documenta ad res francicas spectantia*, sont précédés de prolégomènes ou l'histoire de l'entreprise est racontée, et où l'on trouve ce qu'il est nécessaire de savoir sur les documents contenus dans ces volumes.

Les preuves matérielles de la fausseté d'un acte sont assez faciles à distinguer, quand on a un peu étudié la calligraphie ; les bénédictins ont donné sur cela de bonnes règles ; mais il y a des évidences internes d'après lesquelles les jeunes annalistes se doivent aussi décider. Par exemple, il ne nous reste que six diplômes royaux de Khlovigh, et sur ces six diplômes, un seul est intégralement authentique. Comparez le style et la manière dont ces pièces sont souscrites : vous lisez au bas de l'acte de la fondation du monastère de Saint-Pierre le Vif, à Sens : *Ego Chlodoveus, in Dei nomine, rex Francorum, manu propria signavi et suscripsi*; comme si Khlovigh parlait latin, écrivait en latin, signait en latin, en défigurant son nom par l'orthographe latine! Après cette prétendue signature, viennent les signatures aussi incroyables de Khlotilde, des quatre fils du roi, de sa fille, de l'archevêque de Reims, etc.

Le diplôme authentique est une lettre dictée, adressée à Euspice et à Maximin : Khlovigh leur donne le lieu appelé Micy, et tout ce qui est du domaine royal entre la Loire et le Loiret. Cette lettre commence ainsi : *Chlodoveus, Francorum rex, vir inluster*, et finit par ces mots : *ita fiat ut ego Chlodoveus volui*. Au-dessous on lit seulement : *Eusebius episcopus confirmavi*. Voilà le maître ; un évêque truchement traduit ses ordres. Voilà le Franck dans toute la simplicité salique : *fiat : ego volui*.

Le *Glossaire* de Sainte-Palaye et Bréquigny, continué par Mouchet, se compose de cinquante-six volumes in-folio, dont deux seuls sont imprimés ; on n'a sauvé de l'édition que trois exemplaires ; le reste est en manuscrit. Chaque volume contient de quatre à cinq cents colonnes, et depuis quatre cents jusqu'à huit cents articles ; c'est un répertoire composé sur le plan du *Glossaire latin* de Du Cange, et du *Glossaire du Droit français* de de Laurières ; il traduit souvent les articles du premier, en y ajoutant. Le moyen âge tout entier est par ordre alphabétique dans cet immense recueil.

Ces rois de France, qui nous maintenaient dans une ignorance crasse, afin de nous mieux opprimer ; ces rois qui auraient dû naître tous à la fois de nos jours, pour apprendre à mépriser eux et leurs siècles, avaient cependant la manie de favoriser les lettres. L'idée de ces grandes collections de diplômes leur était venue de bonne heure, on ne sait trop pourquoi. Montagu, secrétaire et trésorier des chartes sous Charles V, avait commencé, ou plutôt continué le catalogue général des documents historiques ; il nous apprend que ses prédécesseurs avaient été obligés d'abandonner leurs investigations, faute d'argent pour les suivre. Henri II ordonna d'ouvrir le Trésor des chartes à Jean Du Tillet. Ce greffier du parlement, l'homme le plus versé dans nos antiquités qui ait jamais paru, avait conçu dans presque toutes ses parties le vaste plan accompli sous les rois Louis XIV, Louis XV et Louis XVI, avec l'appui du gouvernement, l'encouragement du clergé, et les veilles des grands corps lettrés de la France.

« Ayant à très-grand labeur et dépense, dit Du Tillet au roi, compulsé l'infinité des registres
« de votre parlement, recherché les librairies et titres de plusieurs églises, j'entreprins dresser par forme d'histoires et ordre des règnes, toutes les querelles de cette troisième lignée
« régnante avec ses voisins, les domaines de la couronne par provinces, les lois et ordonnances depuis la salique, par volumes et règnes et par recueils séparés, ce qui concerne les
« personnes et maisons royales, et la forme ancienne du gouvernement des trois états, et ordre
« de justice dudit royaume, avec les changements y survenus. »

Du Tillet met à la suite de ses recueils des inventaires des chartes, comme preuves et éclaircissements. Un exemple montrera son exactitude : « Promesse de Éléonor, royne d'Angleterre,
« de faire hommage au roy Philippe des duchés de Guyenne et comté de Poitou, en juillet 1134.
« Au Trésor, layette *anglia* C, et sac non coté. »

I.—ÉT. HIST.

Ces *inventaires* de Du Tillet sont le modèle des catalogues modernes des chartes.

Après Du Tillet, Pierre Pithou et Marquard Freher formèrent le plan d'une collection des historiens de France, plan que commença à exécuter André Duchesne, justement surnommé *le père de notre histoire* ; son fils François continua son ouvrage, qui devait avoir quatorze volumes, et dont cinq sont imprimés. Colbert confia à une assemblée de savants le soin de poursuivre cette entreprise. Ces savants n'étaient rien moins que Lecointe, Du Cange, Wion d'Hérouval, Adrien de Valois, Jean Gallois et Baluze. Du Cange proposa une autre distribution que celle de Duchesne, avec l'insertion des pièces nouvellement découvertes.

L'archevêque de Reims, Charles-Maurice Le Tellier, reprit le projet sous le patronage de Louvois, son frère, et voulut charger dom Mabillon de la direction des travaux. Le chancelier d'Aguesseau, en 1717, forma deux sociétés de gens de lettres, pour s'occuper du recueil de Duchesne. On a un Plan de Du Cange, des Remarques de l'abbé Gallois, un Mémoire de l'abbé des Thuileries, des Observations de l'abbé Grand : lesquels Plan, Remarques, Mémoires et Observations, ont puissamment contribué à la confection des *Rerum gallicarum et francicarum Scriptores* de dom Bouquet. Lancelot, Lebœuf, Secousse, Gilbert, Foncemagne, Sainte-Palaye, conféraient de ces recherches chez M. d'Argenson, chez le chancelier de Lamoignon, ou chez M. de Malesherbes, son fils ; suite de noms, à compter depuis André Duchesne, que nous pouvons opposer aux noms les plus illustres de l'Europe.

Désirons qu'un temps vienne, et que ce temps soit prochain, où ces grands desseins, étouffés par la barbarie révolutionnaire, seront repris ; où l'on achèvera de cataloguer ces manuscrits de la Bibliothèque (je ne sais plus si je dois dire royale ou nationale) qui gisent misérablement inconnus. On y pourrait rencontrer non-seulement des documents de l'antiquité franke, mais des ouvrages de l'antiquité grecque et latine. Des auteurs que nous n'avons plus, ou que nous avons mutilés, se voyaient encore aux dixième, onzième et douzième siècles : un Tacite, un Tite-Live, un Ménandre, un Sophocle, ont peut-être échappé aux Condorcet du moyen âge. Désirons qu'on améliore le sort des hommes honorables qui veillent aux dépôts de la science, qui succombent sous le poids d'un travail qu'accroissent chaque jour, en se multipliant, et les livres et les lecteurs. Désirons qu'on augmente le nombre des élèves de l'École des chartes. Quand les Dacier et les Van-Praët, quand les autres vénérables savants qui nous restent auront passé de ces tombeaux des temps appelés bibliothèques à leur propre tombeau, qui déchiffrera nos annales ? La patrie des Mabillon subira-t-elle la honte d'aller chercher en Allemagne des interprètes de nos diplômes ? Faudra-t-il qu'un Champollion germanique vienne lire sur nos monuments la langue de nos pères, morte pour nous ? Désirons enfin qu'on ne s'obstine pas à agrandir le bâtiment de la Bibliothèque sur le terrain où elle existe aujourd'hui, et qu'on adopte le beau plan d'un habile architecte pour réunir le temple de la science au palais du Louvre : ce sont là les derniers vœux d'un Français.

Écrivains de l'histoire générale et de l'histoire critique de France, avant la révolution.

Les jugements sont trop durs aujourd'hui à l'égard des écrivains qui ont travaillé à nos annales avant la révolution. Supposons que notre histoire générale fût à composer ; qu'il la fallût tirer des manuscrits ou même des documents imprimés ; qu'il en fallût débrouiller la chronologie, discuter les faits, établir les règnes ; je soutiens que, malgré notre science innée et tout notre savoir acquis, nous n'en mettrions pas trois volumes debout. Combien d'entre nous pourraient déchiffrer une ligne des chartes originales, combien les pourraient lire, même à l'aide des *alphabets*, des *specimen* et des *fac-simile* insérés dans la *Re diplomatica* de Mabillon et ailleurs ? Nous sommes trop impatients d'étaler nos pensées ; nous dédaignons trop nos devanciers pour nous abaisser au modeste rôle de bouquineurs de cartulaires. Si nous lisions, nous aurions moins de temps pour écrire, et quel larcin fait à la postérité ! Quel que soit notre juste orgueil, oserai-je supplier notre supériorité de ne pas briser trop vite les béquilles sur lesquelles elle se traîne les ailes ployées ? Quand avec des dates bien correctes, des faits bien exacts, imprimés en beau français dans un caractère bien lisible, nous composons à notre aise des histoires nouvelles, sachons quelque gré à ces esprits obscurs, aux travaux desquels il nous suffit de coudre les lambeaux de notre génie, pour ébahir l'admirant univers.

Du Haillan, Belleforest, de Serres et Dupleix ont travaillé sur l'histoire générale de France. Du Haillan sait beaucoup et des choses curieuses ; il a de la fougue ; son indépendance nobiliaire est amusante. Dans sa dédicace à Henri IV il dit : « Je n'ai point voulu faire le flatteur « ni le courtisan, mais l'historien véritable ; j'ai voulu peindre les traits les plus difformes ainsi « que les plus beaux, et parler hardiment et librement de tout..... J'ai impugné plusieurs « points qui sont de la commune opinion des hommes, comme la venue de Pharamond ès « Gaules, l'institution de la loi salique, etc. »

Belleforest est diffus, mais sa compilation des anciennes chroniques met sur la voie de plusieurs raretés. Du Haillan le critiqua dans une de ses préfaces. « Je ne suis pas de ces hardis et « ignorants écrivains qui enfantent tous les jours des livres et qui en font de *grosses forêts*. » (Allusion au nom de Belleforest.)

Jean de Serres était protestant. Il est infidèle dans ses citations, fautif dans sa chronologie ; son style est chargé de figures outrées et de métaphores. De Serres était savant néanmoins : Pasquier et d'Aubigné l'ont repris avec aigreur.

Dupleix procède avec méthode ; c'est le premier historien français, avec Viguier, qui ait coté en marge ses autorités. Avant le chef-d'œuvre d'Adrien de Valois, Dupleix n'avait été surpassé dans l'histoire des deux premières races que par Fauchet.

Je ne parle pas de d'Aubigné, bien qu'il en valût la peine, parce qu'il s'est renfermé, ainsi que de Thou, dans une période particulière : la même raison me fait omettre Jean le Laboureur : personne n'a élevé plus haut le style historique que ce dernier écrivain.

Après ces quatre premiers auteurs de notre histoire générale, nous trouvons Mézeray, Varillas, Cordemoy, Legendre, Daniel, Velly, Villaret et Garnier.

On n'écrira jamais mieux quelques parties de notre histoire que Mézeray n'en a écrit quelques règnes. Son Abrégé est supérieur à sa grande Histoire, quoiqu'on n'y retrouve pas quelques-uns de ses discours débités à la manière de Corneille. Les Vies des reines sont quelquefois des modèles de simplicité. Quant au défaut de lecture reproché à Mézeray, la plupart de ses erreurs ont été redressées par l'abbé le Laboureur, Launoy, Dirois et le père Griffet. Mézeray avait été frondeur ; rien de plus libre que ses jugements : c'est dommage que son exécuteur testamentaire ait jeté au feu son *Histoire de la Maltôte*. Amelot de la Houssaye dit que Mézeray a laissé dans ses écrits une *assez vive image de l'ancienne liberté*. Ménage reproche à cet auteur de *n'avoir pas de phrases*. C'est Mézeray qui a dit : *Sous la fin de la deuxième race le royaume était tenu selon les lois des fiefs, se gouvernant comme un grand fief plutôt que comme une monarchie*. Tout ce qu'on a rabâché depuis sur les temps féodaux n'est que le commentaire de cet aperçu de génie.

Louis de Cordemoy publia, en l'achevant, l'*Histoire de France* qu'avait écrite Géraud de Cordemoy, son père. Cordemoy était, comme Bossuet, grand cartésien ; son travail exact est le premier où l'on sente la présence de la méthode philosophique.

L'abbé Legendre fit entrer dans l'histoire générale la peinture des mœurs et des coutumes ; heureuse innovation qui ouvrait une nouvelle route à l'histoire. Legendre, flatteur de Louis le Grand dans ses *Essais* sur le règne de ce roi, juge franchement tout le reste.

Varillas est fort décrié pour son romanesque ; il n'est pas cependant aussi menteur qu'on l'a dit. Versé dans la lecture des originaux, il avait même perdu la vue à cette lecture ; mais il a la plus singulière manie qu'on puisse imaginer : il transporte les actes d'un personnage à un autre, quand ce personnage a des homonymes dans des siècles différents ; j'en pourrais citer des exemples curieux.

Après le père Daniel, l'histoire militaire de la France n'est plus à faire. Enfin, sans parler de l'*Abrégé chronologique* trop vanté du président Hénault, et des *Essais historiques* trop décriés de Voltaire, le long travail de Velly, de Villaret et Garnier est d'un grand prix. Ce n'était pas sans doute des hommes de génie que ces trois derniers écrivains, mais le génie, qui en a ? si ce n'est dans notre siècle où il court les rues en sortant du maillot, comme un poussin qui brise sa coquille. Au défaut de ce premier don du ciel, qui nous était exclusivement réservé, on trouve dans les historiens que je viens de nommer une consciencieuse lecture, des pages nettement écrites, des jugements sains. Ces historiens se trompent, il est vrai, sur la physionomie des siècles, encore pas toujours.

Quant aux deux premières races, il le faut avouer, Velly est quelquefois ridicule; mais il peignait à la manière de son temps. Khlovigh, dans nos annales anté-révolutionnaires, ressemble à Louis XIV, et Louis XIV à Hugues Capet. On avait dans la tête le type d'une grave monarchie, toujours la même, marchant carrément avec trois ordres et un parlement en robe longue; de là cette monotonie de récits, cette uniformité de mœurs qui rend la lecture de notre histoire générale insipide. Les historiens étaient alors des hommes de cabinet, qui n'avaient jamais vu et manié les affaires.

Mais si nous apercevons les faits sous un autre jour, ne nous figurons pas que cela tienne à la seule force de notre intelligence. Nous venons après la monarchie tombée; nous toisons à terre le colosse brisé, nous lui trouvons des proportions différentes de celles qu'il paraissait avoir lorsqu'il était debout. Placés à un autre point de la perspective, nous prenons pour un progrès de l'esprit humain le simple résultat des événements, le dérangement ou la disparition des objets. Le voyageur qui foule aux pieds les ruines de Thèbes est-il l'Égyptien qui demeurait sous une des cent portes de la cité de Pharaon?

Ce qui nous blesse aujourd'hui surtout, en lisant notre histoire passée, c'est de ne pas nous y rencontrer. La France est devenue républicaine et plébéienne, de royale et aristocratique qu'elle était. Avec l'esprit d'égalité qui nous maîtrise, la présence exclusive de quelques nobles dans nos fastes nous irrite; nous nous demandons si nous ne valons pas mieux que ces gens-là, si nos pères n'ont point compté dans les destinées de notre patrie. Une réflexion devrait nous calmer. Qui d'entre nous survivra à son temps? Savons-nous comment s'appelaient ces milliers de soldats qui ont gagné les grandes batailles de l'armée populaire? Ils sont tombés aux yeux de leurs camarades, morts un moment après à leur côté. Des généraux, qui peut-être n'eurent aucune part au succès, sont devenus les illégitimes héritiers de ces obscurs enfants de l'honneur et de la gloire. Une nation n'a qu'un nom; les individus, plébéiens ou patriciens, ne sont eux-mêmes connus que par quelques-uns d'entre eux, jouets ou favoris de la fortune.

Sous le rapport des libertés, une observation analogue se présente. Les historiens du dix-septième siècle ne les pouvaient pas comprendre comme nous; ils ne manquaient ni d'impartialité, ni d'indépendance, ni de courage; mais ils n'avaient pas ces notions générales des choses que le temps et la révolution ont développées. L'histoire fait des progrès dont sont privées quelques autres parties de l'intelligence lettrée. La langue, quand elle a atteint sa maturité, demeure en cet état ou se gâte. On peut faire des vers autrement que Racine, jamais mieux : la poésie a ses bornes dans les limites de l'idiome où elle est écrite et chantée. Mais l'histoire, sans se corrompre, change de caractère avec les âges, parce qu'elle se compose des faits acquis et des vérités trouvées, parce qu'elle réforme ses jugements par ses expériences, parce qu'étant le reflet des mœurs et des opinions de l'homme, elle est susceptible du perfectionnement même de l'espèce humaine. Au physique, la société, avec les découvertes modernes, n'est plus la société sans ces découvertes : au moral, cette société, avec les idées agrandies telle qu'elles le sont de nos jours, n'est plus la société sans ces idées : le Nil à sa source n'est pas le Nil à son embouchure. En un mot, les historiens du dix-neuvième siècle n'ont rien créé; seulement ils ont un monde nouveau sous les yeux, et ce monde nouveau leur sert d'échelle rectifiée pour mesurer l'ancien monde.

Toute justice ainsi rendue aux hommes de mérite qui ont traité de notre histoire générale avant la révolution, je dirai avec la même impartialité qu'il ne les faut pas prendre pour guides. On ne se peut dispenser de recourir aux originaux, car ces écrivains les lisaient autrement que nous et dans un autre esprit : ils n'y cherchaient pas les choses que nous y cherchons, ils ne les voyaient même pas; ils rejetaient précisément ce que nous recueillons. Ils ne choisissaient, par exemple, dans les ouvrages des Pères de l'Église, que ce qui concerne le dogme et la doctrine du christianisme : les mœurs, les usages, les idées ne leur paraissaient d'aucune importance. Une histoire nouvelle tout entière est cachée dans les écrits des Pères; ces *Études* en indiqueront la route. Nous ne savons rien sur la civilisation grecque et romaine des cinquième, sixième et septième siècles, ni sur la barbarie des destructeurs du monde romain, que par les écrivains ecclésiastiques de cette époque.

A l'égard de nos propres monuments, des découvertes de même nature sont à faire. Avant la révolution, on n'interrogeait les manuscrits que relativement aux prêtres, aux nobles et aux rois. Nous, nous ne nous enquérons que de ce qui regarde les peuples et les transformations sociales : or, ceci est resté enseveli dans les chartes.

Les écrivains anté-révolutionnaires de l'histoire critique de France sont si nombreux qu'il est impossible de les indiquer tous; quelques-uns seulement doivent être signalés comme chefs d'école.

L'*Histoire de l'établissement de la monarchie française dans les Gaules* est un ouvrage solide, souvent attaqué, jamais renversé, pas même par Montesquieu, qui d'ailleurs a su peu de choses sur les Franks. On vole l'abbé Dubos sans avouer le larcin : il serait plus loyal d'en convenir.

Il en arrive de même à l'abbé de Gourcy : sa petite *Dissertation sur l'état des personnes en France sous la première et la seconde race*, dissertation couronnée par l'Académie des inscriptions, est d'une méthode, d'une clarté et d'un savoir rares. Ce qu'on écrit aujourd'hui sur le même sujet est en partie dérobé à l'excellent travail de Gourcy : on a raison de ne pas refaire une besogne si bien faite, mais il faudrait en avertir, pour laisser la louange à qui de droit. Il y a des hommes qui sont ainsi en possession de servir de moniteurs aux autres : Pagi sera l'éternel flambeau des fastes consulaires; Tillemont est le guide le plus sûr des faits et des dates pour l'histoire des empereurs; Gibbon se colle à lui; il se fourvoie, et tombe quand l'ouvrage de Tillemont finit; Saint-Marc a débrouillé le chaos des affaires italiennes du cinquième au douzième siècle. On ne mentionne point son *Abrégé chronologique* quand on s'occupe de cette période de l'histoire : ce serait justice cependant; d'autant mieux que l'on commet beaucoup de fautes quand on ne suit plus Saint-Marc, qui lui-même a suivi Sigonius et Muratori.

Les *Observations* de l'abbé de Mably sont écrites d'un ton d'arrogance et de fatuité qui les ferait prendre pour l'ouvrage de quelques capacités du jour, si la maigreur n'y remplaçait l'enflure. Sous cette superbe, on ne trouve pourtant dans Mably que des idées écourtées, une grande prétention à la force de tête, le désir de dire des choses immenses en quelques mots brefs : il y a peu de mots à effet et encore moins de choses. Lisez dans cet auteur gourmé quelques passages sur la transfusion des propriétés; ils sont bons.

Boulainvilliers a bien senti la nature aristocratique de l'ancienne constitution française, mais il est absurde sur la noblesse : il n'a pas d'ailleurs assez de lecture pour que son instruction dédommage du vice de son système.

De ces détails, il résulte que deux écoles historiques sont à distinguer avant l'époque de la révolution : l'école du dix-septième siècle, et l'école du dix-huitième siècle; l'une érudite et religieuse, l'autre critique et philosophique : dans la première, les bénédictins rassemblaient les faits, et Bossuet les proclamait à la terre; dans la seconde, les encyclopédistes critiquaient les faits, et Voltaire les livrait aux disputes du monde. L'Angleterre fondait auprès de nous son école exacte, plus dégagée que la nôtre des préjugés antireligieux. Notre école moderne du dix-neuvième siècle peut être appelée l'école politique; elle est philosophique aussi, mais autrement que celle du dix-huitième siècle : parlons-en.

École historique moderne de la France.

L'école moderne se divise en deux systèmes principaux : dans le premier, l'histoire doit être écrite sans réflexions; elle doit consister dans le simple narré des événements, et dans la peinture des mœurs; elle doit présenter un tableau naïf, varié, rempli d'épisodes, laissant chaque lecteur, selon la nature de son esprit, libre de tirer les conséquences des principes, et de dégager les vérités générales des vérités particulières. C'est ce qu'on appelle l'histoire *descriptive*, par opposition à l'histoire *philosophique* du dernier siècle.

Dans le second système, il faut raconter les faits généraux, en supprimant une partie des détails, substituer l'histoire de l'espèce à celle de l'individu, rester impassible devant le vice et la vertu comme devant les catastrophes les plus tragiques. C'est l'histoire *fataliste*, ou le *fatalisme* appliqué à l'histoire.

Je vais exposer mes doutes sur ces deux systèmes.

L'histoire descriptive, poussée à ses dernières limites, ne rentre-t-elle pas trop dans la nature du mémoire? La pensée philosophique, employée avec sobriété, n'est-elle pas nécessaire pour donner à l'histoire sa gravité, pour lui faire prononcer les arrêts qui sont du ressort de son dernier et suprême tribunal? Au degré de civilisation où nous sommes arrivés, l'histoire de l'*espèce* peut-elle disparaître entièrement de l'histoire de l'*individu?* Les vérités éternelles, bases de la société humaine, doivent-elles se perdre dans des tableaux qui ne représentent que des mœurs privées?

Il y a dans l'homme deux hommes; l'homme de son siècle, l'homme de tous les siècles : le grand peintre doit surtout s'attacher à la ressemblance de ce dernier. Peut-être aujourd'hui met-on trop de prix à la ressemblance, et, pour ainsi dire, à la calque de la physionomie de chaque époque. Il est possible que, dans l'histoire comme dans les arts, nous représentions mieux qu'on ne le faisait jadis les costumes, les *intérieurs*, tout le matériel de la société; mais une figure de Raphaël, avec des fonds négligés et de flagrants anachronismes, n'efface-t-elle pas ces perfections du second ordre? Lorsqu'on jouait les personnages de Racine avec les perruques à la Louis XIV, les spectateurs n'étaient ni moins ravis ni moins touchés. Pourquoi? parce qu'on voyait *l'homme* au lieu *des hommes*.

> Jamais Iphigénie, en Aulide immolée,
> N'a coûté tant de pleurs à la Grèce assemblée,
> Que, dans l'heureux spectacle à nos yeux étalé,
> N'en a fait sous son nom verser la Champmeslé.

M. de Barante s'est élevé au-dessus de ces difficultés par la supériorité de son talent, et parce qu'il n'a pas tout à fait caché l'*espèce*; mais je crains qu'il n'ait égaré ses imitateurs.

Voici ce qui me semble vrai dans le système de l'histoire descriptive : l'histoire n'est point un ouvrage de philosophie, c'est un tableau; il faut joindre à la narration, la représentation de l'objet, c'est-à-dire qu'il faut à la fois dessiner et peindre; il faut donner aux personnages le langage et les sentiments de leur temps, ne pas les regarder à travers nos propres opinions, principale cause de l'altération des faits. Si, prenant pour règle ce que nous croyons de la liberté, de l'égalité, de la religion, de tous les principes politiques, nous appliquons cette règle à l'ancien ordre de choses, nous faussons la vérité, nous exigeons des hommes vivant dans cet ordre de choses ce dont ils n'avaient pas même l'idée. Rien n'était si mal que nous le pensons; le prêtre, le noble, le bourgeois, le vassal, avaient d'autres notions du juste et de l'injuste que les nôtres : c'était un autre monde, un monde sans doute moins rapproché des principes généraux naturels que le monde présent, mais qui ne manquait ni de grandeur, ni de force, témoin ses actes et sa durée. Ne nous hâtons pas de prononcer trop dédaigneusement sur le passé : qui sait si la société de ce moment, qui nous semble supérieure (et qui l'est en effet sur beaucoup de points) à l'ancienne société, ne paraîtra pas à nos neveux, dans deux ou trois siècles, ce que nous paraît la société deux ou trois siècles avant nous? Nous réjouirions-nous dans le tombeau d'être jugés par les générations futures avec la même rigueur que nous jugeons nos aïeux? Ce qu'il y a de bon, de sincère, dans l'histoire descriptive, c'est qu'elle dit les temps tels qu'ils sont.

L'autre système historique moderne, le système fataliste, a, selon moi, de bien plus graves inconvénients, parce qu'il sépare la morale de l'action humaine; sous ce rapport, j'aurai dans un moment l'occasion de le combattre, en parlant des écrivains de talent qui l'ont adopté. Je dirai seulement ici que le système qui bannit l'*individu* pour ne s'occuper que de l'*espèce*, tombe dans l'excès opposé au système de l'histoire descriptive. Annuler totalement l'*individu*, ne lui donner que la position d'un chiffre, lequel vient dans la série d'un nombre, c'est lui contester la valeur *absolue* qu'il possède, indépendamment de sa valeur *relative*. De même qu'un siècle influe sur un homme, un homme influe sur un siècle; et si un homme est le représentant des idées du temps, plus souvent aussi le temps est le représentant des idées de l'homme.

Le second système de l'histoire moderne a son côté vrai comme le premier. Il est certain qu'on ne peut omettre aujourd'hui l'histoire de l'*espèce*; qu'il y a réellement des révolutions inévitables parce qu'elles sont accomplies dans les esprits avant d'être réalisées au dehors; que l'histoire de l'*humanité*, de la société *générale*, de la civilisation *universelle*, ne doit pas être masquée par l'histoire de l'*individualité sociale*, par les événements *particuliers* à un siècle et à un pays. La perfection serait de marier les trois systèmes : l'histoire philosophique, l'histoire particulière, l'histoire générale; d'admettre les réflexions, les tableaux, les grands résultats de la civilisation, en rejetant des trois systèmes ce qu'ils ont d'exclusif et de sophistique.

Au surplus, s'il est bon d'avoir quelques principes arrêtés en prenant la plume, c'est selon moi une question oiseuse de demander comment l'histoire doit être écrite : chaque historien l'écrit d'après son propre génie; l'un raconte bien; l'autre peint mieux; celui-ci est sentencieux, celui-là indifférent ou pathétique, incrédule ou religieux : toute manière est bonne, pourvu qu'elle soit vraie. Réunir la gravité de l'histoire à l'intérêt du mémoire, être à la fois Thucydide et Plutarque, Tacite et Suétone, Bossuet et Froissard, et asseoir les fondements de son travail sur les principes généraux de l'école moderne, quelle merveille! Mais à qui le ciel a-t-il jamais départi cet ensemble de talents dont un seul suffirait à la gloire de plusieurs hommes? Chacun écrira donc comme il voit, comme il sent; vous ne pouvez exiger de l'historien que la connaissance des faits, l'impartialité des jugements, et le style, s'il peut.

École historique de l'Allemagne. — Philosophie de l'histoire. — L'histoire en Angleterre et en Italie.

Auprès de nous, tandis que nous fondions notre école politique, l'Allemagne établissait ses nouvelles doctrines et nous devançait dans les hautes régions de l'intelligence : elle faisait entrer la philosophie dans l'histoire, non cette philosophie du dix-huitième siècle, qui consistait à rendre des arrêts moraux ou antireligieux, mais cette philosophie qui tient à l'essence des êtres; qui, pénétrant l'enveloppe du monde sensible, cherche s'il n'y a point sous cette enveloppe quelque chose de plus réel, de plus vivant, cause des phénomènes sociaux.

Découvrir les lois qui régissent l'espèce humaine; prendre pour base d'opérations les trois ou quatre grandes traditions répandues chez tous les peuples de la terre; reconstruire la société sur ces traditions, de la même manière qu'on restaure un monument d'après ses ruines; suivre le développement des idées et des institutions chez cette société; signaler ses transformations; s'enquérir de l'histoire s'il n'existe pas dans l'humanité quelque mouvement naturel, lequel, se manifestant à des époques fixes dans des positions données, peut faire prédire le retour de telle ou telle révolution, comme on annonce la réapparition des comètes dont les courbes ont été calculées : ce sont là d'immenses intérêts. Qu'est-ce que l'homme? d'où vient-il? où va-t-il? qu'est-il venu faire ici-bas? quelles sont ses destinées? Les archives du monde fournissent-elles des réponses à ces questions? Trouve-t-on à chaque origine nationale un âge religieux? de cet âge passe-t-on à un âge héroïque? de cet âge héroïque à un âge social? de cet âge social à un âge proprement dit humain? de cet âge humain à un âge philosophique? Y a-t-il un Homère qui chante en tout pays, dans différentes langues, au berceau de tous les peuples? L'Allemagne se divise sur ces questions en deux partis : le parti philosophique-historique, et le parti historique.

Le parti philosophique-historique, à la tête duquel se met M. Hegel, prétend que l'âme universelle se manifeste dans l'humanité par quatre modes : l'un substantiel, identique, immobile; on le trouve dans l'Orient : l'autre individuel, varié, actif; on le voit dans la Grèce : le troisième se composant des deux premiers dans une lutte perpétuelle; il était à Rome : le quatrième sortant de la lutte du troisième pour harmonier ce qui était divers; il existe dans les nations d'origine germanique.

Ainsi l'Orient, la Grèce, Rome, la Germanie, offrent les quatre formes et les quatre principes historiques de la société. Chaque grande masse de peuples, placée dans ces catégories géographiques, tire de ses positions diverses la nature de son génie, le caractère de ses lois, le genre des événements de sa vie sociale.

Le parti historique s'en tient aux seuls faits et rejette toute formule philosophique. M. Niebuhr, son illustre chef, dont le monde lettré déplore la perte récente, a composé l'histoire romaine qui précéda Rome; mais il n'a point reconstruit son monument cyclopéen autour d'une idée. M. de Savigny, qui suit l'histoire du droit romain depuis son âge poétique jusqu'à l'âge philosophique où nous sommes parvenus, ne cherche point le principe abstrait qui semble avoir donné à ce droit une sorte d'éternité.

L'école philosophique-historique de nos voisins procède, comme on le voit, par *synthèse*, et l'école purement historique par *l'analyse*. Ce sont les deux méthodes naturellement applicables à l'*idée* et à la *forme*. L'école philosophique soutient que l'esprit humain crée les faits; l'école historique dit que le fait met en mouvement l'esprit humain : cette dernière école reconnaît encore un enchaînement providentiel dans l'ordre des événements. Ces deux écoles prennent en Allemagne le nom de système rationnel et de système supernaturel.

De concert avec les deux écoles historiques, marchent deux écoles théologiques qui s'unissent aux deux premières selon leurs diverses affinités. Ces écoles théologiques sont chrétiennes; mais l'une fait sortir le christianisme de la raison pure, l'autre de la révélation. Dans ce pays où les hautes études sont poussées si loin, il ne vient à la pensée de personne que l'absence de l'idée chrétienne dans la société soit une preuve des progrès de la civilisation.

Les *Idées sur la philosophie de l'histoire de l'humanité,* par Herder, sont trop célèbres pour ne les pas rappeler ici. Un passage de l'introduction de M. Quinet suffira pour les faire connaître.

« L'histoire, dans son commencement comme dans sa fin, est le spectacle de la liberté,
« la protestation du genre humain contre le monde qui l'enchaîne, le triomphe de l'infini sur
« le fini, l'affranchissement de l'esprit, le règne de l'âme : le jour où la liberté manquerait
« au monde serait celui où l'histoire s'arrêterait. Poussé par une main invisible, non-seule-
« ment le genre humain a brisé le sceau de l'univers et tenté une carrière inconnue jusque-
« là, mais il triomphe de lui-même, se dérobe à ses propres voies, et changeant incessam-
« ment de formes et d'idoles, chaque effort atteste que l'univers l'embarrasse et le gêne. En
« vain l'Orient, qui s'endort sur la foi de ses symboles, croit-il avoir enchaîné de tant de
« mystérieuses entraves; sur le rivage opposé s'élève un peuple enfant qui se fera un jouet
« de ses énigmes et l'étouffera à son réveil. En vain la personnalité romaine a-t-elle tout
« absorbé pour tout dévorer; au milieu de ce silence de l'empire, est-ce une illusion déce-
« vante, un leurre poétique, que ce bruit sorti des forêts du Nord, et qui n'est ni le frémis-
« sement des feuilles, ni le cri de l'aigle, ni le mugissement des bêtes sauvages? Ainsi,
« captif dans les bornes du monde, l'infini s'agite pour en sortir; et l'humanité qui l'a re-
« cueilli, saisie comme d'un vertige, en va, en présence de l'univers muet, cheminant de
« ruines en ruines sans trouver où s'arrêter. C'est un voyageur pressé, plein d'ennui, loin
« de ses foyers; parti de l'Inde avant le jour, à peine s'est-il reposé dans l'enceinte de Baby-
« lone, qu'il brise Babylone; et, restant sans abri, il s'enfuit chez les Perses, chez les
« Mèdes, dans la terre d'Égypte. Un siècle, une heure, et il brise Palmyre, Ecbatane et
« Memphis, et, toujours renversant l'enceinte qui l'a recueilli, il quitte les Lydiens pour
« les Hellènes, les Hellènes pour les Étrusques, les Étrusques pour les Romains, les Romains
« pour les Gètes, les Gètes... Mais que sais-je ce qui va suivre ! Quelle aveugle précipita-
« tion ! Qui le presse? Comment ne craint-il pas de défaillir avant l'arrivée? Ah! si dans
« l'antique épopée nous suivons de mers en mers les destinées errantes d'Ulysse jusqu'à
« son île chérie, qui nous dira quand finiront les aventures de cet étrange voyageur, et
« quand il verra de loin fumer les toits de son Ithaque?

« Ainsi, nous touchons aux premières limites de l'histoire. Nous quittons les phénomènes
« physiques pour entrer dans le dédale des révolutions qui marquent la vie de l'humanité.
« Adieu ces douces et paisibles retraites, ce repos immuable, cette fraîcheur et cette inno-

« cence dans les tableaux ; l'air que nous allons respirer est dévorant, le terrain que nous
« foulons aux pieds est souillé de sang, les objets y vacillent dans une éternelle instabilité :
« où reposer mes yeux ? Le moindre grain de sable battu des vents a en lui plus d'éléments de
« durée que la fortune de Rome ou de Sparte. Dans tel réduit solitaire je connais tel petit
« ruisseau dont le doux murmure, le cours sinueux et les vivantes harmonies, surpassent en
« antiquité les souvenirs de Nestor et les annales de Babylone. Aujourd'hui, comme aux jours
« de Pline et de Columelle, la jacinthe se plaît dans les Gaules, la pervenche en Illyrie, la
« marguerite sur les ruines de Numance ; et pendant qu'autour d'elles les villes ont changé de
« maîtres et de nom, que plusieurs sont rentrées dans le néant, que les civilisations se sont
« choquées et brisées, leurs paisibles générations ont traversé les âges, et se sont succédé
« l'une à l'autre jusqu'à nous, fraîches et riantes comme aux jours des batailles.

« Cette permanence du monde matériel ne doit-elle donc ici qu'exciter de vains regrets, et
« cette masse imposante n'est-elle là que pour mieux faire sentir ce qu'il y a d'éphémère et de
« tumultueux dans la succession des civilisations ? A Dieu ne plaise ! Tout au contraire, elle
« se réfléchit dans le système entier des actions humaines, et les marques d'un profond carac-
« tère de paix et de sérénité. Quand il a été établi que les vicissitudes de l'histoire ne naissent
« pas d'un vain caprice des volontés, mais qu'elles ont leurs fondements dans les entrailles
« même de l'univers, qu'elles en sont le résultat le plus élevé, et que c'était une condition du
« monde que nous voyons de faire naître à telle époque telle forme de civilisation, tel mou-
« vement de progression ; que ces divers phénomènes entrent en rapport avec le domaine
« entier de la nature et participent de son caractère, ainsi que toute autre espèce de produc-
« tion terrestre ; les actions humaines se présentent alors comme un nouveau règne, qui a ses
« harmonies, ses contrastes et sa sphère déterminés. »

Ainsi s'exprime Herder par la voix de son éloquent interprète.

Au surplus, ces nobles systèmes appliqués à l'histoire ne sont pas aussi nouveaux qu'ils le paraissent. Un homme, patiemment endormi pendant un siècle et demi dans sa poussière, vient de ressusciter pour réclamer sa gloire ajournée ; il avait devancé son temps ; quand l'ère des idées qu'il représentait est arrivée, elles ont été frapper à sa tombe et le réveiller : je veux parler de Vico.

Dans son ouvrage de *la Science nouvelle*, Vico, laissant de côté l'histoire particulière des peuples, posa les fondements de l'histoire générale de l'espèce humaine.

« Tracer l'histoire universelle éternelle, » dit M. Michelet dans sa traduction abrégée et son analyse précise et bien sentie du système de Vico, « tracer l'histoire universelle éternelle
« qui se produit dans le temps sous la forme des histoires particulières ; décrire le cercle idéal
« dans lequel tourne le monde réel, voilà l'objet de *la Science nouvelle* ; elle est tout à la fois
« la philosophie et l'histoire de l'humanité.

« Elle tire son unité de la religion, principe conducteur et conservateur de la société.
« Jusqu'ici on n'a parlé que de théologie naturelle, *la Science nouvelle* est une théologie
« sociale, une démonstration historique de la Providence, une histoire des décrets par les-
« quels, à l'insu des hommes et souvent malgré eux, elle a gouverné la grande cité du genre
« humain. Qui ne ressentira un divin plaisir en ce corps mortel, lorsque nous contemplerons
« ce monde des nations, si varié de caractères, de temps et de lieux, dans l'uniformité des
« idées divines ? »

Selon Vico, les fondateurs de la société furent les géants ou les cyclopes. Les géants étaient sans lois et sans Dieu : le tonnerre gronda ; ils s'effrayèrent ; ils reconnurent une puissance supérieure à la leur, origine de l'idolâtrie, née de la crédulité et non de l'imposture. L'idolâtrie fut nécessaire au monde, dit Vico ; elle dompta, par les terreurs de la religion, l'orgueil de la force ; elle prépara, par la religion des sens, la religion de la raison et ensuite celle de la foi. Ce fut là le premier âge, âge poétique de la société ; à cette époque toutes les lois étaient religieuses. Vico, pour se débarrasser des questions théologiques, met à part le peuple de Dieu comme seul dépositaire de la vraie tradition, et raisonne librement sur tout le reste.

Avec la religion commence la société ; les premiers pères de famille deviennent les premiers prêtres, les premiers rois, les *patriarches* (pères et princes).

Ce gouvernement de famille est cruel, absolu ; le père a le droit de vie et de mort sur ses enfants, de même que sa vie et sa mort sont soumises au Dieu qui l'a créé, et qu'il a entendu dans le bruit de la foudre. De là les sacrifices humains, les rites, les cérémonies religieuses ; loi primitive de l'espèce humaine, loi qui se prolongea jusque dans le droit civil, successeur de cette première loi.

Bientôt des Sauvages, qui étaient restés dans la promiscuité des biens et des femmes et dans l'anarchie qui en était la suite, se réfugièrent aux autels des *forts*, sur les hauteurs où les premières familles s'étaient rassemblées sous le gouvernement des pères de famille ou des *héros*.

Ces réfugiés devinrent les esclaves de leurs défenseurs ; ils ne jouirent d'aucune prérogative des héros, et particulièrement du mariage religieux ou solennel qui fonda la société domestique ; mais les réfugiés se multiplièrent, et voulurent une part des terres qu'ils cultivaient. Partout où les héros ne furent pas assez puissants pour conserver la totalité des biens, ils cédèrent, à certaines conditions, des terres à leurs anciens esclaves. Telle fut la première loi agraire, l'origine des clientèles et des fiefs.

Alors commença la cité. Les pères de famille devinrent la classe des *nobles*, des *patriciens*; les réfugiés composèrent la classe des *plébéiens, compagnons, clients, vassaux* : ils n'avaient aucuns droits politiques ; ils ne possédaient que la jouissance des terres concédées par les nobles.

Les cités héroïques furent toutes gouvernées aristocratiquement ; elles étaient guerrières dans leur essence. Les habitants de ces cités, brigands ou pirates au dehors, étaient éternellement divisés au dedans.

Peu à peu ces sociétés aristocratiques se transforment, par l'accroissement de la partie démocratique, en républiques populaires. Les états populaires se corrompent ; le peuple, qui d'abord n'avait réclamé que l'égalité, veut dominer à son tour. L'anarchie survient, et force le peuple à s'abriter dans la domination d'un seul. Le besoin de l'ordre fonde la monarchie, comme le besoin de liberté avait fondé l'aristocratie, et le besoin d'égalité la démocratie.

« Si la monarchie n'arrête pas la corruption du peuple, ce peuple, dit Vico, devient esclave
« d'une nation meilleure qui le soumet par les armes et le sauve en le soumettant, car ce sont
« deux lois naturelles : *Qui ne peut se gouverner obéira, et aux meilleurs l'empire du monde.* »
Maxime contestable.

La partie vraiment neuve du système de Vico est celle où il fait entrer l'histoire du droit civil dans l'histoire du droit politique. Il avait dirigé ses études de ce côté ; ses premiers essais de jurisprudence et d'étymologie latine sont, à tout prendre, ses meilleurs ouvrages. Il démontre que la jurisprudence varie selon la forme des gouvernements, lesquels eux-mêmes sont nés des mœurs ; il observe que la première loi de la société, loi d'abord toute religieuse, pénétra et se prolongea dans l'ordre civil à travers les révolutions et les transformations politiques. Nul n'avait vu avant lui que si la jurisprudence des Romains était entourée de solennités et de mystères, c'est qu'elle découlait de l'antique droit religieux, et que ces mystères n'étaient point une imposture, un moyen de pouvoir inventé par les prêtres et par les nobles. A Rome, les actes appelés par excellence *actes légitimes*, étaient accompagnés de rites sacrés : pour que les mariages et les testaments fussent dits *justes*, c'est-à-dire supposant les droits de l'ordre politique le plus élevé, il fallait qu'ils eussent été légalisés par des cérémonies saintes.

Cette belle remarque de Vico se peut appliquer à notre société même : le christianisme qui la fonda à part, au milieu de la société païenne de Rome et de la Grèce, ou chez les peuples barbares, la soumit à la loi religieuse. Le mariage et la sépulture ne furent *solennels* et *légitimes* parmi les fidèles, qu'autant qu'ils furent chrétiennement *autorisés* ; le baptême fit de plus une chose *solennelle* et *légitime* de la naissance, comme l'extrême-onction consacra la mort. Les sept sacrements de l'Église furent des actes civils de la première société chrétienne.

Tel est le système de Vico, système où il faut reconnaître un homme d'un grand entendement, mais un homme dominé par l'imagination, et qui mêle à des vérités nouvelles des jeux d'esprit que ne peuvent approuver l'histoire, la raison et la saine logique. Ses idées sur l'idolâtrie, utile selon lui aux hommes, sont insoutenables : quand il fait d'Hercule, d'Hermès, d'Homère, d'Ésope, de Romulus, non des individus, mais un type idéal des mœurs et des idées d'une époque, il raisonne visiblement contre les opérations naturelles de l'esprit humain. Le Sauvage *personnifie* les arbres, les fleurs, les rochers ; mais il n'*allégorise* pas le temps. Lorsque Vico dit que les hommes reprirent la taille anté-diluvienne en redevenant sauvages après le déluge, il va contre la bonne physique : l'homme dans l'état *bestial,* comme tous les animaux, est chétif ; c'est la société pour les hommes, et la domesticité pour les animaux capables d'éducation, qui développe la plus grande nature.

Vico tranche encore trop légérement la question sur la parole humaine ; il suppose qu'elle se perdit après le déluge, et qu'il y eut une époque de mutisme pour le genre humain, qui, ce cas arrivé, n'aurait plus été qu'une espèce de famille de singes. Le verbe a-t-il été donné à l'homme avec la pensée ? Est-il né d'elle comme le fruit sort de la fleur ? La parole, au contraire, est-elle révélée ? Immense question que Vico a résolue d'un trait de plume, et que la rigueur de l'histoire ne permet pas d'adopter comme un fait incontestable.

De nos jours un écrivain français a renouvelé, en l'améliorant, une partie du système de Vico. La philosophie de M. Ballanche est une théosophie chrétienne. Selon cette philosophie, une loi providentielle générale gouverne l'ensemble des destinées humaines, depuis le commencement jusqu'à la fin. Cette loi générale n'est autre chose que le développement de deux dogmes générateurs, la déchéance et la réhabilitation, dogmes qui se retrouvent dans toutes les traditions générales de l'humanité, et qui sont le christianisme même. Le vif sentiment de ces deux dogmes produit une psychologie qui explique les facultés humaines en rendant compte de la nature intime de l'homme, et qui se révèle dans la contexture des langues anciennes. L'homme, durant sa laborieuse carrière, cherche sans repos sa route de la déchéance à la réhabilitation, pour arriver à l'unité perdue.

M. Ballanche a voulu faire pénétrer le génie historique dans la région qui a précédé l'histoire. Son Orphée résume les quinze siècles de l'humanité antérieurs aux temps historiques.

Il a réduit ensuite les cinq premiers siècles de l'histoire romaine à une synthèse, laquelle est en même temps une trilogie poétique et une psychologie de l'humanité.

Je ne puis mieux achever de faire connaître la *Palingénésie sociale* qu'en empruntant ce passage d'un excellent extrait de M. Desmousseaux de Givré, homme dont l'esprit est marqué d'un de ces caractères distincts qui se font reconnaître à l'instant dans l'ordre littéraire ou politique [1].

« Interrogeant tour à tour les livres saints, les poésies primitives, l'histoire, M. Ballanche a
« déduit de leurs réponses concordantes une analogie parfaite entre le principe révélé et le
« principe rationnel ; et c'est là toute la pensée *palingénésique*. Il croit que la loi qui préside
« aux progrès de l'humanité, soit qu'on la contemple dans la sphère religieuse, soit qu'on l'étu-
« die dans la sphère philosophique, est *une*. Le titre à inscrire sur le frontispice de ses œuvres
« complètes, pour en annoncer l'idée fondamentale, pourrait donc être celui-ci : *Identité du*
« *dogme de la déchéance et de la réhabilitation du genre humain avec la loi philosophique de*
« *la perfectibilité.*

« Les Écritures nous montrent un *homme* succombant dans l'épreuve de l'obéissance, puis
« initié, par sa chute même, à la connaissance du bien et du mal, et, plus tard, rachetant sa
« faute par le sang d'une victime innocente et volontaire. Cet homme des Écritures, c'est à la
« fois Adam, le peuple juif et le genre humain. Le fils de Dieu, venant sur la terre pour y

---

[1] Cet extrait a paru dans le *Journal des Débats,* du 27 juin 1830. M. Desmousseaux de Givré, attaché à mon ambassade à Londres, était mon second secrétaire d'ambassade à Rome. De tous les jeunes diplomates, c'est le seul qui ait donné sa démission lorsque M. de Polignac fut chargé du portefeuille des affaires étrangères ; il se retira avec moi et malgré moi. Il désirait reprendre du service après les journées de juillet ; on lui a préféré des hommes tout à fait nouveaux dans la carrière, ou qui n'avaient d'autre mérite que d'avoir été placés auprès des ambassadeurs les plus opposés aux libertés constitutionnelles de la France. Notre corps diplomatique n'était vraiment pas assez riche (et je le connais à fond) pour se passer des services d'un homme comme M. de Givré, quand il voulait bien faire le sacrifice de s'attacher à un ministère aussi déplorable.

« mourir, offre une triple expiation. Par Marie, sa mère, il est le fils d'Adam, le fils de David,
« le *Fils de l'Homme*, c'est-à-dire l'enfant du premier pécheur, l'enfant du peuple choisi, l'en-
« fant du genre humain. Il y a donc, en un sens mystique, identité entre un homme, une na-
« tion, et l'humanité tout entière. Pour ces trois unités vivantes, d'une nature semblable,
« quoique d'un ordre différent, il y a trois degrés nécessaires avant d'arriver à la perfection
« dont le salut dépend, à savoir : l'épreuve, l'initiation, l'expiation.

« Eh bien ! partout dans les croyances des peuples, partout dans les chants des poëtes, par-
« tout dans les souvenirs de l'histoire, le *mythe* chrétien se reproduit.

« Aux temps fabuleux, Prométhée ravit la flamme du ciel : initié au secret des dieux, il expie
« sa témérité dans les tourments. Aux temps héroïques, Orphée, initiateur des peuples, perd
« une seconde fois Eurydice, parce qu'il a voulu surprendre le secret des enfers. Aux temps
« historiques, Brutus, après avoir consulté l'oracle, affranchit le patriciat de l'autorité des rois,
« et le sang généreux de Lucrèce coule pour l'expiation. Plus tard, c'est Virginie sacrifiée
« par son père, pure victime, dont la mort consacre l'émancipation de la plèbe, c'est-à-dire
« l'initiation d'un peuple à la liberté. Dans ces faits, choisis au hasard entre mille autres faits
« analogues, l'épreuve à subir, l'énigme à deviner, et le sacrifice d'une vie innocente, ces
« trois grands traits du *mythe* chrétien sont partout reconnaissables.

« Rechercher, restaurer, rapprocher ces lambeaux défigurés d'une idée à la fois une et
« triple, n'a été que la partie matérielle d'un grand travail, la tâche de l'érudition et de la
« science ; mais avoir appliqué aux phénomènes de la vie des nations le dogme chrétien ; avoir
« retrouvé dans chaque peuple *l'homme* dont parle l'Écriture ; voilà l'inspiration religieuse, et
« en même temps la pensée philosophique.

L'histoire vue de si haut ne convient peut-être pas à toutes les intelligences, mais celles mêmes qui se plaisent aux lectures faciles trouveront un charme particulier dans la *Palingénésie sociale* de M. Ballanche. Un style élégant et harmonieux revêt des pensées consolantes et pures : il semble que l'on voit tous les secrets de la conscience calme et sereine de l'auteur, comme à la tranquille et mystérieuse lumière de son imagination. Ce génie théosophique ne nous laisse rien à envier à l'Allemagne et à l'Italie. Je ne sais si Vico, Herder et M. Ballanche, en appliquant leurs formules à l'histoire, ne confondent pas un peu des sujets et des genres divers ; mais certainement ils agrandissent l'homme : il est bon que l'historien ait une haute idée de l'espèce humaine, afin d'écrire avec plus de noblesse de ses droits et de ses libertés.

Tandis que le mouvement des esprits dans la France et l'Allemagne s'accroissait, la Grande-Bretagne demeurait stationnaire. L'école d'Édimbourg a fait avancer les études philosophiques : les *Esquisses de philosophie morale* de Dugald Stewart ont été traduites par M. Jouffroy, jeune professeur qui commence à battre en ruine, avec une logique claire et puissante, des systèmes dont l'esprit du jour est infatué. Mais, sous les rapports historiques, comme l'Angleterre jouit depuis longtemps de franchises considérables ; comme elle s'est bien trouvée de ces franchises pour sa prospérité, sa paix et sa gloire, ses écrivains n'ont point été conduits à considérer les faits dans le but d'un meilleur avenir. La liberté aristocratique, qui jusqu'ici a dominé les libertés royales et populaires à Westminster, a jeté les idées dans un moule uniforme dont elles n'ont point cherché à se dégager ; cela se remarque jusque dans les écrivains économistes de la Grande-Bretagne : ils envisagent l'impôt, le crédit, la propriété de tous genres, dans le sens des institutions actuelles de leur pays.

Mais, par l'influence croissante de l'industrie, par l'importation des principes du continent, il se forme actuellement dans les trois royaumes-unis une classe d'hommes dont les idées ne sont plus *anglaises* : on les distingue très-bien, ces idées, à leur *couleur*, dans les livres, dans les discours à la chambre des lords, à la chambre des communes ; tôt ou tard elles renverseront la constitution de 1688. Le premier pas dans cette route a été l'émancipation de l'Irlande catholique, le second sera la réforme parlementaire : alors la vieille Angleterre aura ses révolutions, et son histoire se renouvellera.

En ces derniers temps, l'*Histoire d'Angleterre* par le docteur Lingard s'est fait remarquer ; elle ne dispense point de lire les historiens des deux anciennes écoles wigh et tory. Il y a eu grand scandale lorsqu'on a vu un prêtre catholique anglais trouver Charles Ier coupable, et ne blâmer que la forme dans l'exécution de ce prince.

L'Angleterre n'était pas riche en mémoires; ils commencent à s'y multiplier. M. Hallam me semble avoir mieux réussi dans son *Histoire constitutionnelle d'Angleterre* que dans son *Europe au moyen âge*.

Le Génie de l'Italie était sorti de son vieux temple au bruit de la commotion européenne. Maintenant ce Génie est retourné à ses ruines; lieux de franchise pour les grandeurs tombées, la gloire persécutée et les talents malheureux. L'*Histoire des États-Unis* par Botta ne peut être répudiée par la patrie des Villani, des Bentivoglio, des Giannone, des Davila, des Guicciardini et des Machiavel. Pour l'histoire ancienne, les Italiens seront toujours nos maîtres, parce qu'ils en sont eux-mêmes la suite, et qu'ils sont familiarisés avec sa langue et ses monuments.

J'écrivais que le Génie de l'Italie était retourné à ses ruines, il me saisit la main et me force à me rétracter.

Auteurs français qui ont écrit l'histoire depuis la révolution. — Mémoires, traductions et publications. — Théâtre. — Roman historique. — Poésie. — Écrivains fondateurs de notre nouvelle école historique.

De l'examen des principes de l'école moderne historique considérée dans ses systèmes, en France, en Allemagne, en Angleterre, en Italie, je passe à l'examen des historiens de cette école parmi nous.

Les écrivains français qui se sont occupés de l'histoire depuis la révolution, ont pris des routes opposées; les uns sont restés fidèles aux traditions de l'ancienne école, les autres se sont attachés à l'école nouvelle descriptive et fataliste.

M. Villemain, qui tient par le bon goût du style à l'ancienne école et par les idées à la nouvelle, nous a donné une histoire complète de Cromwell. Se cachant derrière les événements et les laissant parler, il a su avec beaucoup d'art les mettre à l'aise et dans la place convenable à leur plus grand effet. Un sujet d'un immense intérêt occupe maintenant l'auteur. A en juger par les fragments de la *Vie de Grégoire VII* dont j'ai eu le bonheur d'entendre la lecture, le public peut espérer un des meilleurs ouvrages historiques qui aient paru depuis longtemps. Au surplus, je cite souvent les travaux de M. Villemain dans ces *Études*, et, pour ne point me répéter, j'abrège ici des éloges que l'on retrouvera ailleurs.

M. Daunou appartenait à cette congrégation religieuse d'où sont sortis les Lecointe et les Lelong; il n'a point démenti sa docte origine: c'est un des plus savants continuateurs de l'*Histoire littéraire de la France*. Dans ses divers mémoires, on trouve à s'instruire. Il faut être en garde contre ce qu'il dit des souverains pontifes, lorsqu'il juge un pape du dixième siècle d'après les idées du dix-huitième. M. Daunou paraît peu favorable à la moderne école.

M. de Saint-Martin, qui suit aussi les vieilles traces, a jeté par sa connaissance de la langue arménienne une vive lumière sur l'histoire des Perses.

Dans la *Théorie du pouvoir civil et religieux*, de M. de Bonald, il y a eu du génie; mais c'est une chose qui fait peine de reconnaître combien les idées de cette théorie sont déjà loin de nous. Avec quelle rapidité le temps nous entraîne! L'ouvrage de M. de Bonald est comme ces pyramides, palais de la mort, qui ne servent au navigateur sur le Nil qu'à mesurer le chemin qu'il a fait avec les flots.

Je ne sais comment classer M. Dulaure; il fut connu avant, pendant et après la révolution. Ses *Descriptions des curiosités et des environs de Paris*; ses *Singularités historiques*; son *Histoire critique de la noblesse*, sont remplies de faits curieusement choisis. Toutefois c'est de la satire historique et non de l'histoire: on peut toujours montrer l'envers d'une société. Il faut lire de M. Dulaure son *Supplément aux crimes de l'ancien comité du gouvernement*, imprimé en 1795.

Malte-Brun, dans sa *Géographie*, a touché avec une grande sagacité et beaucoup d'instruction quelques origines barbares.

Le travail de M. de Montlosier sur la féodalité est rempli d'idées neuves, exprimées dans un style indépendant qui sent son moyen âge. Si les anciens seigneurs des donjons avaient su faire avec une plume autre chose qu'une croix, ils auraient écrit comme cela, mais ils n'auraient pas vu si loin.

M. Lacretelle a tracé l'histoire de nos jours avec raison, clarté, énergie. Il a pris le noble parti de la vertu contre le crime; il déteste de la révolution tout ce qui n'est pas la liberté. Lui-même, acteur dans les scènes révolutionnaires, il a bravé dans les rues de Paris les mitraillades d'un pouvoir plus heureux que celui qui vient d'expirer. On trouve aujourd'hui beaucoup d'hommes qui savent écrire une cinquantaine de pages, et quelquefois un tome (pas trop gros), d'une manière fort distinguée; mais des hommes capables de composer et de coordonner un ouvrage étendu, d'embrasser un système, de le soutenir avec art et intérêt pendant le cours de plusieurs volumes, il y en a très-peu : cela demande une force de judiciaire, une longueur d'haleine, une abondance de diction, une faculté d'application, qui diminuent tous les jours. La brochure et l'article de journal semblent être devenus la mesure et la borne de notre esprit.

L'ouvrage de M. Lemontey sur Louis XIV présente le règne de ce prince sous un jour tout nouveau. Je crois cependant avoir fait à propos de cet ouvrage une observation nécessaire en parlant du règne du grand roi.

M. Mazure a laissé une histoire écrite avec négligence, mais elle a changé, sous plusieurs rapports, ce que nous savions de Jacques II, et du rôle que joua Louis XIV dans la catastrophe du prince anglais. On n'a pas rendu assez de justice à M. Mazure. On puise dans son travail des renseignements qu'on ne trouve que là, et dont on cache ou l'on tait la source.

Une femme qui n'a point de rivale nous a donné, dans les *Considérations sur les principaux événements de la révolution française,* une idée de ce qu'elle aurait pu faire si elle eût appliqué son esprit à l'histoire. Les *Considérations* sont empreintes d'un vif sentiment de gloire et de liberté. Quand l'auteur, parlant de l'abaissement du tiers état sous l'ancienne monarchie, le montre au moment de l'ouverture des états généraux, et s'écrie avec Corneille : « Nous nous levons alors ! » jamais citation ne fut plus éloquente. Mais madame de Staël abhorre les tyrans, et tout oppresseur de la liberté, si grand qu'il soit, ne trouve en elle aucune sympathie.

Il faut lire dans les *Considérations* ce qu'elle raconte de Mirabeau : « Tribun par calcul,
« aristocrate par goût, qui, en parlant de Coligny, ajoutait : *Qui, par parenthèse, était mon*
« *cousin,* tant il cherchait l'occasion de rappeler qu'il était bon gentilhomme. — Après ma
« mort, disait-il encore, les factieux se partageront les lambeaux de la monarchie. » Madame
de Staël termine de la sorte ces intéressants récits de Mirabeau : « Je me reproche d'exprimer
« ainsi des regrets pour un caractère peu digne d'estime; mais tant d'esprit est si rare, et il
« est malheureusement si probable qu'on ne verra rien de pareil dans le cours de sa vie, qu'on
« ne peut s'empêcher de soupirer, lorsque la mort ferme ses portes d'airain sur un homme
« naguère si éloquent, si animé, enfin si fortement en possession de la vie. »

Ces réflexions s'appliquent à madame de Staël elle-même en changeant les premiers mots, ce qui les rend encore plus douloureuses. On ne se reprochera jamais d'*exprimer des regrets pour le caractère* de cette femme illustre; il n'y eut rien de plus digne que ce caractère. La noble indépendance de madame de Staël lui valut l'exil et les persécutions qui ont avancé sa mort. Buonaparte apprit, et Buonaparte aurait dû le savoir, que le génie est le seul roi qu'on n'enchaîne pas à un char de triomphe.

Je ne puis me refuser, comme dernière preuve du talent éminent de madame de Staël, à transcrire ce paragraphe sur la catastrophe de Robespierre : « On vit cet homme, qui avait
« signé pendant plus d'une année un nombre inouï d'arrêts de mort, couché tout sanglant sur
« la table même où il apposait son nom à ses sentences funestes. Sa mâchoire était brisée d'un
« coup de pistolet; il ne pouvait pas même parler pour se défendre, lui qui avait tant parlé
« pour proscrire ! »

On ne saurait trop déplorer la fin prématurée de madame de Staël : son talent croissait, son style s'épurait; à mesure que sa jeunesse pesait moins sur sa vie, sa pensée se dégageait de son enveloppe et prenait plus d'immortalité.

Sous le titre modeste : *Du Sacre des rois de France et des rapports de cette cérémonie avec la constitution de l'État, aux différents âges de la monarchie*, M. Clausel de Coussergues a écrit un volume qui restera : les amateurs de la clarté et des faits bien classés sans prétention et sans verbiage y trouveront à se satisfaire.

M. Fiévée a renfermé dans le cadre étroit de sa brochure intitulée : *Des Opinions et des Intérêts*, beaucoup d'idées neuves et d'aperçus ingénieux sur notre histoire.

J'ai parlé ailleurs de l'*Histoire des Croisades* ; je me contenterai de dire ici que les traductions et les extraits des annalistes des croisades, tant orientaux qu'occidentaux, ajoutés comme preuves aux nouvelles éditions, sont un recueil extrêmement recommandable. M. Michaud s'est placé dans son *Histoire*; il est allé, dernier croisé, à ce tombeau où je croyais avoir déposé pour toujours mon bâton de pèlerin.

L'*Histoire de Pologne, avant et sous le roi Jean Sobieski*, de M. Salvandy, est un ouvrage grave bien composé. « Ce fut Sobieski, dit l'historien, dont le bras redoutable posa la borne
« que la domination des Osmanlis ne devait plus franchir. Ce fut devant ses victoires que
« cette dernière invasion des Barbares, jusque-là toujours indomptable et menaçante, vint
« briser sa furie : elle n'a fait depuis lors que retirer ses flots..............................
« .... Soldat et prince, tous ses jours s'écoulèrent dans le perpétuel sacrifice de ses pen-
« chants, de ses affections, de sa fortune, de sa vie, aux intérêts de la Pologne. Lui seul
« semblait, champion infatigable, occupé à la défendre ; ses efforts pour lui conserver des lois
« et des frontières tiennent du prodige. Cette passion domina le cours entier de son exis-
« tence. Il réussit à dompter les ennemis qui tenaient la république des Jagellons pressée et
« envahie de toutes parts, plus facilement qu'à vaincre ceux qu'elle portait dans son sein.
« Ensuite il expira ; et ce puissant soutien abattu, la Pologne mit en quelque sorte aussi le
« pied dans la tombe. Elle ne devait plus, sous les successeurs de Jean III, qu'achever de
« mourir. »

Ce noble style se soutient pendant tout l'ouvrage ; l'auteur a soin de remarquer l'influence que la France du dix-septième siècle exerçait sur les destinées de l'Europe : comme si tous les grands hommes devaient alors venir de la cour du grand roi, Sobieski avait été mousquetaire de la maison militaire de Louis XIV. L'*Histoire de l'anarchie de Pologne*, par Rulhières, fait pour ainsi dire suite à l'histoire de M. Salvandy : il ne faut ajouter à ces deux monuments, ni l'appendice de M. Ferrand, ni celui que M. Daunou a substitué au travail de M. Ferrand ; mais il faut y joindre de curieuses et piquantes brochures de M. de Pradt.

L'*Histoire des Français des divers États*, par M. Monteil, suppose de grandes recherches. M. Monteil est, avec M. Capefigue, du petit nombre de ces jeunes savants qui n'écrivent aujourd'hui qu'après avoir lu ; ils eussent été de dignes disciples de l'école bénédictine. Mais M. Monteil a été égaré par le goût du siècle, et par le funeste exemple qu'a donné l'abbé Barthélemy : la forme romanesque dans laquelle l'auteur de l'*Histoire des Français* a enveloppé ses études leur porte dommage : on doit l'engager, au nom de son propre savoir et de son véritable mérite, à la faire disparaître dans les futures éditions de son ouvrage.

Le succès qu'a obtenu l'*Histoire de la campagne de Russie* est une preuve que l'on n'a pas besoin, pour intéresser le lecteur, de se placer dans un système. Des récits animés, un coloris brillant, des scènes mises sous les yeux dans tout leur mouvement et dans toute leur vie, voilà ce qui est de toutes les écoles, et ce qui fera vivre l'ouvrage de M. de Ségur.

Les *Vies des capitaines français au moyen âge*, par M. Mazas, ne peuvent être passées sous silence. L'auteur n'a voulu raconter que l'exacte vérité ; il a visité le théâtre où brillèrent les guerriers dont il peint les exploits : il a cherché sur les bruyères de ma pauvre patrie les traces de Du Guesclin. Je me souviens d'avoir commencé mes premières études dans le collège obscur de l'obscure petite ville où reposait le cœur du bon connétable ; j'étudiais un peu de latin, de grec et d'hébreu auprès de ce cœur qui n'avait jamais parlé que français : c'est une langue que le mien n'a pas oubliée. M. Mazas croit avoir retrouvé le point du passage d'Édouard III à Blanque-Taque sur la Somme. J'aurais désiré qu'il eût dit si le gué est encore praticable, où s'il se trouve perdu dans la mer, vis-à-vis le Crotoy, comme on le pense généralement.

J'oublie sans doute, et à mon grand déplaisir, beaucoup d'écrivains qui mériteraient que je rappelasse leurs ouvrages ; mais les bornes d'une préface ne me permettent pas de m'étendre.

Le public reproduira les noms qui échappent à ma mémoire et à la justice que je désirais leur rendre.

Le temps où nous vivons a dû nécessairement fournir de nombreux matériaux aux mémoires. Il n'y a personne qui ne soit devenu, au moins pendant vingt-quatre heures, un personnage, et qui ne se croie obligé de rendre compte au monde de l'influence qu'il a exercée sur l'univers. Tous ceux qui ont sauté de la loge du portier dans l'antichambre, qui se sont glissés de l'antichambre dans le salon, qui ont rampé du salon dans le cabinet du ministre ; tous ceux qui ont écouté aux portes, ont à dire comment ils ont reçu dans l'estomac l'outrage qui avait un autre but. Les admirations à la suite, les mendicités dorées, les vertueuses trahisons, les égalités portant plaque, ordre ou couleurs de laquais, les libertés attachées au cordon de la sonnette, ont à faire resplendir leur loyauté, leur honneur, leur indépendance. Celui-ci se croit obligé de raconter comment, tout pénétré des dernières marques de la confiance de son maître, tout chaud de ses embrassements, il a juré obéissance à un autre maître ; il vous fera entendre qu'il n'a trahi que pour trahir mieux ; celui-là vous expliquera comment il approuvait tout haut ce qu'il détestait tout bas, ou comment il poussait aux ruines sous lesquelles il n'a pas eu le courage de se faire écraser. A ces mémoires tristement véritables, viennent se joindre les mémoires plus tristement faux ; fabrique où la vie d'un homme est vendue à l'aune, où l'ouvrier, pour prix d'un dîner frugal, jette de la boue au visage de la renommée qu'on a livrée à sa faim.

On se console pourtant en trouvant dans ce chaos de bassesse et d'ignominie quelques écrits consciencieux, dont les auteurs s'attachent à reproduire sincèrement ce qu'ils ont vu et ce qu'ils ont éprouvé. Le travail de ces auteurs doit être considéré comme de précieux renseignements historiques ; MM. de Las Cases et Gourgaud doivent être crus quand ils parlent du prisonnier de Sainte-Hélène.

Non-seulement M. Carrel a publié l'*Histoire de la contre-révolution en Angleterre sous Charles II et Jacques II*, histoire écrite avec cette mâle simplicité qui plaît avant tout ; mais, en rendant compte de divers ouvrages sur l'Espagne, il a donné lui-même une notice hors de pair. On y trouve une manière ferme, une allure décidée, quelque chose de franc et de courageux dans le style, des observations écrites à la lueur du feu du bivouac et des étoiles d'un ciel ennemi, entre le combat du soir et celui qui recommencera à la diane. « *La narration d'un « brave expérimenté*, dit Gaspar de Tavannes, *est différente des contes de celui qui n'a jamais « eu les mains ensanglantées de ses fiers ennemis sur les plaines armées.* » On sent dans M. Carrel une opinion fixe qui ne l'empêche pas de comprendre l'opinion qu'il n'a pas, et d'être juste envers tous. Si le simple soldat sans instruction, sans moyens de fixer ses pensées, est intéressant dans les récits des assauts qu'il a livrés, des pays qu'il a battus, l'homme d'éducation et de mérite, devenu soldat volontaire pour une cause dont il s'est passionné, a bien d'autres moyens de faire passer ses sentiments dans les âmes auxquelles il s'adresse. Qu'on se figure un Français errant sur les montagnes d'Espagne, allant demander aux pasteurs dont il croit défendre la liberté une hospitalité guerrière ; dans cette intimité d'une vie d'aventures et de périls, il surprendra le secret des mœurs, et mettra sous vos yeux une société qu'aucun autre historien ne vous aurait pu montrer. J'ai traversé l'Espagne, j'ai rencontré ces Arabes chrétiens auxquels la liberté politique est si indifférente, parce qu'ils jouissent de l'indépendance individuelle, et je n'ai retrouvé le peuple que j'ai vu que dans le récit de M. Carrel.

L'auteur trace rapidement le tableau de la guerre de Catalogne en 1823 ; il représente le courage de Mina, et la marche de cet habile chef dans les montagnes. Nous tous qui, dispersés par les orages de notre patrie, avons porté le havresac et le mousquet en défense de notre propre opinion pour des causes étrangères, nous éprouvons un attendrissement de soldat et de malheur à la lecture de cette histoire si bien contée, et qui semble être la nôtre.

« Les passions qui ont fait la guerre d'Espagne, dit M. Carrel, sont maintenant assez ef-
« facées pour qu'on puisse se promettre d'inspirer quelque intérêt en montrant, au milieu des
« montagnes de la Catalogne, sous l'ancien uniforme français, des soldats de toutes les nations
« ralliés à l'ascendant d'un grand caractère, marchant où il les menait, souffrant et se battant
« sans espoir d'être loués ni de rien changer, quoi qu'ils fissent, à l'état désespéré de leur
« cause, n'ayant d'autre perspective qu'une fin misérable au milieu d'un pays soulevé contre

« eux, ou la mort des esplanades s'ils échappaient à celle du champ de bataille. Telle fut pen-
« dant de longs jours la situation de ceux qui, partis de Barcelonne peu de temps avant la ca-
« pitulation de cette place, allèrent succomber avec Pachiarotti devant Figuières, après qua-
« rante-huit heures d'un combat dont l'acharnement prouva que c'étaient des Français qui
« combattaient de part et d'autre. Ce combat devait finir par l'extermination du dernier de
« ceux qui, au milieu de l'Europe de 1823, avaient osé mettre la flamme tricolore au bout de
« leurs lances et rattacher à leur schako la cocarde de Fleurus et de Zurich... Ce n'est rien
« que la destinée de quelques hommes dans de tels événements ; mais combien d'autres évé-
« nements il avait fallu pour que ces hommes de toutes les parties de l'Europe se rencon-
« trassent, anciens soldats du même capitaine, venus dans un pays qu'ils ne connaissaient pas,
« défendre une cause qui se trouvait être la leur !... *Les choses, dans leurs continuelles et
« fatales transformations, n'entraînent point avec elles toutes les intelligences ; elles ne
« domptent point tous les caractères avec une égale facilité, elles ne prennent pas même soin
« de tous les intérêts ; c'est ce qu'il faut comprendre, et pardonner quelque chose aux protes-
« tations qui s'élèvent en faveur du passé. Quand une époque est finie, le moule est brisé, et il
« suffit à la Providence qu'il ne se puisse refaire ; mais des débris restés à terre, il en est
« quelquefois de beaux à contempler.* »

J'ai souligné ces dernières lignes : l'homme qui a pu les écrire a de quoi sympathiser avec ceux qui ont foi à la Providence, qui respectent la religion du passé, et qui ont aussi les yeux attachés sur des débris.

Au surplus, les temps où nous vivons sont si fort des temps historiques, qu'ils impriment leur sceau sur tous les genres de travail. On traduit les anciennes chroniques, on publie les vieux manuscrits. On doit à M. Guizot la *Collection des mémoires relatifs à l'histoire de France, depuis la fondation de la monarchie française jusqu'au treizième siècle.* Je ne sais si des traductions de nos annales latines, tout en favorisant l'histoire, ne nuiront pas à l'historien ; il est à craindre qu'en ouvrant le sanctuaire des faits aux ignorants et aux incapables, nous ne nous trouvions inondés de Tite-Lives et de Thucydides aux gages de quelque libraire. Il n'en est pas ainsi de la mise en lumière des originaux : on ne saurait trop louer M. le marquis de Fortia de nous avoir donné le texte des *Annales du Hainaut*, par Jacques de Guise. Il faut remercier M. Buchon de l'édition de son *Froissard* et de celle de ses autres chroniques. M. Crapelet, M. Pluquet, M. Méon, M. Barrière, ont montré leur dévouement à la science : le premier a publié l'*Histoire* du châtelain de Coucy, le second le roman de *Rou*, le troisième le roman de *Renart*, le quatrième les *Mémoires* de Loménie. Ces mémoires contiennent des anecdotes sur les derniers moments de Mazarin ; ils achèvent de faire connaître les personnages que M. le marquis de Saint-Aulaire a remis en scène avec tant de bonheur dans son *Histoire de la Fronde.*

Tout prend aujourd'hui la forme de l'histoire, polémique, théâtre, roman, poésie. Si nous avons le *Richelieu* de M. Victor Hugo, nous saurons ce qu'un génie à part peut trouver dans une route inconnue aux Corneille et aux Racine. L'Écosse voit renaître le moyen âge dans les célèbres inventions de Walter Scott. Le Nouveau Monde, qui n'a d'autres antiquités que ses forêts, ses Sauvages, et sa liberté vieille comme la terre, a trouvé dans M. Cooper le peintre de ces antiquités. Nous n'avons point failli en ce nouveau genre de littérature : une foule d'hommes de talent nous ont donné des tableaux empreints des couleurs de l'histoire. Je ne puis rappeler tous ces tableaux, mais deux s'offrent en ce moment même à ma mémoire : l'un, de M. Mérimée, représente les mœurs à l'époque de la Saint-Barthélemy ; l'autre, de M. Latouche, met sous nos yeux une des réactions sanglantes de la contre-révolution napolitaine. Ces vives peintures rendront de plus en plus difficile la tâche de l'historien. Au treizième siècle la chevalerie historique produisit la chevalerie romanesque, qui marcha de pair avec elle ; de notre temps la véritable histoire aura son histoire fictive, qui la fera disparaître dans son éclat, ou la suivra comme son ombre.

Sous le simple titre de *chansonnier*, un homme est devenu un des plus grands poëtes que la France ait produits : avec un génie qui tient de La Fontaine et d'Horace, il a chanté, lorsqu'il l'a voulu, comme Tacite écrivait :

> Vous avez vu tomber la gloire
> D'un Ilion trop insulté,
> Qui prit l'autel de la Victoire
> Pour l'autel de la Liberté.
> Vingt nations ont poussé de Thersite
> Jusqu'en nos murs le char injurieux.
> Ah! sans regrets, mon âme, partez vite;
> En souriant remontez dans les cieux.
>
> Cherchez au-dessus des orages
> Tant de Français morts à propos,
> Qui, se dérobant aux outrages,
> Ont au ciel porté leurs drapeaux.
> Pour conjurer la foudre qu'on irrite;
> Unissez-vous à tous ces demi-dieux :
> Ah! sans regrets, mon âme, partez vite, etc.
>
> Un conquérant, dans sa fortune altière,
> Se fit un jeu des sceptres et des lois,
> Et de ses pieds on peut voir la poussière
> Empreinte encor sur le bandeau des rois.

Le poëte n'est peut-être pas tout à fait aussi heureux quand il chante les rois sur leur trône, à moins que ce ne soit le roi d'Yvetot. En général M. de Béranger a pour démon familier une de ces muses qui pleurent en riant, et dont le malheur fait grandir les ailes.

Les fondateurs de notre école moderne historique réclament à présent toute notre attention. J'ai déjà dit que M. de Barante avait créé l'école descriptive. J'ai rendu compte au public de l'*Histoire des ducs de Bourgogne*; on trouvera mon opinion consignée dans les *Mélanges littéraires*. Aujourd'hui, en parcourant sa carrière nouvelle, peu importent sans doute à M. de Barante des éloges littéraires; qu'il me soit permis de regretter cette *Histoire du parlement* qu'il nous promettait. Peut-être la continuera-t-il, si jamais il est enlevé aux affaires : les lettres sont l'espérance pour entrer dans la vie, le repos pour en sortir.

MM. Thiers et Mignet sont les chefs de l'école fataliste; MM. Thierry, Guizot et Sismondi, les grands réformateurs de notre histoire générale : je m'arrête d'abord à ces derniers.

En joignant, pour les faits, l'histoire d'Adrien de Valois aux observations de MM. Thierry, Guizot et Sismondi, il n'y a presque plus rien à dire touchant la première et la seconde race de nos rois.

Les *Lettres* de M. Thierry *sur l'Histoire de France*, ouvrage excellent, rendent à un temps défiguré par notre ancienne école son véritable caractère. M. Thierry, comme tous les hommes doués de conscience, d'un talent vrai et progressif, a corrigé ce qui lui a paru douteux dans les premières éditions de sa belle et savante *Histoire de la conquête de l'Angleterre*, et dans ses *Lettres sur l'Histoire de France*. Quelques-unes de ses opinions se sont modifiées, l'expérience est venue reviser des jugements un peu absolus. On ne saurait trop déplorer l'excès de travail qui a privé M. Thierry de la vue. Espérons qu'il dictera longtemps à ses amis, pour ses admirateurs (au nombre desquels je demande la première place), les pages de nos annales : l'histoire aura son Homère comme la poésie. Je retrouverai encore l'occasion de parler de M. Thierry dans cette Préface, de même que j'ai été heureux de le citer et de m'appuyer de son autorité dans ces *Études historiques*.

Le Cours d'histoire de M. Guizot, en ce qui concerne la seconde race, est d'un haut mérite. On peut ne pas convenir, avec le docte professeur, de quelques détails; mais il a aperçu, avec une raison éclairée, les causes générales de la décomposition et de la recomposition de l'ordre social aux huitième et neuvième siècles. Il a aussi de curieuses leçons sur la littérature civile et religieuse, et une foule de choses justes, bien observées, et écrites avec impartialité. M. Guizot est remplacé dans sa chaire par un des jeunes écrivains de notre époque, qui s'annonce avec le plus d'éclat à la France, M. Saint-Marc Girardin : tant cette France est inépuisable en talents !

M. Sismondi, connu par son *Histoire des républiques italiennes*, est un étranger de mérite qui s'est consacré avec un dévouement honorable pour nous à notre histoire. Trop préoccupé peut-être des idées modernes, il a trop jugé le passé d'après le présent : un peu d'humeur philosophique, bien naturelle sans doute, lui a fait traiter sévèrement quelques hommes et quelques règnes ; mais il a vu, un des premiers, le parti que les peuples pouvaient tirer même de leurs crimes. Les élucubrations de ce savant annaliste doivent être lues avec précaution, mais étudiées avec fruit.

D'accord avec les écrivains que je viens de nommer sur presque tous les faits qu'ils ont redressés dans nos historiens de l'ancienne école, tels que la ressemblance que ces historiens établissaient entre les Franks et les Français, le prétendu affranchissement des communes par Louis le Gros, etc., il y a pourtant quelques points où je suis forcé de différer de ces maîtres.

L'inexorable histoire repousse les systèmes les plus ingénieux, lorsqu'ils ne sont pas appuyés sur des documents authentiques.

On parle comme de la plus grande découverte de l'école moderne d'une *seconde invasion des Franks*, c'est-à-dire d'une invasion des Francs d'Austrasie dans le royaume des Franks de Neustrie ; invasion qui serait devenue la cause de l'élévation de la seconde race.

Pour avancer une pareille nouveauté, il faut, ce me semble, autre chose que des conjectures. Produit-on des passages inédits, des chartes, des diplômes inconnus jusqu'ici ? Non ; rien de positif n'est cité au soutien d'une assertion dont les preuves changeraient les trois premiers siècles de notre histoire. On est réduit à chercher sur quelle apparence de vérité est appuyé un fait dont toutes les chroniques devraient retentir. Quoi ! une seconde invasion des Franks aurait été tout à coup découverte au dix-neuvième siècle, sans que personne en eût entendu parler auparavant? Ni les bénédictins, ni les savants de l'Académie des inscriptions, ni des hommes comme Du Tillet, Duchesne, Baluze, Bignon, Adrien de Valois, ni tous les historiens de France, quelle qu'ait été la diversité de leurs opinions et de leurs doctrines ; ni des critiques tels que Scaliger, Du Plessis, Bullet, Bayle, Secousse, Gibert, Fréret, Lebœuf ; ni des publicistes tels que Bodin, Mably, Montesquieu, n'auraient rien vu ? Cela seul me ferait douter, moi qui ne puis avoir aucune assurance en mes lumières. Il y a cependant trente ans que je lis, la plume à la main, les documents de notre histoire, et je n'ai aperçu aucune trace de l'événement qui aurait produit une si grande révolution.

Toujours prêt à reconnaître la supériorité des autres et ma propre faiblesse, cédant peut-être trop vite aux conseils et aux critiques, je me suis débattu contre moi-même, afin de me convaincre d'une chose que les faits me déniaient. Pepin d'Héristal, duc d'Austrasie, conduisant l'armée austrasienne, défait Thierry III, roi de Neustrie, et s'empare de toute l'autorité sous le nom de maire du palais, vers l'an 690. Est-ce cela qu'on aurait qualifié de seconde invasion des Franks ?

Mais depuis l'établissement des Franks dans les Gaules, depuis Klovigh jusqu'à Pepin, chef de la seconde race, les royaumes des Franks avaient été sans cesse en hostilité les uns contre les autres ; effet inévitable du partage de la succession royale, qui se reproduisit sous les descendants de Charlemagne. Ainsi s'étaient formés et avaient disparu tour à tour les royaumes de Metz, de Soissons, d'Orléans, de Paris, de Bourgogne, d'Aquitaine. J'ai bien peur qu'on n'ait pris pour une nouvelle invasion des Franks une guerre civile de plus entre les tribus frankes.

Il ne me paraît pas démontré davantage que les Franks d'Austrasie fussent plus nombreux, et eussent mieux conservé le caractère salique que les Franks neustriens. Les Franks de la Neustrie ne s'étendaient guère outre-Loire ; le pays au delà de ce fleuve reconnaissait à peine leur autorité, et ils étaient obligés d'y porter leurs armes : M. Thierry lui-même cite un exemple des ravages passagers qu'ils y commettaient. Qu'avaient, pour le courage et les mœurs des Franks, les cités gallo-romaines situées entre la Somme, la Seine et la Loire, de plus amollissant que celles qui couvraient les rives de la Meuse, de la Moselle et du Rhin ? Paris était un misérable village, tandis que Cologne, Trèves, Mayence, Spire, Strasbourg,

Worms, étaient des cités fameuses par les monuments dont leurs anciens maîtres les avaient ornées. D'après M. Guizot, les Franks devinrent propriétaires plus promptement dans l'Austrasie que dans la Neustrie ; c'est là que l'on trouve, selon lui, les plus considérables de ces habitations qui devinrent des châteaux. La remarque est juste ; mais ces châteaux n'étaient pas l'ouvrage des Franks. Les derniers empereurs avaient permis aux sujets et aux citoyens romains de fortifier leurs demeures particulières ; les habitations fortifiées de l'Austrasie n'étaient que des propriétés anciennement données aux vétérans légionnaires chargés de la défense des rives du Rhin, de la Meuse et de la Moselle, d'où leur était venu le nom de *Ripuaires*. Les Franks neustriens n'étaient ni plus énervés ni moins braves que leurs compatriotes ; on n'aperçoit en histoire aucune différence entre un Frank de Soissons, de Paris et d'Orléans, et un Frank de Metz, de Mayence et de Cologne. Ce furent des Franks neustriens comme des Franks austrasiens qui vainquirent les Arabes à Tours et les Saxons en Germanie, sous les Pepin et sous Charles le Martel. Les rois ou chefs de la Neustrie parlaient le langage germanique, comme les rois ou chefs de l'Austrasie ; leurs peuples seuls différaient de langage.

Remarquez enfin que Charles, duc de la Basse-Lorraine, oncle de Louis V, ayant fait hommage à l'empereur Othon de son duché, fut déclaré indigne de régner sur les Franks ; et Charles était de la race de Charlemagne. Ce serait donc les Franks austrasiens qui auraient renié la race qu'ils avaient élevée sur le pavois ; ils auraient choisi un roi parmi les Franks neustriens vaincus, pour le mettre à la place d'un chef sorti de Franks austrasiens vainqueurs.

Tels sont mes doutes ; ils expliqueront pourquoi, en admettant relativement aux deux premières races la plupart des opinions de l'école moderne, j'ai rejeté la seconde invasion des Franks. Je suis persuadé que les hommes habiles dont je ne partage pas sur ce point le sentiment, examineront eux-mêmes de plus près un fait d'une nature si grave. Peut-être à leur tour me reprocheront-ils mes hardiesses quand ils me verront hésiter sur la signification que l'on donne au nom *frank*, ne me tenir pas bien assuré qu'il y ait eu jamais une *ligue* de peuples germaniques connue sous le nom de *Franks*, à cause même de leur *confédération*.

Passons aux écrivains de l'école moderne du système fataliste.

Deux de ces écrivains attirent particulièrement l'attention : unis entre eux du triple lien de l'amitié, de l'opinion et du talent, ils se sont partagé le récit des fastes révolutionnaires. M. Mignet a resserré dans un ouvrage court et substantiel le récit que M. Thiers a étendu dans de plus larges limites. On trouve dans le premier une foule de traits tels que ceux-ci : « Les révolutions qui emploient beaucoup de chefs ne se donnent qu'à un seul. » — « En révo« lution tout dépend d'un premier refus et d'une première lutte. Pour qu'une innovation soit « pacifique, il faut qu'elle ne soit pas contestée ; car alors, au lieu de réformateurs sages et « modérés, on n'a plus que des réformateurs extrêmes et inflexibles... D'une main ils com« battent pour défendre leur domination ; de l'autre ils fondent leur système pour la con« solider. »

Le portrait de Danton est supérieurement tracé : « Danton, dit l'auteur, était un révolu« tionnaire gigantesque..... Danton, qu'on a nommé le Mirabeau de la populace, avait de la « ressemblance avec ce tribun des hautes classes..... Ce puissant démagogue offrait un mé« lange de vices et de qualités contraires. Quoiqu'il se fût vendu à la cour, il n'était pas « pourtant vil, car il est des caractères qui relèvent jusqu'à la bassesse..... Une révolution à « ses yeux était un jeu où le vainqueur, s'il en avait besoin, gagnait la vie du vaincu. » La lutte de Robespierre contre Camille Desmoulins et Danton est représentée avec un grand intérêt, et l'historien entremêle son récit des discours et des paroles de ces hommes de sang. Danton, au moment de périr, pesait ainsi ses destins : « J'aime mieux être guillotiné que « guillotineur ; ma vie n'en vaut pas la peine, et l'humanité m'ennuie. » On lui conseillait de partir : « Partir ! est-ce qu'on emporte sa patrie à la semelle de son soulier ? » Enfermé dans le cachot qu'avait occupé Hébert, il disait : « C'est à pareille époque que j'ai fait instituer le « tribunal révolutionnaire ; j'en demande pardon à Dieu et aux hommes ; mais ce n'était pas « pour qu'il fût le fléau de l'humanité. » Interrogé par le président Dumas, il répondit : « Je

« suis Danton ; j'ai trente-cinq ans, ma demeure sera bientôt le néant. » Condamné, il s'écria : « J'entraîne Robespierre, Robespierre me suit. » Ici la terreur a passé dans le récit de l'historien.

L'auteur, parlant de la mort de Robespierre, dit : « Il faut, homme de faction, qu'on périsse « par les échafauds, comme les conquérants par la guerre. » C'est l'éloquence appliquée à la raison.

M. Mignet a tracé une esquisse vigoureuse ; M. Thiers a peint le tableau. Je mettrai particulièrement sous les yeux de mes lecteurs la mort de Mirabeau et celle de Louis XVI, d'autant plus que l'auteur, n'ayant pas à représenter des personnages plébéiens, objets de ses prédilections, admire pourtant : la vérité de sa conscience et de son talent l'emporte en lui sur la séduction de son système. Je sens moi-même que, si j'avais à parler comme historien de Mirabeau et de Louis XVI, je serais plus sévère que M. Thiers : je demanderais si tous les vices du premier étaient ceux d'un grand politique, si toutes les vertus du second étaient celles d'un grand roi. « Mirabeau, dit l'auteur, et l'on ne saurait mieux dire, Mirabeau, « dans cette occasion, frappa surtout par son audace ; jamais peut-être il n'avait plus impé- « rieusement subjugué l'assemblée. Mais sa fin approchait, et c'étaient là ses derniers « triomphes. . . . .

« La philosophie et la gaieté se partagèrent ses derniers instants. Pâle, et les yeux profon- « dément creusés, il paraissait tout différent à la tribune, et souvent il était saisi de défail- « lances subites. Les excès de plaisir et de travail, les émotions de la tribune, avaient usé « en peu de temps cette existence si forte. . . . .

« Une dernière fois il prit la parole à cinq reprises différentes, il sortit épuisé, et ne reparut « plus. Le lit de mort le reçut et ne le rendit qu'au Panthéon. Il avait exigé de Cabanis qu'on « n'appelât pas de médecins ; néanmoins on lui désobéit ; ils trouvèrent la mort qui s'appro- « chait, et qui déjà s'était emparée des pieds : la tête fut la dernière atteinte, comme si la « nature avait voulu laisser briller son génie jusqu'au dernier instant. Un peuple immense « se pressait autour de sa demeure, et encombrait toutes les issues dans le plus profond « silence. . . . .

« Mirabeau fit ouvrir ses fenêtres : Mon ami, dit-il à Cabanis, je mourrai aujourd'hui : il ne « reste plus qu'à s'envelopper de parfums, qu'à se couronner de fleurs, qu'à s'environner de « musique, afin d'entrer paisiblement dans le sommeil éternel. Des douleurs poignantes inter- « rompaient de temps en temps ces discours si nobles et si calmes. Vous aviez promis, dit-il « à ses amis, de m'épargner des souffrances inutiles. En disant cela, il demande de l'opium « avec instance. Comme on le lui refusait, il l'exige avec sa violence accoutumée. Pour le satis- « faire, on le trompe, et on lui présente une coupe, en lui persuadant qu'elle contient de « l'opium. Il la saisit, avale le breuvage qu'il croit mortel, et paraît satisfait. Un instant après « il expire. C'était le 20 avril 1791. . . . .

« L'Assemblée interrompt ses travaux, un deuil général est ordonné, des funérailles magni- « fiques sont préparées. On demande quelques députés. Nous irons tous, s'écrièrent-ils. L'é- « glise de Sainte-Geneviève est érigée en Panthéon, avec cette inscription, qui n'est plus à « l'instant où je raconte ces faits :

« AUX GRANDS HOMMES LA PATRIE RECONNAISSANTE. »

L'inscription est replacée : y restera-t-elle ? Qui sait ce que renferme l'avenir ? Qui connaît les grands hommes et qui les juge ? Je ne veux rien poursuivre sous le couvercle d'un cercueil ; quand la mort a appliqué sa main sur le visage d'un homme, il ne reste plus d'espace à l'insulte ; mais les passions politiques sont moins scrupuleuses, et pourvu qu'une révolution dure quelques années, il est peu de gloire qui soit en sûreté dans la tombe. En comparant le récit de M. Thiers à celui de madame de Staël, on pourra saisir quelques-uns des secrets du talent.

Passons à la mort de Louis XVI. L'innocence de la victime s'emparant du génie de l'auteur, le subjugue et se reproduit tout entière dans ces éloquentes paroles :

« Dans Paris régnait une stupeur profonde ; l'audace du nouveau gouvernement avait pro-
« duit l'effet ordinaire que la force produit sur les masses, elle les avait paralysées et réduites
« au silence. Le conseil exécutif était chargé de la douloureuse mission de faire exécuter la
« sentence. Tous les ministres étaient réunis dans la salle de leur séance et comme frappés
« de consternation. Le tambour battait dans la capitale ; tous ceux qu'aucune obligation n'ap-
« pelait à figurer dans cette terrible journée se cachaient chez eux. Les portes et les fenêtres
« étaient fermées, et chacun attendait chez soi le triste événement. A huit heures, le roi
« partit du Temple. Des officiers de gendarmerie étaient placés sur le devant de la voiture.
« Ils étaient confondus de la piété et de la résignation de la victime. Une multitude armée
« formait la haie. La voiture s'avançait lentement au milieu du silence universel. On avait
« laissé un espace vide autour de l'échafaud. Des canons environnaient cet espace, et la vile
« populace, toujours prête à outrager le génie, la vertu et le malheur, se pressait derrière les
« rangs des fédérés, et donnait seule quelques signes extérieurs de satisfaction. »

Les campagnes d'Italie forment dans l'ouvrage de M. Thiers un épisode à part, qui suffirait seul pour assigner à l'auteur un rang élevé parmi les historiens.

Après cet hommage sans réserve rendu aux chefs de l'école politique fataliste, il me sera peut-être loisible de hasarder des réflexions sur leur système, parce qu'on en a étrangement abusé.

Les écoliers, comme il arrive toujours, n'ayant point le talent des maîtres, croient les surpasser en exagérant leurs principes. Il s'est formé une petite secte de théoristes de Terreur, qui n'a d'autre but que la justification des excès révolutionnaires ; espèces d'architectes en ossements et en têtes de mort, comme ceux qu'on trouve à Rome dans les catacombes. Tantôt les égorgements sont des conceptions pleines de génie, tantôt des drames terribles dont la grandeur couvre la sanglante turpitude. On transforme les événements en personnages ; on ne vous dit pas : « Admirez Marat, » mais : « Admirez ses œuvres ; » le meurtrier n'est pas beau, c'est le meurtre qui est divin. Les membres des comités révolutionnaires pouvaient être des assassins publics, mais leurs assassinats sont sublimes ; car voyez les grandes choses qu'ils ont produites. Les hommes ne sont rien ; les choses sont tout, et les choses ne sont point coupables. On disait autrefois : « Détestez le crime et pardonnez au criminel. » Si l'on en croyait les parodistes de MM. Thiers et Mignet, la maxime serait renversée, et il faudrait dire : « Dé-
« testez le criminel et pardonnez..... que dis-je, pardonnez ! aimez, révérez le crime ! »

Il faut que l'historien dans ce système raconte les plus grandes atrocités sans indignation, et parle des plus hautes vertus sans amour : que d'un œil glacé il regarde la société comme soumise à certaines lois irrésistibles, de manière que chaque chose arrive comme elle devait inévitablement arriver. L'innocent ou l'homme de génie doit mourir, non pas parce qu'il est innocent ou homme de génie, mais parce que sa mort est nécessaire et que sa vie mettrait obstacle à un fait général placé dans la série des événements. La mort ici n'est rien ; c'est l'accident plus ou moins pathétique : besoin était que tel individu disparût pour l'avancement de telle chose, pour l'accomplissement de telle vérité.

Il y a mille erreurs détestables dans ce système.

La fatalité, introduite dans les affaires humaines, n'aurait pas même l'avantage de transporter à l'histoire l'intérêt de la fatalité tragique. Qu'un personnage sur la scène soit victime de l'inexorable destin ; que, malgré ses vertus, il périsse : quelque chose de terrible résulte de ce ressort mis en mouvement par le poëte. Mais que la société soit représentée comme une espèce de machine qui se meut aveuglément par des lois physiques latentes ; qu'une révolution arrive par cela seul qu'elle doit arriver ; que, sous les roues de son char, comme sous celles du char de l'idole indienne, soient écrasés au hasard innocents et coupables ; que l'indifférence ou la pitié soit la même à l'égard du vice et de la vertu : cette fatalité de la chose, cette impartialité de l'homme sont hébétées et non tragiques. Ce niveau historique, loin de déceler la vigueur, ne trahit que l'impuissance de celui qui le promène sur les faits. J'ose dire que les deux historiens qui ont produit de si déplorables imitateurs, étaient très-supérieurs à l'opinion dont on a cru trouver le germe dans leurs ouvrages.

Non, si l'on sépare la vérité morale des actions humaines, il n'est plus de règle pour juger ces actions; si l'on retranche la vérité morale de la vérité politique, celle-ci reste sans base ; alors il n'y a plus aucune raison de préférer la liberté à l'esclavage, l'ordre à l'anarchie. Mon *intérêt!* direz-vous. Qui vous a dit que mon *intérêt* est l'ordre et la liberté? Si j'aime le pouvoir, moi, comme tant de révolutionnaires? Si je veux bien abaisser ce que j'envie, mais si je ne me contente pas d'être un citoyen pauvre et obscur, au nom de quelle loi m'obligerez-vous à me courber sous le joug de vos idées? — Par la force. — Mais si je suis le plus fort? — En détruisant la vérité morale, vous me rendrez à l'état de nature; tout m'est permis, et vous êtes en contradiction avec vous-même quand vous venez, afin de me retenir, me parler de certaines nécessités que je ne reconnais pas. Ma règle est mon bras : vous l'avez déchaîné; je l'étendrai pour prendre ou frapper au gré de ma cupidité ou de ma haine.

Grâce au ciel, il n'est pas vrai qu'un crime soit jamais utile, qu'une injustice soit jamais nécessaire. Ne disons pas que si dans les révolutions tel homme innocent ou illustre, opposé d'esprit à ces révolutions, n'avait péri, il en eût arrêté le cours; que le tout ne doit pas être sacrifié à la partie. Sans doute cet homme de vertu ou de génie eût pu ralentir le mouvement, mais l'injustice ou le crime accomplis sur sa personne retardent mille fois plus ce même mouvement. Les souvenirs des excès révolutionnaires ont été et sont encore parmi nous les plus grands obstacles à l'établissement de la liberté.

Si, taisant ce que la révolution a fait de bien, ce qu'elle a détruit de préjugés, établi de libertés dans la France, on retraçait l'histoire de cette révolution par ses crimes, sans ajouter un seul mot, une seule réflexion au texte, mettant seulement bout à bout toutes les horreurs qui se sont dites et perpétrées dans Paris et les provinces pendant quatre ans, cette tête de Méduse ferait reculer pour des siècles le genre humain jusqu'aux dernières bornes de la servitude; l'imagination épouvantée se refuserait à croire qu'il y ait eu quelque chose de bon caché sous ces attentats. C'est donc une étrange méprise que de glorifier ces attentats pour faire aimer la révolution. Ce n'est point l'année 1793 et ses énormités qui ont produit la liberté; ce temps d'anarchie n'a enfanté que le despotisme militaire; ce despotisme durerait encore, si celui qui avait rendu la Gloire sa complice avait su mettre quelque modération dans les jouissances de la victoire. Le régime constitutionnel est sorti des entrailles de l'année 1789; nous sommes revenus, après de longs égarements, au point du départ : mais combien de voyageurs sont restés sur la route !

Tout ce qu'on peut faire par la violence, on peut l'exécuter par la loi : le peuple qui a la force de proscrire, a la force de contraindre à l'obéissance sans proscription. S'il est jamais permis de transgresser la justice sous le prétexte du bien public, voyez où cela vous conduit : vous êtes aujourd'hui le plus fort, vous tuez pour la liberté, l'égalité, la tolérance ; demain vous serez le plus faible, et l'on vous tuera pour la servitude, l'inégalité, le fanatisme. Qu'aurez-vous à dire? Vous étiez un obstacle à la chose qu'on voulait ; il a fallu vous faire disparaître ; fâcheuse nécessité sans doute, mais enfin nécessité : ce sont là vos principes ; subissez-en la conséquence. Marius répandait le sang au nom de la démocratie, Sylla au nom de l'aristocratie ; Antoine, Lépide et Auguste trouvèrent utile de décimer les têtes qui rêvaient encore la liberté romaine. Ne blâmons plus les égorgeurs de la Saint-Barthélemy ; ils étaient obligés (bien malgré eux sans doute) d'ainsi faire pour arriver à leur but.

Il n'a péri, dit-on, que six mille victimes par les tribunaux révolutionnaires. C'est peu ! Reprenons les choses à leur origine.

Le premier numéro du *Bulletin des lois* contient le décret qui institue le *tribunal révolutionnaire* : on maintient ce décret à la tête de ce recueil, non pas, je suppose, pour en faire usage en temps et lieu, mais comme une inscription redoutable gravée au fronton du temple des lois, pour épouvanter le législateur et lui inspirer l'horreur de l'injustice. Ce décret prononce que la seule peine portée par le *tribunal révolutionnaire* est la peine de mort. L'article 9 autorise tout citoyen à saisir et à conduire devant les *magistrats,* les *conspirateurs* et les *contre-révolutionnaires;* l'article 13 dispense de la preuve testimoniale; et l'article 16 prive de défenseur les *conspirateurs*. Ce tribunal était sans appel.

Voilà d'abord la grande base sur laquelle il nous faut asseoir notre admiration : honneur à l'équité révolutionnaire ! honneur à la justice de la caverne ! Maintenant, compulsons les actes émanés de cette justice. Le républicain Prudhomme, qui ne haïssait pas la révolution, et qui a écrit lorsque le sang était tout chaud, nous a laissé six volumes de détails. Deux de ces six volumes sont consacrés à un dictionnaire où chaque *criminel* se trouve inscrit à sa lettre alphabétique, avec ses *nom, prénoms, âge, lieu de naissance, qualité, domicile, profession, date et motif de la condamnation, jour et lieu de l'exécution.* On y trouve parmi les guillotinés dix-huit mille six cent treize victimes ainsi réparties :

Ci-devant nobles.	1,278
Femmes *idem*.	750
Femmes de laboureurs et d'artisans.	1,467
Religieuses.	350
Prêtres.	1,135
Hommes non nobles de divers états.	13,633
TOTAL.	18,613
Femmes mortes par suite de couches prématurées.	3,400
Femmes enceintes et en couches.	348
Femmes tuées dans la Vendée.	15,000
Enfants id. id.	22,000
Morts dans la Vendée.	900,000
Victimes sous le proconsulat de Carrier, à Nantes.	32,000
Dont { Enfants fusillés.	500
Id. noyés.	1,500
Femmes fusillées.	264
Id. noyées.	500
Prêtres fusillés.	300
Id. noyés.	460
Nobles noyés.	1,404
Artisans *idem*.	5,300
Victimes à Lyon.	31,000

Dans ces nombres ne sont point compris les massacrés à Versailles, aux Carmes, à l'Abbaye, à la glacière d'Avignon ; les fusillés de Toulon et de Marseille après les siéges de ces deux villes, et les égorgés de la petite ville provençale de Bédoin, dont la population périt tout entière.

Pour l'exécution de la loi des suspects, du 24 septembre 1793, plus de cinquante mille comités révolutionnaires furent installés sur la surface de la France. D'après les calculs du conventionnel Cambon, ils coûtaient annuellement cinq cent quatre-vingt-onze millions (assignats). Chaque membre de ces comités recevait trois francs par jour, et ils étaient cinq cent quarante mille : c'étaient cinq cent quarante mille accusateurs ayant droit de désigner à la mort. A Paris, seulement, on comptait soixante comités révolutionnaires ; chacun d'eux avait sa prison pour la détention des suspects.

Vous remarquerez que ce ne sont pas seulement des *nobles*, des *prêtres*, des *religieux*, qui figurent ici dans le registre mortuaire ; s'il ne s'agissait que de ces gens-là, la Terreur serait véritablement la Vertu : *canaille! sotte espèce!* Mais voilà dix-huit mille neuf cent vingt-trois hommes non nobles, de divers états, et deux mille deux cent trente et une femmes de laboureurs et d'artisans, deux mille enfants guillotinés, noyés et fusillés : à Bordeaux, on exécutait pour crime de *négociantisme.* Des femmes ! mais savez-vous que dans aucun pays, dans aucun temps, chez aucune nation de la terre, dans aucune proscription politique les femmes n'ont été livrées au bourreau, si ce n'est quelques têtes isolées à Rome sous les empereurs, en Angleterre sous Henri VIII, la reine Marie et Jacques II ? La Terreur a seule donné au monde le lâche et impitoyable spectacle de l'assassinat juridique des femmes et des enfants en masse.

Le girondin Riouffe, prisonnier avec Vergniaud, madame Roland et leurs amis à la Conciergerie, rapporte ce qui suit dans ses *Mémoires d'un détenu :* « Les femmes les plus belles,

« les plus jeunes, les plus intéressantes, tombaient pêle-mêle dans ce gouffre (l'Abbaye), dont
« elles sortaient pour aller par douzaine inonder l'échafaud de leur sang.

« On eût dit que le gouvernement était dans les mains de ces hommes dépravés qui, non
« contents d'insulter au sexe par des goûts monstrueux, lui vouent encore une haine impla-
« cable. De jeunes femmes enceintes, d'autres qui venaient d'accoucher, et qui étaient encore
« dans cet état de faiblesse et de pâleur qui suit ce grand travail de la nature qui serait res-
« pecté par les peuples les plus sauvages ; d'autres dont le lait s'était arrêté tout à coup, ou
« par frayeur, ou parce qu'on avait arraché leurs enfants de leur sein, étaient jour et nuit pré-
« cipitées dans cet abîme. Elles arrivaient traînées de cachots en cachots, leurs faibles mains
« comprimées dans d'indignes fers : on en a vu qui avaient un collier au cou. Elles entraient,
« les unes évanouies et portées dans les bras des guichetiers qui en riaient, d'autres en état
« de stupéfaction qui les rendait comme imbéciles : vers les derniers mois surtout (avant le 9
« thermidor), c'était l'activité des enfers : jour et nuit les verrous s'agitaient ; soixante per-
« sonnes arrivaient le soir pour aller à l'échafaud le lendemain ; elles étaient remplacées par
« cent autres, que le même sort attendait le jour suivant.

« Quatorze jeunes filles de Verdun, d'une candeur sans exemple, et qui avaient l'air de
« jeunes vierges préparées pour une fête publique, furent menées ensemble à l'échafaud. Elles
« disparurent tout à coup et furent moissonnées dans leur printemps : la cour des femmes
« avait l'air, le lendemain de leur mort, d'un parterre dégarni de ses fleurs par un orage. Je
« n'ai jamais vu parmi nous de désespoir pareil à celui qu'excita cette barbarie.

« Vingt femmes du Poitou, pauvres paysannes pour la plupart, furent également assassinées
« ensemble. Je les vois encore, ces malheureuses victimes ; je les vois étendues dans la cour
« de la Conciergerie, accablées de la fatigue d'une longue route et dormant sur le pavé.....
« Au moment d'aller au supplice, on arracha du sein d'une de ces infortunées un enfant
« qu'elle nourrissait, et qui, au moment même, s'abreuvait d'un lait dont le bourreau allait
« tarir la source : ô cris de la douleur maternelle, que vous fûtes aigus ! mais sans effet.......

« Quelques femmes sont mortes dans la charrette, et on a guillotiné leurs cadavres. N'ai-je
« pas vu, peu de jours avant le 9 thermidor, d'autres femmes traînées à la mort ? elles s'étaient
« déclarées enceintes..... Et ce sont des hommes, des Français, à qui leurs philosophes
« les plus éloquents prêchent depuis soixante années l'humanité et la tolérance !..........

« ..... Déjà un aqueduc immense, qui devait voiturer du sang, avait été creusé à la place
« Saint-Antoine. Disons-le, quelque horrible qu'il soit de le dire, tous les jours le sang humain
« se puisait par seaux, et quatre hommes étaient occupés, au moment de l'exécution, à les
« vider dans cet aqueduc.

« C'était vers trois heures après midi que ces longues processions de victimes descendaient
« au tribunal, et traversaient lentement sous de longues voûtes, au milieu des prisonniers qui
« se rangeaient en haie pour les voir passer avec une avidité sans pareille. J'ai vu quarante-
« cinq magistrats du parlement de Paris, trente-trois du parlement de Toulouse, allant à la
« mort du même air qu'ils marchaient autrefois aux cérémonies publiques ; j'ai vu trente fer-
« miers généraux passer d'un pas calme et ferme ; les vingt-cinq premiers négociants de Sedan
« plaignant, en allant à la mort, dix mille ouvriers qu'ils laissaient sans pain. J'ai vu ce
« *Baysser, l'effroi des rebelles de la Vendée*, et le plus bel homme de guerre qu'eût la France ;
« j'ai vu tous ces généraux que la victoire venait de couvrir de lauriers qu'on changeait sou-
« dain en cyprès ; enfin tous ces jeunes militaires si forts, si vigoureux..... ils marchaient
« silencieusement..... ils ne savaient que mourir. »

Prudhomme va compléter ce tableau :

« La mission de Le Bon dans les départements frontières du Nord peut être comparée à
« l'apparition de ces noires furies si redoutées dans les temps du paganisme...............

Dans les jours de fêtes l'orchestre était placé à côté de l'échafaud ; Le Bon disait aux jeunes filles qui s'y trouvaient : « Suivez la voix de la nature, livrez-vous, abandonnez-vous dans les
« bras de vos amants.........................

« Des enfants qu'il avait corrompus lui formaient une garde et étaient les espions de leurs
« parents. Quelques-uns avaient de petites guillotines avec lesquelles ils s'amusaient à donner

« la mort à des oiseaux et à des souris. » On sait que Le Bon, après avoir abusé d'une femme qui s'était livrée à lui pour sauver son mari, fit mourir cet homme sous les yeux de cette femme, à laquelle il ne resta que l'horreur de son sacrifice ; genre d'atrocités si répétées d'ailleurs, que Prudhomme dit qu'on ne les saurait compter.

Carrier se distingua à Nantes : « Environ quatre-vingts femmes extraites de l'Entrepôt, « traduites à ce champ de carnage, y furent fusillées : ensuite on les dépouilla, et leurs corps « restèrent ainsi épars pendant trois jours.

« Cinq cents enfants des deux sexes, dont les plus âgés avaient quatorze ans, sont conduits « au même endroit pour y être fusillés. Jamais spectacle ne fut plus attendrissant et plus « effroyable ; la petitesse de leur taille en met plusieurs à l'abri des coups de feu ; ils délient « leurs liens, s'éparpillent jusque dans les bataillons de leurs bourreaux, cherchent un refuge « entre leurs jambes, qu'ils embrassent fortement, en levant vers eux leur visage où se pei-« gnent à la fois l'innocence et l'effroi. Rien ne fait impression sur ces exterminateurs, ils les « égorgent à leurs pieds. »

Noyades à Nantes :

« Une quantité de femmes, la plupart enceintes, et d'autres pressant leur nourrisson sur « leur sein, sont menées à bord des gabares...... Les innocentes caresses, le sourire de « ces tendres victimes versent dans l'âme de ces mères éplorées un sentiment qui achève de « déchirer leurs entrailles ; elles répondent avec vivacité à leurs tendres caresses, en songeant « que c'est pour la dernière fois !!! Une d'elles venait d'accoucher sur la grève, les bourreaux « lui donnent à peine le temps d'achever ce grand travail ; ils avancent ; toutes sont amonce-« lées dans la gabare, et, après les avoir dépouillées à nu, on leur attache les mains derrière « le dos. Les cris les plus aigus, les reproches les plus amers de ces malheureuses mères se font « entendre de toutes parts contre les bourreaux ; Fouquet, Robin et Lamberty y répondent « à coups de sabre, et la timide beauté, déjà assez occupée à cacher sa nudité aux monstres qui « l'outragent, détourne en frémissant ses regards de sa compagne défigurée par le sang, et qui « déjà chancelante vient rendre le dernier soupir à ses pieds. Mais le signal est donné ; les « charpentiers d'un coup de hache lèvent les sabords, et l'onde les ensevelit pour jamais. »

Et voilà l'objet de vos hymnes ! Des milliers d'exécutions en moins de trois années, en vertu d'une loi qui privait les accusés de témoins, de défenseurs et d'appel ! Songez-vous que le souvenir d'une seule condamnation inique, celle de Socrate, a traversé vingt siècles pour flétrir les juges et les bourreaux ? Pour entonner le chant de triomphe, il faudrait du moins attendre que les pères et les mères, les femmes et les enfants, les frères et les sœurs des victimes fussent morts, et ils couvrent encore la France. Femmes, bourgeois, négociants, magistrats, paysans, soldats, généraux, immense majorité plébéienne sur laquelle est tombée la Terreur, vous plaît-il de fournir de nouveaux aliments à ce merveilleux spectacle ?

On dit : Une révolution est une bataille ; comparaison défectueuse. Sur un champ de bataille, si on reçoit la mort on la donne ; les deux partis ont les armes à la main. L'exécuteur des hautes œuvres combat sans péril ; lui seul tient la corde ou le glaive ; on lui amène l'ennemi garrotté. Je ne sache pas qu'on ait jamais appelé duel ce qui se passait entre Louis XVI, la jeune fille de Verdun, Bailly, André Chénier, le vieillard Malesherbes et le bourreau. Le voleur qui m'attend au coin d'un bois joue au moins sa vie contre la mienne ; mais le révolutionnaire qui, du sein de la débauche, après s'être vendu tantôt à la cour, tantôt au parti républicain, envoyait à la place du supplice des tombereaux remplis de femmes, quels risques courait-il avec ces faibles adversaires ?

Les prodiges de nos soldats ne furent point l'œuvre de la Terreur ; ils tinrent à l'esprit militaire des Français, qui se réveillera toujours au son de la trompette. Ce ne furent point les commissaires de la Convention et les guillotines à la suite des victoires, qui rétablirent la discipline dans les armées ; ce furent les armées qui rapportèrent l'ordre dans la France.

La preuve que ce temps mauvais n'avait rien de supérieur propre à être reproduit, c'est qu'il serait impossible de le faire renaître. Les émeutes, les massacres populaires sont de tous les siècles, de tous les pays ; mais une organisation complète de meurtres appelés légaux, des tribunaux jugeant à mort dans toutes les villes, des assassins affiliés dépouillant leurs victimes et les conduisant presque sans gardes au supplice, c'est ce qu'on a vu qu'une fois, c'est ce qu'on ne reverra jamais. Aujourd'hui les individus résisteraient un à un; chacun se défendrait dans sa maison, sur son champ, dans la prison, au supplice même. La Terreur ne fut point une invention de quelques géants; ce fut tout simplement une maladie morale, une peste. Un médecin, dans son amour de l'art, s'écriait plein de joie : « On a retrouvé la lèpre. » On ne retrouvera pas la Terreur. N'apprenons point au peuple à choyer les crimes; ne nous donnons point pour une nation d'ogres, qui lèche comme le lion avec délices ses mâchoires ensanglantées. Le système de la Terreur, poussé à l'extrême, n'est autre que la conquête accomplie par l'extermination; or, on ne peut jamais consumer assez vite tous les holocaustes pour que l'horreur qu'ils inspirent ne soulève pas jusqu'aux allumeurs de bûchers.

La même admiration que l'on accorde à la Terreur, on la prodigue aux terroristes avec aussi peu de raison : ceux qui les ont vus de près savent que la plupart d'entre eux n'étaient que des misérables dont la capacité ne s'élevait pas au-dessus de l'esprit le plus vulgaire; héros de la peur, ils tuaient dans la crainte d'être tués. Loin d'avoir ces desseins profonds qu'on leur suppose aujourd'hui, ils marchaient sans savoir où ils allaient, jouets de leur ivresse et des événements. On a prêté de l'intelligence à des instincts matériels; on a forgé la théorie d'après la pratique; on a tiré la poétique du poëme. Si même quelques-uns de ces stupides démons ont par hasard mêlé quelques qualités à leurs vices, ces dons stériles ressemblaient aux fruits qui se détachent de la branche et pourrissent au pied de l'arbre qui les a portés. Un vrai terroriste n'est qu'un homme mutilé, privé comme l'eunuque de la faculté d'aimer et de renaître : c'est son impuissance dont on a voulu faire du génie.

Que, dans la fièvre révolutionnaire, il se soit trouvé d'atroces sycophantes engraissés de sang comme ces vermines immondes qui pullulent dans les voieries; que des sorcières plus sales que celles de Macbeth aient dansé en rond autour du chaudron où l'on faisait bouillir les membres déchirés de la France, soit; mais que l'on rencontre aujourd'hui des hommes qui, dans une société paisible et bien ordonnée, se constituent les meilleurs apologistes de ces brutales orgies; des hommes qui parfument et couronnent de fleurs le baquet où tombaient les têtes à couronne ou à bonnet rouge; des hommes qui enseignent la logique du meurtre, qui se font maîtres ès arts de massacre, comme il y a des professeurs d'escrime; voilà ce qui ne se comprend pas.

Défions-nous de ce mouvement d'amour-propre qui nous fait croire à la supériorité de notre esprit, à la fortitude de notre âme, parce que nous envisageons de sang-froid les plus épouvantables catastrophes : le bourreau manie des troncs palpitants sans en être ému; cela prouve-t-il la fermeté de son caractère et la grandeur de son intelligence? Quand le plus vil des peuples, quand les Romains du temps de l'empire couraient au spectacle des gladiateurs; quand vingt mille prisonniers s'égorgeaient pour amuser un Néron entouré de prostituées toutes nues; n'était-ce pas là de la terreur sur une grande échelle? Le mot changera-t-il le fait? Faudra-t-il trouver horrible, au nom de la tyrannie, ce qu'on trouverait admirable au nom de la liberté?

Placer la fatalité dans l'histoire, c'est se débarrasser de la peine de penser, s'épargner l'embarras de rechercher la cause des événements. Il y a bien autrement de puissance à montrer comment la déviation des principes de la morale et de la justice a produit des malheurs, comment ces malheurs ont enfanté des libertés par le retour à la morale et à la justice; il y a certes en cela bien plus de puissance qu'à mettre la société sous de gros pilons qui réduisent en pâte ou en poudre les choses et les hommes : il ne faut que lâcher l'écluse des passions, et les pilons vont se levant et retombant. Quant à moi, je ne me sens aucun enthousiasme pour une hache. J'ai vu porter des têtes au bout d'une pique, et j'affirme que c'était fort laid. J'ai rencontré quelques-unes de ces vastes capacités qui faisaient promener ces têtes; je déclare qu'il n'y avait rien de moins vaste : le monde les menait, et elles croyaient mener le monde. Un des plus fameux révolutionnaires, à moi connu, était un homme léger, bavard, d'un esprit court, et qui, privé de cœur de toute façon, en manquait dans le péril. Les équarrisseurs de chair humaine ne m'imposent point : en vain ils me diront que, dans leurs fabriques de pourritures et de sang, ils tirent d'excellents ingrédients, des carcasses industriellement pilées manufacturiers de cadavres, vous aurez beau broyer la mort, vous n'en ferez jamais sortir un germe de liberté, un grain de vertu, une étincelle de génie.

Que les théoriciens de terreur gardent donc s'ils le veulent leur fanatisme à la glace, lequel leur fournit deux ou trois phrases inexplicables de *nécessité*, de *mouvement*, de *force progressive*, sous lesquelles ils cachent le vide de leurs pensées, je ne les lirai plus; mais je relirai les deux historiens qu'ils ont pris si mal à propos pour guides, et dont le talent me fera oublier leurs infirmes et sauvages imitateurs.

Au surplus, un auteur à qui la liberté doit beaucoup, le dernier orateur de ces générations constitutionnelles qui finissent; un homme dont la tombe récente doit augmenter l'autorité, M. Benjamin Constant, a combattu avant moi ces dogmatiques de terreur. Il faut lire tout entier, dans ses *Mélanges de littérature et de politique*, l'article dont je ne citerai que ce passage :

« La Terreur n'a produit aucun bien. A côté d'elle a existé ce qui était indispensable à tout
« gouvernement, mais ce qui aurait existé sans elle, et ce qu'elle a corrompu et empoisonné
« en s'y mêlant............................
« ....
« Ce régime abominable n'a point, comme on l'a dit, préparé le peuple à la liberté; il l'a
« préparé à subir un joug quelconque; il a courbé les têtes, mais en dégradant les esprits, en
« flétrissant les cœurs; il a servi pendant sa durée les amis de l'anarchie, et son souvenir sert
« maintenant les amis de l'esclavage et de l'avilissement de l'espèce humaine............
« Je n'aurais pas rappelé de tristes souvenirs, si je n'avais pas pensé qu'il importait à la
« France, quelles que soient désormais ses destinées, de ne pas voir confondre ce qui est
« digne d'admiration et ce qui n'est digne que d'horreur. Justifier le régime de 1793, peindre
« des forfaits et du délire comme une nécessité qui pèse sur les peuples, toutes les fois qu'ils
« essayent d'être libres, c'est nuire à une cause sacrée, plus que ne lui nuiraient les attaques
« de ses ennemis les plus déclarés...........................
« ....
« Séparez donc soigneusement les époques et les actes; flétrissez ce qui est éternellement
« coupable; ne recourez pas à une métaphysique abstraite et subtile pour prêter à des attentats
« l'excuse d'une fatalité irrésistible qui n'existe pas; n'ôtez pas à vos jugements toute auto-
« rité, à vos hommages toute valeur. »

Une pensée doit nous consoler, c'est que le régime de la Terreur ne peut renaître, non-seulement, comme je l'ai dit, parce que personne ne s'y soumettrait, mais encore parce que les causes et les circonstances qui l'ont produite ont disparu. En 1793, il y avait à jeter à terre l'immense édifice du passé, à faire la conquête des idées, des institutions, des propriétés. On conçoit comment un système de meurtre, appliqué ainsi qu'un levier à la démolition d'un monument colossal, pouvait sembler une force nécessaire à des esprits pervers; mais tout est renversé aujourd'hui, tout est conquis, idées, institutions, propriétés. De quoi s'agit-il maintenant? D'une forme politique un peu plus ou un peu moins républicaine, de quelques lois à abolir ou à publier, de quelques hommes à remplacer par quelques autres. Or, pour d'aussi minces résultats qui ne rencontrent aucune résistance collective, qui ne blessent aucune classe particulière de la société, il n'est pas besoin de mettre une nation en coupe réglée. On ne fait point de la terreur *à priori* : la Terreur ne fut point un plan combiné et annoncé d'avance; elle vint peu à peu avec les événements; elle commença par les assassinats privés et désordonnés de 1789, 1790, 1791, 1792, pour arriver aux assassinats publics et réguliers de 1793. Les terroristes ne savaient pas d'avance qu'ils étaient des terroristes. Nos terroristes de théorie nous crient : « Oyez, nous sommes des terroristes barbus ou imberbes, nous! Nous
« allons établir une superbe terreur. Venez que nous vous coupions le cou. Nous sommes des
« hommes énergiques, nous! Le génie est notre fort. » Ces parodistes de terreur, ces terroristes de mélodrame, bien capables sans doute de vous tuer, si vous les en défiez, pour la preuve et l'honneur de la chose, seraient incapables de maintenir trois jours en permanence l'instrument de mort qui retomberait sur eux.

De ces Études historiques.

Il est temps de rendre compte de mes propres *Études*. J'ai déduit dans mon *Avant-propos* les raisons pour lesquelles on ne me lira point, les causes pour lesquelles je perds le dernier grand travail de ma vie ; mais enfin si dans quelque moment dérobé à l'importance des catastrophes du jour ; si dans ces courts intervalles de repos qui séparent les événements dans les révolutions, quelques hommes singuliers s'enquéraient de mes recherches, je leur vais épargner la peine d'aller plus avant. Quand on aura jeté un coup d'œil sur cette fin de préface, on sera à même de dire, si l'on veut, qu'on a lu mon ouvrage, de l'approuver et de le combattre sans l'avoir lu, si par hasard on avait le loisir ou la fantaisie de s'occuper d'une controverse littéraire.

J'ai donné à la première partie de mon travail le titre d'*Études historiques*, en lui laissant toutefois celui de *Discours* que j'avais d'abord choisi. J'ai pensé que ce titre d'*Études* convenait mieux à la modestie de mon travail, qu'il me donnait plus de liberté pour parler des diverses choses convergentes à mon sujet, et ne m'obligeait pas de tenir incessamment mon style à la hauteur du *discours*.

Dans l'Introduction, j'expose mon système ; je définis les trois vérités qui sont le fondement de l'ordre social : la vérité religieuse, la vérité philosophique ou l'indépendance de l'esprit de l'homme, la vérité politique ou la liberté. Je dis que tous les faits historiques naissent du choc, de la division ou de l'alliance de ces trois vérités. J'adopte pour vérité religieuse la vérité chrétienne, non pas comme Bossuet, en faisant du christianisme un cercle inflexible, mais un cercle qui s'étend à mesure que les lumières et la liberté se développent. Le christianisme a eu plusieurs ères : son ère morale ou évangélique, son ère des martyrs, son ère métaphysique ou théologique, son ère politique : il est arrivé à son ère ou à son âge philosophique.

Le monde moderne prend naissance au pied de la Croix. Les nations modernes sont composées de trois peuples, païen, chrétien et barbare ; de là la nécessité, pour les bien connaître, de remonter à leurs origines ; de là l'obligation, pour l'historien, de reprendre les faits au temps d'Auguste, où commencent à la fois l'empire romain, le christianisme et les premiers mouvements des Barbares.

Ainsi : Histoire de l'empire romain mêlée à l'histoire du christianisme, lequel attaque au dedans la société païenne, tandis que les Barbares l'assaillent au dehors : Histoire des invasions successives des Barbares ; il en faut distinguer deux principales : une quand les Barbares n'avaient point encore reçu la foi ; l'autre lorsqu'ils étaient devenus chrétiens.

Principaux vices de l'ancienne société ; elle était fondée sur deux abominations : le polythéisme et l'esclavage. Le polythéisme, en faussant la vérité religieuse, l'unité d'un Dieu, faussait toutes les vérités morales ; l'esclavage corrompait toutes les vérités politiques.

Philosophie des païens : ce qu'elle donna au christianisme et ce que le christianisme reçut d'elle. Les philosophes grecs firent sortir la philosophie des temples et la renfermèrent dans les écoles ; les prêtres chrétiens firent sortir la philosophie des écoles et la livrèrent à tous les hommes.

Le polythéisme se trouva sous Julien dans la position où le christianisme se trouve de nos jours, avec cette différence qu'il n'y aurait rien aujourd'hui à substituer au christianisme, et que sous Julien le christianisme était là, tout prêt à remplacer l'ancienne religion. Inutiles efforts de Julien pour faire rétrograder son siècle : le temps ne recule point, et le plus fier champion ne pourrait le faire rompre d'une semelle. Conversion de Constantin, destruction des temples.

La vérité politique commence à rentrer dans la société par la morale chrétienne et par les institutions des Barbares. Entre les grands changements opérés dans l'ordre social par le christianisme, il faut remarquer principalement l'*émancipation des femmes*, qui néanmoins n'est pas encore complète par la loi, et le *principe de l'égalité humaine*, inconnu de l'antiquité polythéiste.

Toutes les origines de notre société ont été placées deux siècles trop bas : Constantin, qui remplaça le grand patriciat par une noblesse titrée, et qui changea avec d'autres institutions la nature de la société latine, est le véritable fondateur de la royauté moderne, dans ce qu'elle conserva de romain.

Entre les monarchies barbares et l'empire purement latin-romain, il y a eu un empire romain-barbare qui a duré près d'un siècle avant la déposition d'Augustule. C'est ce qu'on n'a pas remarqué, et ce qui explique pourquoi, au moment de la fondation des royaumes barbares, rien ne parut changé dans le monde : aux malheurs près, c'étaient toujours les mêmes hommes et les mêmes mœurs.

Arrivé à travers les faits jusqu'à l'érection du royaume d'Italie par Odoacre, et à celle du royaume des Franks par Klovigh, je m'arrête, et je présente séparément les trois grands tableaux des mœurs, des lois, de la religion des païens, des chrétiens et des Barbares.

Concentration de toutes les philosophies et de toutes les religions dans l'Asie hébraïque, persane et grecque. Grande école des prophètes. Systèmes philosophiques. Hérésies juives et grecques : affinités des systèmes philosophiques et des hérésies. L'hérésie maintint l'indépendance de l'esprit humain, et fut favorable à la vérité philosophique.

Là se terminent les *Études historiques*, et j'y substitue un nouveau titre pour continuer ma marche.

On sait que mon premier plan avait été de faire des *Discours historiques* depuis l'établissement du christianisme (en passant par l'empire romain, les races mérovingienne et carlovingienne, et la race capétienne) jusqu'au règne de Philippe VI dit de Valois. A ce règne, je me proposais d'écrire l'histoire de France proprement dite, et de la conduire jusqu'à la révolution. Je ne m'étais engagé à publier, dans la collection de mes Œuvres, que les *Discours historiques*. La vie, qui m'échappe, ne me permettant pas d'accomplir mes projets, je me suis déterminé à satisfaire ceux de mes lecteurs qui témoignaient le désir de connaître mon système entier sur l'histoire de notre patrie. En conséquence, je trace une *Analyse raisonnée* de cette histoire sous les deux premières races et sous une partie de la troisième. Quand j'arrive à l'époque où devait commencer mon histoire proprement dite, je donne des fragments des règnes de Philippe de Valois et du roi Jean, notamment les batailles de Crécy et de Poitiers, ayant soin de remplir les lacunes par des sommaires. Après ces deux règnes, je reprends l'*analyse raisonnée*, et je la continue jusqu'à la mort de Louis XVI.

Les *Études* ou *Discours historiques* très-étendus, qui vont d'Auguste à Augustule, montrent par la profondeur des fondements l'intention où j'étais d'élever un grand édifice : le temps m'a manqué ; je ne puis bâtir sur les masses que j'avais enfoncées dans la terre qu'une espèce de baraque en planches, ou en toile, peinte à la grosse brosse, représentant tant bien que mal le monument projeté, et entremêlée de quelques membres d'architecture sculptés à part sur mes premiers dessins. Quoi qu'il en soit, voici ce que l'on trouve dans le tracé de mon plan, autrement dans mon *Analyse raisonnée*.

Pour les deux premières races, j'adopte généralement les idées de l'*École moderne*; je ne transforme point les Franks en Français ; je vois la société romaine subsister presque tout entière, dominée par quelques Barbares, jusque vers la fin de la seconde race. Je suis le système de M. Thiérry quant aux noms propres de la première et de la seconde race. Rien en effet ne fixe mieux le moment de la métamorphose des Franks en Français que les altérations survenues dans les noms. Mais je n'ai pas tout à fait orthographié les noms franks comme l'auteur des *Lettres sur l'histoire de France* ; je n'écris pas *Khlodowig* ou *Chlodowig* pour *Clovis*; j'écris *Khlodovigh* ; je blesse moins ainsi, ce me semble, les habitudes de notre œil et de notre oreille. La première syllabe de Clovis reste *Klo* ; en l'écrivant *Chlo*, la prononciation française obligerait à dire *Chelo* ; j'ajoute un *h* au *g* comme dans l'allemand, ce qui, adoucissant ou mouillant le *g*, fait comprendre comment le *gh* a pu se changer en *s*. Je n'insiste pas sur l'orthographe des autres noms, on la verra.

Au surplus, elle est justifiée par les chroniqueurs latins, germaniques et vieux français ; Du Tillet et surtout Chantereau Lefebvre l'ont essayée dans quelques noms : il me semble utile que cette réforme passe enfin dans notre histoire. J'avoue cependant que j'ai été faible à l'égard de Charlemagne, il m'a été impossible de le changer en Karle le Grand, excepté en citant le moine de Saint-Gall. Que voulez-vous ! on ne peut rien contre la gloire ; quand elle a fait un nom, force est de l'adopter, l'eût-elle mal prononcé. Les Grecs étaient grands corrupteurs de la vérité syllabique ; leur oreille poétique et dédaigneuse, sans s'embarrasser de la vérité historique, ramenait de force les noms barbares à l'euphonie. J'écris aussi Karle le Martel au lieu de Karle-Marteau : c'est absolument la même chose dans la vieille langue, et j'espère que l'habitude du *Martel* fera pardonner au *Karle*.

J'avais commencé des recherches assez considérables sur les Gaulois ; l'ouvrage de M. Amédée Thierry a paru, et j'ai abandonné mon travail : il était dans la destinée des deux frères de m'instruire et de me décourager.

Mais si je me suis soumis aux heureuses innovations de l'école moderne, je combats aussi quelques-uns de ses sentiments : je ne puis admettre, par exemple, que les Franks fussent des espèces de sauvages tels que ceux chez lesquels j'ai vécu en Amérique ; les faits repoussent cette supposition. Je rejette également la seconde invasion des Franks, laquelle aurait mis les Carlovingiens sur le trône : j'ai dit plus haut les motifs de mon incrédulité. Quant à l'ancienne école, je lui nie sa doctrine de l'hérédité des rois de la première et de la seconde race ; je soutiens que l'élection était partout ; qu'il ne pouvait y avoir usurpation là où il y avait élection. Il y a plus : j'avance que l'*hérédité* est une chose nouvelle dans les successions souveraines ; que l'antiquité *européenne* tout entière l'a ignorée ; que cette hérédité n'a commencé qu'à Hugues Capet, au dixième siècle, par une raison que j'indiquerai dans un moment.

L'antiquité romaine barbare finit vers la fin de la seconde race, et alors s'opère une des grandes transformations de l'espèce humaine par l'établissement de la féodalité. Le moyen âge fut l'ouvrage du christianisme mêlé au tempérament des Barbares et aux institutions germaniques.

Avant d'entrer dans l'*analyse raisonnée* des règnes de la troisième race, je montre quelle était la communauté chrétienne et quelle était la constitution de l'église chrétienne, deux choses différentes l'une de l'autre. Je prouve que l'église chrétienne était une monarchie élective, représentative, républicaine, fondée sur le principe de la plus complète égalité ; que l'immense majorité des biens de l'Église appartenait à la partie plébéienne des nations ; qu'une abbaye n'était qu'une maison romaine ; que le pape, souvent tiré des dernières classes sociales, était le tribun et le mandataire des libertés des hommes ; que c'était en cette qualité d'unique représentant d'une vérité politique opprimée, qu'il avait mission et qualité de juger et de déposer les rois. Je dis qu'à cette époque où le peuple disparut, le peuple se fit prêtre et conserva sous ce déguisement l'usage et la souveraineté de ses droits : c'est l'ère politique du christianisme. Le christianisme dut entrer dans l'État et s'emparer du pouvoir temporel, lorsque toutes les lumières furent concentrées dans le clergé. La liberté est chrétienne.

On voit par cet exposé comment mes idées sur le christianisme diffèrent de celles de M. le comte de Maistre et de celles de M. l'abbé de Lamennais : le premier veut réduire les peuples à une commune servitude, elle-même dominée par une théocratie ; le second me semble appeler les peuples (sauf erreur de ma part) à une indépendance générale sous la même domination théocratique. Ainsi que mon illustre compatriote, je demande l'affranchissement des hommes ; je demande encore, ainsi qu'il le fait, l'émancipation du clergé, on le verra dans ces *Études* ; mais je ne crois pas que la papauté doive être une espèce de pouvoir dictatorial planant sur de futures républiques. Selon moi, le christianisme devint politique au moyen âge par une nécessité rigoureuse : quand les nations eurent perdu leurs droits, la religion, qui seule alors était éclairée et puissante, en devint la dépositaire. Aujourd'hui que les peuples les reprennent, ces droits, la papauté abdiquera naturellement les fonctions temporelles, résignera la tutelle de son grand pupille arrivé à l'âge de majorité. Déposant l'autorité politique dont il fut justement investi dans les jours d'oppression et de barbarie, le clergé rentrera dans les voies de la primitive Église, alors qu'il avait à combattre la fausse religion, la fausse morale et les fausses doctrines philosophiques. Je pense que l'âge politique du christianisme finit ; que son âge philosophique commence ; que la papauté ne sera plus que la source pure où se conservera le principe de la foi prise dans le sens le plus rationnel et le plus étendu. L'unité catholique sera personnifiée dans un chef vénérable représentant lui-même le Christ, c'est-à-dire les vérités de la nature de Dieu et de la nature de l'homme. Que le souverain pontife soit à jamais le conservateur de ces vérités auprès des reliques de saint Pierre et de saint Paul! Laissons dans la Rome chrétienne tout un peuple tomber à genoux sous les mains d'un vieillard. Y a-t-il rien qui aille mieux à l'air de tant de ruines? En quoi cela pourrait-il déplaire à notre philosophie? Le pape est le seul prince qui bénisse ses sujets.

La vérité religieuse ne s'anéantira point, parce qu'aucune vérité ne se perd; mais elle peut être défigurée, abandonnée, niée dans certains moments de sophisme et d'orgueil par ceux qui, ne croyant plus au Fils de l'Homme, sont les enfants ingrats de la nouvelle synagogue. Or, je ne sache rien de plus beau qu'une institution consacrée à la garde de cette vérité d'espérance où les âmes se peuvent venir désaltérer comme à la fontaine d'eau vive dont parle Isaïe. Les antipathies entre les diverses communions n'existent plus; les enfants du Christ, de quelque lignée qu'ils proviennent, se sont serrés au pied du Calvaire, souche naturelle de la famille. Les désordres et l'ambition de la cour romaine ont cessé; il n'est plus resté au Vatican que la vertu des premiers évêques, la protection des arts et la majesté des souvenirs. Tout tend à recomposer l'unité catholique; avec quelques concessions de part et d'autre, l'accord serait bientôt fait. Je répéterai ce que j'ai déjà dit dans cet ouvrage : pour jeter un nouvel éclat, le christianisme n'attend qu'un génie supérieur venu à son heure et dans sa place [1]. La religion chrétienne entre dans une ère nouvelle; comme les institutions et les mœurs, elle subit la troisième transformation. Elle cesse d'être politique, elle devient philosophique sans cesser d'être divine : son cercle flexible s'étend avec les lumières et les libertés, tandis que la croix marque à jamais son centre immobile.

Avec la troisième race se constitue la féodalité, et sous le règne de Philippe Ier paraît le moyen âge dans l'énergie de sa jeunesse, l'âme toute religieuse, le corps tout barbare, l'esprit aussi vigoureux que le bras. L'hérédité et le droit de primogéniture s'établirent dans la personne de Hugues Capet par la cérémonie du sacre. Le sacre, ou l'élection religieuse, a usurpé l'élection politique : j'apporte les preuves de ce fait qu'aucun historien, du moins que je sache, n'avait jusqu'ici remarqué.

Les Franks deviennent des Français sous les premiers rois de la troisième race.

Il y a eu quatre monarchies, à compter de Hugues Capet à Louis XVI : la monarchie purement féodale et de la grande pairie; la monarchie des états (appelés dans la suite états généraux); la monarchie parlementaire dans les intermissions des états; la monarchie absolue qui se perd dans la monarchie constitutionnelle.

Incidence de ces diverses monarchies ou grands événements qui s'y rattachent : affranchissement des communes, croisades, etc., etc.

La monarchie féodale était une véritable république aristocratique fédérative, ou plutôt une démocratie noble; car il n'y avait point de peuple dans cette aristocratie; il n'y avait point de sujets; il n'y avait que des serfs. Le nom de *peuple* ne se trouve point à cette époque dans les chroniques, parce qu'en effet le peuple n'existait point. Le peuple commence à renaître sous Louis le Gros, dans les villes par les *bourgeois*, dans les campagnes par les *serfs affranchis*, et par la recomposition successive de la petite et de la moyenne propriété.

Exposé de la féodalité. Quel était le fief? Le fief était le mélange de la propriété et de la souveraineté. La propriété prit le caractère du propriétaire; elle devint conquérante. Le pouvoir, la justice et la noblesse furent attachés à la terre; cause principale de la longue durée du règne féodal. Preuves et explication à ce sujet.

Le fief et l'aleu étaient le combat et la coexistence de la propriété selon l'ancienne société, et de la propriété selon la société nouvelle. Le monde féodal ne fut qu'un monde militaire où tout reposa, comme dans un camp entre des chefs et des soldats, sur la subordination et des engagements d'honneur.

---

[1] Depuis que ces lignes ont été écrites, le cardinal Capellari a été nommé pape. C'est un homme d'une vaste science, d'une éminente vertu, et qui comprend son siècle; mais n'est-il pas arrivé trop tard? J'avais appelé ce choix de tous mes vœux dans le précédent conclave.

Sous la féodalité, la servitude germanique remplaça la servitude romaine. Le servage prit la place de l'esclavage ; c'est le premier pas de l'affranchissement de la race humaine ; et, chose étrange! on le doit à la féodalité. Le serf devenu vassal ne fut plus qu'un soldat armé, et les armes délivrent ceux qui les portent. Du servage on a passé au salaire, et le salaire se modifiera encore, parce qu'il n'est pas une entière liberté.

Louis le Gros n'a point affranchi les communes, comme l'a si longtemps assuré l'ancienne école historique ; mais le mouvement insurrectionnel général des communes dans le onzième siècle, qu'a remarqué l'école moderne, ne doit être admis qu'avec restriction : cette école s'est laissé entraîner sur ce point à l'esprit de système.

Les croisades ont recomposé les grandes armées modernes, décomposées par les cantonnements de la féodalité.

La chevalerie n'a point son origine dans les croisades ; les romanciers, qui la reportent au temps de Charlemagne, n'ont point menti à l'histoire comme on l'a cru. La chevalerie a commencé à la fois chez les Maures et chez les chrétiens, sur la fin du huitième siècle. L'auteur du poëme d'Antar et le moine de Saint-Gall (qui l'un et l'autre écrivaient les exploits des paladins maures et chrétiens), Charlemagne et Haroun-al-Raschild, étaient contemporains. Preuves de cette antiquité de la chevalerie par les mœurs, les combats, les armes, les arts, les monuments et l'architecture.

Il n'y a point eu de chevalerie collective, mais une chevalerie individuelle. La chevalerie historique a fait naître une chevalerie romanesque. Cette chevalerie romanesque, qui marche avec la chevalerie historique, donne aux temps moyens un caractère d'imagination et de fiction qu'il est essentiel de distinguer.

La monarchie des états, dont l'origine remonte au règne de saint Louis, quoiqu'on n'en fixe la date qu'à celui de Philippe le Bel, n'est jamais bien entrée dans les mœurs de la France; elle a toujours été faible, parce que les deux premiers ordres, le clergé et la noblesse, avaient des constitutions particulières, et faisaient peu de cas d'une constitution commune. Le tiers état, appelé uniquement pour voter des impôts, n'était attentif qu'à se coller à la couronne, afin de se défendre contre les deux autres ordres. La monarchie parlementaire affaiblissait encore les états, en usurpant leurs fonctions et leurs pouvoirs. Enfin, le royaume ne formait pas alors un corps homogène; il avait des états de provinces, et l'autorité des états de la langue d'Oyl était méconnue à trente lieues de Paris.

Tableau général du moyen âge au moment où la branche des Valois monte sur le trône. Vie prodigieuse de cet âge : éducation, mœurs privées, arts, etc. ; manière indépendante et vigoureuse d'imiter et de s'approprier les classiques. Population et aspect de la France dans le moyen âge. Le sol était couvert de plus de dix-huit cent mille monuments.

Admirable architecture gothique ; son histoire. Elle a peut-être sa source première dans la Perse. Elle est née du néo-grec asiatique apporté à la fois par deux religions et par trois chemins en Europe : en Espagne, par les Maures ; en Italie, par les Grecs ; en France, en Angleterre, en Allemagne, par les croisés.

Ici je quitte l'*analyse raisonnée* pour l'*histoire* même. — Règnes des Valois. Changements sociaux arrivés sous ces règnes. Les peuples se nationalisent. L'Angleterre se sépare de la France dont elle devient la rivale et l'ennemie ; elle forme sa constitution et établit ses libertés.

Fragments des règnes de Philippe VI et de Jean son fils. Guerre de Bretagne. La France est envahie et désolée. Bataille de Crécy et de Poitiers. La haute et première noblesse perd les trois grandes batailles de Crécy, de Poitiers et d'Azincourt, et périt presque tout entière. Une seconde noblesse paraît. Cette seconde aristocratie délivre la France des Anglais, et se montre pour la dernière fois à Ivry. L'armée plébéienne ou nationale, commencée sous Charles VII, s'augmente. La poudre, en changeant la nature des armes, sert à détruire l'importance militaire de la noblesse, qui finit par donner des officiers à l'armée dont jadis elle composait les soldats. Si le système des gardes nationales se généralise, il détruira l'armée permanente ; on retournera aux levées en masse du moyen âge ; le ban et l'arrière-ban plébéiens remplaceront le ban et l'arrière-ban nobles.

A l'époque des guerres d'Édouard III, la couleur nationale française était le rouge, et la couleur nationale anglaise, le blanc. Édouard prit le rouge comme roi de France, et nous quittâmes cette couleur devenue ennemie. Le traité de Brétigny ne mutila pas la France, comme on l'a cru. Philippe ne céda presque rien des provinces de la couronne ; il n'y eut que des seigneurs particuliers qui changèrent de suzerain. Cela ne se pourrait comparer en aucune sorte au démembrement de la France homogène d'aujourd'hui.

Pourquoi ne trouve-t-on dans notre histoire qu'une centaine de noms historiques ? Parce que les chroniqueurs, sous la monarchie féodale, n'ont fait que l'histoire du duché de Paris, et que les écrivains, sous la monarchie absolue, n'ont donné que l'histoire de la cour.

Après le règne de Philippe de Valois, je quitte l'*histoire* ; et je rentre dans l'*analyse raisonnée*.

Tableau des malheurs de la France pendant la captivité du roi Jean. Charles V et Du Guesclin viennent ensemble et l'un pour l'autre ; intimité de leurs destinées. Paris se transforme, en 1357, en une espèce de démocratie ancienne, au milieu de la féodalité. Fameux états de cette époque. Charles le Mauvais, roi de Navarre ; ses desseins contre le roi Jean. Mettre un souverain en jugement n'est point une idée qui appartienne au temps où nous vivons : preuves historiques que l'aristocratie et la théocratie ont jugé et condamné des rois longtemps avant que la démocratie ait suivi cet exemple. Article remarquable, et généralement ignoré, du testament de Charlemagne, lequel article suppose que les fils et petit-fils de ce grand prince et de ce grand homme, tout rois qu'ils étaient, peuvent être judiciairement tondus, mutilés et condamnés à mort.

Le soulèvement des paysans ; les fureurs de la Jacquerie ; l'existence des grandes compagnies, furent des malheurs qui pourtant engendrèrent l'armée nationale. Les mouvements des hommes rustiques dans le moyen âge n'indiquaient que l'indépendance de l'individu, cherchant à se faire jour au défaut de la liberté et de l'espèce.

Charles le Sage, médecin patient, la main appuyée sur le cœur de la France, et sentant la vie revenir, parlait en maître : il sommait le prince Noir de comparaître en son tribunal, envoyait un huissier appréhender au corps le vainqueur de Poitiers et signifier un exploit à la Gloire.

Calamités du règne de Charles VI, règne qui s'écoula entre l'apparition d'un fantôme et celle d'une bergère. Quelle fut la Pucelle. Trois grands poètes l'ont chantée, et comment : Shakespeare, Voltaire et Schiller.

Charles VII. La monarchie féodale se décompose sous le règne de ce roi ; il n'en reste plus que les habitudes. Changements capitaux : armée permanente et impôt non voté, les deux pivots de la monarchie absolue. Formation du conseil d'État ; séparation de ce conseil du parlement et des états généraux. Du point où la société était parvenue sous Charles VII, il était loisible d'arriver à la monarchie libre ou à la monarchie absolue : on voit clairement le point d'intersection et d'embranchement des deux routes ; mais la liberté s'arrêta et laissa marcher le pouvoir. La cause en est qu'après la confusion des guerres civiles et étrangères, qu'après les désordres de la féodalité, le penchant des choses était vers l'unité du principe gouvernemental. La monarchie en ascension devait monter au plus haut point de sa puissance ; il fallait qu'en écrasant la tyrannie de l'aristocratie, elle eût commencé à faire sortir la sienne, avant que la liberté pût régner à son tour. Ainsi se sont succédé en France, dans un ordre régulier, l'aristocratie, la monarchie et la république : la noblesse, la royauté et le peuple, ayant abusé de la puissance, ont enfin consenti à vivre en paix dans un gouvernement composé de leurs trois éléments.

Louis XI vint faire l'essai de la monarchie absolue sur le cadavre palpitant de la féodalité. Ce personnage placé sur les confins du moyen âge et des temps modernes ; né à une époque sociale où rien n'était achevé et où tout était commencé, eut une forme monstrueuse, indéterminée, particulière à lui, et qui tenait des deux tyrannies entre lesquelles il se montrait. Ses mœurs ; ses idées ; sa politique : justification de la dernière.

Quand Louis XI disparaît, les ruines de l'Europe féodale achèvent de s'écrouler. Constantinople est pris ; les lettres renaissent ; l'imprimerie est inventée ; l'Amérique au moment d'être découverte : la grandeur de la maison d'Autriche se fait pressentir par le mariage de l'héritière de Bourgogne dans la famille impériale ; Henri VIII, Léon X, Charles-Quint, Luther avec la réformation, ne sont pas loin : vous êtes au bord d'un nouvel univers.

Le point le plus élevé de la monarchie des trois états se trouve sous le règne de Charles VIII et de Louis XII. Charles VIII épouse Anne, héritière du duché de Bretagne. Guerres d'Italie. Dès que les rois de France eurent brisé le dernier anneau de la chaîne aristocratique, ils purent marcher hors de leur pays à la tête de la nation.

Louis XII épouse la veuve de Charles VIII. La Bretagne fut le dernier grand fief qui revint à la couronne. La monarchie féodale, commencée par le démembrement successif des provinces du royaume, finit par la réunion successive de ces provinces au royaume, comme les fleuves sortis de la mer retournent à la mer.

Événements du règne de François Ier. On ne retrouve plus l'original du billet, *tout est perdu fors l'honneur*; mais la France, qui l'aurait écrit, le tient pour authentique. Transformation sociale de l'Europe.

La découverte de l'Amérique, arrivée sous Charles VII, en 1492, produisit une révolution dans le commerce, la propriété et les finances de l'ancien monde. L'introduction de l'or du Mexique et du Pérou baissa le prix des métaux, éleva celui des denrées et de la main-d'œuvre, fit changer de main la propriété foncière, et créa une propriété inconnue jusqu'alors, celle des capitalistes, dont les Lombards et les Juifs avaient donné la première idée. Avec les capitalistes naquit la population industrielle et la constitution artificielle des fonds publics. Une fois entrée dans cette route, la société se renouvela sous le rapport des finances, comme elle s'était renouvelée sous les rapports moraux et politiques.

Aux aventures des croisades succédèrent des aventures d'outre-mer d'une tout autre importance : le globe s'agrandit, le système des colonies modernes commença, la marine militaire et marchande s'accrut de toute l'étendue d'un océan sans rivages. La petite mer intérieure de l'ancien monde ne resta plus qu'un bassin de peu d'importance, lorsque les richesses des Indes arrivèrent en Europe par le cap des Tempêtes. A quatre années de distance, Charles Quint triomphait de Montezume à Mexico, et de François Ier à Pavie.

Il y a des époques où la société se renouvelle, où des catastrophes imprévues, des hasards heureux ou malheureux, des découvertes inattendues, déterminent un changement préparé de longue main dans le gouvernement, les lois et les mœurs.

Les guerres de François Ier, de Charles Quint et de Henri VIII mêlèrent les peuples, et les idées se multiplièrent.

Quand Bayard acquérait le haut renom de prouesse, c'était au milieu de l'Italie moderne, de l'Italie dans toute la fraîcheur de la civilisation renouvelée ; c'était au milieu des palais bâtis par Bramante et Michel-Ange, de ces palais dont les murs étaient couverts des tableaux récemment sortis des mains des plus grands maîtres ; c'était à l'époque où l'on déterrait les statues et les monuments de l'antiquité. Des armées régulières, connues en Europe depuis la fin du règne de Charles VII, firent disparaître le reste des milices féodales. Les braves de tous les pays se rencontrèrent dans ces troupes disciplinées. Ces infidèles, que les chevaliers allaient avec saint Louis chercher au fond de la Palestine, maîtres de Constantinople et devenus nos alliés, intervenaient dans notre politique.

Tout changea dans la France ; les vêtements même s'altérèrent ; il se fit des anciennes et des nouvelles mœurs un mélange unique. La langue naissante fut écrite avec esprit, finesse et naïveté par la sœur de François Ier, par François Ier lui-même, qui faisait des vers aussi bien que Marot ; par Rabelais, Amyot, les deux Marot, et les auteurs de Mémoires. L'étude des classiques, celle des lois romaines, l'érudition générale, furent poussées avec ardeur. Les arts acquirent un degré de perfection qu'ils n'ont jamais surpassé depuis. La peinture, éclatante en Italie, fut transplantée dans nos forêts et dans nos châteaux gothiques : ceux-ci virent leurs tourelles et leurs créneaux se couronner des ordres de la Grèce. Anne de Montmorency, qui disait ses patenôtres, ornait Écouen de chefs-d'œuvre; le Primatice embellissait Fontainebleau ; François Ier, qui se faisait armer chevalier comme au temps de Richard Cœur de Lion, assistait à la mort de Léonard de Vinci, et recevait le dernier soupir de ce grand peintre.

Auprès de cela, le connétable de Bourbon, dont les soldats, comme ceux d'Alaric, se préparaient à saccager Rome ; ce connétable, qui devait mourir d'un coup de canon tiré peut-être par le graveur Benvenuto Cellini, représentait dans ses terres de France la puissance et la vie d'un ancien grand vassal de la couronne.

La réformation est l'événement majeur de cette époque ; elle réveilla les idées de l'antique égalité, porta l'homme à s'enquérir, à chercher, à apprendre. Ce fut, à proprement parler, la vérité philosophique qui, revêtue d'une forme chrétienne, attaqua la vérité religieuse. La réformation servit puissamment à transformer une société toute militaire en une société civile et industrielle : ce bien est immense, mais ce bien a été mêlé de beaucoup de mal, et l'impartialité historique ne permet pas de le taire.

Le christianisme commença chez les hommes par les classes plébéiennes, pauvres et ignorantes. Jésus-Christ appela les petits, et ils allèrent à leur maître. La foi monta peu à peu dans les hauts rangs, et s'assit enfin sur le trône impérial. Le christianisme était alors catholique ou universel ; la religion dite catholique partit d'en bas pour arriver aux sommités sociales : nous avons vu que la papauté n'était que le tribunat des peuples dans l'âge politique du christianisme.

Le protestantime suivit une route opposée : il s'introduisit par la tête de l'État, par les princes et les nobles, par les prêtres et les magistrats, par les savants et les gens de lettres, et il descendit lentement dans les conditions inférieures ; les deux empreintes de ces deux origines sont restées distinctes dans les deux communions.

La communion réformée n'a jamais été aussi populaire que la communion catholique : de race princière et patricienne, elle ne sympathise pas avec la foule. Équitable et moral, le protestantisme est exact dans ses devoirs ; mais sa bonté tient plus de la raison que de la tendresse : il vêtit celui qui est nu, mais il ne le réchauffe pas dans son sein ; il ouvre des asiles à la misère, mais il ne vit pas et ne pleure pas avec elle dans ses réduits les plus abjects ; il soulage l'infortune, mais il n'y compatit pas.

Comparaison du prêtre catholique et du ministre protestant. La réformation ressuscita le fanatisme qui s'éteignait. En retranchant l'imagination des facultés de l'homme, elle coupa les ailes au génie et le mit à pied. Goëthe et Schiller n'ont paru que quand le protestantisme, abjurant son esprit sec et chagrin, s'est rapproché des arts et des sujets de la religion catholique. Celle-ci a couvert le monde de ses monuments ; on lui doit cette architecture gothique qui rivalise par les détails et qui efface par la grandeur les monuments de la Grèce. Il y a trois siècles que le protestantisme est né ; il est puissant en Angleterre, en Allemagne, en Amérique ; il est pratiqué par des millions d'hommes : qu'a-t-il élevé ? Il vous montrera les ruines qu'il a faites, parmi lesquelles il a planté quelques jardins, ou établi quelques manufactures.

Rebelle à l'autorité des traditions, à l'expérience des âges, à l'antique sagesse des vieillards, le protestantisme se détacha du passé pour planter une société sans racines. Avouant pour père un moine allemand du XVIe siècle, le réformé renonça à la magnifique généalogie qui fait remonter le catholique, par une suite de saints et de grands hommes, jusqu'à Jésus-Christ, de là jusqu'aux patriarches et au berceau de l'univers. Le siècle protestant dénia à sa première heure toute parenté avec le siècle de ce Léon protecteur du monde civilisé contre Attila, et avec le siècle de cet autre Léon qui, mettant fin au monde barbare, embellit la société lorsqu'il n'était plus nécessaire de la défendre.

Si la réformation rétrécissait le génie dans l'éloquence, la poésie et les arts, elle comprimait les grands cœurs à la guerre : l'héroïsme est l'imagination dans l'ordre militaire. Le catholicisme avait produit les chevaliers ; le protestantisme fit des capitaines braves et vertueux, mais sans élan : il n'aurait pas fait Du Guesclin, La Hire et Bayard.

On a dit que le protestantisme avait été favorable à la liberté politique, et avait émancipé les nations : les faits parlent-ils comme les personnes ?

Jetez les yeux sur le nord de l'Europe, dans les pays où la réformation est née, où elle s'est maintenue, vous verrez partout l'unique volonté d'un maître : la Suède, la Prusse, la Saxe, sont restées sous la monarchie absolue ; le Danemarck est devenu un despotisme légal. Le protestantisme échoua dans les pays républicains ; il ne put envahir Gênes, et à peine obtint-il à Venise et à Ferrare une petite église secrete qui tomba : les arts et le beau soleil du midi lui étaient mortels. En Suisse, il ne réussit que dans les cantons aristocratiques analogues à sa nature, et encore avec une grande effusion de sang. Les cantons populaires ou démocratiques, Schwitz, Ury et Unterwald, berceau de la liberté helvétique, le repoussèrent. En Angleterre, il n'a point été le véhicule de la constitution formée avant le xvie siècle, dans le giron de la foi catholique. Quand la Grande-Bretagne se sépara de la cour de Rome, le parlement avait déjà jugé et disposé des rois, les trois pouvoirs étaient distincts; l'impôt et l'armée ne se levaient que du consentement des lords et des communes ; la monarchie représentative était trouvée et marchait : le temps, la civilisation, les lumières croissantes, y auraient ajouté les ressorts qui lui manquaient encore, tout aussi bien sous l'influence du culte catholique que sous l'empire du culte protestant. Le peuple anglais fut si loin d'obtenir une extension de ses libertés par le renversement de la religion de ses pères, que jamais le sénat de Tibère ne fut plus vil que le parlement d'Henri VIII : ce parlement alla jusqu'à décréter que la seule volonté du tyran fondateur de l'Église anglicane avait force de loi. L'Angleterre fut-elle plus libre sous le sceptre d'Élisabeth que sous celui de Marie? La vérité est que le protestantisme n'a rien changé aux institutions : là où il a rencontré une monarchie représentative ou des républiques aristocratiques, comme en Angleterre et en Suisse, il les a adoptées ; là où il a rencontré des gouvernements militaires, comme dans le nord de l'Europe, il s'en est accommodé et les a même rendus plus absolus.

Si les colonies anglaises ont formé la république plébéienne des États-Unis, elles n'ont point dû leur émancipation au protestantisme ; ce ne sont point des guerres religieuses qui les ont délivrées : elles se sont révoltées contre l'oppression de la mère patrie protestante comme elles. Le Maryland, État catholique, fit cause commune avec les autres États, et aujourd'hui la plupart des États de l'Ouest sont catholiques : les progrès de la communion romaine dans ce pays de liberté passent toute croyance, tandis que les autres communions y meurent dans une indifférence profonde. Enfin, auprès de cette grande république des colonies anglaises protestantes, viennent de s'élever les grandes républiques des colonies espagnoles catholiques : certes, celles-ci, pour arriver à l'indépendance, ont eu bien d'autres obstacles à surmonter que les colonies anglo-américaines nourries au gouvernement représentatif, avant d'avoir rompu le faible lien qui les attachait au sein maternel.

Une seule république et quelques villes libres se sont formées en Europe à l'aide du protestantisme : la république de la Hollande et les villes anséantiques ; mais il faut remarquer que la Hollande appartenait à ces communes industrielles des Pays-Bas, qui, pendant plus de quatre siècles, luttèrent pour secouer le joug de leurs princes, et s'administrèrent en forme de républiques municipales, toutes zélées catholiques qu'elles étaient. Philippe II, et les princes de la maison d'Autriche, ne purent étouffer dans la Belgique cet esprit d'indépendance ; et ce sont des prêtres catholiques qui viennent aujourd'hui même de la rendre à l'état républicain.

Preuves et développements de tous ces faits jusqu'ici méconnus ou défigurés. Après ces preuves, je fais observer que dans mes investigations je ne parle des protestants qu'au passé : changés à leur avantage, ils ne sont plus ce qu'ils étaient au temps de Luther, d'Henri VIII et de Calvin : ils ont gagné ce que les catholiques ont perdu.

Le règne des seconds Valois, depuis François Ier jusqu'à Henri III, la Saint-Barthélemy, la Ligue, les guerres civiles, sont le temps de terreur aristocratique et religieuse, de laquelle est née la monarchie absolue des Bourbons, comme le despotisme militaire de Bonaparte est sorti du règne de la terreur populaire et politique. La liberté succomba après la Ligue, parce que le passé, qui mit les Guises à sa tête, arrêta l'avenir.

Faits et personnages de cette époque. La Saint-Barthélemy. Charles IX. Mort de ce prince. Son repentir. Charles IX avait dit à Ronsard, dans des vers dont Ronsard aurait dû imiter le naturel et l'élégance :

> Tous deux également nous portons des couronnes ;
> Mais, roi, je la reçois ; poëte, tu la donnes.

Heureux si ce prince n'avait jamais reçu de couronne doublement souillée de son propre sang et de celui des Français ! ornement de tête incommode pour s'endormir sur l'oreiller de la mort.

Le corps de Charles IX fut porté sans pompe à Saint-Denis, accompagné par quelques archers de la garde, par quatre gentilshommes de la chambre et par Brantôme, raconteur cynique, qui moulait les vices des grands comme on prend l'empreinte du visage des morts.

Henri III. La Ligue. Sous la Ligue le peuple ne marchait point devant ses affaires ; il était à la queue des grands. Il n'avait point formé un gouvernement à part, il avait pris ce qui était ; seulement il se faisait servir par le parlement, et avait transformé ses curés en tribuns. Quand Mayenne le jugeait à propos, il ordonnait de pendre qui de droit parmi le peuple et les Seize.

Les Pays-Bas se veulent donner à Henri III, qui les refuse : la France, par une destinée constante, manque encore l'occasion de porter ses frontières aux rives du Rhin.

Journée des Barricades. L'histoire vivante a rapetissé ces faits de l'histoire morte si fameux autrefois. Qu'est-ce en effet que la journée des Barricades, que la Saint-Barthélemy même, auprès de ces grandes insurrections du 7 octobre 1789, du 10 août 1792, des massacres du 2, du 3 et du 4 septembre de la même année, de l'assassinat de Louis XVI, de sa sœur et de sa femme, et enfin de tout le règne de la Terreur ? Et, comme je m'occupais de ces barricades qui chassèrent un roi de Paris, d'autres barricades faisaient disparaître en quelques heures trois générations de rois. L'histoire n'attend plus l'historien : il trace une ligne, elle emporte un monde.

La journée des Barricades ne produisit rien, parce qu'elle ne fut point le mouvement d'un peuple cherchant à conquérir sa liberté ; l'indépendance politique n'était point encore un besoin commun. Le duc de Guise n'essayait point une subversion pour le bien de tous ; il convoitait une couronne ; il méprisait les Parisiens tout en les caressant, et n'osait trop s'y fier. Il agissait si peu dans un cercle d'idées nouvelles, que sa famille avait répandu des pamphlets qui la faisaient descendre de Lother, duc de Lorraine : il en résultait que les Capets étaient des usurpateurs, et les Lorrains les légitimes héritiers du trône, comme derniers rejetons de la lignée carlovingienne. Cette fable venait un peu tard. Les Guises représentaient le passé ; ils luttaient dans un intérêt personnel contre les huguenots, révolutionnaires de l'époque, qui représentaient l'avenir ; or, on ne fait point de révolutions avec le passé, on ne fait que des contre-révolutions.

Ainsi tout s'opérait sans une de ces grandes convictions de doctrine politique, sans cette foi à l'indépendance qui renverse tout. Il y avait matière à trouble, il n'y avait pas matière à transformation, parce que rien n'était assez édifié, rien assez détruit. L'instinct de liberté ne s'était pas encore changé en raison ; les éléments d'un ordre social fermentaient encore dans les ténèbres du chaos ; la création commençait, mais la lumière n'était pas faite.

Même insuffisance dans les hommes ; ils n'étaient assez complets ni en défauts, ni en qualités, ni en vices, ni en vertus, pour produire un changement radical dans l'État. A la journée des Barricades, Henri III et le duc de Guise restèrent au-dessous de leur position ; l'un faillit de cœur, l'autre de crime.

Plus d'orgueil que d'audace, plus de présomption que de génie, plus de mépris pour le roi que d'ardeur pour la royauté, voilà ce qui apparaît dans la conduite du duc de Guise. Il intriguait à cheval comme Catherine dans son lit : libertin sans amour, ainsi que la plupart des hommes de son temps, il ne rapportait du commerce des femmes qu'un corps affaibli et des passions rapetissées. Il avait toute une religion et toute une nation derrière lui, et des coups de poignard firent le dénoûment d'une tragédie qui semblait devoir finir par des batailles, la chute d'un trône et le changement d'une race.

La journée des Barricades, si infructueuse, lui resta cependant à grand honneur dans son parti. « Mais quels miracles avons-nous veu depuis dix-huit mois qu'il a faits à l'aide de Dieu. « Qui est-ce qui peut parler de la journée des Barricades sans grande admiration, voyant un « si grand peuple, qui jamais n'a sorty des portes de sa ville pour porter armes, ayant veu à « l'ouverture de sa boutique les escadrons royaux, tous armez, dressez par toutes les grandes « et fortes places de la ville, se barricader en si grande diligence, qu'il rembarra tous ces « escadrons jusque dans le Louvre sans effusion de sang ? » (*Oraison funèbre des duc et cardinal de Guise.*)

PRÉFACE.

La ressemblance des éloges et des mots avec ce que nous lisons tous les jours donne seule quelque prix à ce passage oublié dans un pamphlet de la Ligue.

On a tant de fois peint le caractère de Catherine de Médicis, qu'il ne présente plus qu'un lieu commun usé. Une seule remarque reste à faire : Catherine était Italienne, fille d'une famille marchande élevée à la principauté dans une république ; elle était accoutumée aux orages populaires, aux factions, aux intrigues, aux empoisonnements, aux coups de poignard ; elle n'avait et ne pouvait avoir aucun des préjugés de l'aristocratie et de la monarchie françaises, cette morgue des grands, ce mépris pour les petits, ces prétentions de droit divin, cette soif du pouvoir absolu, en tant qu'il était le monopole d'une race. Elle ne connaissait pas nos lois et s'en souciait peu ; on la voit s'occuper de faire passer la couronne à sa fille. Incrédule et superstitieuse ainsi que les Italiens de son temps, en sa qualité d'incrédule elle n'avait aucune aversion contre les protestants, et elle ne les fit massacrer que par politique. Enfin, si on la suit dans toutes ses démarches, on s'aperçoit qu'elle ne vit jamais dans le vaste royaume dont elle était souveraine ; qu'une Florence agrandie, que les émeutes de sa petite république, que les soulèvements d'un quartier de sa ville natale contre un autre quartier, que la querelle des Pazzi et des Médicis dans la lutte des Guises et des Châtillons.

Détails circonstanciés de l'assassinat du Balafré à Blois. La réunion des protestants aux catholiques, après cet assassinat, fit avorter les libertés. Jacques Clément. Mort de Henri III. Tableau général des hommes et des mœurs sous les derniers Valois, et histoire de ces mœurs par les pamphlets de cette époque. Débauche, cruauté, assassins à gages, femmes, mignons, protestants, magistrats. La presse (ou les idées) joue pour la première fois un rôle important dans les affaires humaines. Ce qu'il y a à dire en faveur des Valois. Leur siècle est le véritable siècle des arts, et non celui de Louis XIV. Henri IV lui-même eut quelque chose de moins royal et de moins noble que les princes dont il reçut la couronne. Tous ensemble sont écrasés par les Guises, véritables rois de ces temps.

Avec les Bourbons commence la monarchie absolue. Henri IV était ingrat et gascon, promettant beaucoup et tenant peu ; mais sa bravoure, son esprit, ses mots heureux et quelquefois magnanimes, son talent oratoire, ses lettres pleines d'originalité, de vivacité et de feu ; ses aventures, ses amours même, le feront éternellement vivre. Sa fin tragique n'a pas peu contribué à sa renommée : disparaître à propos de la vie est une des conditions de la gloire.

On s'est fait une fausse idée de la manière dont les Bourbons parvinrent au trône ; le vainqueur d'Ivry ne monta point sur le trône, botté et éperonné, en sortant de la bataille ; il capitula avec ses ennemis, et ses amis n'eurent souvent pour toute récompense que l'honneur d'avoir partagé sa mauvaise fortune. Détails à ce sujet.

Quels étaient les Seize, comité du salut public de la Ligue. Processions pendant le siège de Paris. Description de la famine. Henri IV abjure ; il ne pouvait faire autrement pour régner. Croyait-il ? Henri IV allait porter la guerre dans les Pays-Bas, lorsqu'il fut arrêté par un de ces envoyés secrets de la mort, qui mettent la main sur les rois. Ces hommes surgissent soudainement et s'abîment aussitôt dans les supplices : rien ne les précède, rien ne les suit ; isolés de tout, ils ne sont suspendus dans ce monde que par leur poignard ; ils ont l'existence même et la propriété d'un glaive ; on ne les entrevoit un moment qu'à la lueur du coup qu'ils frappent. Ravaillac était bien près de Jacques Clément : c'est un fait unique dans l'histoire, que le dernier roi d'une famille et le premier roi d'une autre aient été tués de la même façon, chacun d'eux par un seul homme, au milieu de leurs gardes et de leur cour, dans l'espace de moins de vingt et un ans. Le même fanatisme anima les deux assassins ; mais l'un immola un prince catholique, l'autre un prince qu'il croyait protestant. Clément fut l'instrument d'une ambition personnelle ; Ravaillac, comme Louvel, l'aveugle mandataire d'une opinion.

Les guerres civiles religieuses du seizième siècle ont duré trente-neuf ans : elles ont engendré les massacres de la Saint-Barthélemy, versé le sang de plus de deux millions de Français, et dévoré près de trois milliards de notre monnaie actuelle ; elles ont produit la saisie et la vente des biens de l'Église et des particuliers, frappé deux rois d'une mort violente, Henri III et Henri IV, et commencé le procès criminel du premier de ces rois. Qu'a fait de mieux la révolution? La vérité religieuse, quand elle est faussée, ne se livre pas à moins d'excès que la vérité politique, lorsqu'elle a dépassé le but.

La monarchie des états expire sous Louis XIII, la monarchie parlementaire meurt avec la Fronde. Le premier vote des communes de France, lorsqu'elles furent appelées aux états par Philippe le Bel pour s'opposer aux empiétements de Boniface VIII, fut ainsi conçu : « Qu'il « plaise au seigneur roi de garder la souveraine franchise de son royaume, qui est telle que « dans le temporel le roi ne reconnaît souverain en terre, fors que Dieu. » Le dernier vote des communes aux états de 1614 fut celui-ci :

« Le roi est supplié d'ordonner que les seigneurs soient tenus d'affranchir dans leurs fiefs « tous les serfs. »

Ainsi le premier vote du tiers état, en sortant de la longue servitude de la monarchie féodale, est une réclamation pour la liberté du roi ; son dernier vote, au moment où il rentre dans l'esclavage de la monarchie absolue, est une réclamation en faveur de la liberté du peuple : c'est bien naître et bien mourir. J'ai dit pourquoi la monarchie des états ne se put établir en France. Richelieu devient ministre ; sa souplesse fit sa fortune, son orgueil sa gloire.

Toutes les libertés meurent à la fois, la liberté politique dans les états, la liberté religieuse par la prise de La Rochelle ; car la force huguenote demeura anéantie, et l'édit de Nantes ne fut que la conséquence de la disparition du pouvoir matériel des protestants. La liberté littéraire périt à son tour par la création de l'Académie française ; haute cour du classique qui fit comparaître devant elle, comme premier accusé, le génie de Corneille. Racine vint ensuite imposer aux lettres le despotisme de ses chefs-d'œuvre, comme Louis XIV le joug de sa grandeur à la politique. Sous l'oppression de l'admiration, Chapelain, Coras, Leclerc, Saint-Amand maintinrent en vain, dans leurs ouvrages persécutés, l'indépendance de la langue et de la pensée. ils expirèrent pour la liberté de mal dire sous le vers de Boileau, en appelant de la servitude de leur siècle à la postérité délivrée. Ils eurent raison de réclamer contre la règle étroite et la proscription des sujets nationaux ; ils eurent tort d'être de méchants poëtes.

Il n'y a qu'une seule chose et qu'un seul homme dans le règne de Louis XIII, Richelieu. Il apparaît comme la monarchie absolue personnifiée, venant mettre à mort la vieille monarchie aristocratique. Ce génie du despotisme s'évanouit et laisse à sa place Louis XIV chargé de ses pleins pouvoirs.

La monarchie parlementaire, survivant à la monarchie des états, atteignit, sous la minorité de Louis XIV, le faîte de sa puissance : elle eut ses guerres ; on se battit en son honneur ; ses arrêts servaient de bourre à ses canons : dans son règne d'un moment, elle eut pour magistrat Mathieu Molé ; pour prélat, le cardinal de Retz ; pour héroïne, la duchesse de Longueville ; pour héros populaire, le fils d'un bâtard de Henri IV ; pour généraux, Condé et Turenne. Mais cette monarchie neutre, qui n'était ni la monarchie absolue, ni la monarchie tempérée des états ; qui paraissait entre l'une et l'autre ; qui ne voulait ni la servitude ni la liberté ; qui n'aspirait qu'au renversement d'un ministre fin et habile ; cette monarchie, à la suite de quelques princes brouillons et factieux, passa vite. Louis XIV, devenu majeur, entra au parlement avec un fouet, sceptre et symbole de la monarchie absolue ; et les Français furent mis à l'attache pour cent cinquante ans.

Auprès de la comédie de Mazarin, se jouait la tragédie de Charles Ier. Les guerres parlementaires de la Grande-Bretagne furent les dernières convulsions de l'arbitraire anglais expirant ; les guerres de la Fronde, les derniers efforts de l'indépendance française mourante. L'Angleterre passa à la liberté avec un front sévère, la France au despotisme en riant.

Le siècle de Louis XIV fut le superbe catafalque de nos libertés éclairé par mille flambeaux de la gloire qu'élevait alentour un cortége de grands hommes.

Louis XIV, comme Napoléon, chacun avec la différence de leur temps et de leur génie, substituèrent l'ordre à la liberté.

La monarchie absolue de Louis XIV était une nécessité, un fait amené par les faits précédents ; elle était inévitable. Le peuple disparut de nouveau comme au temps de la féodalité ; mais il était créé, il existait, il dormait, et se réveilla à son heure : pendant son sommeil, il eut de beaux songes sous Louis le Grand. Il ne fut exclu ni de la haute administration ni du commandement des armées.

Quand la lutte de l'aristocratie avec la couronne finit, la lutte de la démocratie avec cette même couronne commença. La royauté, qui avait favorisé le peuple pour se débarrasser des grands, s'aperçut qu'elle avait élevé un autre rival moins tracassier, mais plus formidable. Le combat s'établit alors sur le terrain de l'égalité, principe vital de la démocratie. Il y eut une monarchie absolue sous Louis XIV, parce que l'ancienne liberté aristocratique était morte, et que l'égalité démocratique vivait à peine : dans l'absence de l'égalité et de la liberté, l'une moissonnée, l'autre encore en germe, il y eut despotisme, et il ne pouvait y avoir que cela.

La féodalité ou la monarchie militaire noble perdit ses principales batailles ; mais les étrangers ne purent garder les provinces qu'ils avaient occupées dans notre patrie ; ils en furent successivement chassés : l'empire, ou la monarchie militaire plébéienne, fit des conquêtes immenses ; mais elle fut forcée de les abandonner ; et nos soldats, en se retirant, entraînèrent deux fois avec eux les étrangers à Paris : la monarchie absolue n'alla pas loin chercher ses combats ; mais le fruit de ses victoires nous est resté ; notre indépendance est encore à l'abri dans le cercle de remparts qu'elle a tracé autour de nous. A quoi cela tient-il ? A l'esprit positif du grand roi, et à la longueur du règne de ce prince. Louis chercha à donner à notre territoire ses bornes naturelles. On a trouvé dans les papiers de son administration des projets pour reculer la frontière de la France jusqu'au Rhin et pour s'emparer de l'Égypte ; on a même un mémoire de Leibnitz à ce sujet. Si Louis eût complétement réussi, il ne nous resterait aujourd'hui aucune cause de guerre étrangère.

Mauvais côté de Louis XIV. Quand il eut cessé de vivre, on lui en voulut d'avoir usurpé à son profit la dignité de la nation.

Ce prince fit encore un mal irréparable à sa famille : l'éducation orientale qu'il établit pour ses enfants, cette séparation complète des enfants du trône des enfants de la patrie, rendit étranger à l'esprit du siècle, et aux peuples sur lesquels il devait régner, l'héritier de la couronne. Henri IV courait avec les petits paysans, pieds nus et tête nue, sur les montagnes du Béarn ; le gouverneur, qui montrait au jeune Louis XV la foule assemblée sous les fenêtres de son palais, lui disait : « Sire, tout ce peuple est à vous. » Cela explique les temps, les hommes et les destinées.

La vieille monarchie féodale avait traversé six siècles et demi avec ses libertés aristocratiques pour venir tomber aux pieds du trentième fils de Hugues Capet. Combien l'État formé par Louis XIV a-t-il duré ? cent quarante ans. Après le tombeau de ce monarque, on n'aperçoit plus que deux monuments de la monarchie absolue : l'oreiller des débauches de Louis XV et le billot de Louis XVI.

Louis XV respira dans son berceau l'air infecté de la Régence ; il se trouva chargé, avec un caractère indécis et la plus insurmontable des passions, de l'énorme poids d'une monarchie absolue : son esprit ne lui servit qu'à voir ses vices et ses fautes, comme un flambeau dans un abîme.

Faits et mœurs de ce temps. Le duc de Choiseul, madame de Pompadour, madame Du Barry. Les grandes dames de la cour se scandalisèrent de la faveur de cette dernière : Louis XV leur sembla manquer à ce qu'il devait à leur naissance, en leur faisant l'injure de ne pas choisir dans leurs rangs ses courtisanes. Cette infortunée Du Barry vécut assez pour porter à l'échafaud la faiblesse de sa vie, pour lutter avec le bourreau en face des *Tricoteuses* ; Parques ivres et basses que pouvait allécher le sang de Marie-Antoinette, mais qui auraient dû respecter celui de mademoiselle Lange.

Pour la première fois on lit le nom de Washington dans le récit d'un obscur combat donné dans les forêts vers le fort Duquesne, entre quelques Sauvages, quelques Français et quelques Anglais (1754). Quel est le commis à Versailles, et le pourvoyeur du *Parc aux Cerfs*; quel est surtout l'homme de cour ou d'académie, qui aurait voulu changer à cette époque son nom contre celui de ce planteur américain ? A cette même époque, l'enfant qui devait un jour tendre sa main secourable à Washington venait de naître. Que d'espérances attachées à ce berceau ! C'était celui de Louis XVI.

Le règne de Louis XV est l'époque la plus déplorable de notre histoire : quand on en cherche les personnages, on est réduit à fouiller les antichambres du duc de Choiseul, les garde-robes des Pompadour et des Du Barry, noms qu'on ne sait comment élever à la dignité de l'histoire. La société entière se décomposa : les hommes d'État devinrent des hommes de lettres, les gens de lettres des hommes d'État, les grands seigneurs des banquiers, les fermiers généraux des grands seigneurs. Les modes étaient aussi ridicules que les arts étaient de mauvais goût : on peignait des bergères en paniers, dans les salons où les colonels brodaient. Tout était dérangé dans les esprits et dans les mœurs, signe certain d'une révolution prochaine. La société avait quelque chose de puéril, comme la société romaine au moment de l'invasion des Barbares : au lieu de faire des vers dans les cloîtres, on en faisait dans les *Boudoirs*; avec un quatrain on devenait illustre.

Mais ce serait assigner de trop petites causes à la révolution, que de les chercher dans cette vie d'hommes à bonnes fortunes, dans cette vie de théâtres, d'intrigues galantes et littéraires, unies aux coups d'État sur le parlement et aux colères d'un despotisme en décrépitude. Cet abâtardissement de la nation contribua sans doute à diminuer les obstacles que devait rencontrer la révolution ; mais il n'était point la cause efficiente de cette révolution ; il n'en était que la cause auxiliaire.

La civilisation avait marché depuis six siècles ; une foule de préjugés étaient détruits, mille institutions oppressives battues en ruine. La France avait successivement recueilli quelque chose des libertés aristocratiques féodales, du mouvement communal, de l'impulsion des croisades, de l'établissement des états, de la lutte des juridictions ecclésiastiques et seigneuriales, du long schisme, des découvertes du seizième siècle, de la réformation, de l'indépendance de la pensée pendant les troubles de la Ligue et les brouilleries de la Fronde, des écrits de quelques génies hardis, de l'émancipation des Pays-Bas et de la révolution d'Angleterre. La presse, bien qu'enchaînée, conserva le dépôt de ces souvenirs sous la monarchie absolue de Louis XIV : la liberté dormit, mais elle ne dérogea pas ; et cette antique liberté, comme l'antique noblesse, a repris ses droits en reprenant son épée. Les générations du corps et celles de l'esprit conservent le caractère de leurs origines diverses : tout ce que produit le corps meurt comme lui ; tout ce que produit l'esprit est impérissable comme l'esprit même. Toutes les idées ne sont pas encore engendrées ; mais quand elles naissent, c'est pour vivre sans fin, et elles deviennent le trésor commun de la race humaine.

On touchait à l'époque où on allait voir paraître cette liberté moderne, fille de la raison, qui devait remplacer l'ancienne liberté, fille des mœurs. Il arriva que la corruption même de la régence et du siècle de Louis XV ne détruisit pas les principes de la liberté que nous avons recueillie, parce que cette liberté n'a point sa source dans l'innocence du cœur, mais dans les lumières de l'esprit.

Au dix-huitième siècle, les affaires firent silence pour laisser libre le champ de bataille aux idées. Soixante ans d'un ignoble repos donnèrent à la pensée le loisir de se développer, de monter et de descendre dans les diverses classes de la société, depuis l'homme du palais jusqu'à l'habitant de la chaumière. Les mœurs affaiblies se trouvèrent ainsi calculées (comme je viens de le remarquer) pour ne plus offrir de résistance à l'esprit, ce qu'elles font souvent quand elles sont jeunes et vigoureuses.

Louis XVI commença l'application des théories inventées sous le règne de son aïeul par les économistes et les encyclopédistes. Ce prince honnête homme rétablit les parlements, supprima les corvées, améliora le sort des protestants. Enfin le secours qu'il prêta à la révolution d'Amérique (secours injuste selon le droit privé des nations, mais utile à l'espèce humaine en général) acheva de développer en France les germes de la liberté. La monarchie parlementaire, réveillée à la fin de la monarchie absolue, rappelle la monarchie des états, qui sort à son tour de la tombe pour transmettre ses droits héréditaires à la monarchie constitutionnelle : le roi martyr quitte le monde. C'est entre les fonts baptismaux de Clovis et l'échafaud de Louis XVI qu'il faut placer le grand empire chrétien des Français. La même religion était debout aux deux barrières qui marquent les deux extrémités de cette longue arène. « Fier Sicambre, incline le col, adore ce que tu as brûlé, brûle ce que tu as adoré, » dit le prêtre qui administrait à

Clovis le baptême d'eau. « Fils de saint Louis, montez au ciel, » dit le prêtre qui assistait Louis XVI au baptême de sang.

Alors le vieux monde fut submergé. Quand les flots de l'anarchie se retirèrent, Napoléon apparut à l'entrée d'un nouvel univers, comme ces géants que l'histoire profane et sacrée nous a peints au berceau de la société, et qui se montrèrent à la terre après le déluge.

Ainsi j'amène du pied de la croix au pied de l'échafaud de Louis XVI les trois vérités qui sont au fond de l'ordre social : la vérité religieuse, la vérité philosophique ou l'indépendance de l'esprit de l'homme, et la vérité politique ou la liberté. Je cherche à démontrer que l'espèce humaine suit une ligne progressive dans la civilisation, alors même qu'elle semble rétrograder. L'homme tend à une perfection indéfinie ; il est encore loin d'être remonté aux sublimes hauteurs dont les traditions religieuses et primitives de tous les peuples nous apprennent qu'il est descendu ; mais il ne cesse de gravir la pente escarpée de ce Sinaï inconnu, au sommet duquel il reverra Dieu. La société en avançant accomplit certaines transformations générales, et nous sommes arrivés à l'un de ces grands changements de l'espèce humaine.

Les fils d'Adam ne sont qu'une même famille qui marche vers le même but. Les faits advenus chez les nations placées si loin de nous sur le globe et dans les siècles ; ces faits, qui jadis ne réveillaient en nous qu'un instinct de curiosité, nous intéressent aujourd'hui comme des choses qui nous sont propres, qui se sont passées chez nos vieux parents. C'était pour nous conserver telle liberté, telle vérité, telle idée, telle découverte, qu'un peuple s'est fait exterminer ; c'était pour ajouter un talent d'or ou une obole à la masse commune du trésor humain, qu'un individu a souffert tous les maux. Nous laisserons à notre tour les connaissances que nous pouvons avoir recueillies, à ceux qui nous suivront ici-bas. Sur des sociétés qui meurent sans cesse, une société vit sans cesse ; les hommes tombent, l'homme reste debout, enrichi de tout ce que ses devanciers lui ont transmis, couronné de toutes les lumières, orné de tous les présents des âges ; géant qui croît toujours, toujours, toujours, et dont le front, montant dans les cieux, ne s'arrêtera qu'à la hauteur du trône de l'Éternel.

Et voilà comme, sans abandonner la vérité chrétienne, je me trouve d'accord avec la philosophie de mon siècle et l'école moderne historique. On pourra différer avec moi d'opinion ; mais il faudra reconnaître que, loin d'emboîter mon esprit dans les ornières du passé, je trace des sentiers libres : heureux si l'histoire, comme la politique, me doit le redressement de quelques erreurs !

Au surplus, même dans mon système religieux, je ne me sépare point de mon temps, ainsi que des esprits inattentifs le pourraient croire. Le christianisme est passé, dit-on. Passé ? Oui, dans la rue où nous abattons une croix, chez nos deux ou trois voisins, dans la coterie où nous déclarons du haut de notre supériorité qu'on ne nous comprend pas, qu'on ne peut pas nous comprendre ; que, pour peu qu'une génération ne soit pas au maillot, elle est incapable de suivre le vol de notre génie et d'entrer dans le mouvement de l'univers. Grâce à ce génie, nous devinons ce que nous ne savons pas ; nous plongeons un regard d'aigle au fond des siècles ; sans avoir besoin de flambeau, nous pénétrons dans la nuit du passé ; l'avenir est tout illuminé pour nous des feux qui font clignoter les faibles yeux de nos peres. Soit : mais, nonobstant ce, et sauf le respect dû à notre supériorité, le christianisme n'est pas passé : il vient d'affranchir la Grèce, et de mettre en liberté les Pays-Bas ; il se bat dans la Pologne. Le clergé catholique a brisé sous nos yeux les chaînes de l'Irlande ; c'est ce même clergé qui a émancipé les colonies espagnoles, et qui les a changées en républiques. Le catholicisme, je l'ai dit, fait des progrès immenses aux États-Unis. Toute l'Europe, ou barbare, ou civilisée, s'enveloppe, dans différentes communions, de la forme évangélique. S'il était possible que l'univers policé fût encore envahi, par qui le serait-il ? Par des soldats, jeûnant, priant, mourant au nom du Christ. La philosophie de l'Allemagne, si savante, si éclairée, et à laquelle je me rallie, est chrétienne ; la philosophie de l'Angleterre est chrétienne. Ne tenir aucun compte, au moins comme un fait, de cette pensée chrétienne qui vit encore parmi tant de millions d'hommes dans les quatre parties du monde ; de cette pensée que l'on retrouve au Kamtschatka et dans les sables de la Thébaïde, sur le sommet des Alpes, du Caucase et des Cordilières ; nous persuader que cette pensée n'existe plus parce qu'elle a déserté notre petit cerveau, c'est une grande pauvreté.

Il y a deux hommes que le siècle ne reniera pas : sortis de ses entrailles, leurs talents et leurs principes sont loués, encensés, admirés de ce siècle. Ces deux hommes marchent à la tête de toutes les opinions politiques et de toutes les doctrines littéraires nouvelles. Écoutons lord Byron et M. Benjamin Constant sur les idées religieuses :

« Je ne suis pas ennemi de la religion, au contraire ; et, pour preuve, j'élève ma fille natu-
« relle à un catholicisme strict dans un couvent de la Romagne ; car je pense que l'on ne peut
« jamais avoir assez de religion quand on en a ; je penche de jour en jour davantage vers les
« doctrines catholiques. » (*Mémoires de lord Byron*, tome v, page 172.)

Pendant son exil en Allemagne, sous le gouvernement impérial, M. Benjamin Constant s'occupa de son ouvrage sur la religion. Il rend compte à l'un de ses amis[1] de son travail dans une lettre autographe que j'ai sous les yeux. Voici un passage, assurément bien remarquable, de cette lettre :

« J'ai continué à travailler du mieux que j'ai pu au milieu de tant d'idées tristes. Pour la
« première fois je verrai, j'espère, dans peu de jours la totalité de mon *Histoire du polythéisme*
« rédigée. J'en ai refait tout le plan et plus des trois quarts des chapitres. Il l'a fallu, pour
« arriver à l'ordre que j'avais dans la tête et que je crois avoir atteint ; il l'a fallu encore, parce
« que, comme vous savez, je ne suis plus ce philosophe intrépide, sûr qu'il n'y a rien après
« ce monde, et tellement content de ce monde, qu'il se réjouit qu'il n'y en ait pas d'autre.
« Mon ouvrage est une singulière preuve de ce que dit *Bacon*, qu'un peu de science mène à
« l'athéisme, et plus de science à la religion. C'est positivement en approfondissant les faits,
« en en recueillant de toutes parts, et en me heurtant contre les difficultés sans nombre qu'ils
« opposent à l'incrédulité, que je me suis vu forcé de reculer dans les idées religieuses. Je l'ai
« fait certainement de bien bonne foi, car chaque pas rétrograde m'a coûté. Encore à présent
« toutes mes habitudes et tous mes souvenirs sont philosophiques, et je défends poste après
« poste tout ce que la religion reconquiert sur moi. Il y a même un sacrifice d'amour-propre,
« car il est difficile, je le pense, de trouver une logique plus serrée que celle dont je m'étais
« servi pour attaquer toutes les opinions de ce genre. Mon livre n'avait absolument que le
« défaut d'aller dans le sens opposé à ce qui, à présent, me paraît vrai et bon, et j'aurais eu
« un succès de parti indubitable. J'aurais pu même avoir encore un autre succès, car, avec de
« très-légères inclinaisons, j'en aurais fait ce qu'on aimerait le mieux à présent : un système
« d'athéisme pour les gens comme il faut, un manifeste contre les prêtres, et le tout combiné
« avec l'aveu qu'il faut pour le peuple de certaines fables, aveu qui satisfait à la fois le pouvoir
« et la vanité. »

Je consens à passer pour un esprit rétrograde avec Herder, avec l'école philosophique transcendante de l'Allemagne, enfin avec M. Benjamin Constant et lord Byron.

La société est aujourd'hui tourmentée d'un besoin de croyance qui se manifeste de toutes parts. Vainement on veut contenter l'avidité des esprits en s'efforçant de les rendre fanatiques d'une vérité matérielle qui les trompe encore, puisqu'elle se change en abstraction dans le raisonnement. Ce faux enthousiasme ne mène pas loin la jeunesse ; elle ne peut ni se débarrasser de la tristesse qui la surmonte, ni combler le vide qu'a laissé en elle l'absence de toute foi. On n'admire pas longtemps un peu de boue sensitive, dût ce peu de boue être composée d'esprit et de matière, et former cette prétendue unité humaine dont le système, renouvelé des Grecs, est encore une rêverie d'une secte bouddhiste. Quelle misère, si cette vie d'un jour n'était que la conscience du néant !

Telle est la suite des idées et des faits que l'on trouvera dans ces *Études historiques*. J'ôte à mon travail, je le sais, par cette analyse, le premier attrait de la curiosité. Si j'avais l'espérance d'être lu, je me serais gardé de me priver de mon meilleur moyen de succès ; mais je n'ai point cette espérance. Un extrait, quoiqu'il soit déjà bien long, me laisse du moins la chance de faire entrevoir des vérités que j'ai crues utiles, et qui resteraient ensevelies dans les quinze cents pages de mes trois volumes. Comme auteur j'ai tort ; j'ai raison comme homme. Lorsqu'on a beaucoup vécu, beaucoup souffert, on a beaucoup appris : à force de

---

[1] M. Hochet, aujourd'hui secrétaire général du conseil d'État.

RUTH ET NOÉMI
(Genèse)

veiller la nuit, de travailler le jour, de retourner péniblement leur sillon ou leur voile, les vieux laboureurs, comme les vieux matelots, sont devenus habiles à connaître le ciel et à prédire les orages.

Il ne me reste plus qu'à remercier les personnes qui m'ont éclairé de leurs travaux ou de leurs conseils.

Je dois à la politesse et à l'obligeance de M. le baron de Bunsen, ministre de S. M. le roi de Prusse, à Rome, un excellent extrait des *Nibelüngs*, que l'on trouvera à la fin de ces *Études*. Le savant M. de Bunsen était l'ami du grand historien Niebuhr; plus heureux que moi, il foule encore ces ruines où j'espérais rendre à la terre, image pour image, mon argile en échange de quelque statue exhumée.

M. le comte de Tourgueneff, ancien ministre de l'instruction publique en Russie, homme de toutes sortes de savoir, a bien voulu me communiquer des renseignements sur les historiens de la Pologne, de la Russie et de l'Allemagne.

Pour dissiper des doutes relatifs à quelques points de la philosophie des Pères de l'Église, je me suis adressé à M. Cousin, et j'ai trouvé que la vraie science est toujours accessible.

Des conversations instructives avec M. Dubois, mon compatriote, m'ont éclairé sur les systèmes religieux de l'Orient. En parlant des hommes qui ont honoré ma terre natale, j'ai fait remarquer que la Bretagne comptait aujourd'hui M. l'abbé de Lamennais : si M. Dubois publie l'ouvrage dont il s'occupe sur les origines du christianisme, j'aurai de nouvelles félicitations à offrir à ma patrie.

M. Pouqueville m'a mis sur la voie d'une foule de recherches nécessaires à mon travail : j'ai suivi, sans crainte de me tromper, celui qui fut mon premier guide aux champs de Sparte. Tous deux nous avons visité les ruines de la Grèce lorsqu'elles n'étaient encore éclairées que de leur gloire passée; tous deux nous avons plaidé la cause de nos anciens hôtes, non peut-être sans quelque succès : du moins quand je retrouve dans le *Child-Harold* de lord Byron des passages de mon *Itinéraire*, j'ai l'espoir qu'à l'aide de cet immortel interprète mes paroles en faveur d'un peuple infortuné n'auront pas été tout à fait perdues.

On lira avec fruit une dissertation dont M. Lenormant a bien voulu me permettre d'enrichir mon ouvrage. M. Lenormant a parcouru l'Égypte avec M. Champollion; il a lu les inscriptions sur ces monuments, muets séculaires, qui viennent de reprendre la parole dans leur désert. On ne dira plus des pyramides :

> Vingt siècles descendus dans l'éternelle nuit
> Y sont sans mouvement, sans lumière et sans bruit.

Les anciens ont constamment attribué à l'Orient l'origine des religions grecques : c'est sur cette base, contestée pourtant de nos jours, que M. Creuzer a appuyé son grand ouvrage des *Religions de l'antiquité*. Depuis la publication de ce livre, l'étude religieuse de l'antiquité a fait des progrès. Les secrets de la Perse et de l'Inde se dévoilent chaque jour. L'*Essai sur la religion arcadienne*, dont M. Lenormant s'occupe, comprendra le passage des traditions orientales en Grèce, dans leur forme la plus pure et la moins altérée. Le savant archéologue Panofka unit son travail à celui de M. Lenormant.

M. Ampère, fils de l'illustre académicien à qui la science doit des découvertes que le monde savant admire, m'a fait part avec une complaisance infinie de quelques-unes de ses traductions et de ses études scandinaves. Ces études sont extraites d'un grand ouvrage auquel M. Ampère a consacré ses loisirs; ouvrage qui sera l'histoire de la poésie chez les divers peuples, de la poésie prise dans l'essence même du mot, et comme étant la portion la plus réelle, et certainement la plus vivante, de l'intelligence humaine. M. Lenormant et M. Ampère appartiennent l'un et l'autre à cette jeunesse sérieuse qui surveille aujourd'hui la fille de nos malheurs et l'esclave de notre gloire, la liberté : qu'elle la garde bien !

J'ai eu communication, sur les écoles de l'Allemagne, des notes instructives de M. Barchoux, et je me suis hâté d'en profiter.

J'ai rencontré dans MM. les directeurs de nos bibliothèques et de nos archives nationales cette urbanité, cette complaisance qui ne se lasse jamais et qui les rend si recommandables à leurs compatriotes et aux étrangers.

Enfin, M. Daniello a recherché les manuscrits, les livres, les passages que je lui indiquais dans le cours de mon travail : je lui dois ce témoignage public; et, en me séparant de lui comme du reste du monde, j'ose le signaler à quiconque aurait besoin de l'aide d'un littérateur instruit et laborieux.

Qu'ai-je encore à dire? Rien, sinon cet adieu que la bonhomie de nos auteurs gaulois disait autrefois aux lecteurs dans leurs préfaces. J'imiterai leur exemple; mes longues liaisons avec le public justifieront cette intimité. Ainsi, m'adressant à la France nouvelle : « Adieu, ami « lecteur. Il vous reste à vous votre jeunesse, un long avenir, et tout ce qui entoure une exis- « tence qui commence; il reste à moi des heures flétries et ridées, un passé au lieu d'un avenir, « et la solitude qui se forme autour d'une existence qui finit. *Tu lector, vale, et juvantem aut* « *certe volentem, ama.* »

ÉTUDE PREMIÈRE

EXPOSITION.

Trois vérités forment la base de l'édifice social : la vérité religieuse, la vérité philosophique, la vérité politique.

La vérité religieuse est la connaissance d'un Dieu unique, manifestée par un culte.

La vérité philosophique est la triple science des choses intellectuelles, morales et naturelles.

La vérité politique est l'ordre et la liberté : l'ordre est la souveraineté exercée par le pouvoir; la liberté est le droit des peuples.

Moins la cité est développée, plus ces vérités sont confuses; elles se combattent dans la cité imparfaite; mais elles ne se détruisent jamais: c'est de leur combinaison avec les esprits, les passions, les erreurs, les événements, que naissent les faits de l'histoire. A travers le bruit ou le silence des nations, dans la profondeur des âges, dans les égarements de la civilisation ou dans les ténèbres de la barbarie, on entend toujours quelque voix solitaire qui proclame les trois vérités fondamentales dont l'usage constant et la connaissance complète produiront le perfectionnement de la société.

Cette société, tout en ayant l'air de rétrograder quelquefois, ne cesse de marcher en avant. La civilisation ne décrit point un cercle parfait et ne se meut pas en ligne droite; elle est sur la terre comme un vaisseau sur la mer; ce vaisseau, battu de la tempête, louvoie, revient sur sa trace, tombe au-dessous du point d'où il est parti; mais enfin, à force de temps, il rencontre des vents favorables, gagne chaque jour quelque chose dans son véritable chemin, et surgit au port vers lequel il avait déployé ses voiles.

En examinant les trois vérités sociales dans l'ordre inverse, et commençant par la vérité politique, écartons les vieilles notions du passé.

La liberté n'existe point exclusivement dans la république, où les publicistes des deux derniers siècles l'avaient reléguée d'après les publicistes anciens. Les trois divisions du gouvernement, monarchie, aristocratie, démocratie, sont des puérilités de l'école, en ce qui implique la jouissance de la liberté : la liberté se peut trouver dans une de ces formes, comme elle en peut être exclue. Il n'y a qu'une constitution réelle pour tout État : liberté, n'importe le mode.

La liberté est de droit naturel et non de droit politique, ainsi qu'on l'a dit fort mal à propos : chaque homme l'a reçue en naissant sous le nom d'indépendance individuelle. Conséquemment, et par dérivation de ces principes, cette liberté existe en portions égales dans les trois formes de gouvernement. Aucun prince, aucune assemblée ne saurait vous donner ce qui ne lui appartient pas, ni vous ravir ce qui est à vous.

D'où il suit encore que la souveraineté n'est ni de droit divin ni de droit populaire : la souveraineté est l'ordre établi par la force, c'est-à-dire par le pouvoir admis dans l'État. Le roi est le souverain dans la monarchie, le corps aristocratique dans l'aristocratie, le peuple dans la démocratie. Ces pouvoirs sont inhabiles à communiquer la souveraineté à quelque chose qui n'est pas eux : il n'y a ni roi, ni aristocrate, ni peuple à détrôner.

Ces bases posées, l'historien n'a plus à se passionner pour la forme monarchique ou pour la forme républicaine : dégagé de tout système politique, il n'a ni haine ni amour ou pour les peuples ou pour les rois; il les juge selon les siècles où ils ont vécu, n'appliquant de force à leurs mœurs aucune théorie, ne leur prêtant pas des idées qu'ils n'avaient et ne pouvaient avoir lorsqu'ils étaient tous ensemble dans un égal état d'enfance, de simplicité et d'ignorance.

La liberté est un principe qui ne se perd jamais; s'il se perdait, la société politique serait dissoute : mais la liberté, bien commun, est souvent usurpée. A Rome elle fut d'abord possédée par les rois; les patriciens en héritèrent; des patriciens elle descendit aux plébéiens; quand elle quitta ceux-ci, elle s'enrôla dans l'armée; lorsque les légions corrompues et battues l'abandonnèrent, elle se réfugia dans les tribunaux et jusque dans le palais du prince, parmi les eunuques; de là elle passa au clergé chrétien.

Les révolutions n'ont qu'un motif et qu'un but : la jouissance de la liberté, ou pour un individu, ou pour quelques individus, ou pour tous.

Quand la liberté est conquise au profit d'un homme, elle devient le despotisme, lequel est la servitude de tous et la liberté d'un seul ; quand elle est conquise pour plusieurs, elle devient l'aristocratie ; quand elle est conquise pour tous, elle devient la démocratie, qui est l'oppression de tous par tous ; car alors il y a confusion du pouvoir et de la liberté, du gouvernant et du gouverné.

Chez les anciens, la liberté était une religion ; elle avait ses autels et ses sacrifices. Brutus lui immola ses fils ; Codrus lui sacrifia sa vie et son sceptre : elle était austère, rude, intolérante, capable des plus grandes vertus, comme toutes les fortes croyances, comme la foi.

Chez les modernes, la liberté est la raison ; elle est sans enthousiasme ; on la veut parce qu'elle convient à tous : aux rois, dont elle assure la couronne en réglant le pouvoir ; aux peuples, qui n'ont plus besoin de se précipiter dans les révolutions pour trouver ce qu'ils possèdent.

Venons à la vérité philosophique. La vérité philosophique, que la liberté politique protége, lui apporte une nouvelle force ; elle fait monter les idées théoriques à la sommité des rangs sociaux, et descendre les idées pratiques dans la classe laborieuse.

La vérité philosophique n'est autre chose que l'indépendance de l'esprit de l'homme : elle tend à découvrir, à perfectionner dans les trois sciences de sa compétence, la science intellectuelle, la science morale, la science naturelle ; celle-ci consiste dans la recherche de la constitution de la nature, depuis l'étude des lois qui régissent les mondes jusqu'à celles qui font végéter le brin d'herbe ou mouvoir l'insecte.

Mais la vérité philosophique, se portant vers l'avenir, s'est trouvée en contradiction avec la vérité religieuse, qui s'attache au passé, parce qu'elle participe de l'immobilité de son principe éternel. Je parle ici de la vérité religieuse mal comprise, car je montrerai tout à l'heure que la vérité religieuse du christianisme rendu à sa sincérité n'est point ennemie de la vérité philosophique.

De l'ancienne lutte de la vérité philosophique avec la vérité politique et la vérité religieuse naît une immense série de faits. Chez les Grecs et les Romains, la vérité philosophique mina le culte national, et échoua contre l'ordre moral et l'ordre politique : dans les républiques elle combattit en vain cette liberté servie par des esclaves, liberté privilégiée, égoïste, exclusive, qui ne voyait que des ennemis hors de sa patrie ; dans les empires, la vérité philosophique se laissa corrompre au pouvoir, et elle ignora les premières notions de la morale universelle.

Cette vérité a produit dans le monde moderne des événements et des catastrophes de toutes les espèces : l'indépendance de l'esprit de l'homme, tantôt manifestée par le soulèvement des peuples, tantôt par des hérésies, irrita la vérité religieuse qu'obscurcissait l'ignorance. De là les guerres civiles, les proscriptions, l'accroissement du pouvoir temporel des prêtres et du despotisme des rois. La vérité religieuse s'endormait-elle, la vérité philosophique profitait de ce sommeil : elle racontait l'histoire, se glissait dans les lois civiles, intervenait dans les lois politiques; elle attaquait indirectement la vérité religieuse, en reprochant au clergé son avidité, son ambition et ses mœurs; elle combattait directement l'ordre établi, en faisant, même à l'ombre des cloîtres, ces découvertes qui devaient produire une révolution générale. L'imprimerie devint l'agent principal des idées, jusqu'alors dépourvues d'organes intelligibles à la foule. Alors la vérité philosophique se trouvant pour la première fois puissance populaire, se jeta sur la vérité religieuse, qu'elle fut au moment d'étouffer.

Aujourd'hui la vérité philosophique n'est plus en guerre avec la vérité religieuse et la vérité politique : la liberté moderne sans esclaves, sans intolérance, est une liberté qui coïncide à la vérité philosophique; de sorte que l'indépendance de l'esprit de l'homme, hostile dans les vieux temps à la société religieuse et politique, l'aide et la soutient aujourd'hui. Les lumières propagées composent maintenant, des annales particulières des peuples, les annales générales des hommes; l'écrivain doit désormais faire marcher de front l'histoire de l'espèce et l'histoire de l'individu.

Passons à la vérité religieuse, à savoir, la connaissance d'un Dieu unique, manifestée par un culte.

Cette vérité a fait jusqu'ici le principal mouvement de l'espèce humaine; elle se trouve au commencement de toutes les sociétés; elle en fut la première loi; elle renferma dans son sein la vérité philosophique et la vérité politique : les hommes l'altérèrent promptement.

La vérité philosophique maintint, par la voie des initiations, des lumières religieuses qu'elle brouillait par ses doctrines spéculatives. Les platoniciens et les stoïciens créèrent quelques hommes de contemplation, d'intelligence, de morale et de vertu; mais les écoles furent livrées à la dérision; on se moqua des péripatéticiens, qui s'adonnaient aux sciences naturelles; on ne se proposa point d'aller habiter la ville demandée à Gallien, pour être gouvernée d'après les lois de Platon. Les philosophes, ou supportant le culte de leur siècle, ou voulant conduire les peuples par des idées abstraites, tombaient dans les erreurs communes, ou n'avaient aucune prise sur la foule. Ils ignoraient ce qui rend compte de tout, le christianisme. Ceci nous amène à parler de la vérité religieuse selon les peuples modernes civilisés; de cette vérité qui a engendré la plupart des événements, depuis la naissance du Christ jusqu'au jour où nous sommes parvenus.

Le christianisme, dont l'ère ne commence qu'au milieu des temps, est né dans le berceau du monde. L'homme nouvellement créé pèche par orgueil, et il est puni; il a abusé des lumières de la science, et il est condamné aux ténèbres du tombeau. Dieu avait fait la vie; l'homme a fait la mort, et la mort devient la seule nécessité de l'homme.

Mais toute faute peut être expiée : un holocauste divin s'offrira en sacrifice; l'homme racheté retournera à ses fins immortelles.

Tel est le fondement du christianisme. A la clarté de ce système, les mystères de l'homme se dévoilent; le mal moral et le mal physique s'expliquent; on n'est plus obligé de nier l'existence de Dieu et celle de l'âme, afin d'éclaircir les difficultés par les lois de la matière, qui n'éclaircissent rien, et qui sont plus incompréhensibles que celles de l'intelligence.

La solidarité de l'espèce pour la faute de l'individu tient à de hautes raisons qui en détruisent l'apparente injustice. C'est une des grandeurs de l'homme d'être enchaîné au bien en punition d'une première rébellion : les fils d'Adam, travaillant ensemble à devenir meilleurs pour échapper à la faute du commun père, ne produiraient-ils pas la réhabilitation de la race? Sans la solidarité de la famille, d'où naîtraient notre sympathie et notre antipathie pour les résolutions généreuses ou contre les mauvaises actions? Que nous importeraient le vice ou la vertu placés à trois mille ans ou trois mille lieues de nous? Et toutefois, y sommes-nous indifférents? ne sentons-nous pas qu'ils nous intéressent, nous touchent, nous affectent en quelque chose de personnel et d'intime?

La postérité d'Adam se divisa en deux branches; la branche cadette, celle d'Abel, conserva l'histoire de la chute et de la rédemption promise; le reste, avec le premier meurtrier, en perdit le souvenir, et garda néanmoins des usages qui consacraient une vérité oubliée. Le sacrifice humain se rencontre chez tous les peuples, comme s'ils avaient tous senti qu'ils se devaient rédimer; mais ils étaient eux-mêmes insuffisants à leur rançon. Il s'établit une libation de sang perpétuelle; la guerre le répandit ainsi que la loi; l'homme s'arrogea sur la vie de l'homme un droit qu'il n'avait pas, droit qui prit sa source dans l'idée confuse de l'expiation et du rachat religieux. La rédemption s'étant accomplie dans l'immolation du Christ, la peine de mort aurait dû être abolie ; elle ne s'est perpétuée que par une sorte de crime légal. Le Christ avait dit dans un sens absolu : *Vous ne tuerez pas.*

Bossuet a fait de la vérité religieuse le fondement de tout ; il a groupé les faits autour de cette vérité unique avec une incomparable majesté. Rien ne s'est passé dans l'univers que pour l'accomplissement de la parole de Dieu ; l'histoire des hommes n'est à l'évêque de Meaux que l'histoire d'un homme, le premier-né des générations, pétri de la main, animé par le souffle du Créateur, homme tombé, homme racheté avec sa race, et capable désormais de remonter à la hauteur du rang dont il est descendu. Bossuet dédaigne les documents de la terre ; c'est dans le ciel qu'il va chercher ses chartes. Que lui fait cet empire du monde, *présent de nul prix*, comme il le dit lui-même ? S'il est partial, c'est pour le monde éternel : en écrivant au pied de la croix, il écrase les peuples sous le signe du salut, comme il asservit les événements à la domination de son génie.

Entre Adam et le Christ, entre le berceau du monde placé sur la montagne du paradis terrestre et la croix élevée sur le Golgotha, fourmillent des nations abîmées dans l'idolâtrie, frappées de la déchéance du père de famille. Elles sont peintes en quelques traits avec leurs vices et leurs vertus, leurs arts et leur barbarie, de manière à ce que ces nations mortes deviennent vivantes : le nouvel Ézéchiel souffle sur des ossements arides, et ils ressuscitent. Mais au milieu de ces nations est un petit peuple qui perpétue la tradition sacrée, et fait entendre de temps en temps des paroles prophétiques. Le Messie vient ; la race vendue finit, la race rachetée commence ; Pierre porte à Rome les pouvoirs du Christ ; il y a rénovation de l'univers.

On peut adopter le système historique de ce grand homme, mais avec une notable rectification : Bossuet a renfermé les événements dans un cercle rigoureux comme son génie ; tout se trouve emprisonné dans un christianisme inflexible. L'existence de ce cerceau redoutable, où le genre humain tournerait dans une sorte d'éternité sans progrès et sans perfectionnement, n'est heureusement qu'une imposante erreur.

La société est un dessein de Dieu ; c'est par le Christ, selon Bossuet, que Dieu accomplit ce dessein ; mais le christianisme n'est point un cercle inextensible, c'est au contraire un cercle qui s'élargit à mesure que la civilisation s'étend ; il ne comprime, il n'étouffe aucune science, aucune liberté.

Le dogme qui nous apprend que l'homme dégradé retrouvera ses fins glorieuses présente un sens spirituel et un sens temporel : par le premier, l'âme paraîtra devant Dieu lavée de la tache originelle ; par le second, l'homme est réintégré dans les lumières qu'il avait perdues en se livrant à ses passions, cause de sa chute. Rien ainsi ne se plie de force à mon système, ou plutôt au système de Bossuet rectifié; c'est ce système qui se plie aux événements et qui enveloppe la société en lui laissant la liberté d'action.

Le christianisme sépare l'histoire du genre humain en deux portions distinctes : depuis la naissance du monde jusqu'à Jésus-Christ, c'est la société avec des esclaves, avec l'inégalité des hommes entre eux, l'inégalité sociale de l'homme et de la femme; depuis Jésus-Christ jusqu'à nous, c'est la société avec l'égalité des hommes entre eux, l'égalité sociale de l'homme et de la femme, c'est la société sans esclaves ou du moins sans le principe de l'esclavage.

L'histoire de la société moderne commence donc véritablement de ce côté-ci de la croix. Pour la bien connaître, il faut voir en quoi cette société différa, dès l'origine, de la société païenne; comment elle la décomposa; quels peuples nouveaux se mêlèrent aux chrétiens pour précipiter la puissance romaine, pour renverser l'ordre religieux et politique de l'ancien monde.

Si l'on envisage le christianisme dans toute la rigueur de l'orthodoxie, en faisant de la religion catholique l'achèvement de toute société, quel plus grand spectacle que le commencement et l'établissement de cette religion?

Voici tout d'abord ce que l'on aperçoit.

A mesure que le polythéisme tombe, et que la révélation se propage, les devoirs de la famille et les droits de l'homme sont mieux connus; mais décidément l'empire des Césars est condamné, et il ne reçoit les semences de la vraie religion qu'afin que tout ne périsse pas dans son naufrage. Les disciples du Christ, qui préparent à la société un moyen de salut intérieur, lui en ménagent un autre à l'extérieur : ils vont chercher au loin, pour les désarmer, les héritiers du monde romain.

Ce monde était trop corrompu, trop rempli de vices, de cruautés, d'injustices, trop enchanté de ses faux dieux et de ses spectacles, pour qu'il pût être entièrement régénéré par le christianisme. Une religion nouvelle avait besoin de peuples nouveaux; il fallait à l'innocence de l'Évangile, l'innocence des hommes sauvages; à une foi simple, des cœurs simples comme cette foi.

Dieu ayant arrêté ses conseils, les exécute. Rome, qui n'aperçoit à ses frontières que des solitudes, croit n'avoir rien à craindre; et nonobstant, c'est dans ces camps vides que le Tout-Puissant rassemble l'armée des nations. Plus de quatre cents ans sont nécessaires pour réunir cette innombrable armée, bien que les Barbares, pressés comme les flots de la mer, se précipitent au pas de course. Un instinct miraculeux les conduit; s'ils manquent de guides, les bêtes des forêts leur en servent : ils ont entendu quelque chose d'en haut qui les appelle du septentrion et du midi, du couchant et de l'aurore. Qui sont-ils? Dieu seul sait leurs véritables noms. Aussi inconnus que les déserts dont ils sortent, ils ignorent d'où ils viennent, mais ils savent où ils vont : ils marchent au Capitole, convoqués qu'ils se disent à la destruction de l'empire romain, comme à un banquet.

La Scandinavie, surnommée la fabrique des nations, fut d'abord appelée à fournir ses peuples; les Cimbres traversèrent les premiers la Baltique; ils parurent dans les Gaules et dans l'Italie, comme l'avant-garde de l'armée d'extermination.

Un peuple qui a donné son nom à la barbarie elle-même, et qui pourtant fut prompt à se civiliser, les Goths sortirent de la Scandinavie après les Cimbres qu'ils en avaient peut-être chassés. Ces intrépides Barbares s'accrurent en marchant; ils réunirent par alliance ou par conquête les Bastarnes, les Venèdes, les Sariges, les Roxolans, les Slaves et les Alains : les Slaves s'étendaient derrière les Goths dans les plaines de la Pologne et de la Moscovie; les Alains occupaient les terres vagues entre le Volga et le Tanaïs.

En se rapprochant des frontières romaines, les Allamans (Allemands), qui sont peut-être une partie des Suèves de Tacite, ou une confédération de *toutes sortes d'hommes*, se plaçaient devant les Goths, et touchaient aux Germains proprement dits, qui bordaient les rives du Rhin. Parmi ceux-ci se trouvaient, sur le Haut-Rhin, des nations d'origine gauloise, et sur le Rhin inférieur des tribunes germaines, lesquelles, associées pour maintenir leur indépendance, se donnaient le nom de Franks. Or donc cette grande division des soldats du Dieu vivant, formée des quatre lignes des Slaves, des Goths, des Allamans, des Germains avec tous leurs mélanges de noms et de races, appuyait son aile gauche à la mer Noire, son aile droite à la mer Baltique, et avait sur son front le Rhin et le Danube, faibles barrières de l'empire romain.

Le même bras qui soulevait les nations du pôle chassait des frontières de la Chine les hordes de Tartares appelées au rendez-vous [1]. Tandis que Néron versait le premier sang chrétien à Rome, les ancêtres d'Attila cheminaient silencieusement dans les bois; ils venaient prendre poste

---

[1] Selon le système de de Guines, d'après les recherches modernes, les Huns seraient d'origine chinoise. Voyez KLAPROTH, *Tableaux historiques de l'Asie*; et M. SAINT-MARTIN, dans ses savantes notes à l'*Histoire du Bas-Empire*, par LEBEAU.

à l'orient de l'empire, n'étant, d'un côté, séparés des Goths que par les Palus-Méotides, et joignant, de l'autre, les Perses qu'ils avaient à demi subjugués. Les Perses continuaient la chaîne avec les Arabes ou les Sarrasins en Asie : ceux-ci donnaient en Afrique la main aux tribus errantes du Bargah et du Sahara, et celles-là aux Maures de l'Atlas, achevant d'enfermer dans un cercle de peuples vengeurs, et ces dieux qui avaient envahi le ciel, et ces Romains qui avaient opprimé la terre.

Ainsi se présente le christianisme dans les quatre premiers siècles de notre ère, en le contemplant avec la persuasion de sa divine origine; mais si, secouant le joug de la foi, vous vous placez à un autre point de vue, vous changez la perspective sans lui rien ôter de sa grandeur.

Que ce soit un certain produit de la civilisation et de la maturité des temps, un certain travail des siècles, une certaine élaboration de la morale et de l'intelligence, un certain composé de diverses doctrines, de divers systèmes métaphysiques et astronomiques, le tout enveloppé dans un symbole afin de le rendre sensible au vulgaire; que ce soit l'idée religieuse innée, laquelle, après avoir erré d'autels en autels, de prêtres en prêtres, s'est enfin incarnée; mythe le plus pur, éclectisme des grandes civilisations philosophiques de l'Inde, de la Perse, de la Judée, de l'Égypte, de l'Éthiopie, de la Grèce et des Gaules, sorte de christianisme universel existant avant le christianisme judaïque, et au delà duquel il n'y a rien que l'essence même de la philosophie; que ce soit ce que l'on voudra pour s'élever au-dessus de la simple foi (apparemment par supériorité de science, de raison et de génie); il n'en est pas moins vrai que le christianisme ainsi dénaturé, interprété, allégorisé, est encore la plus grande révolution advenue chez les hommes.

Le livre de l'histoire moderne vous restera fermé, si vous ne considérez le christianisme ou comme une révélation, laquelle a opéré une transformation sociale; ou comme un progrès naturel de l'esprit humain vers la grande civilisation : système théocratique, système philosophique, ou l'un et l'autre à la fois, lui seul vous peut initier au secret de la société nouvelle.

Admettre, selon l'opinion du dernier siècle, que la religion évangélique est une superstition juive qui se vint mêler aux calamités de l'invasion des Barbares; que cette superstition détruisit le culte poétique, les arts, les vertus de l'antiquité; qu'elle précipita les hommes dans les ténèbres de l'ignorance; qu'elle s'opposa au retour des lumières, et causa tous les maux des nations : c'est appliquer la plus courte échelle à des dimensions colossales, c'est fermer les yeux au fait dominateur de toute cette époque. Le siècle sérieux où nous sommes parvenus a peine à concevoir cette légèreté de jugement, ces vues superficielles de l'âge qui nous a précédés. Une religion qui a couvert le monde de ses institutions et de ses monuments; une religion qui fut le sein et le moule dans lequel s'est formée et façonnée notre société tout entière, n'aurait-elle eu d'autres fins, d'autres moyens d'action, que la prospérité d'un couvent, les richesses d'un clergé, les cartulaires d'une abbaye, les canons d'un concile, ou l'ambition d'un pape?

Les résultats du christianisme sont tout aussi extraordinaires philosophiquement, que théologiquement parlant. Décidez-vous entre le choix des merveilles.

Et d'abord le christianisme philosophique est la religion intellectuelle substituée à la religion matérielle, le culte de l'idée remplaçant celui de la forme : de là un différent ordre dans le monde des pensées, une différente manière de déduire et d'exercer la vérité religieuse. Aussi, remarquez-le : partout où le christianisme a rencontré une religion matérielle, il en a triomphé promptement, tandis qu'il n'a pénétré qu'avec lenteur dans les pays où régnaient des religions d'une nature spirituelle comme lui : aux Indes, il livre de longs combats métaphysiques, pareils à ceux qu'il rendit contre les hérésies ou contre les écoles de la Grèce.

Tout change avec le christianisme (à ne le considérer toujours que comme un fait humain) : l'esclavage cesse d'être le droit commun; la femme reprend son rang dans la vie civile et sociale; l'égalité, principe inconnu des anciens, est proclamée. La prostitution légale, l'exposition des enfants, le meurtre autorisé dans les jeux publics et dans la famille, l'arbitraire dans le supplice des condamnés, sont successivement extirpés des codes et des mœurs. On sort de la civilisation puérile, corruptrice, fausse et privée de la société antique, pour entrer dans la route de la civilisation raisonnable, morale, vraie et générale de la société moderne : on est allé des dieux à Dieu.

Il n'y a qu'un seul exemple dans l'histoire, d'une transformation complète de la religion d'un peuple dominateur et civilisé : cet exemple unique se trouve dans l'établissement du christianisme, sur les débris des idolâtries dont l'empire romain était infecté. Sous ce seul rapport, quel esprit un peu grave ne s'enquerrait de ce phénomène? Le christianisme ne vint point pour la société, ainsi que Jésus-Christ vient pour les âmes, comme un voleur; il vint en plein jour, au milieu de toutes les lumières, au plus haut période de la grandeur latine. Ce n'est point une horde des bois qu'il va d'abord attaquer (là, il ira aussi quand il le faudra); c'est aux vainqueurs du monde, c'est à la vieille civilisation de la Judée, de l'Égypte, de la Grèce et de l'Italie, qu'il porte ses coups. En moins de trois siècles la conquête s'achève, et le christianisme dépasse les limites de l'empire romain. La cause efficiente de son succès rapide et général est celle-ci : le christianisme se compose de la plus haute et de la plus abstraite philosophie par rapport à la nature divine, et de la plus parfaite morale relativement à la nature humaine; or, ces deux choses ne s'étaient jamais trouvées réunies dans une même religion; de sorte que cette religion convient aux écoles spéculatives et contemplatives dont elle remplaçait les initiations, à la foule policée dont elle corrigeait les mœurs, à la population barbare dont elle charmait la simplicité et tempérait la fougue.

Si le dogme de l'unité d'un Dieu a pu remplacer les absurdités du polythéisme; c'est-à-dire, si une vérité a pris la place d'un mensonge, qui ne voit que, la pierre angulaire de l'édifice social étant changée, les lois, matériaux élevés sur cette pierre, ont dû s'assimiler à la substance élémentaire de leur nouveau fondement?

Comment cela s'est-il opéré? quelle a été la lutte des deux religions? que se sont-elles prêté? que se sont-elles enlevé? Comment le christianisme, passé de son âge héroïque à son âge d'intelligence, du temps de ses intrépides martyrs au temps de ses grands génies; comment a-t-il vaincu les bourreaux et les philosophes? comment a-t-il pénétré à la fois tous les entendements, tous les usages, toutes les mœurs, tous les arts, toutes les sciences, toutes les lois criminelles, civiles et politiques?

Comment les deux sexes se partagèrent-ils les postes dans l'action générale? Quelle fut l'influence des femmes dans l'établissement du christianisme? N'est-ce pas aux controverses religieuses, à la nécessité où les fidèles se trouvèrent de se défendre, qu'est due la liberté de la parole écrite, l'empire du monde étant le prix offert à la pensée victorieuse?

Quel fut l'effet sous Constantin de l'avénement de la monarchie de l'Église, bien à distinguer de la république chrétienne? Que produisit le mouvement réactionnaire du paganisme sous Julien? Qu'arriva-t-il lors de la transposition complète des deux cultes sous Théodose? Quelle analogie les hérésies du christianisme eurent-elles avec les diverses sectes de la philosophie? A part le mal qu'elles purent faire, les hérésies n'ont-elles pas servi à prévenir la complète barbarie, en tenant éveillée la faculté la plus subtile de l'esprit, au milieu des âges les plus grossiers?

Le principe des institutions modernes ne se rattache-t-il pas au règne de Constantin, cinq siècles plus haut qu'on ne le suppose ordinairement? L'empire d'Occident a-t-il été détruit par une invasion subite des Barbares, ou n'a-t-il succombé que sous des Barbares déjà chrétiens et romains? Quel était l'état de la propriété au moment de la chute de l'empire d'Occident? La grande propriété se compose par la conquête et la barbarie, et se décompose par la loi et la civilisation : quel a été le mouvement de cette propriété, et comment a-t-elle changé successivement l'état des personnes? Toutes ces choses et beaucoup d'autres qui se développeront dans le cours de ces *Études*, n'ont point encore été examinées d'assez près.

Il y a dans l'histoire, prise au pied de la croix et conduite jusqu'à nos jours, de grandes erreurs à dissiper, de grandes vérités à établir, de grandes justices à faire. Sous l'empire du christianisme, la lutte des intelligences et de la légitimité contre les ignorances et les usurpations, cesse par degrés; les vérités politiques se découvrent et se fixent; le gouvernement représentatif, que Tacite regarde comme une belle chimère, devient possible; les sciences, demeurées presque stationnaires, reçoivent une impulsion rapide de cet esprit d'innovation que favorise l'écroulement du vieux monde. Le christianisme lui-même, s'épurant, après avoir passé à travers les siècles de superstition et de force, devient chez les nations nouvelles le perfectionnement même de la société.

Il fut pourtant calomnié; on le peignit à Marc-Aurèle comme une faction; à ses successeurs, comme une école de perversité : dans la suite l'hypocrisie défigura quelquefois l'œuvre de vérité; on voulut rendre fanatique, persécuteur, ennemi des lettres et des arts, ennemi de toute liberté, ce qui est la tolérance, la charité, la liberté, le flambeau du génie. Loin de faire rétrograder la science, le christianisme, débrouillant le chaos de notre être, a montré que la race humaine, qu'on supposait arrivée à sa virilité chez les anciens, n'était encore qu'au berceau. Le christianisme croît et marche avec le temps; lumière quand il se mêle aux facultés de l'esprit, sentiment quand il s'associe aux mouvements de l'âme; modérateur des peuples et des rois, il ne combat que les excès du pouvoir, de quelque part qu'ils viennent; c'est sur la morale évangélique, raison supérieure, que s'appuie la raison naturelle dans son ascension vers le sommet élevé qu'elle n'a point encore atteint. Grâce à cette morale, nous avons appris que la civilisation ne dépouille pas l'homme de l'indépendance, et qu'il y a une liberté née des lumières, comme il y a une liberté fille des mœurs.

Les Barbares avaient à peine paru aux frontières de l'empire, que le christianisme se montra dans son sein. La coïncidence de ces deux événements, la combinaison de la force intellectuelle et de la force matérielle, pour la destruction du monde païen, est un fait où se rattache l'origine, d'abord inaperçue, de l'histoire moderne. Quelques invasions promptement repoussées, une religion inconnue se répandant parmi des esclaves, pouvaient-elles attirer les regards des maîtres de la terre? Les philosophes pouvaient-ils deviner qu'une révolution générale commençait? Et cependant ils ébranlaient aussi les anciennes idées; ils altéraient les croyances, ils les détruisaient dans les classes supérieures de la société à l'époque où le christianisme sapait les fondements de ces croyances, de ces idées, dans les classes inférieures. La philosophie et le christianisme attaquant le vieil ordre de l'univers par les deux bouts, marchant l'un vers l'autre en dispersant leurs adversaires, se rencontrèrent face à face après leur victoire. Ces deux contendants avaient pris quelque chose l'un de l'autre dans leur assaut contre l'ennemi commun; ils s'étaient cédé des hommes et des doctrines; mais quand, vers le milieu du quatrième siècle, il fallut, non partager, mais assumer l'empire de l'opinion, le christianisme, bien qu'arrivé au trône, se trouva en même temps revêtu de la force populaire; la philosophie n'était armée que du pouvoir des tyrans : Julien livra le dernier combat et fut vaincu. Brisant de toutes parts les barrières, les hordes des bois accoururent se faire baptiser aux amphithéâtres, naguère arrosés du sang des martyrs. Le christianisme était alors démocratique chez la foule romaine, chez les grands esprits émancipés, et parmi les tribus sauvages : le genre humain revenait à la liberté par la morale et la barbarie.

Voilà ce qu'il faut retracer avant d'entrer dans l'histoire particulière de nos pères; je vais essayer de vous peindre ces trois mondes coexistants confusément : le monde païen ou le monde antique, le monde chrétien, le monde barbare; espèce de trinité sociale dont s'est formée la société unique qui couvre aujourd'hui la terre civilisée. Résumons l'exposition du système qui m'a paru le plus approprié aux lumières du présent, et qui me semble le mieux concilier nos deux écoles historiques. Je pars du principe de l'ancienne école, pour arriver à la conséquence de l'école moderne : comme on ne peut pas plus détruire le passé que l'avenir, je me place entre eux, n'accordant la prééminence ni au fait sur l'idée, ni à l'idée sur le fait.

J'ai cherché les principes générateurs des faits; ces principes sont la vérité religieuse, la vérité philosophique avec ses trois branches, la vérité politique.

La vérité politique n'est que l'ordre et la liberté, quelles que soient les formes.

La vérité philosophique est l'indépendance de l'esprit de l'homme; elle a combattu autrefois la vérité politique et surtout la vérité religieuse; principe de destruction dans l'ancienne société, elle est principe de durée dans la société nouvelle, parce qu'elle se trouve d'accord avec la vérité politique et la vérité religieuse perfectionnées.

La vérité religieuse est la connaissance d'un Dieu unique manifestée par un culte. Le vrai culte est celui qui explique le mieux la nature de la Divinité et de l'homme; par cette seule raison le christianisme est la religion véritable.

Soit qu'on le regarde avec les yeux de la foi ou avec ceux de la philosophie, le christianisme a renouvelé la face du monde.

Le christianisme n'est point le cercle inflexible de Bossuet; c'est un cercle qui s'étend à mesure que la société se développe; il ne comprime rien; il n'étouffe rien; il ne s'oppose à aucune lumière, à aucune liberté.

Tel est le squelette qu'il s'agit de couvrir de chair. Pour vous introduire dans le labyrinthe de l'histoire moderne, je vous ai armé des fils qui doivent vous conduire : la prédication de l'Évangile, ou l'initiation générale des hommes à la vérité intellectuelle et à la vérité morale, la venue des Barbares.

Deux grandes invasions de ces peuples sont à distinguer : la première commence sous Dèce et s'arrête sous Aurélien; à cette époque les Barbares, presque tous païens, se jetèrent en ennemis sur l'empire : la seconde invasion eut lieu pendant le règne de Valentinien et de Valens; alors convertis en partie au christianisme, les Barbares entrèrent dans le monde civilisé comme suppliants, hôtes ou alliés des césars. Appelés pendant trois siècles par la faiblesse de l'État et par les factions, soutenant les divers prétendants à l'empire, ils se battirent les uns contre les autres au gré des maîtres qui les payaient et qu'ils écrasèrent : tantôt enrôlés dans les légions dont ils devenaient les chefs ou les soldats, tantôt esclaves, tantôt dispersés en colonies militaires, ils prenaient possession de la terre avec l'épée et la charrue. Ce n'était toutefois que rarement et à contre-cœur qu'ils labouraient : pour engraisser les sillons, ils trouvaient plus court d'y verser le sang d'un Romain que d'y répandre leurs sueurs.

Or, il convient de savoir où en était l'empire, lorsque arrivèrent les deux invasions générales de ces peuples, nos ancêtres; peuples qui n'étaient pas même indiqués dans les géographies : ils habitaient au delà des limites du monde connu de Strabon, de Pline, de Ptolémée, un pays ignoré; force fut de les placer sur la carte, quand Alaric et Genseric eurent écrit leurs noms au Capitole.

PREMIER DISCOURS

PREMIÈRE PARTIE.

DE JULES CÉSAR A DÈCE OU DÉCIUS.

Après avoir prêché l'Évangile, Jésus-Christ laisse sa croix sur la terre : c'est le monument de la civilisation moderne. Du pied de cette croix, plantée à Jérusalem, partent douze législateurs, pauvres, nus, un bâton à la main, pour enseigner les nations et renouveler la face des royaumes.

Les lois de Lycurgue n'avaient pu soutenir Sparte; la religion de Numa n'avait pu faire durer la vertu de Rome au delà de quelques centaines d'années : un pêcheur, envoyé par un faiseur de jougs et de charrues, vient établir au Capitole cet empire qui compte déjà dix-huit siècles, et qui, selon ses prophéties, ne doit point finir.

Depuis longtemps Rome républicaine avait répudié la liberté, pour devenir la concubine des tyrans : la grandeur de son premier divorce lui a du moins servi d'excuse. César est l'homme le plus complet de l'histoire, parce qu'il réunit le triple génie du politique, de l'écrivain et du guerrier. Malheureusement César fut corrompu comme son siècle : s'il fût né au temps des mœurs, il eût été le rival des Cincinnatus et des Fabricius, car il avait tous les genres de force. Mais quand il parut à Rome, la vertu était passée; il ne trouva plus que la gloire : il la prit, faute de mieux.

Auguste [1], héritier de César, n'était pas de cette première race d'hommes qui font les révolutions; il était de cette race secondaire qui en profite, et qui pose avec adresse le couronnement de l'édifice dont une main plus forte a creusé les fondements : il avait à la fois l'habileté et la médiocrité nécessaires au maniement des affaires, qui

---

[1] AUGUSTE. An. de R. 725, av. J.-C. 29.

se détruisent également par l'entière sottise ou par la complète supériorité.

La terreur qu'Auguste avait d'abord inspirée lui servit ; les partis tremblants se turent : quand ils virent l'usurpateur faire légitimer son autorité par le sénat [1], maintenir la paix, ne persécuter personne, se donner pour successeur au consulat un ancien ami de Brutus, ils se réconcilièrent avec leurs chaînes. L'astucieux empereur affectait les formes républicaines; il consultait Agrippa, Mécènes, et peut-être Virgile [2], sur le rétablissement de la liberté, en même temps qu'il envahissait tous les pouvoirs [3], se faisait investir de la puissance législative [4], et instituait les gardes prétoriennes [5]. Il chargea les muses de désarmer l'histoire, et le monde a pardonné l'ami d'Horace.

Les limites de l'empire romain furent ainsi fixées par Auguste [6] :

[1] Hæc cum Cæsar ita recitasset, mire senatorum animi affecti sunt. Fuerunt pauci qui ejus animum intelligerent ideoque adstipularentur ; reliqui aut suspicabantur quo hæc concilia dicta essent, aut fidem iis habebant. Horum alteri artificium in occultanda callide sua sententia Cæsaris admirabantur ; alteri hoc ejus propositum ; alteri ægre ejus versutiam ; alteri pœnitentiam captæ reipublicæ procurationis ferebant : jam enim exstiterant qui popularem reipublicæ formam ut turbulentam odissent ac mutationem ejus approbarent, Cæsarisque imperio delectarentur. . . . . proinde, cum frequenter etiam dicenti adhuc acclamassent, ubi peroravit, multis omnes cum verbis precati sunt, ut solus imperii summam gereret : multisque quibus id ei persuaderent adductis argumentis tandem eo compulerent ut principatum solus obtineret. (DIONIS., *Hist. rom.*, lib. LIII ; ed. Joannis Leunclavii, pag. 502, 503.)

[2] Ad quam deliberationem quum Agrippam Mœcenatemque adhibuisset (nam cum his de omnibus arcanis suis communicare solebat) prior in hanc sententiam Agrippa locutus est. (DIONIS., *Hist. rom.*, lib. LII, pag. 463, edit. Joannis Leunclavii.)

In qua re diversæ sententiæ consultos habuit, Mœcenatem et Agrippam... quare Augusti animus hinc ferebatur et illinc... Rogavit igitur Maronem an conferat privato homini se in sua republica tyrannum facere. (Pag. ultim. *Vitæ Virgilii* tributæ Donato, edit. 1699, à P. Ruæo. Parisiis.)

[3] In hunc modum pugna navalis facta est 4 nonas septembris. Id a me non frustra commemoratum est, dies annotare alioquin non solito ; sed quod ab ea die primum Cæsar solus rerum potitus est, imperiique ejus recensio præcise ab ea sumitur. (DIONIS. CASS., *Hist. rom.*, lib. LI, pag. 442, edit. Joannis Leunclavii.)

Hoc autem anno (ab Urbe condita 735), vere iterum penes unum hominem summa totius reipublicæ esse cœpit. Quamquam armorum deponendorum, resque omnes senatus populique potestati tradendi consilium Cæsar agitaverit. (*Ibid.*, lib. LII, pag. 463 ; lib. LIII, 474, 511, n° 2, pag. 40.)

[4] Quod principi placuit, legis habet vigorem : ulpote cum lege regia, quæ de imperio ejus lata est, populus ei in eum omne suum imperium et potestatem conferat. (ULPIAN., lib. I, *Princ.*, etc., *de Constit. princip.*)

[5] Certum numerum partim in urbis, partim in sui custodiam allegit, dimissa Calaguritanorum manu quam usque ad devictum Antonium, item Germanorum quam usque ad cladem varianam, inter armigeros circa se habuerat. (SUET., *in Vita Aug.*)

[6] Termini igitur finesque imperii romani sub Augusto erant, ab oriente Euphrates ; a meridie Nili cataractæ, et deserta Africæ et mons Atlas ; ab occidente Oceanus ; a septentrione Danubius et Rhenus. (JUST. LIPS., *de Magn. rom.*, lib. I, cap. III. Antuerpiæ, 1637, 6 tom. in-fol. ; tom. III, pag. 379.)

Retenti fines, seu dati imperio romano (sous Claude) : Mesopotamia per orientem, Rhenus Danubiusque ad septentrionem, et a meridie Mauri accepere provinciis. (AUR. VICT., *Hist. abbrev.*, part. II, cap. IV ; SUET, *Hist. rom.*, vol. II, pag. 127.)

Hadrianum gloriæ Trajani certum est invidisse, qui ei susceperit in imperio ; sponte propria redu-

Au nord, le Rhin et le Danube;

A l'orient, l'Euphrate;

Au midi, la Haute-Égypte, les déserts de l'Afrique et le mont Atlas;

A l'occident, les mers d'Espagne et des Gaules. Trajan subjugua la Dacie au nord du Danube [1], la Mésopotamie et l'Arménie à l'est de l'Euphrate; mais ces dernières conquêtes furent abandonnées par Adrien. Agricola acheva, sous le règne de Domitien, de soumettre la Grande-Bretagne [2] jusqu'aux deux golfes entre Dunbritton et Édimbourg.

Sous Auguste et sous Tibère, l'empire entretenait vingt-cinq légions [3]; elles furent portées à trente sous le règne d'Adrien [4]. Le nombre des soldats qui composaient la légion ne fut pas toujours le même; en le

ctis exercitibus, Armeniam, Mesopotamiam et Assyriam concessit; et inter Romanos et Parthos medium Euphratem esse voluit. (Sext. Ruf., *Brev.*; Suet., *Hist. rom.*, vol. II, pag. 166.)

[1] Romani imperii, quod post Augustum defensum magis fuerat, quam nobiliter ampliatum, fines longe lateque diffudit : urbes trans Rhenum in Germania reparavit; Daciam, Decibalo victo, subegit; provincia trans Danubium facta in his agris quos nunc Teciphali, et Netophali et Theubirgi habent. Ea provincia decies centena millia passuum in circuitu tenuit. Armeniam quam occupaverunt Parthi, recepit, Parthamasire occiso, qui eam tenebat. Albanis regem dedit. Iberonem regem, et Sauromatorum, et Bosporanorum, et Arabum, et Osdroenorum et Colchorum, in fidem accepit. Corduenos, Marcomedos occupavit : et Anthemusiam, magnam Persidis regionem; Seleuciam et Ctesiphontem, Babylonem et Messenios vicit ac tenuit : usque ad fines et mare Rubrum accepit : atque ibi tres provincias fecit, Armeniam, Assyriam, Mesopotamiam, cum his gentibus, quæ Madenam attingunt. Arabiam postea in provinciæ formam redegit : in mari Rubro classem instituit, ut per eam Imbriæ fines vastaret. (Eutrop., lib. VIII, cap. II et III. Lugduni Batavorum, 1762, in-8°, pag. 300 et seq.)

Trajanus, qui post Augustum romanæ reipublicæ movit lacertos, Armeniam recepit a Parthis. Sublato diademate, regi Armeniæ majoris regnum ademit. Albanis regem dedit. Iberos, Bosporanos, Colchos, in fidem romanæ ditionis accepit. Saracenorum loca et Arabum occupavit. Corduenos et Marcomedos obtinuit. Anthemusiam, optimam Persidis regionem, Seleuciamque et Ctesiphontem, ac Babyloniam accepit et tenuit. Usque ad Indiæ fines post Alexandrum accepit. In mari Rubro classem instituit. (Sext. Ruf., *Brev.*; Suet., *Hist. rom.*, vol. II, pag. 165.)

[2] Quarta æstas obtinendis, quæ percurrerat, insumpta. Ac, si virtus exercitum et romani nominis gloria pateretur, inventus in ipsa Britannia terminus. (Tac., *Agrip.*, cap. XXIII; Suet., *Hist. rom.*, vol. III, pag. 366.)

Britanniæ situm populosque multis scriptoribus numeratos, non in comparationem curæ ingeniive referam; sed quia tunc primum perdomita est. (Tac., *Agrip.*, cap. X; Suet., *Hist. rom.*, vol. III, pag. 369.)

[3] Sed præcipuum robur Rhenum juxta, commune in Germanos Gallosque subsidium, octo legiones erant. Hispaniæ recens perdomitæ, tribus habebantur. Mauros Juba rex acceperat domum populi romani. Cætera Africæ per duas legiones; parique numero Ægyptus. Dehinc initio ab Syria usque ad flumen Euphratem, quantum ingenti terrarum fines ambitur, quatuor legionibus coercita : accolis Ibero Albanoque et aliis regibus, qui magnitudine nostra proteguntur adversum externa imperia. Et Thraciam Rhœmetalces ac liberi Cotyis; ripamque Danubii legionum in Pannonia, ducere in Mœsia attinebant : totidem apud Dalmatiam locatis, quæ positu regionis a tergo illis, ac, si repentinum auxilium Italia posceret, haud procul accirentur. (Tac., *Ann.*, lib. IV, cap. V; Suet., *Hist. rom.*, vol. III, pag. 185.)

Alebantur eo tempore legiones civium romanorum XXIII, aut, quem alii numerum ponunt, XXV. (Dion., lib. LV, cap. XXIII. Stamburgi, 1752, in-fol., pag. 794.)

[4] Arguentibus amicis quod (Favonius) male cederet Hadriano, de verbo quod idonei auctores usurpassent, risum jucundissimum movit. Ait enim : « Non recte suadetis, familiares, qui non pati-

fixant à douze mille cinq cents hommes, on trouvera qu'un si vaste État n'était gardé, du temps des premiers empereurs, que par trois cent vingt-deux mille cinq cents, et ensuite par trois cent soixante-quinze mille hommes. Six mille huit cent trente et un Romains proprement dits, et cinq mille six cent soixante-neuf alliés ou étrangers formaient le complet de la légion : sous la tyrannie, ce n'était plus Rome, c'étaient les provinces qui fournissaient les Romains. Les Celtibériens furent les premières troupes salariées introduites dans les légions[1]. Rome avait combattu elle-même pour sa liberté ; elle confia à des mercenaires le soin de défendre son esclavage.

Seize légions bordaient le Rhin et le Danube[2]; deux étaient canton-

---

mini me illum doctiorem omnibus credere, qui habet triginta legiones. » (SPART., *in Hadrian.*, cap. xv; SUET., *Hist. rom.*, vol. II, pag. 281.)

Sub Augusto et Tiberio viginti quinque legiones fuerunt, ex Dione et Tacito; quin postea tamen auxerint, vix dubito, et sub Trajano atque Hadriano certum fuisse triginta, aut et supra. (LIPS., *de Magnit. rom.*, lib. I, cap. IV. Antuerpiæ, 1337, in-fol., tom. III, p. 379.)

[1] Id modo ejus anni in Hispania ad memoriam insigne est, quod mercenarium militem in castris neminem ante, quam tum Celtiberos, Romani habuerunt. (TIT. LIV., lib. XXIV, cap. XLIX. Lugduni Batavorum et Amstelodami, 1740, in-4°, tom. III, p. 934.)

[2] Il y avait vingt-huit légions sous Auguste, dont on peut voir la distribution dans le passage de Tacite; ensuite on en changea le nombre et la destination.

Sed hæc ita sub Augusto : ut tamen tetigi creverunt, et primum Claudius imperator, Britannia domita, legiones in ea tres locavit, manseruntque. Tum Vespasianus duas etiam in Cappadocia; et Trajanus deinde in Dacias duas. (JUST. LIPS., *de Magn. rom.*, lib. I, cap. IV. Antuerpiæ, 1637, in-fol., tom. III, pag. 937.)

Sous le règne d'Alexandre Sévère, il n'en restait que dix-neuf des vingt-huit d'Auguste, les autres ayant été ou dissoutes ou réunies, ainsi que Dion le dit ; mais d'autres y furent ajoutées par les successeurs d'Auguste.

Alebantur eo tempore (Augusti ævo) legiones civium romanorum XXIII, aut, quem alii numerum ponunt, quinque et viginti; nostro tempore solæ novemdecim ex iis restant : nempe secunda legio Augusta, cujus in superiori Britannia sunt hyberna : tres tertiæ, una in Phœnicia, Gallica nomine; altera in Arabia, Cyrenaica dicta legio; tertia, Augusta, in Numidia; quarta, Scythica, in Syria ; quinta, Macedonica, in Dacia ; sexta duæ, una in inferiori Britannia, Victrix , altera in Judæa, Ferrata ; septima in Mysia superiore, Claudiana præcipue nuncupata; octava, Augusta, in Germania superiore ; decima utraque gemina, cum quæ in Pannonia superiore, tum quæ in Judæa posita est; undecima in Mysia inferiore, Claudiana cognomento (hæ duæ legiones a Claudio sunt nominatæ, quod adversus eum in seditione Camilli non rebellassent) ; duodecima in Cappadocia, Fulminifera ; decima tertia gemina in Dacia ; decima quarta gemina in Pannonia superiore ; decima quinta, Apollinaris, in Cappadocia ; vicesima, Valeria et Victrix, in Britannia superiore versantes : quam vicesimam, ut mihi videtur, eamdem cum ea legione cui pariter nomen est Vicesimæ, et cui hiberna in superiore sunt Germania (quamvis non ab omnibus Valeria dicatur, neque hodie id nomen retineat), Augustus acceptam servavit. Hæ itaque legiones Augusti supersunt, reliquis aut omnino dispersatis, aut ab ipso Augusto, et aliis imperatoribus, inter cæteras legiones admixtis, unde geminarum appellatio tracta putatur. — Ac quoniam quidem semel de legionibus dicere cœpi, lubet reliquas etiam superstites, ab aliis imperatoribus deinceps lectas, hoc loco referre, ut qui de his cognoscere cupit, uno omnia loco facilius percipiat. Nero legionem primam, Italicam nuncupatam, instituit inferiori Mysia hyemantem ; Galba primam Adjutricem, in inferiori Pannonia, septimam in Hispania ; Vespasianus secundam Adjutricem, in Pannonia inferiori, quartam in Syria Harsam ; Domitianus primam Minervam, in Germania inferiori ; Trajanus secundam Ægyptiam, et trigesimam Germanicam, quibus a suo nomine nomen imposuit. Marcus Antoninus secundam in Norico, tertiam in Rhætia : quæ nées dans la Dacie, trois dans la Mœsie, quatre dans la Pannonie, une dans la Norique, une dans la Rhétie, trois dans la Haute et deux dans la Basse-Germanie; la Bretagne était occupée par trois légions; huit légions, dont six séjournaient en Syrie et deux en Cappadoce, suffisaient à la tranquillité de l'Orient. L'Égypte, l'Afrique et l'Espagne se maintenaient en paix, chacune sous la police d'une légion. Seize mille hommes de cohortes de la ville et des gardes prétoriennes[1] protégeaient en Italie le double monument de la liberté et de la servitude, le Capitole et le palais des césars.

Trois flottes, la première à Ravenne, la seconde à Mysènes, la troisième à Fréjus, veillaient à la sûreté de la Méditerranée orientale et occidentale[2] : une quatrième commandait l'Océan, entre la Bretagne et les Gaules; une cinquième couvrait le Pont-Euxin, et des barques montées par des soldats stationnaient sur le Rhin et le Danube[3] : telle était la force régulière de l'empire. Cette force, accrue graduellement, ne s'élevait pas toutefois au delà de quatre cent cinquante mille hommes, au moment où des myriades de Barbares se préparaient à

---

etiam Italicæ vocantur : Severus Parthicas primam et tertiam in Mesopotamia, secundamque Mediam in Italia. Nostro itaque tempore tot sunt legiones civium præter urbanos et prætorianos, sub Augusto autem seu xxiii, seu xxv ictæ alebantur, ac multæ etiam aliæ auxiliariæ, equitum peditumque et classiariorum, qua non certus numerus mihi non constat. (Dion., lib. lv, cap. xxiii et liv. Hamburgi, 1752, in-fol., pag. 794 et seq.)

[1] Οἵ τε σωματοφύλακες, μύριοι ὄντες, καὶ δεκαχῇ τεταγμένοι, καὶ οἱ τῆς πόλεως φρουροὶ ἑξακισχίλιοι τε ὄντες, καὶ τετραχῇ νενεμημένοι.

Decies item mille prætoriani milites in decem divisi cohortes : ultro præsidiani, ad sex millia, in quatuor cohortes distributi. (Dion., lib. lv, cap. xxiv. Hamburgi, 1752, in-fol., pag. 797.)

Totidem (legionibus), apud Dalmatiam locatis, quæ positu regionis a tergo illis, ac si repentinum auxilium Italia posceret, haud procul accirentur : quamquam incideret urbem proprius miles, tres urbanæ, novem prætoriæ cohortes. Etruria ferme Umbriaque delectæ, aut vetere Latio, et coloniis antiquitus romanis. (Tac., *Ann.*, lib. iv, cap. v; Suet., *Hist. rom.*, vol. iii, pag. 185.)

Elles furent augmentées sous Vitellius.

Insuper confusus, pravitate vel ambitu, ordo militiæ. Sedecim prætoriæ, quatuor urbanæ cohortes scribebantur, queis singula millia inessent. (Tac., *Hist.*, lib. ii, cap. xciii; Suet., *Hist. rom.*, vol. iii, pag. 314.)

[2] Ex militaribus copiis legiones et auxilia provinciatim distribuit : classem Miseni, et alteram Ravennæ, ad tutelam superi et inferi maris, collocavit. (Suet., *Aug.*, cap. xlix; Suet., *Hist. rom.*, vol. iii, pag. 30.)

Italiam utroque mari duæ classes; Misenum apud et Ravennam, proximumque Galliæ littus rostratæ naves præsidebant, quas Actiaca victoria captas Augustus in oppidum Forojuliense miserat, valido cum regimine. (Tac., *Ann.*, lib. iv, cap. v; Suet., *Hist. rom.*, vol. iii, pag. 185.)

Apud Misenum ergo et Ravennam singulæ legiones cum classibus stabant, ne longius a tutela urbis abscederent : et cum ratio postulasset, sine mora, sine circuitu ad omnes mundi partes navigio pervenirent. (Veget., lib. iv, cap. xxxi. Vesaliæ Clivorum, 1670, in-8°, pag. 133.)

[3] Igitur digressus castellis Vannius, funditur prælio : quamquam rebus adversis, laudatus quod et pugnam manu capescit, et corpore adverso vulnera excepit. Cæterum ad classem in Danubio opperientem perfugit. (Tac., *Ann.*, lib. xii, cap. xxx; Suet., *Hist. rom.*, vol. iii, pag. 224.)

Nam per Rheni quidem ripam quinquaginta amplius castella direxit, Bonnam et Geconiam cum pontibus junxit, classibusque firmavit. (Hor., lib. iv, cap. xii; Suet., *Hist. rom.*, vol. ii, pag. 51.)

l'attaquer. Il est vrai que tout Romain était réputé soldat, et que, dans certaines occasions, on avait recours aux levées extraordinaires, connues sous le nom de *conjuration* ou d'*évocation*, et exécutées par les *conquisitores* [1]. On arborait dans ce cas du *tumulte* deux pavillons au Capitole : un rouge, pour rassembler les fantassins; l'autre bleu, pour réunir les cavaliers.

Une ligne de postes fortifiés, surtout au bord du Rhin et du Danube; dans certains endroits des murailles, des manufactures d'armes, placées à distance convenable, complétaient le système défensif des Romains. Ce système changea peu depuis le règne d'Auguste jusqu'à celui de Dèce. On ajouta seulement à la défense ce que l'expérience avait fait juger utile.

Sous Auguste s'alluma cette guerre de la Germanie, où Varus perdit ses légions.

Lorsque Auguste entrait dans son douzième consulat, et que Caïus César était déclaré prince de la jeunesse, que se passait-il dans un petit coin de la Judée?

« Vers ce même temps, on publia un édit de César Auguste pour
« faire le dénombrement des habitants de toute la terre.

« Joseph partit aussi de la ville de Nazareth, qui est en Galilée, et
« vint en Judée à la ville de David, appelée Bethléem, parce qu'il était
« de la maison et de la famille de David,

« Pour se faire enregistrer avec Marie, son épouse, qui était grosse.

« Pendant qu'ils étaient en ce lieu, il arriva que le temps auquel
« elle devait accoucher s'accomplit.

« Et elle enfanta son fils premier né; et, l'ayant emmaillotté, elle
« le coucha dans une crèche, parce qu'il n'y avait point de place pour
« eux dans l'hôtellerie.

« Or, il y avait aux environs des bergers qui passaient la nuit dans
« les champs, veillant tour à tour à la garde de leur troupeau.

« Et tout d'un coup un ange du Seigneur se présenta à eux, et une
« lumière divine les environna, ce qui les remplit d'une extrême
« crainte.

« Alors l'ange leur dit : Ne craignez point, car je vous viens appor-
« ter une nouvelle qui sera pour tout le peuple le sujet d'une grande
« joie.

« C'est qu'aujourd'hui, dans la ville de David, il vous est né un
« Sauveur, qui est le Christ. »

Ces merveilles furent inconnues à la cour d'Auguste, où Virgile

---

[1] *Qui rempublicam salvam esse vult, me sequatur*, disait le consul. *Tumultus, quasi timor multus, vel a tumeo.* (Cic., *Phil.*)

chantait un autre enfant : les fictions de sa muse n'égalaient pas la pompe des réalités dont quelques bergers étaient témoins. Un enfant de condition servile, de race méprisée, né dans une étable à Bethléem [1], voilà un singulier maître du monde, et dont Rome eût été bien étonnée d'apprendre le nom! Et c'est néanmoins à partir de la naissance de cet enfant qu'il faut changer la chronologie et dater la première année de l'ère moderne [2].

Tibère [3], successeur d'Auguste, ne se donna pas comme lui la peine de séduire les Romains; il les opprima franchement, et les contraignit à le rassasier de servitude. En lui commença cette suite de monstres nés de la corruption romaine.

Le premier dans l'ordre des temps, il fut aussi le plus habile; tout dégénère, même la tyrannie : des tyrans actifs on arrive aux tyrans fainéants.

Tibère étendit le crime de lèse-majesté qu'avait inventé Auguste. Ce crime devint une loi de finances, d'où naquit la race des délateurs; nouvelle espèce de magistrature que Domitien déclara sacrée sous la justice des bourreaux [4].

Tibère sacrifia les droits du peuple aux sénateurs, et les personnes des sénateurs au peuple, parce que le peuple, pauvre et ignorant, n'avait de force que dans ses droits, et que les sénateurs, riches et instruits, ne tiraient leur puissance que de leur valeur personnelle.

Tibère mêlait à ses autres défauts celui des petites âmes, la haine pour les services qu'on lui avait rendus, et la jalousie du mérite : le talent inquiète la tyrannie; faible, elle le redoute comme une puissance; forte, elle le hait comme une liberté.

Les mœurs de Tibère étaient dignes du reste de sa vie; mais on se taisait sur ses mœurs, car il appelait ses crimes au secours de ses vices : la terreur lui faisait raison du mépris.

La guerre des Germains continua sous ce prince : elle servit aux vic-

---

[1] AUGUSTE. An. de R. 754, an. de J.-C. 1er.

[2] La vraie chronologie doit placer la naissance de Jésus-Christ au 25 décembre de l'an de Rome 751, la vingt-septième année du règne d'Auguste; mais l'ère commune la compte, comme je l'ai remarqué, de l'an 754 de la fondation de Rome.

[3] An de J.-C. 14.

[4] Legem majestatis reduxerat : cui nomen apud veteres idem, sed alia in judicium veniebant. Si quis proditione exercitum aut plebem seditionibus denique, male gesta republica, majestatem populi romani minuisset; facta arguebantur, dicta impune erant. Primus Augustus cognitionem de famosis libellis specie legis ejus tractavit, commotus Cassii Severi libidine, qua viros feminasque illustres, procacibus scriptis diffamaverat. Mox Tiberius, consultante Pompeio Macro prætore : *an judicia majestatis redderentur? Exercendas leges esse,* respondit. (TAC., *Ann.*, lib. I, cap. LXXII, p. 128 et 129; edit. 1715. a Christ. Hauffio. Leipsick. — *Cod.*, lib. IX, tit. VIII. *Ad legem Juliam majestatis.* — *Digest.* eodem.)

toires de Germanicus, et celles-ci préparèrent le poison qui les devait expier. Les triomphes de Germanicus lui coûtèrent la vie : il mourut de sa gloire, si j'ose parler ainsi.

L'année où sa veuve, la première Agrippine, après de longues souffrances, alla le rejoindre dans la tombe, le Fils de l'Homme achevait sa mission : il rapportait aux peuples la religion, la morale et la liberté au moment où elles expiraient sur la terre.

« Cependant la mère de Jésus, et la sœur de sa mère, Marie, femme
« de Cléophas, et Marie-Madeleine, se tenaient auprès de sa croix.

« Jésus ayant donc vu sa mère, et près d'elle le disciple qu'il aimait,
« dit à sa mère : Femme, voilà votre fils.

« Puis il dit au disciple : Voilà votre mère. Et depuis cette heure-là,
« ce disciple la prit chez lui.

« Après, Jésus sachant que toutes choses étaient accomplies, afin
« qu'une *parole* de l'Écriture s'accomplît encore, il dit : J'ai soif.

« Et comme il y avait là un vase plein de vinaigre, les soldats en
« emplirent une éponge, et, l'environnant d'hysope, la lui présen-
« tèrent à la bouche.

« Jésus, ayant donc pris le vinaigre, dit : Tout est accompli. Et
« baissant la tête, il rendit l'esprit. »

A cette narration, on ne sent plus le langage et les idées des historiens grecs et romains; on entre dans des régions inconnues. Deux mondes étrangement divers se présentent ici à la fois : Jésus-Christ sur la croix[1], Tibère à Caprée.

La publication de l'Évangile commença le jour de la Pentecôte de cette même année. L'Église de Jérusalem prit naissance : les sept diacres Étienne, Philippe, Prochore, Nicanor, Timon, Parménas et Nicolas, furent élus[2]. Le premier martyr eut lieu dans la personne de saint Étienne[3]; la première hérésie se déclara par Simon le magicien[4], et fut suivie de celle d'Apollonius de Tyane. Saul, de persécuteur qu'il était, devint l'apôtre des gentils sous le grand nom de Paul. Pilate envoya à Rome les actes du procès du fils de Marie; Tibère proposa au

---

[1] Tibère. An. de J.-C. 33.

[2] Et elegerunt Stephanum, virum plenum fide et spiritu sancto, et Philippum et Prochorum, et Nicanorem et Timonem, et Parmenam et Nicolaum advenam Antiochenum. (*Act. Apost. V. S.*, pag. 289. Lyon, 1684.)

[3] Et lapidabant Stephanum invocantem et dicentem : « Domine Jesu, suscipe spiritum meum. »

[4] Simon nimirum quidam Samaritanus, in vico cui Gitthon nomen est, natus sub Claudio Cæsare... propter magicas quas exhibuit virtutes deus habitus, et statua apud eos veluti deus honoratur : quæ statua in amne Tiberi, inter duos pontes est erecta, latinam hanc habens inscriptionem : *Simoni deo sancto :* ac Samaritani prope omnes, ex aliis nationibus etiam perpauci, illum quasi primum deum esse confitentes, adorant quoque. (Just., *Mart. Apol.*, tom. II, pag. 09.)

sénat de mettre Jésus-Christ au nombre des dieux [1]. Et l'histoire romaine a ignoré ces faits.

Après Tibère, un fou et un imbécile, Caligula et Claude [2], furent suscités pour gouverner l'empire, lequel allait alors tout seul et de lui-même, comme leur prédécesseur l'avait monté, avec la servitude et la tyrannie.

Il faut rendre justice à Claude; il ne voulait pas la puissance : caché derrière une porte pendant le tumulte qui suivit l'assassinat de Caïus, un soldat le découvrit, et le salua empereur [3]. Claude, consterné, ne demandait que la vie ; on y ajoutait l'empire, et il pleurait du présent.

Sous Claude commença la conquête de la Grande-Bretagne : né à Lyon, l'empereur introduisit les Gaulois dans le sénat.

Les Juifs persécutés à Alexandrie députèrent Philon à Caligula. Hérode Antipas [4] et Pilate furent relégués dans les Gaules. Corneille est le premier soldat romain qui reçut la foi.

Le nombre des disciples de l'Évangile s'accroît, les sept églises de l'Asie Mineure se fondent. C'est dans Antioche que les disciples de l'Évangile reçoivent pour la première fois le nom de *chrétiens* [5]. Pierre, emprisonné à Jérusalem par Hérode Agrippa, est délivré miraculeusement. Ce prince d'une espèce nouvelle, dont les successeurs étaient appelés à monter sur le trône des césars, entra dans Rome [6], le bâton

---

[1] Pilato de christianorum dogmate ad Tiberium referente, Tiberius retulit ad senatum, ut inter cætera sacra reciperetur. Verum, cum ex consultu patrum christianos eliminari Urbe placuisset, Tiberius post edictum, accusatoribus christianorum comminatus est mortem, scribit Tertullianus in *Apologetico*. (Euseb. Cæs., *Chron*. An. Dom. xxxviii. Bâle.)

[2] Galigula. An de J.-C. 37. Claude. An. deJ.-C. 41.

[3] Neque multo post, rumore cœdis exterritus, processit ad solarium proximum, interque prætenta foribus vela se abdidit : latentem discurrens forte gregarius miles, animadversis pedibus, e studio sciscitandi quisnam esset, agnovit, extractumque, et præ metu ad genua sibi accidentem, imperatorem salutavit. (*Vita Claudii*, cap. ii, pag. 202; édit. de 1761, par Ophelot de la Pause. Paris.)

[4] Anno Domini 38, regnante Galigula, Herodes Lugdunum Galliæ mittitur in exilium. (Joseph. 18-14.)

Interea Tiberius duobus et viginti circiter annis sui principatus exactis, vivendi finem fecit : postquam Caïus imperium suscepit ; et continuo Judæorum principatum tradidit. Agrippæ simul et Philippi ac Lysianæ tetrarchias, cum quibus et paulo post Herodis eidem pariter contulit. Ipsum vero Herodem qui vel in Johannis nece auctor exstiterat, vel in passione Domini interfuerat: multis excruciatum modis, æterno damnat exilio : sicut Josephus in his quæ supra inseruimus scribit. (Eusebii Cæs., *Historiæ*, lib. ii, pag. 482; edit. 1559. Basileæ, per Henricum Petri, in-4°.)

Voici le passage qu'Eusèbe, d'après Nicéphore et Josèphe (*Antiq. jud.*), rapporte dans l'endroit indiqué :

In tantas et tam graves calamitates, ut fertur, incurrit, ut necessitate adductus, sibi propria manu mortem consciscerent, suorumque ipse scelerum vindex existeret. (Euseb., *Hist. eccles*., lib. ii, cap. vii.)

[5] Et annum totum conversati sunt ibi in ecclesia, et docuerunt turbam multam, ita ut cognominarentur primum Antiochiæ discipuli christiani. (*Act. Apost.*, cap. xi, vers. xxvi, pag. 295. Lugduni, 1684.)

[6] Continuo namque in ipsis Claudii temporibus, clementia divinæ Providentiæ probatissimum

pastoral à la main, la seconde année du règne de Claude [1]. Avant de se disperser pour annoncer le Messie, les apôtres composèrent à Jérusalem le symbole de la foi. Cette charte des chrétiens, qui devait devenir la loi du monde, ne fut point écrite : Jésus-Christ n'écrivit rien ; sept de ses apôtres n'ont laissé que leurs œuvres ; il y en a d'autres, dont on ne sait pas même le nom ; et la doctrine de ces inconnus a parcouru la terre ! Jean enseigna dans l'Asie Mineure, et retira chez lui Marie, que le Sauveur lui avait léguée du haut de la croix ; Philippe alla dans la Haute-Asie, André chez les Scythes, Thomas chez les Parthes et jusqu'aux Indes, où Barthélemi porta l'évangile de saint Matthieu, écrit le premier de tous les évangiles. Simon prêcha en Perse, Matthias en Éthiopie, Paul dans la Grèce ; Marc, disciple de Pierre, rédigea son évangile à Rome, et Pierre envoya des missionnaires en Sicile, en Italie, dans les Gaules, et sur les côtes de l'Afrique. Saint Paul arrivait à Éphèse lorsque Claude mourut, et il catéchisa lui-même dans la Provence et dans les Espagnes.

Nous apprenons par les épîtres de cet apôtre que les premiers chrétiens et les premières chrétiennes à Rome furent Epenitas, Marie, Andronic, Junia, Ampliat, Urbain, Stachys, Appelès. Paul salua encore les fidèles de la maison d'Aristobule et ceux de la maison de Narcisse [2], le fameux favori de Claude. Ces noms sont bien obscurs, et ne se trouvèrent point dans les documents fournis à Tacite ; mais il est assez merveilleux, sans doute, de voir, du point où nous sommes parvenus, le monde chrétien commencer inconnu dans la maison d'un affranchi que l'histoire a cru devoir inscrire dans ses fastes.

De même que tous les conquérants sont devenus des Alexandre, tous les tyrans ont hérité du nom de Néron [3]. On ne sait trop pourquoi ce prince a joui de cet insigne honneur, car il ne fut ni plus cruel que Tibère, ni plus insensé que Caligula, ni plus débauché qu'Élagabale :

---

omnium apostolorum et maximum fidei, magnificentiæ et virtutis merito primorum principem Petrum, ad urbem Romam, velut adversum humani generis communem perniciem repugnaturum deducit, ducem quemdam et magistrum militiæ suæ, scientem, divina prælia gerere, et virtutum castra ductare, iste adveniens ex orientis partibus, ut cœlestis quidam negociator, mercimonia divini luminis, si quis sit comparare paratus, advexit, et salutaris prædicationis verbo primus in urbe Roma Evangelii sui clavibus januam regni cœlestis aperuit. (Euseb. Cæs., *Eccles. Hist.*, lib. II, pag. 487; edit. Basileæ, per Henric. Petri, 1559, in-4°.)

Petrus apostolus, natione Galilæus, christianorum pontifex, cum primum Antiochenam Ecclesiam fundasset, Romam proficiscitur, ubi Evangelium prædicans viginti quinque annis ejus urbis episcopus perseverat. (Euseb. *Cæsaris Chronicon.*, D. Hieronimo interprete. Anno Dom. 44, pag. 77 ; edit. Basileæ, per Heuricum Petri, 1559.)

[1] Claude, emp. Saint Pierre, pape. An de J.-C. 42.

[2] Salutate eos qui sunt ex Narcissi domo, qui sunt in Domino. (*Ep.* 16 B. Pauli *Ad Romanos*, v. 11.)

[3] Néron, emp. Saint Pierre, pape. An de J.-C. 54.

c'est peut-être parce qu'il tua sa mère, et qu'il fut le premier persécuteur des chrétiens. Peut-être encore son enthousiasme pour les arts donna-t-il à sa tyrannie un caractère ridicule qui a servi à la faire remarquer. Le beau ciel de Baïa et des fêtes étaient les tableaux où Néron aimait à placer ses crimes.

Les sénateurs qui le condamnèrent à mort lui prouvèrent qu'un artiste ne vit pas partout, comme il avait coutume de le dire, en chantant sur le luth [1]. Ces esclaves, qui jugèrent leur maître tombé, n'avaient pas osé l'attaquer debout : ils laissèrent vivre le tyran ; ils ne tuèrent que l'histrion.

L'incendie de Rome dont on accusa les chrétiens, que l'on confondait avec les Juifs, produisit la première persécution : les martyrs [2] étaient attachés en croix comme leur *Maître*, ou revêtus de peaux de bêtes et dévorés par des chiens, ou enveloppés dans des tuniques imprégnées de poix, auxquelles on mettait le feu [3] : la matière fondue coulait à terre avec le sang. Ces premiers flambeaux de la foi éclairaient une fête nocturne que Néron donnait dans ses jardins : à la lueur de ces flambeaux, il conduisait des chars.

Paul, accusé devant Félix et devant Festus, vient à Rome où il prêche l'Évangile avec Pierre [4].

Hérésie des nicolaïtes, laquelle avait pris son nom de Nicolas, un des premiers sept diacres. Saint Jacques, évêque de l'Église juive, avait souffert le martyre. La guerre de Judée commençait sous Sextus Gallus, et les chrétiens s'étaient retirés à Jérusalem.

Apollonius de Tyane, débarqué dans la capitale du monde pour voir, disait-il, quel animal c'était qu'un tyran [5], s'en fit chasser avec les autres philosophes. Pierre et Paul, enfermés dans la prison Mamertine

---

[1] Prædictum a mathematicis Neroni olim erat, fore ut quandoque destitueretur. Unde vox ejus celeberrima : τὸ τέχνιον πᾶσα γαῖα τρέφει. (SUET., *in Vit. Neronis.*)

[2] An de J.-C. 64.

[3]   Pone Tigellinum : tæda lucebis in illa,
    Qua stantes ardent, qui fixo gutture fumant,
    Et latum media sulcum deducit arena.
          (JUV., *Sat.* I, v. 155.)

Afflicti periculis christiani. (SUET., *in Vit. Neronis,* pag 251, cap. XVI.)

Nero, quæsitissimis pœnis adfecit, quos per flagitia invisos, vulgus *christianos* appellabat. Et pereuntibus addita ludibria, ut ferarum tergis contecti, laniatu canum interirent, aut crucibus affixi, aut flammandi; atque ubi defecisset dies, in usum nocturni luminis uterentur. (TACIT., *Annal.,* lib. XV, édit. de Barbou.)

[4] Cum autem venissemus Romam, permissum est Paulo manere sibimet cum custodiente se milite. (*Act. Apost.,* cap. XXVIII, v. 16.)

Mansit autem biennio in suo conducto : et suscipiebat omnes qui ingrediebantur ad eum, Prædicans regnum Dei, et docens quæ sunt de Domino Jesu-Christo, cum omni fiducia, sine prohibitione.

[5] Præterea tantum qui peragraverim terrarum, quantum antea mortalium nemo, belluasque vide-

au pied du Capitole, sont mis à mort [1] : Paul a la tête tranchée, comme citoyen romain, auprès des eaux Salviennes, dans un lieu aujourd'hui désert, où l'on voit trois fontaines, à quelque distance de la basilique appelée Saint-Paul hors des Murs, qu'un incendie a détruite au moment même de la mort de Pie VII. Pierre, réputé Juif et de condition vile, fut crucifié la tête en bas sur le mont Janicule, et enterré le long de la voie Aurélia, près du temple d'Apollon [2] : là s'élèvent aujourd'hui le palais du Vatican et cette église de Saint-Pierre qui lutte de grandeur avec les plus imposantes ruines de Rome. Néron ne savait pas sans doute le nom des deux malfaiteurs de bas lieu, condamnés par les magistrats : et c'étaient, après Jésus-Christ, les fondateurs d'une religion nouvelle, d'une société nouvelle, d'une puissance qui devait continuer l'éternité de la ville de Romulus.

Lin[3], dont il est question dans les Épîtres de saint Paul, succéda à saint Pierre; saint Clément ou saint Clet, à saint Lin.

Le peuple romain aima Néron; il espéra le retrouver après sa mort dans des imposteurs : quelques chrétiens pensèrent que Néron était l'Antechrist, et qu'il reparaîtrait à la fin des temps [4]; le monde païen l'attendait pour ses délices, le monde chrétien pour ses épreuves.

---

rim Arabicas Indicasque varii generis; hæc tamen bellua quam tyrannum vulgo vocant, neque quot capita habeat novi, neque utrum curvis unguibus serratisque sit dentibus.

Καὶ ἄλλως ἐπελθὼν γῆν, ὅσην οὔπω τις ἀνθρώπων, θηρία μὲν Ἀραβιά τε καὶ Ἰνδικὰ πάμπολλα εἶδον, τὸ δὲ θηρίον τοῦτο δ καλοῦσιν οἱ πολλοὶ τύραννον, οὔτε ὁπόσαι κεφαλαὶ αὐτῷ οἶδα, οὔτε εἰ γαμψώνυχός τε καὶ καρχαρόδους ἐστί. (Philost., *in Vit. Ap. Tyan.*)

[1] An de J.-C. 67, 29 juin.

[2] Paulum proinde Romæ, eo regnante, securi percussum, et Petrum etiam suffixum cruci, historiarum monumentis proditum est : quin etiam insignis ac testata Petri ac Pauli inscriptio, quæ in cœmeteriis Romæ ad hoc usque tempus manet, hujus rei gestæ fidem facit : atque hæc ita se habere confirmat itidem vir ecclesiasticus, Caius nomine, qui Zephyrini pontificis romani temporibus vixit, inque disputatione scriptis prodita!...

Ego, inquit, apostolorum tropæa perspicue possum ostendere : nam, si lubet et in Vaticanum proficisci, aut in viam quæ Ostiensis dicitur, te conferre, tropæa eorum qui istam Ecclesiam suo sermone et virtute stabiliverunt, invenies. Porro Dionysius, Corinthiorum episcopus, illos ambos martyrium eodem tempore pertulisse, sic ad Romanos scribens commemorat : Petrum et Paulum, qui Romanos et Corinthios primum in Ecclesiam Christi inseruerunt, prudenti quadam admonitione impulsi, in unum locum conclusistis... Nam ambo.. eodem tempore pariter martyrium subierunt. (Eusebii *Hist. ecclesiast.*, lib. ii, pag. 49.)

Petrus ad extremum cum Romæ versaretur, capite deorsum statuto, sic enim perpeti cupiebat, cruci suffixus est... Quid attinet de Paulo dicere... Nerone summam rerum administrante, martyrio occubit. Ista ab Origene ad verbum tertio tomo Commentariorum quos scripsit in *Genesim* revera commemorata sunt. (*Ibid.*, lib. iii, cap. i, pag. 54.)

Petrus ad terram capite verso cruci affixus est in Vaticano juxta viam Triumphalem sepultus... Paulus vero gladio animadversus et via Ostiensi sepultus. (Baron., *Martyr*, pag. 289.)

[3] Néron, emp. Lin, pape. An de J.-C. 67, 68. Clet ou Anaclet, Clément, papes. An de J.-C. 68-77.

[4] Nero... Dignus exstitit qui persecutionem in christianos primus inciperet, nescio an postremus explerit : si quidem opinione multorum receptum sit, ipsum Ante-Christum venturum. (Sul-

Ce fut encore sous le règne de Néron que saint Marc fonda l'Église d'Alexandrie qui commença surtout parmi les thérapeutes, secte juive, livrée à la vie contemplative [1], et qui servit de premier modèle aux ordres monastiques chrétiens. Les thérapeutes différaient des esséniens, qui ne se voyaient qu'en Palestine, et qui vivaient en commun du travail de leurs mains. L'école philosophique d'Alexandrie mêla aussi ses doctrines à celles du christianisme, subtilisa la simplicité évangélique, et produisit des hérésies fameuses.

La mort de Néron causa une révolution dans l'État. L'élection passa aux légions, et la constitution devint militaire. Jusque-là la dignité impériale s'était maintenue dans la famille d'Auguste par une espèce de droit de succession : le sénat, il est vrai, et les prétoriens avaient plus ou moins ajouté de la force à ce droit; mais enfin l'élection était restée attachée à la ville éternelle et au sang du premier des Césars. Usurpée par les légions, elle amena des choses considérables; elle multiplia les guerres civiles, et partant les causes de destruction; l'armée nommant son maître, et ne le recevant plus de la volonté des sénateurs et des dieux, méprisa bientôt son ouvrage. Les Barbares introduits dans l'armée s'accoutumèrent à faire des empereurs : quand ils furent las de donner le monde, ils le gardèrent.

Dans le despotisme héréditaire il y a des chances de repos pour les hommes; il perd de son âpreté en vieillissant. Dans le despotisme électif, chaque chef surgit à la souveraineté avec la force du premier né de sa race, et se porte à l'oppression de toute l'ardeur d'un parvenu à la puissance : on a toujours le tyran dans sa vigueur élective, tandis que la nation, qui ne se renouvelle pas, reste dans sa servitude héréditaire. Et comme l'empire romain occupait le monde connu, comme l'empereur pouvait être choisi partout, de là cette diversité de tyrannies, selon que le maître venait de l'Afrique, de l'Europe ou de l'Asie. Toutes les variétés d'oppression répandues aujourd'hui dans les divers climats s'asseyaient par l'élection sur la pourpre, où chaque candidat

---

PITII SEVERI, *Sacræ Hist.*, lib. II, pag. 95; edit. Elzeviriana. Lugduni Batavorum, anno 1643.)
   Cæterum cum ab eo de fine sæculi quæreremus, ait nobis (S. Martinus), Neronem et Antechristum prius esse venturos : Neronem in occidentali plaga, regibus subactis decem, imperaturum, persecutionem autem ab eo hactenus exercendam, ut idola gentium coli cogat. (SULPITII SEVERI, *Dialog.*, II, pag. 306; edit. ead.)

[1] Aiunt Marcum primum in Ægyptum trajecisse..... Atque tanta hominum et mulierum fidem christianam amplexantium ex prima aggressione et conatu, pergrave in primis, sanctum et severum ejus vivendi exemplum ibi cogebatur multitudo, ut Philo ipse eorum studia, exercitationes, mores, frequentes congressus, communem inter ipsos victus rationem, suis scriptis persequi, operæ pretium existimaret.... Apud nos ἀσκηταί, id est monachi... appellati sunt... Ab Hebræis, ut videtur, ducebant originem. Propterea permulta vetera instituta, proprius ad Judæorum consuetudinem accedentia, observabant. (EUSEB., *Hist. eccles.*, lib. II, pag. 29.)

arrivait avec son caractère propre et les mœurs de son pays.

Séjan qui, profitant de la jalouse vieillesse de Tibère, avait empoisonné Drusus, amené la disgrâce et, par suite, la mort d'Agrippine et de ses deux fils aînés, n'atteignit point le troisième fils de Germanicus. Celui-ci fut Caïus Caligula. Claude, son oncle, frère de Germanicus, proclamé empereur par les prétoriens, et surtout par les Germains de la garde, eut de Messaline l'infortuné Britannicus. Agrippine, sœur de Caligula et fille de la première Agrippine, femme de Germanicus, épousa en secondes noces son oncle Claude, et lui fit adopter Néron, qu'elle avait eu de son premier mariage avec Domitius Ahénobarbus. Néron, parvenu à l'empire après s'être défait de Britannicus, fut contraint de se tuer. En lui s'éteignit la famille d'Auguste. Malgré les vices et les crimes qui l'ont rendue exécrable, cette famille eut dans ses manières quelque chose d'élevé et de délicat que donnent l'exercice du pouvoir, l'habitude des richesses, les souvenirs d'une lignée historique. La maison de Jules prétendait remonter d'un côté à Énée par les rois d'Albe, de l'autre à Clausus le Sabin, et à tous les Claudius, ses fiers descendants.

Galba, qui prit un moment la place de Néron, était encore de race aristocratique; mais après lui commence une nouvelle sorte de princes. Toutes les fois qu'un grand changement dans la constitution d'un État s'opère, les anciennes familles disparaissent; soit qu'elles s'épuisent et s'éteignent réellement; soit qu'obéissant ou résistant au nouveau pouvoir, elles disparaissent dans le mépris qui s'attache à leur soumission, ou dans l'oubli qui suit leur fierté. Le despotisme était aristocratique par l'élection du sénat; il devint démocratique par l'élection de l'armée.

Remarquons, sous la première année du règne de Néron, la naissance de Tacite : il parut derrière les tyrans pour les punir, comme le remords à la suite du crime. Tite-Live était mort sous Tibère. Tite-Live et Tacite se partagèrent le tableau des vertus et des vices des Romains; les exemples rappelés par le premier furent aussi inutiles que les leçons données par le second.

Pendant le règne de Néron, la Grande-Bretagne se souleva et fut écrasée; les Parthes remuèrent et furent contenus par Corbulon; les Germains restèrent tranquilles, hors les Frisons et les Ansibares, qui voulurent occuper le long du Rhin le pays que les Romains laissaient inculte. Le vieux chef des Ansibares, repoussé par le général romain, s'écria : « Terre ne peut nous manquer pour y vivre ou pour y mourir [1]. » Nous devons compter les Ansibares au nombre de nos

---

[1] Deesse nobis terra in qua vivamus, in qua moriamur, non potest. (TACIT., *Annal.*, lib. XIII, pag. 236. Apud Barbou, Parisiis, 1779.)

ancêtres; ils firent dans la suite partie de la ligue des Franks. Galba, Othon et Vitellius [1] passèrent vite; ils eurent à peine le temps de se cacher sous le manteau impérial. Galba avait dit à Pison, dans le beau discours que lui prête Tacite, que l'élection remplacerait pour le peuple romain la liberté : cette liberté ne fut que la décision de la force.

Quelques mots de Galba sont dignes de l'ancienne Rome dont il conservait le sang. Des légionnaires sollicitaient une gratification nouvelle : « Je choisis des soldats, répondit-il, et ne les achète pas [2]. »

Othon venait de soulever les prétoriens; un soldat se présente à Galba l'épée nue, affirmant avoir tué Othon : « Qui te l'a ordonné? » dit le vieil empereur [3].

Galba fut massacré sur la place publique. Entouré par les séditieux qu'avait soulevés Othon, il tendit la gorge aux meurtriers en leur disant : « Frappez, si cela est utile au peuple romain. » Sa tête tomba; elle était chauve; un soldat, pour la porter, fut obligé de l'envelopper dans une étoffe [4]. Cette tête aurait dû mieux conseiller un vieillard de soixante-treize ans : était-ce la peine de mettre une couronne sur un front dépouillé?

Othon avait voulu l'empire; il l'avait voulu tout de suite, non comme un pouvoir, mais comme un plaisir. Trop voluptueux pour régner, trop faible pour vivre, il se trouva assez fort pour mourir. Ses soldats ayant été battus par les légions de Vitellius, il se couche, dort bien, se perce à son réveil de son poignard [5], et s'en va à petit bruit, sans avoir lu le dialogue de Platon sur l'immortalité de l'âme, sans se déchirer les entrailles. Mais Caton expira avec la liberté; Othon ne quittait que la puissance.

Vitellius, qui n'est guère connu que par ses excès de table, et dont le premier monument était un plat [6]; Vitellius, successeur d'Othon,

---

[1] GALBA, OTHON, VITELLIUS, emp. CLET, CLÉMENT, papes. An de J.-C. 68, 69.

[2] Legere se militem, non emere consuesse. (SUETON., *in vit. Galb.*)

[3] Quo auctore? (*Id., ibid.*)

[4] Suétone ajoute quelques circonstances à ce récit :

Jugulatus est ad lacum Curtii, ac relictus ita uti erat, donec gregarius miles, a frumentatione rediens, abjecto onere, caput ei amputavit : et quoniam capillo præ calvitie arripere non poterat, n gremium abdidit; mox inserto per os pollice ad Othonem detulit. (SUET., *in vit. Galbæ*, pag. 298 et 299.)

[5] Posthæc, sedata siti gelidæ aquæ potione, arripuit duos pugiones, et explorata utriusque acie, cum alterum pulvino subdidisset, foribus adopertis, arctissimo somno quievit : et circa lucem demum expergefactus, uno se trajicit ictu infra lævam papillam. (SUET., *in vit. Othonis*, pag. 308.)

[6] Hanc (cœnam fratris) quoque superavit dedicatione patriæ, quam ob immensam magnitudinem, *clypeum Minervæ,* αἰγίδα Πολιούχου dictitabat. (SUET., *in vit. Aul. Vitell.*, pag. 347.)

Hanc patinam, cum fictilis esse non posset propter magnitudinem, argenteam fecit : eaque diu permansit, veluti res diis consecrata, quousque Adrianus eamdem conspicatus, conflari jussit. (DION., *Hist. rom., de Vitell.,* lib. LXV, pag. 735.)

cassa les prétoriens qui s'étaient déclarés contre lui. Bientôt il est attaqué par Primus, vainqueur au nom de Vespasien : on se bat dans Rome; des Illyriens, des Gaulois, des Germains légionnaires s'égorgent au milieu des festins, des danses et des prostitutions.

Vitellius fuit avec son cuisinier et son boulanger; rentré dans son palais, il le trouve désert; saisi de terreur, il court se cacher dans la loge d'un portier, près de laquelle étaient des chiens qui le mordirent [1]. Il bouche la porte de cette loge avec le lit et le matelas du portier; les soldats arrivent, découvrent l'empereur, l'arrachent de son asile. Les mains liées derrière le dos, la corde au cou, les vêtements déchirés, les cheveux rebroussés, Vitellius demi-nu est traîné le long de la voie Sacrée. Son visage rouge de vin, son gros ventre, sa démarche chancelante comme celle d'un Silène [2], sont des sujets d'insulte et de risées. On l'appelle incendiaire, gourmand, ivrogne; on lui jette des ordures; on lui attache une épée sur la poitrine, la pointe sous le menton, pour le contraindre à lever la tête qu'il baissait de honte; on l'oblige de regarder ses statues renversées, et dont les inscriptions portaient qu'il était né pour le bonheur et la concorde des Romains [5]. Enfin, après l'avoir accablé d'outrages et de blessures, on l'achève; son corps est jeté dans le Tibre, sa tête plantée au bout d'une pique. Vitellius s'assit à l'empire qu'il avait pris pour un banquet : ses convives le forcèrent d'achever le festin aux Gémonies.

Les Sarmates Rhoxolans furent battus pendant le court règne d'Othon. Tandis que Vespasien attaquait Vitellius, les Daces attaquaient la Mœ-

---

[1] Confugitque in cellulam janitoris, religato pro foribus cane. (Suet., *in vit. Aul. Vitell.*, pag. 321.)

Vitellius, sordido attritoque sagulo amictus, se abdit in obscurum locum ubi canes alebantur; sed investigatus inventusque, pannis obsitus et sanguine perfusus, quod eum canes læserant, deprehenditur. (Dion., *Hist. rom.*, lib. LXVI.)

[2] Religatis post terga manibus, injecto cervicibus laqueo, veste discissa, seminudus in Forum tractus est inter magna rerum verborumque ludibria, per totum viæ Sacræ spatium, reducto coma capite, ceu noxii solent, atque etiam mento mucrone gladii subjecto ut visendam præberet faciem, neve submitteret; quibusdam stercore et cœno incessentibus; aliis *incendiarium et patinarium* vociferantibus, parte vulgi etiam corporis vitia exprobrante : erat enim in eo enormis proceritas, facies rubida plerumque ex vinolentia, venter obesus, alterum femur subdebile. (Suet., *in vit. Aul. Vitell.*, pag. 322.)

[3] Vitellium infestis mucronibus coactum, modo erigere os et offerre contumeliis, nunc cadentes statuas suas, plerumque rostra, aut Galbæ occisi locum contueri. (Tacit., *Hist.*, lib. IV, pag. 476; édit. de Barbou.)

Statuæ equestres cum plurifariam ei ponerentur... laurea religiosissime circumdederat. (Suet., *in vit. Vitell.*)

Solutum a latere pugionem, consuli primum deinde, illo recusante, magistratibus ac mox singulis senatoribus porrigens, nullo recipiente quasi in æde Concordiæ positurus abscessit : sed quibusdam acclamantibus *ipsum esse concordiam*, rediit : nec solum se retinere ferrum affirmavit, verum etiam *Concordiæ* recipere cognomen. (Suet., *Ib.*)

sie, et furent repoussés par Mucien. Civilis fit révolter les Bataves, et les Germains, alliés de Civilis, insultèrent les frontières romaines.

La mort de Vitellius suspendit le cours de ces ignominieuses adversités. Quatre-vingts années de bonheur, interrompues seulement par le règne de Domitien, commencèrent à l'élévation de Vespasien. On a regardé cette période comme celle où le genre humain a été le plus heureux; vrai est-il, si la dignité et l'indépendance des nations n'entrent pour rien dans leurs félicités.

Les premiers tyrans de Rome se distinguèrent chacun par un vice particulier, afin qu'on jugeât ce que la société peut supporter sans se dissoudre; les bons princes qui succédèrent à ces tyrans brillèrent chacun par une vertu différente, afin qu'on sentît l'insuffisance des qualités personnelles pour l'existence des peuples, quand ces qualités sont séparées des institutions.

Tout ce qu'on peut imaginer de mérites divers parut à la tête de l'empire : ceux qui possédèrent ces mérites pouvaient tout entreprendre : ils n'étaient gênés par aucune entrave; héritiers de la puissance absolue, ils étaient maîtres d'employer pour le bien l'arbitraire dont on avait usé pour le mal. Que produisit ce despotisme de la vertu? Rétablit-il la liberté? Préserva-t-il l'empire de sa chute? Non. Le genre humain ne fut ni amélioré ni changé. La fermeté régna avec Vespasien, la douceur avec Titus, la générosité avec Nerva, la grandeur avec Trajan, les arts avec Adrien, la piété avec Antonin, enfin la philosophie monta sur le trône avec Marc-Aurèle, et l'accomplissement de ce rêve des sages n'amena aucun bien solide. C'est qu'il n'y a rien de durable, ni même de possible, quand tout vient des volontés et non des lois; c'est que le paganisme survivant à l'âge poétique, n'ayant plus pour lui la jeunesse et l'austérité républicaines, transformait les hommes en un troupeau de vieux enfants, sans raison et sans innocence.

Il y avait dans l'empire des chrétiens obscurs, persécutés même par Marc-Aurèle; et ils faisaient avec une religion méprisée ce que ne pouvait accomplir la philosophie ornée du sceptre : ils corrigeaient les mœurs, et fondaient une société qui dure encore.

Vespasien [1] mit fin à la guerre de Civilis, et à la révolte d'où sortit la touchante aventure d'Éponine. Cette Gauloise doit être nommée dans une histoire des Français.

Du petit nombre de ces hommes que la prospérité rend meilleurs, Titus ne fut point obligé de soutenir au dehors l'honneur de l'empire; il n'eut à combattre que ses passions : il les vainquit pour devenir les

---

[1] VESPASIEN, TITUS, emp. CLÉMENT, pape. An. de J.-C. 69-81.

délices du genre humain. On a voulu douter de sa constance pour la vertu, au cas que sa vie se fût prolongée [1] : pourquoi calomnier le néant d'un avenir si vain qu'il n'a pas même été ?

On appliqua à Titus et à Vespasien les prophéties qui annonçaient des conquérants venus de la Judée [2]. Le Messie devait être un prince de paix : en conséquence, Vespasien fit bâtir à Rome, et consacrer à la Paix éternelle, un temple qui vit toujours la guerre, et dont les fondements mis à nu aujourd'hui ont à peine résisté aux assauts du temps. Le véritable prince de paix était le roi de ce nouveau peuple qui croissait et multipliait dans les catacombes, sous les pieds du vieux monde passant au-dessus de lui.

Saint Clément écrivit aux Corinthiens pour les inviter à la concorde. Il raconte que saint Pierre avait souffert plusieurs fois ; que saint Paul, battu de verges et lapidé, avait été jeté dans les fers [3] *à sept reprises différentes*. Il indique l'ordre dans le ministère ecclésiastique, les oblations, les offices, les solennités : Dieu a envoyé Jésus-Christ, Jésus-Christ les apôtres ; les apôtres ont établi les évêques et les diacres.

La religion accrut sa force sous les règnes de Vespasien et de Titus, par la consommation d'un des oracles écrits aux livres saints : Jérusalem périt.

La guerre de Judée avait commencé sous Néron. La multitude des Juifs qui se trouva à Jérusalem, l'an 66 de Jésus-Christ, pour la fête des azymes, fut comptée par le nombre des victimes pascales : il se trouva qu'on en avait immolé deux cent cinquante-six mille cinq cents [4]. Dix et quelquefois vingt convives s'assemblaient pour manger un agneau, ce qui donnait, pour dix seulement, deux millions cinq cent cinquante-six mille assistants purifiés.

Des prodiges annoncèrent la destruction du temple : une voix avait été entendue qui disait : *Sortons d'ici*. Jésus, fils d'Ananus, courant autour des murailles de la ville assiégée, s'était écrié : « Malheur ! mal-« heur sur la ville ! malheur sur le temple ! malheur sur le peuple ! « malheur sur moi [5] ! » Famine, peste et guerre civile au dedans de la

---

[1] Dion., pag. 754.

[2] Pluribus persuasio inerat, antiquis sacerdotum litteris contineri, eo ipso tempore fore ut valesceret Oriens, profectique Judæa rerum potirentur : quæ ambages Vespasianum ac Titum prædixerant. (Tacit., *Hist.*, lib. v, cap. xiii.)

[3] Petrus non unum aut alterum, sed plures labores substulit... Paulus propter æmulationem in vincula septies conjectus, verberibus cæsus, lapidatus, patientiæ præmium reportavit. (Clementis *ad Corinth. epist.*, pag. 8.)

[4] Hostiarum quidem ducenta et quinquaginta sex millia et quingintas numeravere. (Joseph., *Bell. Jud.*, lib. vii, cap. xvii, pag. 960.)

[5] Vocem audiere, qui diceret : *Migremus hinc*. Supra murum enim circumiens iterum : « Væ ! væ civitati, ac fano, ac populo ! » voce maxima clamitabat : cum autem ad extremum addidit : *Væ etiam*

cité ; au dehors les soldats romains crucifiaient tout ce qui voulait s'échapper : les croix manquèrent, et la place pour dresser les croix. On éventrait les fugitifs pour fouiller dans leurs entrailles l'or qu'ils avaient avalé. Six cent mille cadavres de pauvres furent jetés dans les fossés par-dessus les murailles. On changeait les maisons en sépulcres, et quand elles étaient pleines on en fermait les portes. Titus, après avoir pris la forteresse Antonia, attaqua le temple le 17 juillet 70 de Jésus-Christ, jour où le sacrifice perpétuel avait cessé, faute de mains consacrées pour l'offrir. Marie, fille d'Éléazar, rôtit son enfant et le mangea [1] dans la ville où une autre Marie avait enseveli son fils. Jésus-Christ avait dit aux femmes de Jérusalem après le Prophète : « Un jour viendra où l'on « dira : Heureuses les entrailles stériles et les mamelles qui n'ont pas « allaité ! »

Le temple fut brûlé le 8 août de cette année 70, ensuite la ville basse incendiée, et la ville haute emportée d'assaut. Titus fit abattre ce qui restait du temple et de la ville, excepté trois tours ; on promena la charrue sur les ruines. Telle fut la grandeur du butin, que le prix de l'or baissa de moitié en Syrie. Onze cent mille Juifs moururent pendant le siége, quatre-vingt-dix-sept mille furent vendus [2] ; à peine trouvait-on des acheteurs pour ce vil troupeau. A la fête de la naissance de Domitien, à celle de l'anniversaire de l'avénement de Vespasien à l'empire (24 octobre 70 et 1ᵉʳ juillet 71), plusieurs milliers de Juifs périrent par le feu et les bêtes, ou par la main les uns des autres, comme gladiateurs. A Rome, Titus et son père triomphèrent de la Judée : Jean et Simon, chefs des Juifs de Jérusalem, marchaient enchaînés derrière le char. Des médailles frappées en mémoire de cet événement représentent une femme enveloppée d'un manteau, assise au pied d'un palmier, la tête appuyée sur sa main, avec cette inscription : *La Judée captive*.

Les chrétiens trouvaient dans cette catastrophe d'autres sujets d'étonnement que la multitude païenne : il n'y avait pas trois années que saint Pierre était enseveli au Vatican ; saint Jean, qui avait vu pleurer Jésus-Christ sur Jérusalem, vivait encore ; peut-être même, selon quelques traditions, la mère du Fils de l'Homme était encore sur

---

mihi ! lapis tormento missus eum statim peremit, animamque adhuc omnia illa gementem dimisit. (Joseph., *de Bello Jud.*, lib. vii, pag. 96.)

[1] Mulier quædam... Maria nomine, de vico Vetezobra... vi animi de necessitate compulsa... raptoque filio quem lactentem habebat... occidit, coctumque medium comedit, adopertumque reliquum servavit. (Joseph., lib. vii, cap. viii, pag. 954 et 955.)

[2] Et captivorum quidem omnium qui toto bello comprehensi sunt, nonaginta et septem millia comprehensus est numerus, mortuorum vero per omne tempus obsidionis undecies centum millia. (Joseph., *de Bello Jud.*, lib. vii, cap. xvii.)

la terre ; elle n'avait point encore accompli son assomption en laissant dans sa tombe, au lieu de ses cendres, sa robe virginale ou une manne céleste [1].

Les Juifs furent dispersés : témoins vivants de la parole vivante, ils subsistèrent, miracle perpétuel, au milieu des nations. Étrangers partout, esclaves dans leur propre pays, ils virent tomber ce temple dont il ne reste pas pierre sur pierre, comme mes yeux ont pu s'en convaincre. Une partie de leur population enchaînée vint élever à Rome cet autre monument où devaient mourir les chrétiens. Le ciseau sculpta sur un arc de triomphe qu'on admire encore les ornements qui brillaient aux pompes de Salomon, et dont, sans ce hasard, nous ignorerions la forme : l'orgueil d'un prince romain et le talent d'un artiste grec ne se doutaient guère qu'ils fournissaient une preuve de plus de la grandeur de la nation vaincue et de ses mystérieuses destinées. Tout devait servir, gloire et ruine, à rendre éternelle la mémoire du peuple que Moïse forma, et qui vit naître Jésus-Christ.

Le Capitole, incendié dans les désordres qui signalèrent la fin de Vitellius, était la proie des flammes presque au moment où le temple de Jérusalem brûlait. Domitien fit dans la suite la dédicace du nouveau Capitole : l'autel de la servitude y remplaça celui de la liberté ; on eut encore le malheur de n'y pouvoir rétablir l'image fameuse du chien, dont les gardiens répondaient sur leur vie. Soixante millions furent employés à la seule dorure de cet édifice. Jupiter, en vendant tout l'Olympe, disait Martial [2], n'aurait pu payer le vingtième de cette somme. Le dieu des Juifs avait prononcé la destruction de son temple, et Julien essaya vainement de le relever.

---

[1] Plurimi asseverant quia in sepulcro ejus, non nisi manna invenitur quod scaturire cernitur. (*De Assumpt. B. Mariæ sermo, tributus divo Hieronymo*, tom. IX, pag. 67.)

[2]
Quantum jam Superis, Cæsar, cœloque dedisti,
　Si repetas, et si creditor esse velis.
Grandis in æthereo licet auctio fiat Olympo,
　Coganturque dei vendere quidquid habent ;
Conturbabit Atlas, et non erit uncia tota,
　Decidat tecum qua pater ipse deum.
Pro Capitolinis quid enim tibi solvere templis,
　Quid pro Tarpeiæ frondis honore potest ?
Quid pro culminibus geminis matrona Tonantis ?
　Pallada prætereo : res agit illa tuas.
Quid loquar Alciden, Phœbumque, piosque Laconas ?
　Addita quid Latio Flavia templa polo ?
Exspectes, et sustineas, Auguste, necesse est :
　Nam tibi quod solvat, non habet arca Jovis.

(MART., lib. IX, *Epigr.* 4.)

La grande peste et l'éruption du Vésuve qui fit périr Pline le naturaliste, sont de cette époque [1].

Ébion, Cérinthe, Ménandre, disciples de Simon, allaient prêchant leurs hérésies. Les philosophes furent de nouveau exclus de Rome. C'étaient Euphrate, Tyrien, d'abord ami et ensuite adversaire d'Apollonius de Tyane; Démétrius le cynique, Artémidore, Damis le pythagoricien, Épictète le stoïcien, Lucien l'épicurien, Diogène le jeune cynique, Héras et Dion de Pruse. Musonius seul trouva grâce auprès de Vespasien.

Le pape Clément acheva de gouverner l'Église la soixante-dix-septième année de Jésus-Christ; il céda sa chaire à saint Anaclet ou Clet [2], pour éviter un schisme [3]. On attribue à saint Clément les ouvrages les plus anciens après les livres canoniques.

Jamais frère ne ressembla moins à son frère que Domitien [4] à Titus. Sous Domitien, les peuplades du Nord, pressées peut-être par le grand corps des Goths qui s'approchaient, remuèrent aux frontières de l'empire. Domitien fut battu par les Quades et les Marcomans en Germanie; il acheta la paix de Décébale, chef des Daces, en lui payant une espèce de redevance annuelle. Ce premier exemple de faiblesse profita aux Barbares : selon les temps et les circonstances, ils continuèrent à vendre aux empereurs une paix dont le prix leur servait ensuite à recommencer la guerre.

Domitien vaincu ne s'en décerna pas moins les honneurs du triomphe : il prit avec raison le surnom de *Dacique*. Il donna des jeux, se consacra des statues, et se traîna dans la gloire où d'autres empereurs s'étaient précipités.

Ses armes furent plus heureuses dans la Grande-Bretagne. Agricola battit les Calédoniens, et sa flotte tourna l'île au septentrion.

Un coup funeste fut porté à l'empire par l'augmentation de la paye des soldats; leur influence, déjà trop considérable, s'accrut; le gouvernement dégénéra en république militaire : il faut toujours que la liberté, d'elle-même impérissable, se retrouve quelque part.

Domitien persécuta les philosophes [5] que l'on confondait avec les chrétiens : ils se retirèrent à l'extrémité des Gaules, dans les déserts

---

[1] Plin., lib. xxxiv, cap. vii.

[2] Anaclet, pape. An de J.-C. 77.

[3] Accepit impositionem manuum episcopatus, et eo recusato remoratus est (dicit enim in una epistola sua : Secedo, abeo, erigatur populus Dei...); Cletus constituitur. (Epiphanius *contra hæreses*, cap. vi.)

[4] Domitien, empereur. Anaclet, Évariste, Sixte, papes. An de J.-C. 82-97.

[5] Philosophia autem adeo perterrita est, ut, habitu mutato, alii in extremam Galliam aufugerent, alii in Libyæ Scythiæque deserta. (Euseb., *Chron.*, ann. 92; Philost., *vit. Apoll.*, lib. vii, cap. iv.)

de la Libye et chez les Scythes. Apollonius, interrogé par Domitien, montra du courage et une rude franchise.

On commença à voir de tous côtés la succession des évêques : à Alexandrie, Abilius succéda à saint Marc; à Rome, saint Évariste à saint Clet; Alexandre Ier ou Sixte Ier, à saint Évariste. Vers la fin de son règne, Domitien se jeta sur les fidèles. L'apôtre saint Jean, relégué dans l'île de Pathmos, eut sa vision. Flavius Clément, consul et cousin germain de l'empereur qui destinait les deux enfants de Clément à l'empire, avait embrassé la foi, et fut décapité. L'Évangile faisait des progrès dans les hauts rangs de la société.

Domitien assassiné, Nerva [1] ne parut après lui que pour abolir le crime de lèse-majesté [2], punir les délateurs, et appeler Trajan à la pourpre : trois bienfaits qui lui ont mérité la reconnaissance des hommes.

Sous le règne de Trajan, l'empire s'éleva à son plus haut point de prospérité et de puissance. Cet admirable prince n'eut que la faiblesse des grands cœurs : il aima trop la gloire. Vainqueur de Décébale, il réduisit la Dacie en province. Cette conquête, qui fut un sujet de triomphe, devait être un sujet de deuil, car elle détruisit le dernier peuple qui séparait les Goths des Romains. Trajan porta la guerre en Orient, donna un roi aux Parthes, prit Suse et Ctésiphon, soumit l'Arménie, la Mésopotamie et l'Assyrie, descendit au golfe Persique, vit la mer des Indes, se saisit d'un port sur les côtes de l'Arabie; après tout cela il mourut, et son successeur, soit sagesse, soit jalousie, abandonna ses conquêtes.

Il faut placer à la dernière année du premier siècle de l'ère chrétienne, la mort de saint Jean à Éphèse; il ne se nommait plus lui-même dans ses dernières lettres que le *vieillard* ou le *prêtre*, du mot grec *presbyteros*. « Mes enfants, aimez-vous les uns les autres. » Telles étaient ses seules instructions. Il avait assisté à la Passion soixante-six ans auparavant. Saint Jude, saint Barnabé, saint Ignace, saint Polycarpe, se faisaient connaître par leurs doctrines. Les successions des évêques étaient toujours plus abondantes et plus connues : Ignace et Héron à Antioche, Cerdon et Primin à Alexandrie. Après le pape Évariste vinrent Alexandre, Sixte, et Télesphore, martyr.

Les chrétiens souffrent sous Trajan, non précisément comme chrétiens, mais comme faisant partie de sociétés secrètes. Une lettre de Pline le jeune, gouverneur de Bithynie, fixe l'époque où les chrétiens com-

---

[1] Nerva, Trajan, emp. Évariste, Alexandre Ier, papes. An de J.-C. 97-118.
[2] Claude avait tenté cette abolition.

mencent à paraître dans l'histoire générale. « . . . . On a proposé
« un libelle [1] sans nom d'auteur, contenant les noms de plusieurs qui
« nient d'être chrétiens, ou de l'avoir été. Quand j'ai vu qu'ils invo-
« quaient les dieux avec moi, et offraient de l'encens et du vin à votre
« image, que j'avais exprès fait apporter avec les statues des dieux, et
« de plus qu'ils maudissaient le Christ, j'ai cru devoir les renvoyer; car
« on dit qu'il est impossible de contraindre à rien de tout cela ceux
« qui sont véritablement chrétiens. . . . . . Voici à quoi ils disaient que
« se réduisait leur faute ou leur erreur : qu'ils avaient accoutumé de
« s'assembler un jour avant le soleil levé, et de dire ensemble, à deux
« chœurs, un cantique en l'honneur du Christ comme d'un dieu; qu'ils
« s'obligeaient par serment, non à un crime, mais à ne commettre ni
« larcin, ni vol, ni adultère, ne point manquer à leur parole et ne point
« dénier un dépôt; qu'ensuite ils se retiraient; puis se rassemblaient
« pour prendre un repas, mais ordinaire et innocent; encore avaient-ils
« cessé de le faire depuis mon ordonnance, par laquelle, suivant vos
« ordres, j'avais défendu les assemblées. . . . . . La chose m'a paru
« digne de consultation, principalement à cause du nombre des accusés;
« car on met en péril plusieurs personnes de tout âge, de tout sexe et
« de toute condition. Cette superstition a infecté non-seulement les
« villes, mais les bourgades et la campagne, et il semble que l'on peut
« l'arrêter et la guérir. Du moins il est constant que l'on a recommencé
« à fréquenter les temples presque abandonnés, à célébrer les sacri-
« fices solennels après une grande interruption, et que l'on vend par-
« tout des victimes, au lieu que peu de gens en achetaient. D'où on
« peut aisément juger la grande quantité de ceux qui se corrigent, si
« on donne lieu au repentir. »

L'univers chrétien a depuis longtemps démenti les espérances de
Pline. Mais quels rapides et étonnants progrès! Les temples abandonnés! On ne trouve déjà plus à vendre les victimes! et l'évangéliste
saint Jean venait à peine de mourir!

Trajan, dans sa réponse au gouverneur, dit qu'on ne doit pas chercher les chrétiens; mais que, s'ils sont dénoncés et convaincus, il les
faut punir : quant aux libelles sans nom d'auteur, ils ne peuvent fournir
matière à accusation; les poursuivre serait d'un très-mauvais exemple,
et indigne du siècle de Trajan [2].

L'histoire offre peu de documents plus mémorables que cette corres-

---

[1] Pour ne pas refaire moi-même ce qui est très-bien fait, j'emprunte la traduction de Fleury,
d'un style plus naturel et plus franc que l'élégante traduction de Sacy.
[2] Eus., lib. III, cap. XXXIII; Plin, lib. X, epist. XCVII, XCVIII. Tertullien a très-bien fait remarquer
ce qu'il y avait de contradictoire et d'injuste dans le raisonnement et la décision de Trajan.

pondance d'un des derniers écrivains classiques de Rome et d'un des plus grands princes qui aient honoré l'empire, touchant l'état des premiers chrétiens.

Adrien [1] maintint la paix en l'achetant des Barbares, peut-être parce que son prédécesseur avait trouvé plus honorable et plus sûr d'employer le même argent à leur faire la guerre. Naturellement envieux des succès, il ne pardonna pas plus à Apollodore l'architecte, qu'à Trajan l'empereur. Voyageur couronné, grand administrateur, ami des arts dont il renouvela le génie, il visita les lieux célèbres de son empire : l'histoire a remarqué qu'il évita de passer à Italica, son obscure patrie. Il persécuta ses amis, quitta le monde en plaisantant sur son âme [2], et laissant aux Romains, dignes du présent, un dieu de plus, Antinoüs.

Ce prince avait fait une divinité, et pensa lui-même être rejeté de l'Olympe : ce fut avec peine qu'Antonin obtint pour lui cette apothéose, par qui les maîtres du monde prolongeaient l'illusion de leur puissance.

Les hérésies se multipliaient : Saturnin, Basilide, Carpocras, les gnostiques avaient paru. La calomnie croissait contre les chrétiens; ils occupaient fortement le gouvernement et l'opinion publique. Le peuple les accusait de sacrifier un enfant, d'en boire le sang, d'en manger la chair, de faire, dans leurs assemblées secrètes, éteindre les flambeaux par des chiens et de s'unir dans l'ombre, au hasard, comme des bêtes.

Les philosophes, de leur côté, attaquaient le judaïsme et le christianisme, regardant le premier comme la source du second. Alors les fidèles commencèrent à écrire et à se défendre : Quadrat, évêque d'Athènes, présenta son apologie à Adrien; et Aristide, autre Athénien, publia une autre apologie. Adrien fit suspendre la persécution. Eusèbe nous a conservé la lettre qu'il écrivit à Minutius Fondatus, proconsul d'Asie [3] : « Si quelqu'un accuse les chrétiens, disait-il, et prouve qu'ils font quelque chose contre les lois, jugez-les selon la faute; s'ils sont calomniés, punissez le calomniateur. »

Adrien établit des colons à Jérusalem, et bâtit parmi ses débris une ville nommée Ælia Capitolina. Des Juifs, assemblés dans cette cité nouvelle, se révoltèrent encore, et furent exterminés. La Judée se changea en solitude; on défendit aux Israélites dispersés d'entrer à Jérusalem, ni même de la regarder de loin, tant était insurmontable leur amour pour Sion ! Une idole de Jupiter fut placée au Saint-Sépulcre, une Vénus de marbre élevée sur le Calvaire, un bois planté à Bethléem :

---

[1] ADRIEN, empereur. ALEXANDRE Ier, SIXTE Ier, TÉLESPHORE, papes. An de J.-C. 118-138.

[2] Animula vagula, blandula, etc.

[3] EUS., lib. IV, *Hist.*, cap. VIII et IX.

la consécration à Adonis de la crèche où Jésus était né profana ces lieux d'innocence [1].

L'hérésie de Valentin, le martyre de sainte Symphorose et de ses sept fils à Tibur, pour la dédicace des jardins et des palais d'Adrien, terminèrent à l'égard des chrétiens le règne de cet empereur.

Antonin [2] fut de tous les empereurs le plus aimé et le plus respecté des peuples voisins de l'Empire. Grand justicier, il eut avec Numa quelques traits de ressemblance; son caractère de piété le rendit plus propre au gouvernement que ne l'avaient été les Titus et les Trajan : la science des lois est liée à celle de la religion.

Sous Antonin, les deux hérésiarques Marcion et Apelles parurent; Justin, philosophe chrétien, publia sa première apologie adressée à l'empereur, au sénat et au peuple romain. Il parla des mystères sans déguisement. Sainte Félicité confessa le Christ avec ses fils.

Marc-Aurèle [3] aimait la paix par caractère et philosophie, et il eut à soutenir de nombreuses guerres avec les Barbares. Les Quades, qui se perdirent dans la ligue des Franks, menacèrent l'Italie d'une irruption; les Marcomans, ou plutôt une confédération des peuples germains refoulée par les Goths, et d'autres peuples qui pesaient sur eux, cherchèrent des établissements dans l'Empire. Ils avaient profité du moment où les légions romaines étaient occupées à défendre l'Orient contre les Parthes : la grande invasion approchait, et le monde commençait à s'agiter. Marc-Aurèle ayant associé à l'empire son frère adoptif, Marcus Vérus, repoussa avec lui les agresseurs : les Marcomans et les Quades furent vaincus. A la suite de ces guerres, cent mille prisonniers furent rendus aux Romains, et des colonies de Barbares formées dans la Dacie, la Pannonie, les deux Germanies, et jusqu'à Ravenne en Italie. Celles-ci se soulevèrent, et apprirent aux Romains ce qu'ils auraient à craindre de pareils laboureurs. Cent mille prisonniers rendus supposent déjà chez les nations septentrionales une puissance et une régularité de gouvernement auxquelles on n'a pas fait assez d'attention.

Les arts et les lettres brillèrent d'un dernier éclat sous les règnes de Trajan, d'Adrien, d'Antonin et de Marc-Aurèle : c'est le second siècle de la littérature latine dans laquelle il faut comprendre ce que fournit

---

[1] Ab Adriani temporibus usque ad imperium Constantini, per annos circiter centum octoginta, in loco resurrectionis simulacrum Jovis in crucis rupe, statua ex marmore Veneris a gentibus posita colebatur, existimantibus persecutionis auctoribus quia tollerent nobis fidem resurrectionis et crucis, si loca sancta per idola polluissent...

Bethleem nunc nostram lucus inumbrabat Thamus, id est Adonidis, et in specu ubi quondam Christus parvulus vagiit, Veneris amasius plangebatur. (HIER. *ad Paulinum*, pag. 102 Bâle, 1537.)

[2] ANTONIN, emp. HYGIN, PIE Ier, ANICET, papes. An de J.-C. 139-162.

[3] MARC-AURÈLE, emp. ANICET, SOTÈRE, ÉLEUTHÈRE, papes. An de J.-C. 162-181.

le génie expirant de la Grèce soumise aux Romains. Alors parurent Tacite, les deux Pline, Suétone, Florus, Gallien, Sextus Empiricus, Plutarque, Ptolémée, Arien, Pausanias, Appien, Marc-Aurèle et Épictète, l'un empereur, l'autre esclave; et enfin Lucien, qui se rit des philosophes et des dieux.

Marc-Aurèle mourut sans avoir pu terminer complétement la guerre des Barbares, et après avoir été obligé d'étouffer la révolte des colonies militaires. Il laissa l'empire à Commode son fils : faute de la nature que la philosophie aurait dû prévenir.

Si les Romains furent longtemps redevables du succès de leurs armes à la discipline, à l'organisation des légions, à la supériorité de l'art militaire, ils le durent encore à cette nécessité où se trouvait le légionnaire de combattre dans tous les climats, de se nourrir de tous les aliments, de s'endurcir par de longues et pénibles marches. Les peuples de l'Europe moderne (la nation française exceptée, pendant les dernières conquêtes de sa dernière révolution), les peuples de l'Europe moderne, divisés en petits États, ont presque toujours combattu contre leurs voisins, ou sur le sol paternel à peu de distance de leurs foyers. Mais l'empire romain renfermait dans son sein le monde connu; ses soldats passaient des rivages du Danube et du Rhin à ceux de l'Euphrate et du Nil, des montagnes de la Calédonie, de l'Helvétie et de la Cantabrie à la chaîne du Caucase, du Taurus et de l'Atlas ; des mers de la Grèce, aux sables de l'Arabie et aux campagnes des Numides. On entreprend aujourd'hui de longs et périlleux voyages dans les pays que les légions parcouraient pour changer de garnison : ces entreprises d'outre-mer qui rendirent les croisades si célèbres n'étaient pour les Romains que le mouvement d'un corps de troupes qui, parti de la Batavie, allait relever un poste à Jérusalem. Le général qui se transportait sur des terrains si divers, qui, forcé d'employer les ressources du lieu, se servait du chameau et de l'éléphant sous le palmier, du mulet et du cheval sous le chêne, accroissait son expérience et son génie avec le vol de ses aigles.

Le monde romain n'offrait point un aspect uniforme; les peuples subjugués avaient conservé leurs mœurs, leurs coutumes, leurs langues, leurs dieux indigènes, leurs lois locales : au dehors on ne s'apercevait de la domination étrangère que par les voies militaires, les camps fortifiés, les aqueducs, les ponts, les amphithéâtres, les arcs de triomphe, les inscriptions latines gravées aux monuments des républiques et des royaumes incorporés à l'Empire; au dedans l'administration civile, fiscale et militaire, les préfets et les proconsuls, les municipalités et les sénats, la loi générale qui dominait les justices particulières, annonçaient un commun maître. Les Romains n'avaient imposé à la terre domptée que leurs armes, leur code, et leurs jeux.

Marc-Aurèle, stoïcien, n'aimait pas les disciples de la croix, par une sorte de rivalité de secte : « Il faut être toujours prêt à mourir, dit-il dans une de ses maximes, en vertu d'un jugement qui nous soit propre, non au gré d'une pure obstination comme les chrétiens. » Il y eut plusieurs martyrs sous son règne : Polycarpe à Smyrne, Justin à Rome après avoir publié sa seconde apologie, les confesseurs de Vienne et de Lyon, à la tête desquels brilla Pothin, vieillard plus que nonagénaire, remplacé dans la chaire de Lyon par Irénée.

A cette époque, les apologistes, tels qu'Athénagore, changèrent de langage, et d'accusés devinrent accusateurs : en défendant le culte du vrai Dieu, ils attaquèrent celui des idoles. D'une autre part, les magistrats ne furent pas les seuls promoteurs des persécutions ; les peuples les demandèrent : le soulèvement des masses à Vienne, à Lyon, à Autun, multiplia les victimes dans les Gaules [1] ; ce qui prouve que les chrétiens n'étaient plus une petite secte bornée à quelques initiés, mais des hommes nombreux qui menaçaient l'ancien ordre social, qui armaient contre eux les vieux intérêts et les antiques préjugés. La légion Fulminante était en partie composée de disciples de la nouvelle religion ; elle fut la cause d'une victoire remportée en 174 sur les Sarmates, les Quades et les Marcomans ; victoire retracée dans les bas-reliefs de la colonne Antonine : selon Eusèbe, Marc-Aurèle reconnut devoir son succès aux prières des soldats du Christ [2].

L'Évangile avait fait de tels progrès que Méliton, évêque de Sardis en Asie, disait à Marc-Aurèle, dans une requête : « On persécute à présent les serviteurs de Dieu.... Notre philosophie était répandue auparavant chez les Barbares ; vos peuples, sous le règne d'Auguste, en reçurent la lumière, et elle porta bonheur à votre empire [3]. »

[1] (Epistolarum verba eorum citabo :) Servi Jesu-Christi, qui Viennam et Lugdunum Galliæ incolunt, fratribus in Asia et Phrygia... pax, gloria a Deo patre... Magnitudinem afflictionis qui hoc loco ingravescit, ingens gentilium odium, contra sanctos incitatum... neque exprimi, neque comprehendi possunt... Ac primum cruciamenta quæ confertim erant, et tanquam cumulo a multitudine in illos coacervata... Vociferationes, plagas, violentos tractus, dilacerationes, lapidum projectiones, carceres, et quidquid denique ab agresti et furiosa multitudine contra nos, velut contra hostes et inimicos, fieri solet. (Euseb., *Hist. eccles.*, lib. IV, cap. 1, pag. 102.)

[2] Eadem historia apud gentiles scriptores, qui longe a nostra religione dissentiunt... Nostrorum etiam Apollinarius qui affirmat legionem, cujus precibus miraculum edebatur, latino sermone *Fulmineam*, usque ab illo tempore appellatam : illudque nomen rei eventum scite exprimens, ab Aurelio Cæsare ei tributum. (Euseb., *Hist. eccl.*, lib. v, pag. 93.)

[3] Multo magis te obsecramus, ne tam aperto latrocinio nos spoliari permittas... Divina quam excolimus religio antea inter Barbaros insigniter viguit : quæ cum apud gentes tuas, præclaro et eximio Augusti regno... floreret, ipsi imperio quo potiris, cumprimis fausto ac felici præsidio fuit. (Euseb., *Hist. eccl.*, lib. v, cap. xxv, pag. 108 et 109.)

Un roi des Bretons, tributaire des Romains, écrivit, l'an 170, au pape Éleuthère, successeur de Sotère, pour lui demander des missionnaires : ceux-ci portèrent la foi aux peuplades britanniques, comme le moine Augustin, envoyé par Grégoire le Grand, prêcha depuis l'Évangile aux Saxons vainqueurs des Bretons.

Marc-Aurèle avait toutefois trop de modération pour s'abandonner entièrement à l'esprit de haine dont étaient animées les écoles philosophiques : il écrivit, la dixième année de son règne, à la communauté du peuple de l'Asie Mineure assemblée à Éphèse, une lettre de tolérance. Il alla même plus loin que ses devanciers, car il disait : « Si un chrétien est attaqué comme chrétien, que l'accusé soit renvoyé absous, quand même il serait convaincu d'être chrétien, et que l'accusateur soit poursuivi [1]. » Mais il était difficile à lui de lutter contre la superstition et la philosophie entrées dans une alliance contre nature pour détruire un ennemi commun.

Les marcionites, les montanistes, les marcosiens jetèrent une nouvelle confusion dans la foi.

Avec Marc-Aurèle finit l'ère du bonheur des Romains sous l'autorité impériale, et recommencent des temps effroyables d'où l'on ne sort plus que par la transformation de la société. Un seul fait de cette histoire la peindra. Commode et ses successeurs jusqu'à Constantin périrent presque tous de mort violente. Quand Marc-Aurèle eut disparu, les Romains se replongèrent d'une telle ardeur dans l'abjection, qu'on les eût pris pour des hommes rendus nouvellement à la liberté ; ils n'étaient affranchis que des vertus de leurs derniers maîtres.

Deux effets de la puissance absolue sur le cœur humain sont à remarquer.

Il ne vint pas même à la pensée des bons princes qui gouvernèrent le monde romain, de douter de la légalité de leur pouvoir et de restituer au peuple des droits usurpés sur lui.

La même puissance absolue altéra la raison des mauvais princes ; les Néron, les Caligula, les Domitien, les Commode, furent de véritables insensés : afin de ne pas trop épouvanter la terre, le ciel donna la folie à leurs crimes comme une sorte d'innocence.

Commode [2], rencontrant un homme d'une corpulence extraordinaire, le coupa en deux pour prouver sa force et jouir du plaisir de voir se répandre les entrailles de la victime [3]. Il se disait Hercule ; il

---

[1] *Chron. Alex.*, Euseb., *Hist.*, IV, cap. XIII.

[2] Commode, emp. Éleuthère, pape. An de J.-C. 181-192.

[3] Obtunsi oneris pinguem hominem medio ventre dissecuit, ut ejus intestina subito funderentur. (*Hist. aug.*, pag. 128.)

voulut que Rome changeât de nom et prît le sien ; de honteuses médailles ont perpétué le souvenir de ce caprice. Commode périt par l'indiscrétion d'un enfant, par le poison que lui donna une de ses concubines, et par la main d'un athlète qui acheva en l'étranglant ce que le poison avait commencé [1].

Sous le règne de Commode paraît une nouvelle espèce de destructeurs, les Sarrasins, si funestes à l'empire d'Orient.

Pertinax [2] succède à Commode ; il se montra digne du pouvoir : son ambition était de celles qu'inspire la conscience des talents qu'on a, et non l'envie des talents qu'on ne peut atteindre. Le nouvel empereur fit redemander à des Barbares le tribut qu'on leur accordait, et ils le rendirent : démarche vigoureuse ; mais les devanciers de Pertinax, en immolant à leurs faiblesses ou à leurs vices la dignité et l'indépendance romaines, avaient fait un mal irréparable. Pouvait-on racheter l'honneur d'un État qui allait être vendu à la criée?

Pertinax était un soldat rigide ; les prétoriens le massacrèrent. L'empire est proposé au plus offrant : il se trouva deux fripiers de tyrannie pour se disputer les haillons de Tibère. Didius Julianus l'emporte sur son compétiteur par une surenchère de douze cents drachmes [3]. Les prétoriens livrent la marchandise de cent vingt millions d'hommes à Didius. Celui-ci ne put fournir le prix de l'adjudication [4], et il fut menacé d'être exécuté pour dettes. Jadis le sénat avait proclamé la vente d'un morceau du territoire de la république : c'était celle du champ où campait Annibal.

Le sénat de Didius fut pourtant honteux ; il eut peur surtout quand il apprit le soulèvement des légions ; elles avaient élu trois empereurs. On se hâta de réparer une bassesse par une cruauté ; au bout de soixante-six jours, Didius déposé fut condamné à mort : « Quel crime ai-je commis [5]? » disait-il en pleurant. Le malheureux n'avait pas eu

---

[1] Erat autem Commodo pusio quidam... sumpto in manus, qui supra lectulum jacebat, libello, foras processit... incidit in Marciam... quæ libellum pueri manu aufert... Agnita Commodi manu... ubi se primam peti intellexit... electum accersit... placitum rem veneno agi... veriti illi... Narcisso cuidam, audaci strenuoque adolescenti, persuaserunt ut Commodum in cubiculo strangularet. (HERODIAN., *Vit. Commod.*, lib. I, pag. 91, 92.)

[2] PERTINAX, JULIANUS, emp. VICTOR, pape. An de J.-C. 193.

[3] Sed simul ad superiora vicena sestertia, altera quina adjecisset, eamque summam magno edito clamore in manibus ostendisset. (DION., *Hist. rom.*, lib. LXXIII, pag. 835.)

Sane cum vicena quina millia militibus promisisset, tricena dedit. (*Hist. aug.*, pag. 61.)

Præterea militibus singulis, plus multo argenti daturum quam petere auderent, aut accepturos speraverant, neque in dando moram futuram. (HERODIAN., lib. II, pag. 130 et 131.)

[4] Sed spes militum fefellerat, nec implere fidem promissorum poterat. (HERODIAN., lib. II, pag. 134.)

[5] Is imbellem miserumque senem... inter fœdissimas complorationes trucidavit. (HEROD., lib. II, pag. 170.)

le temps d'apprendre la tyrannie; il ignorait qu'avoir acheté l'empire, et n'avoir ôté la vie à personne, était une contradiction qui rendait son règne impossible : homme commun, il était au-dessous de son crime.

On ne sait pourquoi Rome rougit de l'élévation de Didius Julianus, si ce n'est par un de ces mouvements de dignité naturelle qui revient quelquefois au milieu de l'abjection. Denys, à Corinthe, disait à ceux qui l'insultaient : « J'ai pourtant été roi. » Un peuple dégénéré qui ne songeait jamais à se passer de maîtres quand il avait le pouvoir de s'en donner un, appela à l'empire Pescennius Niger, commandant en Orient; mais Septime Sévère avait été choisi par les légions d'Illyrie, et Clodius Albinus, par les légions britanniques. Alors recommencèrent les guerres civiles : Sévère, demeuré vainqueur de Niger en trois combats en Asie, fut également heureux contre Albinus à la bataille de Lyon [1]. Sous prétexte de punir les partisans de ce dernier, il fit mourir un grand nombre de sénateurs. Les fortunes des familles sénatoriales étaient énormes; on ne les pouvait atteindre avec l'impôt mal entendu : le crime de lèse-majesté fut inventé comme une loi de finances; il entraînait la confiscation des biens. On voit des princes, en parvenant à l'empire, annoncer qu'ils ne feront mourir aucun sénateur : c'était déclarer qu'ils ne lèveraient aucune nouvelle taxe.

Sévère [2] était né à Leptis sur la côte d'Afrique : il se trouva que le chef des Romains parlait la langue d'Annibal. Il avait la cruauté et la foi puniques, et ne manquait pas toutefois d'une certaine grandeur. A l'imitation de Vitellius, il cassa d'abord les gardes prétoriennes; ensuite il les rétablit et les augmenta, en les composant des plus braves soldats des légions d'Illyrie : jusqu'alors on n'avait admis dans ce corps que des hommes tirés de l'Italie, de l'Espagne et de la Norique, provinces depuis longtemps réunies à l'Empire. Les Barbares approchaient de plus en plus du trône; nous les verrons s'élever au rang de favoris et de ministres pour devenir empereurs.

Sévère força les sénateurs à mettre Commode au rang des dieux : « Il leur convient bien, disait-il, d'être difficiles! valent-ils mieux que ce tyran? » Il importait à Sévère de ne pas laisser dégrader Commode, puisqu'il voulait livrer le monde à Caracalla. Les empereurs cherchaient par le biais de l'association, et par les titres d'auguste et de césar, à rendre la pourpre héréditaire; mais deux corps, l'armée

---

Nihilque dixit percussoribus, nisi : Quid ergo peccavi? Quem interfeci? (Dion., lib. LXXIV, pag. 839.)

Missi tamen a senatu quorum cura per militem gregarium in palatio idem Julianus occisus est, fidem Cæsaris implorans, hoc est Severi. (*Hist. aug.*, pag. 63.)

[1] Dion., lib. LXXIV; Herod., lib. VII; Spart., *Hist.*, pag. 33.

[2] Septime Sévère, empereur. Victor Ier, Zéphirin, papes. An de J.-C. 193-212.)

et le sénat, leur opposaient des obstacles : dans l'un de ces corps était le fait, dans l'autre le droit ; et le fait et le droit, qui souvent se combattent, s'entendaient pour jouir de ce qu'ils s'étaient approprié en dépouillant le peuple romain.

Après avoir triomphé des Parthes, Sévère, sur la fin de sa vie, passa dans la Grande-Bretagne, battit les Calédoniens, et éleva, pour les contenir, la muraille qui porte son nom ; c'est l'époque de la fiction de Fingal.

L'empereur avait épousé Julie Domna, née à Émèse en Syrie, femme de beauté, de grâce, d'instruction et de courage : il en eut deux fils, Caracalla et Géta, qui furent ennemis dès l'enfance. Caracalla, pressé de régner, voulut se débarrasser de son père, lorsque celui-ci était engagé dans la guerre de la Calédonie. Sévère, rentré dans sa tente, se couche, met une épée à côté de lui et fait appeler son fils. « Si tu veux me tuer, lui dit-il, prends cette épée, ou ordonne à Papinien ici présent de m'égorger ; il t'obéira, car je te fais empereur [1]. »

Peu de temps après, Sévère, malade à York, et sentant sa fin venir, dit : « J'ai été tout, et rien ne vaut [2]. » L'officier de garde s'étant approché de sa couche, il lui donna pour mot d'ordre : « Travaillons [3] ; » et il tomba dans le repos éternel.

Les règnes de Commode, de Pertinax, de Julianus et de Sévère virent éclater l'éloquence des premiers Pères de l'Église : parmi les Pères grecs, on trouve saint Clément d'Alexandrie (le *Maître* et les *Stromates* sont des ouvrages remplis de faits curieux) ; parmi les Pères latins, Tertullien est le Bossuet africain. Saint Irénée, bien qu'il écrivît en grec, déclare dans son traité contre les hérésies, qu'habitant parmi les Celtes, obligé de parler et d'entendre une langue barbare, on ne doit point lui demander l'agrément et l'artifice du style. Il nous apprend que l'Évangile était déjà répandu par tout le monde ; il cite les Églises de Germanie, de Gaule, d'Espagne, d'Orient, d'Égypte, de Libye, éclairées, dit-il, de la même foi comme du même soleil [4]. Il nomme les douze évêques qui se succédèrent à Rome depuis Pierre jusqu'à Éleuthère. Il affirme qu'il avait connu lui-même Polycarpe,

---

[1] Si me cupis, inquit Severus, interficere, hic me interfice. Quod si id recusas aut times tua manu facere, adest tibi Papinianus præfectus, cui jubere potes ut me interficiat : nam is tibi quidquid præceperis, propter ea quod sis imperator, efficiet. (Dion., *Hist. rom.*, lib. LXXVI, pag. 868.)

[2] Omnia fui, et nihil expedit. (Aurel. Vict.)

[3] Laboremus. (*Hist. aug.*, pag. 364.)

[4] Etenim Ecclesia... per universum orbem usque ad extremos terræ fines dispersa... Ac neque hæ quæ in Germaniis sitæ sunt Ecclesiæ, aliter credunt aut aliter tradunt, nec quæ in Hispaniis aut Galliis, aut in Oriente, aut in Ægypto, aut in Africa, aut in Mediterraneis orbis regionibus sedem habent. Verum ut sol hic a Deo conditus, in universo mundo unus atque idem est. (S. Iræn., lib. I, cap. x, *contra hæreses*, pag. 49.)

établi évêque de Smyrne par les apôtres, lequel Polycarpe avait conversé avec plusieurs disciples qui avaient vu Jésus-Christ [1]. C'est un des témoignages les plus formels de la tradition.

En ce temps-là Pantenus, chef de l'école chrétienne d'Alexandrie, prêcha la foi aux nations orientales : il pénétra dans les Indes, il y trouva des chrétiens en possession de l'évangile de saint Matthieu, écrit en langue hébraïque, et que cette Église tenait de l'apôtre Barthélemi [2].

On voit par les deux livres de Tertullien à sa femme, que les alliances entre les chrétiens et les païens commençaient à devenir fréquentes; mais, selon l'orateur, c'étaient les plus méchants des païens qui épousaient des chrétiennes, et les plus faibles des chrétiennes qui se mariaient à des païens [3]. Ce traité répand de grandes lumières sur la vie domestique des familles des deux religions.

Le nombre des disciples de l'Évangile s'augmenta beaucoup à Rome sous le règne de Commode, surtout parmi les familles nobles et riches. Apollonius, sénateur instruit dans les lettres et dans la philosophie, avait embrassé le culte nouveau : dénoncé par un de ses esclaves, l'esclave subit le supplice de la croix, d'après l'édit de Marc-Aurèle qui défendait d'accuser les chrétiens comme chrétiens [4]. Mais Apollonius fut condamné à son tour à perdre la tête, parce que tout chrétien qui avait comparu devant les tribunaux, et qui ne rétractait pas sa croyance, était puni de mort. Apollonius prononça en plein sénat une apologie complète de la religion.

Le pape Éleuthère mourut, et eut pour successeur Victor, qui gouverna l'Église de Rome pendant douze ans.

L'empereur Sévère aima d'abord les chrétiens, et confia l'éducation de son fils aîné à l'un d'eux, nommé Proculus; il protégea les membres du sénat convertis à la foi, mais il changea de conseil dans la suite et provoqua une persécution générale : elle emporta Perpétue, Félicité, et saint Irénée avec une multitude de son peuple. Tertullien écrivit l'éloquente et célèbre apologie où il disait : « Nous ne sommes que d'hier, et nous remplissons vos cités, vos colonies, l'armée, le

---

[1] Et Polycarpus autem, non solum ab apostolis edoctus et conversatus cum multis, ex eis qui Dominum nostrum viderunt, sed etiam ab apostolis in Asia, etc. (S. Irænei, *contra hæreses*, lib. III, cap. III, n° 4.)

[2] Pantenus ille, quem ad Indos devexisse diximus, ubi (ut fertur) evangelium Matthæi, quod ante ejus adventum ibi fuerat receptum, in manibus quorumdam qui in illis locis Christum profitebantur, reperit : quibus Bartholomæum unum ex apostolis prædicasse, illisque Matthæi evangelium, litteris hebraicis scriptum, reliquisse. (Euseb., *Hist. eccles.*, lib. v, pag. 95.)

[3] Igitur cum quasdam istis diebus nuptias de Ecclesia tolleret... (Tert., lib. II, cap. II, pag. 167.)
Solis pejoribus placet nomen christianum... Pleræque genere nobiles... cum mediocribus... ad licentiam conjunguntur. (*Ibid.*, cap. VIII, 171.)

[4] Euseb. *in Chron.*, an 191.

palais, le sénat, le forum : nous ne vous laissons que vos temples[1]. »
Il publia son *Exhortation aux martyrs*, ses traités des *Spectacles*, de
l'*Idolâtrie*, des *Ornements des femmes*, et son livre des *Prescriptions* :
admirable ouvrage qui servit de modèle à Bossuet pour son chef-
d'œuvre des *Variations*. Tertullien tomba dans l'hérésie des montanistes qui convenait à la sévérité de son génie. Origène commençait à
paraître.

Sous la persécution de Sévère, les chrétiens cherchèrent à se mettre
à l'abri à prix d'argent ; cet usage fut continué.

Sévère mort, Caracalla[2] régna avec son frère Géta ; bientôt il le fit
massacrer dans les bras de sa mère. Un mot de Papinien est resté :
invité par l'empereur à faire l'apologie du meurtre de Géta, le jurisconsulte, moins complaisant que le philosophe Sénèque, répondit :
« Il est plus facile de commettre un parricide que de le justifier[3]. »

Avec Caracalla reparurent sur le trône la dépravation et la cruauté :
des massacres eurent lieu à Rome, dans les Gaules, à Alexandrie.
Cet empereur s'appela d'abord Bassianus, du nom de son aïeul, prêtre
du Soleil en Phénicie. Il quitta ce nom, par ordre de Sévère, pour
celui de Marc-Aurèle Antonin. Les vices de Caracalla, en contraste
avec les vertus sous le patronage desquelles on le voulait mettre, ne
servirent qu'à le rendre plus odieux. Le mépris du peuple fit évanouir
des surnoms glorieux dans ce nom de *Caracalla*, emprunté d'un vêtement gaulois que le fils de Sévère affectait.

Sévère avait ébranlé l'État par l'introduction des Barbares dans les
gardes prétoriennes ; Caracalla acheva le mal en étendant le droit de
citoyen à tous ses sujets : le sang romain fut dégradé de noblesse, et,
par une sorte d'égalité démocratique, tout sujet, Barbare ou Romain,
fut admis à concourir à la tyrannie. Peu à peu les distinctions de villes
libres, de colonies, de droit latin ou droit italique, s'effacèrent. En
théorie, c'était un bien ; en pratique, un mal : il n'était pas question
de liberté, mais d'argent ; il s'agissait, non d'affranchir les masses,
mais de faire payer aux individus comme *citoyens* le vingtième sur les
legs et héritages dont ils étaient exempts comme *sujets*. Les vieilles
habitudes et l'homogénéité de la race se perdirent ; on troqua la force
des mœurs contre l'uniformité de l'administration[4].

Caracalla eut, comme tant d'autres, la passion d'imiter Alexandre :

---

[1] *Sola relinquimus templa.* (Tert., *Apolog.*)

[2] Caracalla, emp. Zéphirin, pape. An de J.-C. 212-217.

[3] Non tam facile parricidium excusari quam posse fieri. (*Hist. aug.*, pag. 88.)

[4] L'édit de Caracalla, ou un édit semblable, est attribué par quelques glossateurs à Marc-Aurèle. J'ai suivi l'opinion pour laquelle il y a un plus grand nombre d'autorités.

ces copistes d'un héros oubliaient que la pique du Macédonien fit éclore plus de cités qu'elle n'en renversa. Sur les bords du Rhin et du Danube, Caracalla rencontra par hasard deux peuples nouveaux, les *Goths* et les *Allamans*. Il aimait les Barbares ; on prétend même que, dans des conférences particulières, il leur dévoilait le secret de la faiblesse de l'Empire, secret que leur épée leur avait déjà révélé.

Passé en Asie, Caracalla visita les ruines de Troie. Pour honorer et rappeler la mémoire d'Achille, dont il se prétendait la vraie ressemblance, il voulut pleurer la mort d'un ami ; en conséquence, un poison fut donné à Festus, affranchi qu'il aimait tendrement ; après quoi il lui éleva un bûcher funèbre. Et comme Achille, le plus beau des Grecs, coupa sa chevelure blonde sur le bûcher de Patrocle, Caracalla, laid, petit et difforme, arracha deux ou trois cheveux que la débauche lui avait laissés, excitant la risée des soldats qui le voyaient chercher et trouver à peine sur son front la matière du sacrifice à l'ami qu'il avait fait empoisonner [1].

Caracalla était malade de ses excès ; son âme souffrait autant que son corps ; ses crimes lui apparaissaient ; il se croyait poursuivi par les ombres de son père et de son frère [2]. Il consulta Esculape, Apollon, Sérapis, Jupiter Olympien ; et il ne fut point soulagé : on ne guérit point des remords.

Macrin [3], préfet du prétoire, menacé par Caracalla, le fit assassiner [4]. On croit que l'impératrice, accusée d'inceste avec Caracalla son fils, mourut d'une mort douloureuse, volontaire ou involontaire [5]. Il ne resta rien de la famille de Sévère, dont les malheurs, malgré le dire des historiens, frappèrent peu les hommes. Dans les vieilles races, c'est la chute qui étonne ; dans les races nouvelles, c'est l'élévation : les premières, en tombant, sortent de leur position naturelle, les secondes y rentrent.

Caracalla eut des temples et des prêtres. Macrin demanda des autels pour son assassiné. Les Romains débarrassés de leurs tyrans, ils en faisaient des dieux. Ces tyrans jouissaient ainsi de deux immortalités : celle de la haine publique, et celle de la loi religieuse qui consacrait cette haine.

---

[1] Quumque esset raro capillo, et crinem quæreret ut imponeret ignibus, deridiculo erat omnibus : cæterum quos habuit capillos tamen totondit. (HERODIAN., lib. IV, pag. 310-311.)

[2] Fuit ægra corporis valetudine.... Sed mente imprimis insana quibusdam visis sæpenumero agitari a patre fratreque gladios gestantibus, videbatur. (DION., *Hist. aug.*, lib. LXXVII, pag. 877.)

Pater ei cum gladio astitit in somnis, et : « Ut tu, inquit, fratrem tuum interfecisti, ita ego te interficiam. » (DION., *Hist.*, lib. LXXVIII, pag. 883.)

[3] MACRIN, emp. ZÉPHIRIN, pape. An de J.-C. 217-218.

[4] Macrinus Antoninum occidit. (*Hist. aug.*, pag. 88.)

[5] Julia, cognita filii cæde, ita affecta est ut se percuteret, ac mortem sibi consciscere conaretur...

Macrin revêtait d'un extérieur grave et d'une apparence de courage un caractère frivole et timide : il désira l'empire, l'obtint, et s'en trouva embarrassé. Il avait l'instinct du mal, il n'en avait pas le génie; impuissant à féconder ce mal, quand il avait commis un crime il ne savait plus qu'en faire : c'est ce qui arrive lorsque l'ambition dépasse la capacité, qu'une haute fortune se trouve resserrée dans un esprit étroit et dans une âme petite, au lieu de s'étendre à l'aise dans une large tête et dans un grand cœur. Après quatorze mois de règne, l'armée ôta l'empire à Macrin aussi facilement qu'elle le lui avait prêté.

Julie, femme de Septime Sévère et fille de Bassianus, avait une sœur, Julia Mæsa; celle-ci, mariée à Julius Avitus, en eut deux filles : Sœmis et la célèbre Mamée. Mamée mit au jour Alexandre Sévère, et Sœmis fut mère d'Élagabale, plus connu sous le nom altéré d'Héliogabale. Sœmis avait épousé Varius Marcellus; mais on ne sait si elle n'eut point un commerce secret avec Caracalla, et si Élagabale ne fut point le fruit de ce commerce.

Après la mort de Caracalla, Mæsa, sœur de l'impératrice Julie, se retira à Émèse avec ses deux filles Sœmis et Mamée, toutes deux veuves, et chacune ayant un fils : Élagabale avait treize ans, Alexandre, neuf. Mæsa fit donner à Élagabale la charge de grand prêtre du Soleil. Dans ses habits sacerdotaux, il était d'une rare beauté; on le comparait aux plus parfaites statues de Bacchus. Une légion le vit, en fut charmée, et, par les intrigues de Mæsa, le proclama empereur. Qu'on juge du caractère de l'armée : elle choisit Élagabale parce qu'il était beau, parce qu'elle le crut fils de Caracalla et de Sœmis, c'est-à-dire bâtard d'un monstre et d'une femme adultère.

Macrin dépêcha contre la légion un corps de troupes que commandait Ulpius Julianus. Celui-ci, abandonné de ses troupes, périt par un assassinat. Un soldat lui coupa la tête, l'enveloppa, en fit un paquet qu'il cacheta avec le sceau de Julianus, et la présenta à Macrin comme la tête d'Élagabale : Macrin déroula le paquet sanglant, et reconnut que cette tête demandait la sienne. Après avoir perdu une bataille contre son rival qui déploya de la valeur, il s'enfuit, fut arrêté et massacré. Son fils, qu'il envoyait au roi des Parthes, éprouva le même sort.

Élagabale régna donc [1]. Il fallait que toutes les passions et tous les vices passassent sur le trône afin que les hommes consentissent à y placer la religion qui condamnait tous les vices et toutes les passions.

Inedia consumpta moritur. Acceleravit ei mortem cancer, quem cum jam multo tempore in mamma habuisset quiescentem percusso pectore irritavit. (Dion., LXXVIII, pag. 886.)

[1] Élagabale, emp. Zéphirin, Calixte, papes. An de J.-C. 218-222.

Rome vit arriver un jeune Syrien, prêtre du Soleil, le tour des yeux peint, les joues colorées de vermillon, portant une tiare, un collier, des bracelets, une tunique d'étoffe d'or, une robe de soie à la phénicienne, des sandales ornées de pierres gravées ; ce jeune Syrien, entouré d'eunuques, de courtisanes, de bouffons, de chanteurs, de nains et de naines dansant et marchant à reculons devant une pierre triangulaire ; Élagabale vint régner aux foyers du vieil Horace, rallumer le feu chaste de Vesta, prendre le bouclier sacré de Numa, et toucher les vénérables emblèmes de la sainteté romaine [1].

Au milieu de tant de règnes exécrables, celui d'Élagabale se distingue par quelque chose de particulier. Ce que l'imagination des Arabes a produit de plus merveilleux en fêtes, en pompes, en richesses, ne semble qu'une tradition confuse du règne du prêtre du Soleil : vous verrez ces détails à l'article des mœurs des Romains. Le vice qui gouverna plus particulièrement le monde sous Élagabale fut l'impudicité : ce prince choisissait les agents du pouvoir d'après les qualités qui les rendaient propres à la débauche [2] ; dédaignant les distinctions sociales ou les avantages du génie, il plaçait la souveraineté politique dans la puissance qui tient le plus de l'instinct de la brute.

Il arriva qu'ayant pris plusieurs maris, il se donna pour maître tantôt un cocher du cirque, tantôt le fils d'un cuisinier [3]. Il se faisait saluer du titre de *domina* et d'*impératrice* ; il s'habillait en femme, travaillait à des ouvrages en laine. Homme et femme, prostitué et prostituée, il n'aurait pas été plus pur quand il se fût consacré au culte de Cybèle, comme il en eut la pensée [4]. Il donna un siége à sa mère dans le sénat auprès des consuls, et créa un sénat de femmes qui délibéraient sur la préséance, les honneurs de cour et la forme des vêtements.

---

[1] Fuit autem Heliogabali, vel Jovis, vel Solis sacerdos, atque Antonini sibi nomen asciverat;...... Vultum præterea eodem quo Venus pingitur, schemate figurabat... Heliogabalum in Palatino monte, juxta ædes imperatorias, consecravit, elque templum fecit... et Vestæ ignem, et palladium, et ancilia, et omnia Romanis veneranda in illud transfert. (*Hist. aug.*, lib. CII.)

In penum Vestæ, quod solæ virgines solique pontifices adeunt, irrupit, et pollutus ipse omni contagione morum, cum iis qui se polluerant. (*Hist. aug.*, lib. CII, pag. 103.) Magorum genus adorat. (*Ib.*)

At vero Antoninus, e Syria profectus... cultum patrii numinis celebrare supervacuis saltationibus, vestitum usurpans luxuriosum, purpura intextum atque auro, monilibusque et armillis redimitus, coronas sustinens ad tiaræ modum. (HERODIAN., lib. v, pag. 376, 377.)

Amphoras plurimas ante aras profundebat... chorosque circum aras agitabat, nullis non organis consonantibus, unaque mulieribus phœnissis cursitantibus in orbem, cymbalaque inter manus habentibus aut tympana, omni circumstante senatu et equestri ordine. (HERODIAN., lib. v, pag. 481.)

[2] Ad honores reliquos promovit commendatos sibi pudibilium enormitate membrorum. (*Hist. aug.*, pag. 474.)

[3] Nupsit et coit ut et pronubum haberet, clamaretque *concide*, *magire*, et eo quidem tempore quo Zoticus ægrotabat. (*Hist. aug.*, pag. 472 ; DIV., lib. LXXIX ; HERODIAN., lib. V.)

[4] Jactavit autem caput inter præcisos fanaticos, et genitalia sibi devinxit

Élagabale n'était pas cependant dépourvu de courage. Le pressentiment d'une courte vie le poursuivait : il avait préparé pour se tuer, à tout événement, des cordons de soie, un poignard d'or, des poisons renfermés dans des vases de cristal et de porphyre, une cour intérieure pavée de pierres précieuses sur lesquelles il comptait se précipiter du haut d'une tour. Ces ressources lui manquèrent; il vécut dans des lieux infâmes, et fut tué dans des latrines [1] avec sa mère. On lui coupa la tête; son cadavre, traîné jusqu'à un égout, ne put entrer dans l'ouverture trop étroite [2]; ce hasard valut à Élagabale les honneurs du Tibre, d'où il reçut le surnom de *Tiberinus,* équivoque qui signifiait *le noyé dans le Tibre* ou le *petit Tibère* : ainsi les Romains jouaient avec leur infamie. Quand le despotisme descend si bas que sa dégradation lui ôte sa force, les esclaves respirent un moment : dans les temps d'opprobre, le mépris tient quelquefois lieu de liberté. N'oublions pas, afin d'être juste, qu'Élagabale était un enfant; il n'avait guère que vingt-deux ans quand il fut massacré, et il avait déjà régné trois ans neuf mois et quatre jours : sa mère, son siècle et la nature du gouvernement dont il devint le chef, le perdirent.

Les mêmes femmes dont l'ambition s'était trouvée mêlée au règne de Caracalla, de Macrin et d'Élagabale, contribuèrent à la chute de ce dernier prince, et amenèrent l'inauguration de son successeur. Sœmis avait déterminé son fils à créer auguste son cousin Alexandre. Élagabale, jaloux de la vertu d'Alexandre, essaya d'abord de le corrompre; n'y pouvant réussir, il le voulut tuer; Mamée, pour le sauver, le conduisit au camp des prétoriens. Une réconciliation eut lieu, et dura peu. Élagabale massacré, son cousin reçut la pourpre.

Chaque empereur, en passant au trône, y laissait quelque chose pour la destruction de l'Empire : le luxe qu'Élagabale avait exagéré dans les ameublements, les vêtements et les repas, resta. A dater de ce règne, la profusion de la soie et de l'or, les largesses aux légions, allèrent croissant. Le prince syrien avait fait frapper des pièces d'or, les unes doubles et quadruples des anciennes, les autres ayant dix, cinquante, cent fois cette valeur : il distribuait cette monnaie aux soldats, à l'exemple de ses prédécesseurs; mais comme il comptait par le nombre et non par le poids des pièces, il centuplait quelquefois le prix du présent : or, pour changer les mœurs d'un État, il suffit d'en changer les fortunes.

L'empereur Élagabale n'étant plus, on renvoya en Syrie le *dieu* Éla-

---

[1] Atque in latrina, ad quam confugerat, occisus. (*Hist. aug.*, pag. 478.)
[2] Dion., lib. LXXIX; Herodian., lib. V; *Hist aug.*, pag. 478.

gabale, introduit à Rome avec son grand prêtre. Un décret interdit à jamais l'entrée du sénat aux femmes. Les essais du despote d'Asie n'en avilirent pas moins les antiques institutions : Jupiter Capitolin avait cédé sa place au Soleil, et une femme avait siégé dans des sénatus-consultes. La religion est si nécessaire à la durée des États que, même lorsqu'elle est fausse, elle entraîne en s'écroulant l'édifice politique. L'ancienne société périt avec le polythéisme ; mais dans son sein s'est élevé un autre culte prêt à remplacer le premier, et à devenir le fondement d'une société nouvelle.

Alexandre Sévère[1], prince économe et de bon sens, consacra presque tout son règne à des réformes : dans les vieux gouvernements, l'administration se perfectionne à mesure que les mœurs se détériorent : la civilisation passe de l'âme au corps. Malheureusement Alexandre ne put détruire le mal que le temps avait fait : les légions, séditieuses et avides, ne pouvaient plus être réformées que par le fer des Barbares. Sous la quatrième année du règne de ce prince, on place une révolution en Orient.

Après qu'Alexandre le Grand eut passé, et que les Romains, sans les couvrir, se furent répandus sur ses traces, la monarchie des Parthes se forma. Artaban, dernier rejeton de la dynastie des Arsacides, était encore sur le trône lorsque Alexandre Sévère fut mis à la tête du monde romain. Artaban avait été ingrat envers un de ses sujets, qui ne fut pas assez généreux pour pardonner l'ingratitude : il se révolte contre son maître, le renverse, et s'assied dans sa place[2]. Il se nommait Artaxerxès. Fils adultérin de la femme d'un tanneur et d'un soldat, il prétendit descendre des souverains de Babylone : on ne conteste point la noblesse des vainqueurs ; il fut ce qu'il voulut être. Proclamé l'héritier et le vengeur de Darius, il fit quitter à sa nation le nom des Parthes pour reprendre celui des Perses, établit un empire fatal à Rome, lequel, après avoir duré quatre cent vingt-cinq ans, fut renversé par les Sarrasins.

Non content d'avoir affranchi sa patrie, Artaxerxès redemanda aux Romains les provinces qu'ils occupaient dans l'Orient : voulait-il se faire légitimer par la gloire ? On ne sait si Alexandre Sévère vainquit Artaxercès, mais il revint à Rome, et triompha[3]. De là il se rendit dans les Gaules. Les mouvements des Goths et des Perses, aux deux

---

[1] ALEX. SÉVÈRE, emp. URBAIN Ier, PONTIEN, papes. An de J.-C. 222-235.
[2] DION., lib. LXXX ; HERODIAN., lib. VII.
[3] *Hist. aug.*, pag. 133 ; HERODIAN., lib. VI. M. de Saint-Martin, dans ses notes sur l'*Histoire du Bas-Empire*, de Lebeau, a jeté un nouveau jour sur l'histoire confuse des rois de Perse et d'Arménie.

extrémités de l'Empire, avaient obligé les Romains à porter leurs principales forces sur le Danube et sur l'Euphrate, et à retirer cinq des huit légions qui gardaient les bords du Rhin.

L'invasion des chrétiens suivait parallèlement celle des Barbares. Mamée, mère d'Alexandre, professait peut-être la religion nouvelle; du moins inspira-t-elle à son fils un grand respect pour cette religion. Il adorait, dans une chapelle domestique, l'image de Jésus-Christ entre celles d'Apollonius de Tyane, d'Abraham et d'Orphée [1]. A l'exemple de la communauté chrétienne qui publiait les noms des prêtres et des évêques avant leur ordination, il promulguait les noms des gouverneurs de provinces [2], afin que le peuple pût blâmer ou approuver le choix impérial. Il prenait pour règle de conduite la maxime : « Ne fais pas à autrui ce que tu ne veux pas qu'on te fasse. » Il avait ordonné qu'elle fût gravée dans son palais et sur les murs des édifices publics. Quand le crieur châtiait un coupable, il lui répétait la sentence favorite d'Alexandre [3] : une seule parole de l'Évangile créait un prince juste au milieu de tant de princes iniques.

Mais les jurisconsultes placés dans les conseils et dans les charges de l'État, Sabin, Ulpien, Paul, Modestin, étaient ennemis des disciples de la croix; leur culte paraissait à ces magistrats, amateurs et gardiens du passé, une nouveauté destructive des anciennes lois [4] et des vieux autels. Ulpien avait formé le septième livre d'un traité sur *le devoir d'un consul*, des édits statuant les délits à punir, et les peines à infliger aux chrétiens.

Ulpien, préfet du prétoire, égorgé de la main de ses soldats, avait été disciple de Papinien. On compte ensuite Paul et Modestin : à ce dernier s'éteint le flambeau de cette jurisprudence dont les oracles furent

---

[1] Primum ut si facultas esset, id est si non cum uxore cubuisset; matutinis horis in larario suo, in quo et divos principes, sed optimos, electos, et animos sanctiores, in queis Apollonium, et quantum scriptor suorum temporum dicit, Christum, Abrahamum et Orpheum, et hujusmodi cæteros habebat. (LAMPRID., *in Vit. Alex. Severi*, pag. 328.)

[2] Denique cum inter militares aliquid ageretur; militorum dicebat et nomina. De promovendis etiam sibi annotabat, et perlegebat cuncta pittacia, et sic faciebat, diebus etiam pariter annotatis, et quis et qualis esset, et quo insinuante promotus. (LAMPRID., *Hist. aug.*, pag. 320.)

Ubi aliquos voluisset rectores provinciis dare, vel propositos facere, vel procuratores, id est rationales ordinare, nomina eorum proponebat, hortans populum, ut si quis quid haberet criminis, probaret manifestis rebus; si non probasset, subiret pœnam capiti : dicebatque *grave esse, cum id christiani et Judæi facerent in prædicandis sacerdotibus qui ordinandi sunt, non fieri in provinciarum rectoribus, quibus et fortunæ hominum committerentur et capita.* (LAMPRID., *Hist. aug.*, pag. 345.)

[3] Clamabatque sæpius quod a quibusdam sive Judæis, sive christianis, audierat et tenebat; idque per præconem, cum aliquem emendaret, dici jubebat : *Quod tibi fieri non vis, alteri ne feceris :* quam sententiam usque adeo dilexit, ut et in palatio et in publicis operibus præscribi juberet. (LAMP., *Hist. aug.*, pag. 350.)

[4] At enim puniendi sunt qui destruunt religiones... (LACT., *Div. Inst.*, lib. v, pag. 417.)

recueillis par Théodose le jeune et par Justinien. Au surplus, si les belles lois attestent le génie d'un peuple, elles accusent aussi ses mœurs, comme le remède dénonce le mal. Au commencement, les Romains n'eurent point de lois écrites : sous leurs trois derniers rois, une quarantaine de décisions furent recueillies sous le nom de code Papirien [1]. Les Douze Tables composant en tout cent cinquante textes (soit qu'elles aient été ou non empruntées à la Grèce et expliquées par l'exilé Hermodore [2]), suffirent à la république tant qu'elle conserva la vertu. Vinrent ensuite, toujours sous la république, le droit Flavien et le droit Ælien. Avec Auguste commença, sous l'Empire, la loi *Regia* qu'on a niée; et successivement s'entassèrent les diverses constitutions des empereurs jusqu'aux codes Grégorien et Hermogénien. Alors les Romains corrompus n'eurent plus assez des *sénatus-consultes*, des *plé-*

[1] C'est le plus ancien monument de la jurisprudence romaine. Sous Tarquin le Superbe, Sextus Papirius rassembla dans un seul volume les lois des rois, *qui leges regias in unum contulit*, dit Pomponius au sujet de la seconde loi du Digeste. Ces lois royales étaient écrites dans la vieille langue latine ou la langue osque, conservée dans l'inscription de la colonne de Duilius, sur la table de Scipion, fils de Barbatus, et dans le sénatus-consulte pour l'abolition des Bacchanales. Les voyelles *a*, *e*, *i*, *o*, *u*, prenaient un *d* à la fin d'un mot, quand ce mot surtout était à l'ablatif. L'*e* et l'*i* se mettaient souvent ensemble, ou l'un pour l'autre. L'*o* remplaçait l'*e*, l'*u* s'écrivait *ou*, ou simplement *o*, ou encore *uo*, ou enfin, *oi*. Le *d* se prononçait *du* et s'écrivait *du*. La consonne *g* n'existait pas, et était remplacée par le *c*; *fociunt* ou *foucioumt*, ou *foicioint*, pour *fugiunt*, montre ces transformations. La consonne *m* se retranchait souvent quand elle se trouvait à la fin d'un mot, ou prenait un voyelle : *urbe* pour *urbem*, *tama* pour *tam*. L'*r* se changeait souvent en *s*, ou plutôt elle ne s'employait qu'à la fin ou au commencement des mots. On a toujours dit *roma* et non pas *soma*; mais au milieu des mots l'*r*, que l'on surnommait *canina*, pour exprimer sa rudesse, se prononçait et s'écrivait *s* : *asa* pour *ara*; *x*, *y*, *z*, étaient des consonnes inconnues dans la langue osque. Les consonnes ne se redoublaient point. A l'exemple de Joseph Scaliger, Antoine Terrasson, dans son *Histoire de la Jurisprudence romaine*, a restitué quinze textes du droit papirien. Voici l'exemple du premier :

Jou' Papeisianom.

I.

Mensa. Deïcatam. Asai. veice. peasestase. jous. estod. utel. endo templod. Jounonei'. Poploniai. Aucousta. mensa. est.

Lisez :

Jus Papirianum.

I.

Mensam dedicatam aræ vicem præstare jus esto, ut in templo Junonis Poploniæ augusta mensa est.

[2] Les anciens glossateurs du droit romain racontent sérieusement que les Grecs, avant de faire part de leurs lois aux députés romains, envoyèrent à Rome un philosophe pour savoir ce que c'était que Rome. Ce philosophe, arrivé dans cette ville inconnue, fut mis en rapport avec un fou qui, par de certains signes des doigts, lui indiqua la Trinité. Le philosophe rendit compte de sa mission aux Grecs, et les Grecs trouvèrent que les Romains étaient dignes d'obtenir les lois qui ont fait le fond des Douze Tables. *Quemdam stultum ad disputandum cum Græco posuerunt, ut si perderet, tantum derisio esset. Græcus sapiens nutu disputare cœpit, et elevavit unum digitum, unum Deum significans. Stultus, credens quod vellet cum uno oculo excæcare, elevavit duos, et cum eis elevavit etiam pollicem, sicut naturaliter evenit, quasi cæcare eum vellet utroque. Græcus autem credidit quod Trinitatem ostenderet.*

biscites, des *édits des princes*, des *édits des préteurs*, des *décisions des jurisconsultes* et du *droit coutumier*. La famille en vieillissant multipliait les cas de jurisprudence : l'esprit des tribunaux se subtilisait à mesure que s'enchevêtraient les rapports des choses et des individus. Deux mille volumes, compilés par Tribonien, forment le corps du droit romain sous le nom de *Code*, de *Digeste* ou *Pandectes*, d'*Institutes* et de *Novelles*, sans parler du droit grec-romain, ou de la paraphrase de Théophile, et des sept volumes in-folio des *Basiliques*, ouvrage des empereurs Basile, Léon le Philosophe et Constantin Porphyrogénète ; solide masse qui a survécu à Rome, mais qui n'a pu l'arc-bouter assez pour l'empêcher de crouler. La société vit plus par les mœurs que par les lois, et les nations qui ne sauvent pas leur innocence périssent souvent avec leur sagesse.

Pendant les règnes de Sévère, de Caracalla, de Macrin, d'Élagabale et d'Alexandre, le pape Zéphirin succéda à Victor, martyr, Calixte à Zéphirin, Urbain à Calixte, et Pontien à Urbain. Minutius Félix écrivit son dialogue pour la défense du christianisme. Minutius se promène un matin au bord de la mer à Ostie avec Octavius chrétien, et Cécilius attaché au paganisme : les trois interlocuteurs regardent d'abord des enfants qui s'amusaient à faire glisser des cailloux aplatis sur la surface de l'eau ; ensuite Minutius s'assied entre ses deux amis. Cécilius, qui avait salué une idole de Sérapis, demande pourquoi les chrétiens se cachent, pourquoi ils n'ont ni temples, ni autels, ni images? Quel est leur Dieu? d'où vient-il? où est-il, ce Dieu unique, solitaire, abandonné, qu'aucune nation libre ne connaît, Dieu de si peu de puissance qu'il est captif des Romains avec ses adorateurs? Les Romains, sans ce Dieu, règnent et jouissent de l'empire du monde. Vous, chrétiens, vous n'usez d'aucuns parfums ; vous ne vous couronnez point de fleurs ; vous êtes pâles et tremblants ; vous ne ressusciterez point comme vous le croyez, et vous ne vivez pas en attendant cette résurrection vaine.

Octavius répond que le monde est le temple de Dieu, qu'une vie pure et les bonnes œuvres sont le véritable sacrifice. Il réfute l'objection tirée de la grandeur romaine, et tourne à leur avantage le reproche de pauvreté adressé aux disciples de l'Évangile : Cécilius se convertit. Peu de dialogues de Platon offrent une plus belle scène et de plus nobles discours [1].

Origène, fils d'un père martyr, ouvrit à Alexandrie son école chrétienne ; il y enseignait toutes sortes de sciences. Mamée, mère de

---

[1] Minut., *in Octav.*

l'empereur, le voulut voir ; les païens et les philosophes assistaient à ses cours, lui dédiaient des ouvrages, et le vantaient dans leurs écrits. Il avait appris l'hébreu ; il étudiait encore l'Écriture dans la version des Septante et dans les trois versions grecques d'Aquila, de Théodosion et de Symmaque. Il composa un si grand nombre d'ouvrages, que sept sténographes étaient occupés à écrire chaque jour sous sa dictée.[1] : on connaît sa faute et sa condamnation. Il eut le génie, l'éloquence et le malheur d'Abélard, sans le devoir à une passion humaine ; il n'eut de faiblesse que pour la science et la vertu. C'est dans Origène que s'opéra la transformation du philosophe païen dans le philosophe chrétien : sa méthode était d'une clarté infinie, sa parole d'un grand charme. D'autres écrivains ecclésiastiques se firent aussi remarquer alors, en particulier Hippolyte, martyr, et peut-être évêque d'Ostie : il inventa, à l'effet de trouver le jour de Pâques, un cycle de seize ans qui nous est parvenu[2].

Vous avez vu Alexandre partir pour les Gaules, où trois légions seulement étaient restées. Le désordre s'était mis dans ces légions ; l'empereur s'efforça d'y rétablir la discipline ; elles se soulevèrent à l'instigation de Maximin. Le fils de Mamée avait déjà régné treize ans, et promettait de vivre ; c'était trop : les largesses que les gens de la pourpre faisaient au soldat à leur élection devinrent pour eux une nouvelle cause de ruine. L'empire était une ferme que le prince prenait à bail, moyennant une somme convenue, mais avec une clause tacite, en vertu de laquelle il s'engageait à mourir promptement.

Des assassins, suscités par Maximin, tuèrent Alexandre avec sa mère dans le bourg de Sécila, près de Mayence.

L'Empire perdit le reste d'ordre dans lequel nous l'avons vu se survivre jusqu'ici : guerres civiles, invasion générale des Barbares, territoire démembré, provinces saccagées, plus de cinquante princes élevés et précipités, tel est le spectacle qu'on a sous les yeux pendant un demi-siècle, jusqu'au règne de Dioclétien, où le monde se reposa dans d'autres malheurs. Un État qui renferme dans son sein le germe de sa destruction marche encore si personne n'y porte la main, mais au moindre choc il se brise : la science consiste à le laisser aller sans le toucher.

Maximin[3] remplaça Alexandre.

Voici un premier Barbare sur le trône, et de cette race même qui produisit le premier vainqueur de Rome. Il était né en Thrace ; son père se nommait Micca, et était Goth ; sa mère s'appelait Ababa, et descen-

---

[1] Euseb., lib. vi, cap. xxi, xxiii et seq.
[2] *Hier. Script.*
[3] Maximin, emp. Anthère, Fabien, papes. An de J.-C. 235-238.

dait des Alains. Pâtre d'abord, il devint soldat sous Septime Sévère, centurion sous Caracalla, tribun sous Élagabale, qu'il fut au moment de quitter par pudeur [1], et enfin le commandant des nouvelles troupes levées par Alexandre : cet ambitieux Barbare sacrifia son bienfaiteur.

Il avait huit pieds et demi de haut; il traînait seul un chariot chargé, brisait d'un coup de poing les dents ou la jambe d'un cheval, réduisait des pierres en poudre avec ses doigts, fendait des arbres, terrassait seize, vingt et trente lutteurs sans prendre haleine, courait de toute la vitesse d'un cheval au galop, remplissait plusieurs coupes de ses sueurs, mangeait quarante livres de viande et buvait une amphore de vin dans un jour [2]. Grossier et sans lettres, parlant à peine la langue latine, méprisant les hommes, il était dur, hautain, féroce, rusé, mais chaste et amateur de la justice; il était brave aussi, bien qu'il ne fût pas, comme Alaric, de ces soldats dont l'épée est assez large pour faire une plaie qui marque dans le genre humain. On sent ici une nouvelle race d'hommes, laquelle avait trop de ce que l'ancienne n'avait plus assez. Dieu prenait par la main l'enrôlé dans ses milices pour le montrer à la terre, et annoncer la transmission des empires. Il n'y avait que treize années entre le règne d'Élagabale et celui de Maximin : l'un était la fin, l'autre le commencement d'un monde.

Ainsi une même génération de Romains eut pour maîtres, en moins d'un quart de siècle, un Africain, un Assyrien et un Goth : vous allez bientôt voir passer un Arabe. De ces divers aventuriers, candidats au despotisme, qui affluaient à Rome, aucun ne vint de la Grèce; cette terre de l'indépendance se refusait à produire des tyrans. En vain les Goths firent périr ses chefs-d'œuvre; la dévastation et l'esclavage ne lui purent ravir ni son génie, ni son nom. On abattait ses monuments, et leurs ruines n'en devenaient que plus sacrées; on dispersait ces

---

[1] Tum ille, ubi vidit infamem principem sic exorsum, a militia discessit... Fuit igitur Maximinus, sub homine impurissimo, tantum honore tribunatus, sed nunquam ad manum ejus accessit; nunquam illum salutavit... ut de eo in senatu verba faceret Severus Alexander talia : *Maximinus, patres conscripti, tribunus, cui ego latum clavum addidi, ad me confugit qui sub impura illa bellua militare non potuit.* (Hist. aug., pag. 370.)

[2] Erat præterea (ut refert Cordus) magnitudine tanta, ut octo pedes digito videretur egressus : pollice ita vasto, ut uxoris dextrocherio uteretur pro annulo. Jam illa prope in aure mihi sunt posita, quod hamaxas manibus attraheret, rhedam onustam solus moveret: equo si pugnum dedisset, dentes solveret; si calcem, crura frangeret : lapides tophicios friaret, arbores teneriores scinderet : alii denique eum Crotoniatem Milonem, alii Herculem, Antæum alii vocarunt... Cum militibus ipse luctam exercebat, quinos, senos, et septenos ad terram prosternens... Sexdecim lixas uno sudore devicit... Volens Severus explorare quantas in currendo esset, equum admisit multis circuitionibus, et quum nequo Maximinus, accurrendo permulta spatia desisset, ait ei... Bibisse illum sæpe in die vini capitolinam amphoram constat: comedisse et quadraginta libras carnis; ut autem Cordus dicit, etiam sexaginta... Sudores sæpe suos excipiebat, et in calices vel in vasculum mittebat; ita ut duos vel tres sextarios sui sudoris ostenderet. (*Hist. aug.*, pag. 368, 369, 372.)

ruines, et l'on trouvait au-dessous les tombeaux des grands hommes; on brisait ces tombeaux, et il en sortait une mémoire immortelle! Patrie commune de toutes les renommées, pays qui ne manqua plus d'habitants; car partout où naissait un étranger illustre, là naissait un enfant adoptif de la Grèce, en attendant la résurrection de ces indigènes de la liberté et de la gloire, qui devaient un jour repeupler les champs de Platée et de Marathon.

Les Romains, revenus de leur surprise, se soulevèrent; ils ne supportèrent pas l'idée d'être gouvernés par un Goth devenu *citoyen* en vertu du décret général de Caracalla : comme s'il était séant à ces esclaves de montrer quelque fierté!

Des conspirations éclatèrent et furent punies : Maximin prétendait réformer l'Empire de la même façon qu'il avait rétabli la discipline des légions, par des supplices. A la moindre faute, il faisait jeter aux bêtes, attacher en croix, coudre dans des carcasses d'animaux nouvellement tués, les principaux citoyens. Il détestait le sénat, et ces patriciens les plus vils et les plus insolents des hommes; il avait la faiblesse de rougir de sa naissance devant ces nobles qui oubliaient trop lâchement leur origine pour avoir le droit de se remémorer la sienne. Des amis qui l'avaient secouru lorsqu'il était pauvre furent massacrés; il ne leur put pardonner leur souvenir [1] : ce n'était pas les témoins de sa misère qu'il devait tuer, c'était ceux de sa fortune. Il inspira une telle frayeur aux sénateurs, qu'on fit des prières publiques, afin qu'il plût aux dieux de l'empêcher d'entrer dans Rome.

On l'avait appelé Hercule, Achille, Ajax, Milon le Crotoniate; on le nomma Cyclope, Phalaris, Busiris, Sciron, Typhon et Gygès; peuple retombé par la corruption dans les fables, comme on retourne à l'enfance par la vieillesse.

Maximin battit les Sarmates et les Germains. Il mandait au sénat : « Nous ne saurions vous dire ce que nous avons fait, pères conscrits; « mais nous avons brûlé les bourgs des Germains, enlevé leurs trou- « peaux, amassé des prisonniers, et exterminé ceux qui nous résis- « taient. » Une autre fois : « J'ai terminé plus de guerres qu'aucun capi- « taine de l'antiquité, transporté dans l'empire romain d'immenses « dépouilles, et fait tant de captifs, qu'à peine les terres de la répu- « blique pourraient les contenir [1]. »

Mais l'Afrique se soulevait, et proclamait augustes les deux Gordien, le père et le fils.

Gordien le vieux, proconsul d'Afrique, descendait des Gracques par

---

[1] *Hist. aug.*, pag 144; HERODIAN., lib. VII, pag. 237.
[2] HERODIAN., lib. VII, *Hist. aug.*

sa mère, de Trajan par son père, de ce que Rome libre et esclave eut de plus illustre. Son père, son aïeul, son bisaïeul et lui-même avaient été consuls ; ses richesses ne se pouvaient compter ; on citait ses jeux, ses palais, ses bains, ses portiques ; c'était bien des prospérités pour mourir : il est vrai que l'empire l'atteignit malgré lui.

Un receveur du fisc ayant été massacré à Thysdrus en Afrique, les auteurs du meurtre, pour échapper à la vengeance de Maximin, revêtirent Gordien le vieux des insignes de la puissance. Il les repoussa, se roula par terre en pleurant ; résistance inutile ; on le condamna à la pourpre. Gordien le jeune fut salué auguste : ami des lettres, il déplorait les malheurs de sa patrie entre les femmes et les muses.

Le sénat confirma l'élection des deux Gordien, et déclara Maximin ennemi de la république. L'empereur, à cette nouvelle, se heurta la tête contre les murs, déchira ses habits, saisit son épée, voulut arracher les yeux à son fils, but, et oublia tout. Le lendemain, il assemble ses troupes : « Camarades, les Africains ont trahi leurs serments ; c'est leur
« coutume. Ils ont élu pour maître un vieillard à qui le tombeau con-
« viendrait mieux que l'empire. Le très-vertueux sénat, qui jadis as-
« sassina Romulus et César, m'a déclaré ennemi de la patrie, tandis que
« je combattais et triomphais pour lui. Marchons contre le sénat et les
« Africains, tous leurs biens sont à vous [1]. »

Lorsque Maximin tenait ce discours, il n'avait déjà plus rien à craindre des Gordien [2] : Capellien, gouverneur de la Numidie, fidèle à Maximin, gagna une bataille où le jeune Gordien perdit la vie. Le vieux Gordien s'étrangla avec sa ceinture pour ne pas survivre à son fils, et pour sortir librement des grandeurs où il était entré de force.

Le sénat désigna deux nouveaux empereurs, Maxime Papien, brave soldat, et Claude Balbin, orateur et poëte ; il les choisit parmi les vingt commissaires qu'il avait chargés de la défense de l'Italie. Petit-fils du vieux Gordien, et neveu ou fils du jeune, un troisième Gordien, âgé de treize ans, fut en même temps proclamé césar. Des messagers coururent de toutes parts, ordonnant aux habitants des campagnes de détruire les blés, de chasser les troupeaux, de se retirer dans les villes, et d'en fermer les portes à Maximin.

Cependant un accident avait fait éclater à Rome la guerre civile ; il y eut des assauts, des combats, des incendies. La présence de l'enfant Gordien apaisa le tumulte : les deux partis se calmèrent à la vue de la pourpre ornée de l'innocence et de la jeunesse [3].

---

[1] HERODIAN., lib. VII, *Hist. aug.*
[2] Le vieux Gordien avait régné trente-six jours.
[3] HERODIAN., lib. VII, *Hist. aug.*

L'empereur n'avait point communiqué son ardeur à ses soldats; sa rigueur à maintenir la discipline lui avait enlevé l'amour des légions. Il mit le siège devant Aquilée : les habitants se défendirent; les femmes coupèrent leurs cheveux pour en faire des cordes aux machines de guerre. En mémoire de ce sacrifice, un temple fut élevé à Vénus la Chauve [1]. La fortune se retira de Maximin : on le massacra lui et son fils.

Le courrier qui transmit à Rome le message de l'armée, trouva le peuple au théâtre; c'était là qu'on était toujours sûr de le rencontrer. Ce peuple, tourmenté de grandeur et de misère, nourri dans les fêtes et les proscriptions, devina la nouvelle avant de l'avoir entendue. Il s'écria : « Maximin est mort! » Les jeux finissent, on court aux temples remercier les dieux : tradition et moquerie des grands hommes et des hauts faits de la liberté républicaine. La tête de l'auguste et celle du césar furent dépêchées au sénat. Le fils du géant Maximin avait été instruit dans les lettres; ses goûts, ses manières, sa parure, étaient élégants et recherchés; beaucoup de femmes l'avaient aimé. Au lieu de l'armure de fer de son père, il portait une cuirasse d'or, un bouclier d'or, une lance dorée, un casque enrichi de pierreries [2]. Après sa mort, son visage meurtri, souillé de sang et de poussière, offrait encore des traits admirables. On avait jadis appliqué au jeune césar les vers où Virgile compare la beauté du fils d'Évandre à l'étoile du matin, sortant tout humide du sein de l'Océan [3]. Son sort attendrit un moment la populace, qui brûla dans le Champ de Mars, avec mille outrages, la tête charmante sur laquelle elle venait de pleurer. Ainsi finirent ces deux Goths, souverains à Rome avant Alaric, mais par la pourpre et non par l'épée.

Il faut fixer au règne de Maximin le commencement de cette succes-

---

[1] Tanta fide Aquileienses contra Maximinum pro senatu fuerunt, ut funes de capillis mulierum facerent, quum deessent nervi ad sagittas emittendas : quod aliquando Romæ dicitur factum. Unde in honorem matronarum, templum Veneri Calvæ senatus dicavit. (*Hist. aug.*, pag. 398.)

Lactance raconte la même chose des femmes romaines.

Urbe a Gallis occupata, obsessi in Capitolio Romani quum ex mulierum capillis tormenta fecissent, ædem Veneri Calvæ consecrarunt. (LACT., *Div. Inst.*, pag. 88, in-4°.)

[2] Usus est autem idem adolescens (Maximinus junior) et aurea lorica, exemplo Ptolemæorum; usus est argentea, usus et clypeo gemmato inaurato, et hasta inaurata... Fecit et galeas gemmatas, fecit et bucculas. . Quædam parens sua libros homericos omnes purpureos dedit, aureis litteris scriptos. (*Hist. aug.*, pag. 306.)

[3] Usus est magistro græco litteratore Fabilio, cujus epigrammata græca multa exstant, maxime in imaginibus illius pueri : qui versus græcos fecit ex illis latinis Virgilii, quum ipsum puerum describeret:

Qualis, ubi Oceani perfusus Lucifer unda,
Extulit os sacrum cœlo tenebrasque resolvit,
Talis erat juvenis primo sub nomine clarus *.
(*Hist. aug.*, p. 392.)

* Dans ce passage du huitième livre de *l'Énéide*, il y a un vers retranché et un vers interpolé.

sion d'empereurs militaires nés des circonstances, qui, demi-Barbares, soutinrent l'Empire contre les efforts des Barbares. C'est aussi à cette époque qu'éclata la rivalité du sénat et de l'armée pour l'élection du prince : nouvelle cause de destruction ajoutée à toutes celles qui fermentaient dans l'État.

Ce sénat, d'ailleurs si abject, avait jusque-là conservé, par ses traditions de gloire, par son nom, par la richesse de ses membres et les dignités dont ils étaient revêtus, une sorte de puissance inexplicable : c'était au sénat que les empereurs rendaient compte de leurs victoires; c'était le sénat qui gouvernait dans les interrègnes. Les années se marquaient par consulats ; la religion et l'histoire se rattachaient à l'existence sénatoriale. On lisait partout S. P. Q. R., lorsqu'il n'y avait plus ni sénat ni peuple : Rome parlait encore de liberté, comme ces rois modernes qui inscrivent au protocole de leurs titres les souverainetés qu'ils ont perdues.

Jusqu'au règne de Maximin, il y avait eu sinon intelligence, du moins accord forcé entre les légions et le sénat; mais pendant les troubles de ce règne, les sénateurs ayant élu seuls trois maîtres, furent si satisfaits de ce retour d'autorité, qu'ils ne se purent empêcher de témoigner l'envie de la garder. Les légions s'en aperçurent, et ne se laissèrent pas dominer. Les empereurs proclamés dans les provinces par les armées s'habituèrent à considérer le sénat comme un ennemi de leur pouvoir, et dont le suffrage ne leur était pas nécessaire; ils s'éloignèrent de Rome, où ils ne résidèrent plus que rarement, et malgré eux. La ville éternelle s'isola peu à peu au milieu de l'Empire; et tandis qu'on se battait autour d'elle, elle s'assit à l'ombre de son nom, en attendant sa ruine.

Maximin persécuta la religion. On trouve dans cette persécution la première mention certaine des basiliques chrétiennes : toutefois, il est question d'un lieu consacré au culte du Christ, sous le règne d'Alexandre Sévère.

Quelques auteurs ont cru que la persécution avait eu pour but principal en Orient d'atteindre Origène : le peuple et les philosophes auraient regardé comme un grand triomphe l'apostasie de ce défenseur de l'Église [1], qui, par l'ascendant de son génie, avait opéré une multitude de conversions.

D'autres écrivains ont pensé que la persécution prit naissance à l'occasion du soldat en faveur duquel Tertullien écrivit le livre de la *Couronne*. Je vous ai souvent dit qu'à l'élection d'un empereur l'usage était de faire des largesses aux soldats : ceux-ci, pour les recevoir, se cou-

---

[1] Onos., lib. vii, cap. xix.

ronnaient de lauriers. Lors de l'avénement de Maximin, un légionnaire s'avança, tenant sa couronne à la main ; le tribun lui demanda pourquoi il ne la portait pas sur la tête comme ses compagnons : « Je ne le puis, répondit-il, je suis chrétien. »

Tertullien approuve le légionnaire [1], le couronnement de lauriers lui paraissant entaché d'idolâtrie.

Auprès des élections par le glaive se continuaient les élections paisibles de ces autres souverains qui régnaient par le roseau. Le pape Urbain étant mort avait eu pour successeur Pontien, lequel, exilé dans l'île de Sardaigne, abdiqua. Anteros, qui le remplaça, ne vécut qu'un mois, et Fabien fut proclamé évêque de Rome [2].

La science, au milieu des guerres civiles et étrangères, brillait dans les hautes intelligences chrétiennes. Théodore ou Grégoire de Pons, surnommé *le Thaumaturge*, paraissait; Africain écrivait son *Histoire universelle*, qui, commençant à la création du monde, s'arrêtait à l'an 221 de notre ère [3]. L'histoire y était traitée d'une manière jusqu'alors inconnue ; un chrétien obscur venait dire à l'Empire éclatant des césars qu'il était nouveau, que ses faits et ses fables n'avaient qu'un jour, comparés à l'antiquité du peuple de Dieu et de la religion de Moïse. A cette échelle devait se mesurer désormais la vie des nations. La chronique d'Africain ne se retrouve plus que dans celle d'Eusèbe.

Origène publia l'ouvrage qui lui avait coûté vingt-huit ans de recherches [4] ; c'était une édition de l'Écriture à plusieurs colonnes, et qui prit le nom d'*Hexaple*, d'*Octaple*, et de *Tetraple*, selon le nombre des colonnes. Dans les Hexaples, la première colonne contenait le texte hébreu en lettres hébraïques ; la seconde, le même texte en lettres grecques; la troisième, la version grecque d'Aquila ; la quatrième, celle de Symmaque ; la cinquième, celle des Septante ; la sixième, le texte hébreu de Théodosion.

Les Octaples avaient deux colonnes de plus, composées de deux versions grecques, l'une trouvée à Jéricho par Origène lui-même, l'autre à Nicopolis en Épire. L'idiome des maîtres du monde n'était pas employé dans cet immense travail. Quelques versions latines, faites sur la version des Septante, suffisaient aux besoins de l'Église de Rome et des autres Églises d'Occident. Les Grecs s'obstinaient à regarder la langue de Cicéron comme une langue barbare.

Les conciles se multipliaient, soit pour les besoins de la communauté

---

[1] Tertul., *de Cor.*
[2] 11 janvier 236.
[3] Eused., lib. vi, *Hist.*, cap. xxxii ; Phot., *Bibl.*, cod. xxxiv.
[4] Eus. lib. vi, *Hist.*, cap. xvi; Epiph., *de Mens.*, n. 18, 19.

TUNIS
(Afrique)

chrétienne, soit pour régler la discipline et les mœurs, soit pour combattre l'hérésie. Cyprien, jeune encore, faisait entendre sa voix à Carthage : homme dont l'éloquence fleurie devait inspirer l'éloquence de Fénelon, comme la parole de Tertullien animer la parole de Bossuet.

Tout s'agitait parmi les Barbares : les uns s'assemblaient sur les frontières, les autres s'introduisaient dans l'Empire, ou comme vainqueurs, ou comme prisonniers, ou comme auxiliaires. Les chrétiens augmentaient également en nombre, et étendaient leurs conquêtes parmi les conquérants.

Maxime et Balbin [1] se trouvèrent empereurs après la mort de Maximin ; le premier était environné d'un corps de Germains qui lui étaient attachés comme les Suisses et les gardes écossaises à nos rois. Les prétoriens en prirent ombrage ; ils n'approuvaient point une élection uniquement due au sénat. Ils coururent aux armes dans le temps que la ville était occupée des jeux capitolins : les empereurs, arrachés de leurs palais, furent égorgés avec les outrages jadis prodigués à Vitellius. Il y avait dans les archives de l'État des précédents pour toutes les espèces de meurtres et de vices. Maxime, fils d'un serrurier ou d'un charron, était un homme brave, habile dans la guerre, modéré, et si sérieux qu'on l'avait surnommé le *Triste*. Balbin, d'une famille qui passait pour noble, sans être ancienne, était doux et affable : on disait du premier qu'il faisait accorder ce qui était dû ; et du second, qu'il donnait au delà. Le troisième Gordien, petit-fils de Gordien le vieux, avait déjà été nommé césar ; les prétoriens le saluèrent auguste : le sénat et le peuple le reconnurent.

Ce prince régna trop peu : il eut pour beau-père son maître de rhétorique, Mysithée, qui l'arracha aux mains des eunuques [2]. Gordien fit de Mysithée son préfet du prétoire et son ministre. Mysithée avait été un homme obscur avant de prendre les rênes de l'État ; condition nécessaire pour parvenir lorsqu'on est né avec des talents. Dans la carrière politique on ne monte point au pouvoir avec une réputation faite.

La guerre, sous Gordien III, ne fut pas considérable ; mais elle offrit de grands noms. Sapor, fils d'Artaxerxès, attaqua l'Empire en Orient, et les Franks se montrèrent dans les Gaules. Aurélien, depuis empereur, commandait alors une légion ; il battit les Franks près de Mayence, en tua sept cents, et en fit trois cents prisonniers. Cela passa pour une

---

[1] Maxime et Balbin, emp. Fabien, pape, An de J.-C. 238.
[2] *Hist. aug.*, pag. 161.

victoire si importante, que les soldats improviserent deux méchants vers qui sont restés :

> Mille Francos, mille Sarmates semel occidimus;
> Mille, mille, mille Persas quærimus[1].

Ainsi le nom de nos pères se trouve pour la première fois dans une chanson de soldats, qui exprime à la fois leur valeur et la frayeur des Romains.

Gordien III se prépare à repousser Sapor; avant de sortir de Rome il ouvre le temple de Janus ; c'est la dernière fois qu'il est question de cette cérémonie dans l'histoire. On présume que le temple ne se ferma plus : ce fut comme un présage des destinées de l'Empire. Gordien passant par la Mœsie et par la Thrace, défit les Goths, et fut moins heureux contre les Alains. Il remporta quelques avantages sur Sapor. Il dut son succès à Mysithée, que le sénat honora du nom de tuteur de la république. Gordien eut la candeur d'en convenir en rendant compte de ses victoires au sénat [2] : c'est être digne de la gloire que de la rendre à celui qui nous la donne.

Rome caduque ne portait qu'en souffrant un grand citoyen : quand par hasard elle en produisait un, comme une mère épuisée, elle n'avait plus la force de le nourrir. Mysithée mourut, peut-être empoisonné par Philippe, qui lui succéda dans la charge de préfet du prétoire. Dès ce moment le bonheur abandonna Gordien : il y a des esprits faits pour paraître ensemble, et qui sont leur complément mutuel. Les sociétés, à leur naissance, réparent facilement la perte d'un homme habile ; mais quand elles touchent à leur terme, si des gens de mérite qui leur restent viennent à manquer, tout tombe.

Le nouveau préfet du prétoire était Arabe et fils d'un chef de brigands. Philippe, d'abord associé à Gordien, finit par l'immoler. Gordien s'abaissa à demander successivement le partage égal du pouvoir, le rang de césar, la charge de préfet du prétoire, le titre de duc ou de gouverneur de province, enfin la vie : le meurtrier lui refusa tout, excepté de petites funérailles. Le dernier descendant des Gracques comptait à peine vingt-trois années : l'humble tombeau du jeune empereur romain s'éleva loin du Tibre, au confluent du Chaboras et de l'Euphrate, à quelque distance des ruines de cette Babylone qui vit pleurer Israël auprès des sépulcres des grands rois.

Philippe [3], proclamé auguste, et son fils césar, conclurent la paix

---

[1] Vopisc., in Vit. Aurelian.; Hist. aug.

[2] Hist. aug., Aurel. Vict.

[3] Philippe, emp. Fabien, pape. An de J.-C. 244-249.

avec Sapor, et vinrent à Rome. Jugez de l'état où Rome était parvenue : on ne sait si l'on doit placer à l'époque de l'avénement de Philippe l'existence de deux empereurs, un Marcus, philosophe de métier, et un Severus Hostilianus. On ne connaît que les noms de ces deux titulaires du monde; on ignore même s'ils ont régné.

C'est aussi à compter de cette époque qu'on nomme *tyrans*, pour les distinguer des *empereurs*, les prétendants à l'empire, lesquels, élus par les légions, n'étaient pas avoués du sénat. Il n'y avait pourtant entre ces hommes également oppresseurs que l'inégalité de la fortune : on donnait au succès le titre que l'on refusait au malheur.

On est encore dans le doute sur la vérité d'un fait grave : Philippe était-il chrétien? Les preuves sont faibles, et nous aurons dans la suite d'assez méchants princes de la foi, sans revendiquer celui-ci. Mais c'est une marche historique à signaler que la coïncidence de l'élévation à l'empire d'un Goth dans Maximin, et peut-être d'un chrétien dans Philippe.

Philippe célébra les jeux séculaires (248, 21 avril) : Horace les avait chantés sous Auguste; jeux mystérieux solennisés pendant trois nuits à la lueur des flambeaux au bord du Tibre [1], et qu'aucun homme ne voyait deux fois dans sa vie : ils accomplissaient alors une période de mille ans pour l'ancienne Rome; ils furent interrompus. Plus de mille autres années s'écoulèrent avant qu'un prince de la Rome nouvelle les rétablît sous le nom de *jubilé*, l'an 1300 de l'ère vulgaire. Boniface VIII officia avec les ornements impériaux; deux cent mille pèlerins se trouvèrent réunis à la fête. Clément VI, Urbain VI et Paul II fixèrent successivement le retour du jubilé : le premier à la cinquantième, le second à la trente-troisième, le dernier à la vingt-cinquième année; Clément, en considération de la brièveté de la vie; Urbain, en mémoire du temps que Jésus-Christ a passé sur la terre; Paul, pour la rémission plus prompte des fautes. Les esclaves et les étrangers n'assistaient point aux jeux séculaires de Rome idolâtre : les infortunés et les voyageurs étaient appelés au jubilé de Rome chrétienne.

Philippe fit la guerre aux Carpiens, peuples habitants des monts Carpathes, dans le voisinage des Goths. Ces derniers avaient commencé, dès le règne d'Alexandre Sévère, à recevoir un tribut des Romains : les Carpiens voulurent obtenir la même faveur, et furent vaincus.

Tout à coup s'élèvent deux nouveaux empereurs, Saturnien en Syrie, Marinus en Mœsie. Dèce, dont le nom rappelle la première grande invasion des Barbares, était né de parents obscurs; élevé au consulat ou

---

[1] Zosim., lib. II.

par ses talents ou par les révolutions qui faisaient surgir indistinctement le mérite et la médiocrité, le vice et la vertu, Dèce se trouva chargé de punir les partisans de Marinus : ils le forcèrent de prendre sa place, de marcher contre Philippe et de lui livrer bataille. Les crimes étaient tombés dans le droit commun, et les guerres civiles formaient le tempérament de l'État. Philippe fut vaincu et tué à Vérone [1], son fils égorgé à Rome.

On raconte de ce jeune homme que depuis l'âge de cinq ans il n'avait jamais ri; il ne monta point au trône, et perdit les joies de l'enfance : il les eût gardées s'il fût resté sous la tente de l'Arabe. Dans ces temps, un prince ne périssait presque jamais seul ; ses enfants étaient massacrés avec lui. Cette leçon répétée ne corrigeait personne : on trouvait mille ambitieux, pas un père.

Tel était l'état des hommes et des choses à l'avénement de Dèce : tout hâtait la dissolution de l'État.

Les Barbares n'avaient rien devant eux, sauf le christianisme, qui les attendait pour les rendre capables de fonder une société, en bénissant leur épée.

SECONDE PARTIE.

DE DÈCE OU DECIUS A CONSTANTIN.

La véritable histoire des Barbares s'ouvre avec le règne de Dèce [2]. On les va maintenant mieux connaître ; ils vont donner un autre mouvement aux affaires ; ils vont mêler les races, multiplier les malheurs, accomplir les destinées du vieux monde, commencer celles du monde nouveau. Aux courses rapides, aux incursions passagères que les Calédoniens faisaient dans la Grande-Bretagne, les Germains et les Franks dans les Gaules, les Quades et les Marcomans sur le Danube, les Perses et les Sarrasins en Orient, les Maures en Afrique, succéderont des invasions formidables : les Goths paraîtront; les autres Barbares, campés sur les frontières, les pousseront, les suivront. Il semble déjà que le bruit des pas et les cris de cette multitude font trembler le Capitole.

Les Goths, peut-être de l'ancienne race des Suèves, et séparés d'elle par Cotualde; les Goths, fils des conquérants de la Scandinavie, dont ils avaient peut-être chassé les Cimbres, avaient étendu leur domina-

---

[1] Zosim., lib. I; Zonar., lib. XII.
[2] Decius, emp. Fabien, Corneille, papes. An de J.-C. 249-254.

tion sur une partie des autres Barbares, les Bastarnes, les Venèdes, les Saziges, les Roxolans, les Slaves, ou Vandales, ou Esclavons, les Antes et les Alains, originaires du Caucase [1]. Odin, leur premier législateur, fut aussi leur dieu de la guerre, à moins qu'on ne suppose deux Odin : en le plaçant dans le ciel, ils ne firent qu'une seule et même chose de la loi et de la religion. Odin avait un temple à Upsal, où l'on immolait tous les neuf ans deux hommes et deux animaux de chaque espèce, si toutefois Odin, Upsal et son temple existaient dans ces temps reculés [2], ou si même ils ont jamais existé.

Dans le siècle des Antonins, au moment où l'empire romain arrivait au plus haut point de sa puissance, les Goths firent leur premier pas, et s'établirent à l'embouchure de la Vistule. Les colonies des Vandales, ou sorties de leur sein, ou Slaves enrôlés à leur suite, se répandirent le long des rivages de l'Oder, des côtes du Mecklembourg et de la Poméranie. Les Goths séparés en Ostrogoths et en Visigoths, Goths occidentaux et Goths orientaux, se subdivisèrent encore par bandes ou tribus, sous les noms d'Hérules, de Gépides, de Burgondes ou Bourguignons, de Lombards [3]. Si l'on ne veut pas que ces derniers soient d'origine gothique, il faudra du moins admettre qu'ils étaient devenus Goths

---

[1] Consultez, pour cette histoire embrouillée des Barbares, Bayer, Gatterer, Adelung, Schlœzer, Reineggs, Malte-Brun, etc., etc. Ces savants hommes ont des systèmes contradictoires : l'un ne voit en Germanie que des Suèves, et des non Suèves; l'autre veut que les Slaves soient les Vandales; celui-ci fait des Slaves des Venèdes, et reconnaît des Slaves mêlés et des Slaves proprement dits. Les Suèves deviennent des Allamans, les Allemands d'aujourd'hui, etc., etc. Au milieu de tout cela, il faut encore trouver place pour le système par la division des langues, la race finnoise, caucasienne, que sais-je? J'ai présenté ici au lecteur, et dans l'*exposition* de ce discours, ce qui m'a semblé le moins obscur. Je crois avoir été le premier à recueillir les noms et le nombre des hordes de l'Amérique septentrionale (*Voyage en Amérique*); malgré l'aridité et la confusion des traditions de ces Sauvages, il est moins difficile de s'en faire une idée approximative que de répandre quelque clarté sur l'histoire des peuples germaniques. Les Romains, qui ignoraient les langues de ces peuples, ont tout confondu ; et quand ces peuples se sont civilisés, déjà loin de leur origine, ils n'ont plus trouvé que quelques chansons et des traditions orales mélangées de fables et de christianisme. Malheureusement la grande *Histoire des Goths* de Cassiodore est perdue, et il ne nous en reste que l'abrégé de Jornandès. Grotius a donné une édition des écrivains goths. Agathias, et surtout Procope, offrent une des grandes sources de l'histoire gothique. Jornandès parle de quelques chroniques des Goths, en vers, citées par Ablavius; et l'on a, dans la traduction des quatre évangiles par Ulphilas, le plus ancien monument de la langue teutonique. Il est du quatrième siècle. Ulphilas avait été obligé d'inventer des lettres inconnues pour exprimer certains sons de la langue des Goths. Le serment de Charles, en allemand, dans Nithard (842), est postérieur de plus de quatre cent quatre-vingts années à la traduction d'Ulphilas, et de plus de cinq siècles au chant teutonique qui célèbre la victoire de Louis, fils de Louis le Bègue, sur les Normands, en 884. La chronique de Marius, qui commence à l'an 455 et finit à l'an 581, contient des renseignements sur les Goths et sur les Bourguignons. On a une généalogie des rois goths, publiée d'après un manuscrit du monastère de Moissac.

[2] ADAM DE BRÊME, *Saxo gram.* Les *Eddas*, les *Saggas*, l'*Hist. de la Suède*, etc., etc.

[3] On fait descendre les Burgondes ou Bourguignons des Vandales, Slaves ou Venèdes conquis par les Goths. Ils étaient ennemis des Allamans. (AMMIEN MARCELLIN, liv. XXVIII; PLINE, *Hist. nat.*, IV.) Une tradition les faisait venir des soldats romains qui gardaient vers les rives de l'Elbe les forteresses de Drusus. (OROSE, liv. VII.) Paul Warnefrid (le diacre) place le berceau des Goths et des

par la conquête, et qu'ensuite, détachés de la confédération gothique, quand celle-ci vint à se briser, ils fondèrent les monarchies des Burgondes et des Lombards.

Les Goths levèrent leur camp, firent un second pas, se montrèrent sur les confins de la Dacie, et bientôt arrivèrent au Pont-Euxin. Le roi qui gouvernait alors leur monarchie héréditaire se nommait Amala ; il prétendait descendre des Anses [1] ou demi-dieux des Goths.

Trajan, en subjuguant les Daces au delà du Danube, rendit, sans le savoir, l'Empire voisin de ses destructeurs. Les Goths ne furent connus sous leur véritable nom que pendant le règne de Caracalla : quand Rome l'eut appris, elle ne l'oublia plus.

Fiers de leurs conquêtes, grossis de toutes les hordes qu'ils s'étaient incorporées, les Goths, comme un torrent enflé par des torrents, se précipitèrent sur l'Empire vers l'époque de la chute de Philippe et l'élévation de son successeur.

Conduits par leur roi Cniva, ils inondent la Dacie, franchissent le Danube, forcent Martianopolis à se racheter, se retirent, reviennent, assiégent Nicopolis, emportent Philippopolis d'assaut, égorgent cent mille habitants, et emmènent une foule de prisonniers illustres [2]. Chemin faisant, ils s'amusent à donner un maître au monde ; sauvages deminus, ils accordent la pourpre à Priscus, frère de Philippe, qui la leur avait demandée. Dèce accourt avec son fils pour s'opposer à leurs ravages ; trahi par Gallus, qui veut aussi recevoir l'empire de la main des Barbares, attiré dans un marais, il y reste avec son fils et son armée [3].

Dèce, prince remarquable d'ailleurs, qui vit commencer la grande invasion des Barbares, s'était de même armé contre les chrétiens : impuissant à repousser les uns et les autres, il ne put faire face aux deux peuples à qui Dieu avait livré l'Empire. Cette persécution amena des chutes que saint Cyprien attribue au relâchement des mœurs des fidèles [4]. Dans l'amphithéâtre de Carthage, le peuple criait : « Cyprien aux lions ! » L'éloquent évêque se retira [5]. Denis d'Alexandrie fut sauvé ; ses disciples le cachèrent. Grégoire le Thaumaturge invita ses néophytes à se mettre en sûreté, et se tint lui-même à l'écart sur une colline déserte.

Lombards dans la Scandinavie. Entre les règnes d'Auguste et de Trajan, on trouve les Lombards établis sur l'Elbe et l'Oder. (VELLEIUS PATERCULUS, II.)

[1] Proceres suos non puros homines, sed semideos, id est Anses vocavere. — Horum ergo, ut suis fabulis ferunt, primus fuit Gaapt, qui genuit Halmal ; Halmal vero genuit Augis, Augis genuit eum qui dictus est Amala, a quo et origo Amalorum decurrit. (JORNAND., de Reb. getic., pag. 607)

[2] AMMIEN MARCEL., lib. XXXI, cap. V.

[3] AUREL. VICTOR, cap. XXIX ; JORNANDÈS, cap. XVIII ; ZOSIME, lib. I ; ZONAR., lib. XII ; Hist. aug., pag. 225.

[4] Epist. 11.

[5] Epist. 10, 20, 59, 60.

L'exécution du prêtre Pionius à Smyrne, de Maxime en Asie, et de Pierre à Lampsaque, est restée dans les fastes de la religion. Le pape Fabien confessa d'âme et de corps le 20 de janvier l'an 250. A compter de son martyre, les années du pontificat romain deviennent certaines, comme l'ère du Christ est fixée à la croix. Alexandre, évêque de Jérusalem ; Babylas, évêque d'Antioche, qui avait obligé l'empereur Philippe et sa mère à se mettre au rang des pénitents la nuit de Pâques, périrent dans les cachots : l'un, vieillard, était éprouvé pour la seconde fois ; l'autre voulut être enterré avec ses fers [1]. Origène, cruellement torturé, résista.

Un jeune homme de la Basse-Thébaïde, nommé Paul, fuyant la persécution, trouva une grotte ombragée d'un palmier, et dans laquelle coulait une fontaine qui donnait naissance à un ruisseau. Paul s'enferma dans cette grotte, y vécut quatre-vingt-dix ans, et remporta cette gloire de la solitude qui a fait de lui le premier ermite chrétien [2].

Divers évêques fondèrent des églises dans les Gaules : Denis à Paris, Gatien à Tours, Stremoine à Clermont en Auvergne, Trophime à Arles, Paul à Narbonne, Martial à Limoges.

Après le martyre de Fabien, trois évêques proclamèrent pape Novatien, premier antipape, chef du premier schisme. Le clergé avait élu de son côté Corneille, homme d'une grande fermeté. Il y eut vacance du siége pendant seize mois. On comptait alors à Rome quarante-six prêtres, sept diacres, sept sous-diacres, quarante-deux acolytes, cinquante-deux exorcistes, lecteurs et portiers, quinze cents veuves et autres pauvres nourris par l'Église [3]. Seize évêques avaient concouru à l'ordination de Corneille, confirmée par le peuple. Les soldats de Jupiter faisaient des tyrans, les soldats de Jésus-Christ, des saints ; différence des deux empires.

Gallus, proclamé auguste avec Hostilien, second fils de Dèce, s'engage à payer aux Goths un tribut annuel. Ils consentent, à ce prix, à respecter les terres romaines : on tient les conditions qu'on reçoit, non celles qu'on impose : les Goths manquent à leur parole. Une peste effroyable se déclare. Gallus fait exécuter Hostilien, fils de Dèce, et le

---

[1] ..... vinculis..., cum quibus suum corpus sepeliri mandavit. (*Martyrol.*, 24 jan.)

[2] Prudentissimus adolescens ad montium deserta fugiens tandem reperit saxeum montem. Ad cujus radicem haud procul erat grandis spelunca quæ lapide claudebatur : quo remoto, avidius explorans, animadvertit intus grande vestibulum, quod, aperto desuper cœlo, patuli diffusa ramis vetus palma contexerat, fontem lucidissimum ostendens : cujus rivum tantummodo foras erumpentem statim modico foramine eadem quæ genuerat aquas terra sorbebat. (Hieron., *in Vita Pauli Eremitæ*, pag. 338. Basilœæ.)

[3] In qua tamen non ignorabat (Novatus) presbyteros esse quadraginta sex, diaconos septem, subdiaconos septem, acoluthos quadraginta duos, exorcistas et lectores una cum ostiariis quinquaginta duos, viduas et alios morbo atque egestate afflictos mille et quingentos. (Euseb., *Hist.*, lib. vi, cap. xxxv, pag. 178.)

remplace par son propre fils. La persécution continue. Deux papes, Corneille et Lucius Ier, y succombèrent.

Émilien bat les Goths en Mœsie, et prend la pourpre. Gallus marche contre lui[1]. Les troupes de Gallus se révoltent, le tuent lui et son fils, et passent sous les aigles d'Émilien. Valérien amenait au secours de Gallus les légions de la Gaule. Celles-ci, en apprenant la mort de l'empereur, proclament Valérien : Émilien est assommé à son tour par ses soldats[2]. Valérien partage la puissance avec son fils Gallien. Un tyran s'était élevé sous le règne de Dèce, un autre sous celui de Gallus.

Éprouvé dans les emplois militaires et civils, député des deux premiers Gordiens au sénat, Valérien[3] se trouva mêlé à toutes les affaires de son temps. La censure lui fut déférée d'une commune voix, lorsque les deux Décius rétablirent cette magistrature, réunie à la dignité impériale. « La vie de Valérien, disait-on, censure perpétuelle, retraçait les mœurs de la vénérable antiquité. » Pourtant Valérien n'était qu'un génie raccourci qui n'avait pas la taille de sa fortune.

Gallien, que son père avait fait auguste, alla commander dans les Gaules. Le père et le fils couraient de tous côtés pour s'opposer aux Barbares : ils étaient aidés d'habiles capitaines, Posthume, Claude, Aurélien, Probus, qui se formaient à l'école des armes par des crimes et par la nécessité. Les Germains, peut-être de la ligue des Franks, envahirent la Gaule jusqu'aux Pyrénées, traversèrent ces montagnes, ravagèrent une partie de l'Espagne, et se montrèrent sur les rivages de la Mauritanie, étonnés de cette nouvelle race d'hommes[4]. Ils furent combattus et repoussés par Posthume sous les ordres de Gallien. Les Allamans, autres Germains, au nombre de trois cent mille, s'avancèrent en Italie jusque dans le voisinage de Rome. Gallien les força à la retraite. Les Goths, les Sarmates et les Quades trouvèrent Valérien en Illyrie, qui les contint, assisté de Claude, d'Aurélien et de Probus.

La Scythie vomissait ses peuples sur l'Asie Mineure et sur la Grèce. Il est probable que ces Scythes Borans, qui se débordèrent alors, n'étaient autres qu'une colonne de Goths, vainqueurs du petit royaume du Bosphore. Ils s'embarquent sur le Pont-Euxin, dans des espèces de cabanes flottantes, se confiant à une mer orageuse et à des marins timides. Repoussés en Colchide, ils reviennent à la charge, attaquent le temple de Diane et la ville d'Oéta, qu'immortalisèrent la Fable et le génie des poëtes; emportent Pythionte, surprennent Trébizonde,

---

[1] Gallius, Émilien, emp. Corneille, Lucius Ier, papes. An de J.-C. 251-253.
[2] Zonar., lib. xii; Eutrop., lib. ix, cap. vi.
[3] Valérien, Gallien, emp. Étienne, Sixte II, Denis, papes. An de J.-C. 253-260.
[4] Eutrop., lib. ix, cap. vi; Aurelius Victor.

ravagent la province du Pont, et, enchaînant les Romains captifs aux rames de leurs vaisseaux, retournent triomphants au désert [1].

D'autres Goths ou d'autres Scythes, qu'encourage cet exemple, font construire une flotte par leurs prisonniers, partent des bouches du Tanaïs, et voguent le long du rivage occidental du Pont-Euxin : une armée de terre marchait de concert avec la flotte. Ils franchissent le Bosphore, abordent en Asie, pillent Chalcédoine, entrent dans Nicomédie, où les appelait le tyran Chrysogonas ; saccagent les villes de Lius et de Pouse, et se retirent à la lueur des flammes dont ils embrasent Nicée et Nicomédie [2].

Pendant ces malheurs, Valérien était allé à Antioche ; il s'occupait d'une autre guerre à lui fatale. Sapor, invité par Cyriade aspirant à l'empire, était entré en Mésopotamie : Nisibe, Carrhes et Antioche devinrent sa proie. Valérien arrive, rétablit Antioche, veut secourir Édesse, que pressaient les Perses, perd une bataille, et demande la paix. Sapor lui propose une entrevue ; il l'accepte, et demeure prisonnier d'un ennemi sans foi. La simplicité n'est admirable qu'autant qu'elle est unie à la grandeur, autrement c'est l'allure d'un esprit borné. Valérien était un homme sincère, de même qu'il était un homme nul ; ses vertus avaient le caractère de sa médiocrité.

En sa personne furent expiés la honte et le malheur de tant de rois humiliés au Capitole. Enchaîné et revêtu de pourpre, il prêtait sa tête, son cou ou son dos en guise de marchepied à Sapor, lorsque celui-ci montait à cheval [3]. Sapor croyait à tort fouler la puissance : l'empire persan ne s'était pas élevé ; c'était l'empire romain qui s'était abaissé.

Valérien mort, sa peau empaillée, tannée et teinte en rouge, resta suspendue pendant plusieurs siècles aux voûtes du principal temple de Perse [4]. Qu'est-ce que la vue de ce trophée fit au monde ? Rien. Gallien [5]

---

[1] Zosim., lib. I ; Greg. Thaum., *Epist. ap. Masc.*

[2] Zosim., lib. I.

[3] Rex persarum Sapores qui eum ceperat, si quando libuerit aut vehiculum ascendere aut equum, inclinare sibi Romanum jubebat ac terga præbere, imposito pede super dorsum ejus. (Lact., de *Mortib. persecut.*, cap. v, pag. 60.)

Valerianus scilicet in captivitatem ductus a Sapore, non gladio sed ludibrio, omnibus vitæ suæ diebus merita pro factis percepit, ita ut quotiescumque rex Sapores equum conscendere vellet non manibus, sed incurvato dorso et in cervice ejus pede posito, equo membra levaret. (Eutrop., in *Vita Pontii manuscripta* ; apud Lact., pag. 60.)

[4] Tandem a Sapore rege Persarum jussus excoriari, saleque conditus, in sempiternum tui infortunii tropæum ante omnium oculos statuisti. (Euseb., *Orat. Const.*, pag. 442.)

Direpta est ei cutis, et eruta visceribus pellis, infecta rubro colore ut in templo barbarum deorum ad memoriam triumphi clarissimi poneretur. (Lact., de *Mortib. persecut.*, cap. v, pag. 59.)

Agathias fait entendre que Valérien fut écorché vif. Constantin, écrivant à Sapor II en faveur des chrétiens, lui parle de l'horrible trophée que l'on voit encore, dit-il, dans son pays. (Euseb., *Vit. Const.*)

[5] Gallien, emp. Denis, pape. An de J.-C. 260-268.

lui-même, regardant le malheur comme une abdication, se contenta de dire : « Je savais que mon père était mortel [1]. » Il prit l'autre moitié de la pourpre que Valérien avait laissée, comme on dérobe le linceul d'un mort.

Il existe de très-belles médailles de Valérien, représentant une femme couronnant l'empereur, avec ces mots : *Restitutori Orientis*. La fortune démentit l'effronterie de cette adulation. Gallien ne songea ni à racheter ni à venger son père ; il en fit un dieu [2] : cela coûtait moins.

L'Empire présente à cette époque un spectacle affreux, mais singulier ; c'était comme une scène anticipée du moyen âge. Jamais, depuis les beaux jours de la république, on n'avait vu à la fois tant d'hommes remarquables : ces hommes, nés des événements qui forcent les talents à reprendre leur souveraineté naturelle, ne possédaient pas les vertus des Caton et des Brutus ; mais, fils d'un autre siècle, ils étaient habiles et aventureux. Rentrés malgré eux sous la tente, ces Romains de l'Empire avaient repris quelque chose de viril par la fréquentation des mâles générations des Barbares.

Trente, ou plus sûrement dix-neuf tyrans, parurent pendant les règnes de Valérien et de Gallien : en Orient, Cyriades, Macrien, Baliste, Odénat et Zénobie ; en Occident, Posthume, Lokien, Victorin et sa mère Victoria, Marius et Tétricus ; en Illyrie, et sur les confins du Danube, Ingennus, Régilien et Auréole ; dans le Pont, Saturnin ; en Isaurie, Trébellien ; en Thessalie, Pison ; en Grèce, Valens ; en Égypte, Émilien ; en Afrique, Celsus. La plupart de ces prétendants, qui défendirent l'Empire contre les ennemis du dehors, et qui se le voulurent approprier, auraient été des princes capables.

Macrien, vieillard rusé, politique et hardi, était estropié [3] : il faisait porter les ornements impériaux par ses deux fils, jeunes et vigoureux, au lieu de les traîner lui-même [4].

Odénat, qui repoussa Sapor et vengea Valérien, est encore plus connu par sa femme *Zénobie* et par le rhéteur Longin [5].

Baliste, Ingennus, étaient d'illustres capitaines.

On donnait à Calpurnius Pison le nom d'*homme*.

Régilien fut si renommé que le sénat lui décerna les honneurs du triomphe, malgré sa révolte contre Gallien [6].

---

[1] Ubi de Valeriano patre comperit quod captus esset, id quod philosophorum optimus de filio amisso dixisse fertur : *Sciebam me genuisse mortalem* ; dixit ille : *Sciebam patrem meum esse mortalem*. (GALL., *in Hist. aug.*)

[2] Patrem inultum reliquit. (*Hist. aug.*, pag. 466.) Nec inter deos quidem, nisi coactus, retulit quum mortuum audiisset. (*Ibid.*, pag. 468.)

[3] *Hist. aug.*, pag. 146, *Triginta Tyran.*

[4] ZONAR., pag. 296. — [5] *Hist. aug.*, pag. 215. — [6] *Ibid.*, pag. 194.

Posthume, qui étendit sa domination sur les Gaules, l'Espagne et peut-être la Grande-Bretagne, eut du génie.

Son successeur Victorin possédait de grands talents, mais avec la faiblesse qui souvent les accompagne, l'amour des femmes [1].

Victoria, mère de Victorin, qui se donnait le titre d'auguste et de mère des armées, fut la Zénobie des Gaules; celle-ci disait d'elle : « J'aurais voulu partager l'empire avec Victoria, qui me ressemble. » Il n'y eut pas jusqu'à l'armurier Marius, élevé au rang d'auguste par Victoria, qui ne se trouvât être un partisan de caractère. « Amis, dit-il à ses compagnons d'armes devenus ses sujets, on me reprochera mon premier état; plaise aux dieux que je ne sois jamais amolli par le vin, les fleurs et les femmes! Qu'on me reproche mon état d'armurier, pourvu que les nations étrangères apprennent par leurs défaites que j'ai appris à manier le fer! Je dis ceci, parce que la seule chose que pourra me reprocher Gallien, cette peste impudique, c'est que j'ai fabriqué des armes [2]. »

Marius fut tué par un soldat, jadis ouvrier dans sa boutique, qui lui passa son épée au travers du corps, en lui disant : « C'est toi qui l'as forgée [3]. »

Après la mort de Marius, Victoria ne s'effraya point : cette Gauloise fit encore un empereur, Tétricus, gouverneur de l'Aquitaine, qui prit la pourpre à Bordeaux.

De ces divers tyrans un seul était sénateur, et Pison seul était noble. Il descendait de Numa par ses pères; ses alliances lui donnaient le droit de décorer ses foyers des images de Crassus et de Pompée. Les Calpurniens avaient échappé aux proscriptions : on les retrouve consuls depuis Auguste jusqu'à Alexandre Sévère. Rome se couvrait de plantes nouvelles : quand ses vieilles souches poussaient quelques rejetons, ils se flétrissaient vite, et ne se renouvelaient plus.

D'autres hommes de mérite, tels qu'Aurélien, Claude et Probus, servaient Gallien en attendant la souveraine puissance. Lui-même offrait un caractère sinon estimable, du moins peu commun.

---

[1] *Hist. aug.*, pag. 137. Cupiditas voluptatis mulierariæ sic perdidit.

[2] Scio, commilitones, posse mihi objici artem pristinam, cujus mihi omnes testes estis. Sed dicat quisque quod vult : utinam semper ferrum exerceam! non vino, non floribus, non mulierculis, non popinis, ut facit Gallienus, indignus patre suo et sui generis nobilitate, depeream. Ars mihi objiciatur ferraria, dum me et exteræ gentes attrectasse suis cladibus recognoscant in Italia. Denique ut omnis Allemannia, omnisque Germania cum ceteris quæ adjacent gentibus, Romanum populum ferratam putent gentem, ut specialiter in nobis ferrum timeant. Vos tamen cogitetis velim, fecisse vos principem qui nunquam quidquam sciverit tractare nisi ferrum. Quod idcirco dico, quia scio mihi a luxuriosissima illa peste nihil opponi posse nisi hoc, quod gladiorum armorumque artifex fuerim. *Hist. aug.*, *Trig. Tyran.*, pag. 500.)

[3] *Hic est gladius quem ipse fecisti.* (*Hist. aug.*, *Trig. Tyran.*, pag. 500.)

Orateur et poëte [1], Gallien était indifférent à tout, même à l'empire. Lui apprenait-on que l'Égypte s'était révoltée : « Eh bien ! disait-il, nous nous passerons de lin [2]. » La Gaule et l'Asie sont perdues : « Nous renoncerons à l'aphronitre ; nous ne porterons plus de sagum d'Arras [3]. » Mais ne touchez pas aux plaisirs de Gallien ! Si le bruit d'une rébellion ou d'une invasion trop voisine menace sa paix, il court aux armes, déploie de la valeur, écarte le danger, et se replonge avec activité dans sa paresse. Féroce pour conserver son repos, il écrivait à l'un de ses officiers, après la révolte d'Ingennus, en Illyrie : « N'épargnez pas les mâles, quel que soit leur âge, enfants ou vieillards. Tuez quiconque s'est permis une parole, une pensée contre moi [4]. » Il condamnait à mort quatre ou cinq mille soldats rebelles, tout en bâtissant de petites chambres avec des feuilles de roses, et des modèles de forteresses avec des fruits [5]. Un marchand avait vendu des perles de verre à l'impératrice pour de vraies perles : Gallien le condamne à être jeté aux bêtes, et fait lâcher sur lui un chapon [6].

A chaque nouvelle désastreuse, Gallien riait, demandait quels seraient les festins, les jeux du lendemain et de la journée [7]. Le monde périssait, et il composait des vers pour le mariage de ses neveux : « Allez, aimables enfants, soupirez comme la colombe ; « embrassez-vous comme le lierre, soyez unis comme la perle à la

---

[1] Fuit enim (quod negari non potest) oratione, poemate atque omnibus artibus clarus. (*Hist. aug.*, pag. 469.)

[2] Quum nunciatum est ei Ægyptum dissecuisse, dixisse fertur : *Quid sine lino ægyptio esse non possumus ?*

[3] Quum autem vastatam Asiam... *Quid*, inquit, *sine aphronitris esse non possumus ?*... Perdita Gallia... arrisisse et dixisse perhibetur : *Non sine Atrebatis sagis* tuta respublica est ? (*Hist. aug.*, pag. 464.)

[4] « Gallienus Variano.

« Non mihi satisfacies, si tantum armatos occideris, quos et fors belli interimere potuisset. Perimendus est omnis sexus virilis, si et senes atque impuberes, sine reprehensione nostra occidi possent. Occidendus est quicumque male voluit ; occidendus est quicumque male dixit contra me, contra Valeriani filium, contra tot principum patrem et fratrem. Ingennus factus est imperator : Lacera, occide, concide : animum meum intelligere potes, mea mente irascere, quia hoc manu mea scripsi. » (TREBELL. POLL., *Trig. Tyran.*, *de Ingenno* ; *Hist. aug.*, pag. 500.)

[5] Terna millia et quaterna militum, singulis diebus occidit (pag. 476) ; cubicula de rosis fecit, de prunis castella composuit, uvas triennio servavit, hieme summa melones exhibuit ; mustum quemadmodum toto anno haberetur docuit, etc., etc. (*Hist. aug.*, pag. 475.)

[6] Idem, quum quidam gemmas vitreas pro veris vendisset ejus uxori, atque illa, re prodita vindicari vellet, surripi quasi ad leonem venditorem jussit, deinde et cavea caponem emitti ; mirantibusque cunctis rem tam ridiculam, per curionem dici jussit : *Imposturam fecit et passus est.* (*Hist. aug.*, pag. 471.)

[7] Sic de partibus mundi cum eas amitteret jocabatur (pag. 464), nec ad talia movebatur... Sed ab iis qui circa eum erant requirebat : *Ecquid habemus in prandio ? ecquæ voluptates paratæ sunt ? et qualis cras erit scena ? quales circenses ?* (*Hist. aug.*, pag. 487.)

« nacre [1]. » Il philosophait aussi ; il accordait à Plotin une ville ruinée de la Campanie pour établir une république selon les lois de Platon [2]. Au milieu de la société croulante, couché à des banquets parmi des femmes [3], cet Horace impérial ne voulait de la vie que le plaisir : tout fut troublé sous son règne [4], excepté sa personne ; il ne maintenait le calme autour de lui et pour lui, qu'à la longueur de son épée.

Représentez-vous un État en proie aux diverses usurpations, les tyrans se battant entre eux, se défendant contre les troupes du prince légitime, repoussant les Barbares ou les appelant à leur secours : Ingenuus avait un corps de Roxolans à sa solde ; Posthume, un corps de Franks. On ne savait plus où était l'empire : Romains et Barbares, tout était divisé, les aigles romaines contre les aigles romaines, les enseignes des Goths opposées aux enseignes des Goths. Chaque province reconnaissait le tyran le plus voisin ; dans l'impossibilité d'être protégé par le droit, on se soumettait au fait. Un lambeau de pourpre faisait le matin un empereur, le soir une victime, l'ornement d'un trône ou d'un cercueil. Saturnin, obligé d'accepter la souveraine puissance, s'écria : « Soldats, vous changez un général heureux pour faire un empereur misérable [5]. »

Et, à travers tout cela, des jeux publics, des martyres, des sectes parmi les chrétiens, des écoles chez les philosophes, où l'on s'occupait des systèmes métaphysiques au milieu des cris des Barbares.

La peste, continuant ses ravages, emportait dans la seule Rome cinq mille personnes par jour : disette, famine, tremblements de terre, météores, ténèbres surnaturelles, révolte des esclaves en Cilicie, rébellion des Isauriens, qui renouvelèrent la guerre des anciens pirates ; tumulte effroyable à Alexandrie : chaque édifice, dans cette immense

---

[1] Jocari se dicebat quum orbem terrarum undique perdidisset (pag. 475). Hujus est illud epithalamium... quum ille manus sponsorum teneret, sæpius ita dixisse fertur :

Ite, ait, o pueri, pariter sudate medullis
Omnibus inter vos : non murmura vestra columbæ
Brachia non hederæ, non vincant oscula conchæ.
(*Hist. aug.*, pag. 470.)

[2] Gallienus et uxor ejus Plotinum honorabant ; hic igitur eorum benevolentia fretus oravit ut dirutam quamdam olim in Campania civitatem philosophis aptam instauraret, regionemque circumfusam cultæ civitati donaret concederetque, civitatem habitaturis Platonis legibus gubernari atque ipsam civitatem *Platonopolim* appellari... Quod facile impetrasset nisi quidam imperatoris familiares invidia vel indignatione acriter obstitissent. (PLOTINI vita ejus operibus præfixa auctore.)

[3] Concubinæ in ejus tricliniis sæpe accubuerunt. (PORPHYR., *Hist. aug.*, pag. 476.)

[4] Orbem terrarum triginta prope tyrannis vastari fecit, ita ut etiam mulieres melius eo imperarent. (*Hist. aug.*, pag. 475.)

[5] Commilitones, bonum ducem perdidistis et malum principem fecistis. (*Hist. aug.* ; *Trig. Tyran.*, pag. 522.)

cité, devint une forteresse; chaque rue, un champ de bataille : une partie de la population périt, et le Brachion resta vide. Et, parmi ces calamités, il faut encore trouver place pour la suite de la grande invasion des Goths.

Sapor, rentrant dans l'Asie romaine, reprit Antioche, s'empara de Tarse en Cilicie et de Césarée en Cappadoce. Des Goths se jetèrent sur l'Italie; d'autres Goths ou d'autres Scythes sortirent une troisième fois du Pont-Euxin, assiégèrent Thessalonique, ravagèrent la Grèce [1], pillèrent Corinthe, Sparte, Argos, villes depuis longtemps oubliées, qui apparaissent dans ce siècle comme le fantôme d'un autre temps et d'une autre gloire. En vain Athènes avait rétabli ses murailles renversées par Lysandre et Sylla : un Goth voulut brûler les bibliothèques, un autre s'y opposa : « Laissons, dit-il, à nos ennemis ces livres, qui leur ôtent l'amour des armes [2]. » La patrie de Thémistocle fut cependant délivrée par Dexippe, l'historien, surnommé le second Thucydide [3]; et le dernier des Grecs dans ces âges moyens et dégénérés. Athènes revoyait les Barbares : du temps des Perses, ses grands hommes la sauvèrent; ses chefs-d'œuvre n'ont point permis aux Goths de faire périr sa mémoire.

Enfin, les Goths allèrent brûler le temple d'Éphèse, sept fois sorti de ses ruines et toujours plus beau [4] : il ne se releva plus. Un conseil éternel amenait des désastres irréparables ; il s'agissait, non de la conservation des monuments, mais de la fondation d'une nouvelle société. Partout où le polythéisme avait mis des dieux, un destructeur se présenta : chaque temple païen vit un homme armé à ses portes; la Providence n'arrêta la torche et le levier que quand la race humaine fut changée.

Toutefois l'heure finale n'étant pas sonnée, il y eut repos. Odénat vainquit Sapor et soulagea l'Asie ; Posthume contint les nations germaniques; les autres ennemis furent repoussés tantôt par les tyrans, tantôt par les généraux des empereurs. Les tyrans eux-mêmes s'entre-détruisirent; et lorsque Claude parvint au pouvoir, il ne trouva plus à combattre que Tétricus dans les Gaules et Zénobie en Orient. Elle s'était déclarée indépendante après qu'Odénat eût été massacré dans un festin.

---

[1] Les auteurs varient sur l'époque de cette invasion; les uns la placent sous Valérien, d'autres sous Galien, d'autres encore sous Claude, et même jusque sous Aurélien.

[2] Zonar., lib. xii.

[3] Il avait écrit l'*Histoire des temps* depuis Alexandre Sévère jusqu'à Claude, l'*Histoire des guerres des Scythes*, et quatre livres de l'*Histoire des successeurs d'Alexandre*. Il nous reste deux fragments des *Guerres de Scythie* dans les *Extraits des Ambassades*. (Phot., *Biblioth.*, cap. lxxxii; Voss., *de Hist. græc.*, pag. 243.)

[4] *Hist. aug.*, pag. 178; Jornand., cap. xx.

Auréole ayant pris la pourpre en Italie, le bruit de cette usurpation pénétra jusqu'au fond du palais de Gallien, qui s'en importuna ; il quitte ses délices et assiége Auréole dans Milan : une flèche, lancée en trahison, le tue, lorsqu'à peine armé il courait à cheval, l'épée à la main, pour repousser une sortie.

Marcien, qui venait de battre les Goths en Illyrie était le principal chef de cette conspiration.

Une innovation de Gallien resta : il interdit aux sénateurs le service militaire, soit que l'usurpation de Pison l'eût plus alarmé que les autres, soit que le sénat, en repoussant un parti de Barbares qui s'était avancé jusqu'à la vue de Rome, eût agi avec trop de vigueur. Alors s'établit la distinction d'homme de robe et d'homme d'épée. Les sénateurs formèrent un corps de magistrature, dont les membres, ignorés du soldat, perdirent toute influence sur l'armée. Ils murmurèrent d'abord, mais ensuite leur lâcheté regarda comme un honneur le droit qu'elle obtint de se cacher. L'édit de Gallien acheva de rendre militaire la constitution de l'Empire, et prépara les grands changements de Dioclétien.

Claude II [1], désigné à la pourpre par Gallien, le remplaça. Les grandeurs avaient cessé d'imposer ; tout était jugé, apprécié, connu ; on tuait les princes comme d'autres hommes, et cependant chacun voulait être souverain : jamais on ne fut aussi rampant, aussi prosterné aux pieds du pouvoir qu'au moment où l'on n'y croyait plus. Le sénat confirma l'élection de Claude, et se porta aux dernières violences contre les amis et les parents de Gallien.

Il ne faut pas croire que ces décisions du sénat fussent le résultat de décisions graves, mûrement examinées ; ce n'étaient que les acclamations d'un troupeau d'esclaves qui se hâtaient de reconnaître leur servitude, comme si, entre deux règnes, ils eussent craint d'avoir un moment de liberté. Assemblés en tumulte au temple d'Apollon (ils ne se purent réunir assez longtemps au Capitole, à cause d'une fête de Cybèle), les sénateurs s'écrièrent [2] : « Auguste Claude, que les dieux « vous conservent pour nous ! » Cette acclamation fut répétée soixante fois. « Claude Auguste, c'est vous ou votre pareil que nous avions « toujours souhaité (quarante fois). Claude Auguste, la république

---

[1] CLAUDE II, emp. FÉLIX, pape. An de J.-C. 268-270.

[2] Hæc in Claudium dicta sunt : Auguste Claudi, dii te nobis præstent (dictum sexagies) : Claudi Auguste, principem aut qualis tu es semper optavimus (dictum quadragies) : Claudi Auguste, te respublica requirebat (dictum quadragies) : Claudi Auguste, tu frater, tu pater, tu amicus, tu bonus senator, tu vere princeps (dictum octuagies) : Claudi Auguste, tu nos ab Aureolo vindica (dictum quinquies) : Claudi Auguste, tu nos a Zenobia et a Victoria libera (dictum septies) : Claudi Auguste, Tetricus nihil fecit (dictum septies). (*Hist. aug.*, in *Vit. div. Claud.*, pag. 541.)

« vous désirait (quarante fois.) Claude Auguste, vous êtes un pere ; « un frère, un ami, un excellent sénateur, un empereur véritable « (quatre-vingt fois). Claude Auguste, délivrez-nous d'Auréole (cinq « fois). Claude Auguste, délivrez-nous de Zénobie et de Victoria! » (sept fois.)

Et c'étaient là les héritiers d'un sénat de rois! Claude[1] extermina en Macédoine une armée de Goths, et coula à fond leur flotte, composée de deux mille barques. Parmi les prisonniers, il se trouva des rois et des reines. Les vaincus furent incorporés dans les légions, ou condamnés à cultiver la terre[2].

Claude, surnommé *le Gothique*, ayant triomphé, mourut. Son frère Quintillius[3] prit la pourpre en Italie, et se tua au bout de dix-sept jours.

Aurélien[4], autre soldat de fortune, reçut l'empire à la recommandation de Claude. Sa mère était prêtresse du Soleil dans un village de l'Illyrie, où son père était colon d'un sénateur romain. Passionné pour les armes, et toujours à cheval; vif, ardent, cherchant querelle et aventure, ses camarades lui avaient donné le nom d'*Aurélien l'épée à la main*, pour le distinguer d'un autre Aurélien[5]. C'est le premier Romain, comme je vous l'ai dit, qui eut affaire aux Franks.

Aurélien, devenu chef souverain, rencontra deux ennemis redoutables, deux femmes : Victoria la Gauloise, Zénobie la Palmyrienne. Victoria mourut lorsque Aurélien passa dans les Gaules; il ne trouva plus que son ouvrage, le tyran Tétricus, qui trahit ses soldats et se rendit à Aurélien.

Zénobie s'était emparée de l'Égypte : Aurélien marcha contre elle, la battit à Émèse, l'assiégea dans Palmyre, et la fit prisonnière lors-

---

[1] Delevimus trecenta viginti millia Gothorum, duo millia navium mersimus : tecta sunt flumina scutis : spathis et lanceolis omnia littora operiuntur. Campi ossibus latent tecti, nullum iter purum est; ingens carrago deserta est. Tantum mulierum cepimus, ut binas et ternas mulieres victor sibi miles possit adjungere. (*Hist. aug.*, *in Vit. div. Claud.*, pag. 545.)

[2] Plerique capti reges; captæ diversarum gentium nobiles feminæ impletæ barbaris servis senibusque cultoribus romanæ provinciæ; factus miles barbarus et colonus ex Gotho. Nec ulla fuit regio quæ Gothum servum triumphali quodam servitio non haberet. (*Ibid.*)

Quotquot autem incolumes evasere vel in ordines romanos recepti sunt, vel terram colendam nancti totos agriculturæ se dediderunt. (Zosim., *Hist.*, lib. I, pag. 43. Basileæ.)

[3] Quintillius inde Claudii frater dictus est imperator; qui ubi per paucos menses vixisset... necessarii ejus auctores fuerunt ut mortem sibi consciceret, ac multo meliori vero sponte sua de imperio cederet. Quod fecisse perhibetur, a medico quodam vena secta continuatoque fluxu sanguinis donec exaruisset. (Zosim., *Ibid.*)

Quintillius frater ejusdem delatum sibi omnium judicio suscepit imperium... et septima decima die, quod se gravem et scrium erga milites ostenderat... eo genere quo Galba, quo Pertinax interemptus est. (*Hist. aug.*, pag. 211.)

[4] AURÉLIEN, emp. FÉLIX, EUTICHIEN, papes. An de J.-C. 270-275.

[5] *Manus ad ferrum.* (*Hist. Aug.*, pag. 211.)

qu'elle fuyait. Palmyre fut livrée au pillage, et le philosophe Longin condamné à mort, pour le courage de ses conseils. Tous les tyrans détruits, l'Égypte soumise, la Gaule pacifiée, l'empereur voulut triompher à Rome. Avant de marcher en Orient, il avait délivré l'Italie d'une espèce de ligue des Allamans, des Marcomans, des Juthongues et des Vandales.

Ce fut à l'occasion de ces courses de Barbares qu'Aurélien fit relever, ou plutôt bâtir les murailles de Rome. Jadis les sept collines, dans une circonférence de treize milles, avaient été fortifiées ; mais Rome, se répandant au dehors avec sa puissance, ajouta, par d'immenses et magnifiques faubourgs, plusieurs villes à l'antique cité [1]. Zosime écrit [2] que, du temps d'Aurélien, l'ancienne clôture était tombée : celle de cet empereur ne fut achevée que sous Probus [3], et il paraît qu'on y travaillait encore sous Dioclétien [4]. On voit aujourd'hui, mêlés aux constructions subséquentes, quelques restes des constructions d'Aurélien. Les murailles de Rome ont elles seules donné lieu à une curieuse histoire [5], où les infortunes de la ville éternelle sont comme tracées par son enceinte ; Rome s'est, pour ainsi dire, remparée de ses calamités. Un siècle et demi devait encore s'écouler avant qu'elle subît le joug des Barbares, et déjà Aurélien élevait les inutiles bastions qu'ils devaient franchir.

Aurélien, dans son triomphe, outre une multitude de prisonniers goths, alains, allamans, vandales, roxolans, sarmates, suèves, franks, traînait après lui Tétricus, sénateur romain, revêtu de la pourpre impériale, et Zénobie, reine de Palmyre. Elle était si chargée de perles, qu'elle pouvait à peine marcher ; les grands de sa cour, captifs comme elle, la soulageaient du poids de ses chaînes d'or. Aurélien était monté sur un char traîné par quatre cerfs, autre espèce de dépouilles et de richesses d'un roi goth. Ce char allait attendre Alaric au Capitole [6].

Aurélien donna à Tétricus le gouvernement de la Lucanie en échange de l'empire. Tétricus n'avait pas le génie de Victoria : il se contenta d'être heureux.

Quant à Zénobie, vous savez qu'elle était peut-être Juive de naissance : Longin fut son maître de lettres grecques et de philosophie : elle avait composé à son usage une histoire abrégée de l'Orient. Elle

---

[1] Exspatiantia tecta multos addere urbes.
[2] Zosim., lib. I, pag. 665.
[3] Id., ibid.
[4] Boll., 20 jan., pag. 278, in Act. S. Sebast., an 287.
[5] Nibbi.
[6] Aur. Vopisc., in Hist. aug., pag. 220 ; Trig. Tyran., cap. xxiii, xxix.

inclinait aux sentiments des Hébreux touchant la nature de Jésus-Christ. On l'accuse d'avoir fait mourir le fils qu'Odénat avait eu d'une autre femme, et peut-être Odénat lui-même. Elle eut trois filles et trois fils, dont l'un, Vaballath, devint roi d'un canton inconnu en Asie [1]. Ses trois filles, captives avec elle, se marièrent; et saint Zénobe, évêque de Florence du temps de saint Ambroise, descendait de la reine de Palmyre. Le courage de Zénobie se démentit avec la fortune; elle demanda la vie en pleurant. La belle élève du magnanime Longin ne fut plus à Rome que la délatrice de quelques sénateurs entrés dans une conjuration vraie ou supposée contre Aurélien. Elle habitait une maison de campagne à Tibur, non loin des jardins d'Adrien et de la retraite d'Horace, laissant, avec un nom célèbre, des ruines qu'on va voir au désert.

Aurélien était naturellement sévère; la prospérité la rendit cruel. Il ne voulait pas que le soldat prît une seule poule au laboureur; il disait que les guerriers doivent faire couler le sang des ennemis et non les pleurs des citoyens [2] : beau sentiment et noble maxime! Il eut à soutenir une singulière guerre au sein même de Rome, la guerre des monnayeurs, qui lui tuèrent sept mille soldats dans un combat sur le mont Cœlius [3]. Les châtiments que l'empereur faisait infliger étaient affreux. Il méditait une persécution générale contre les chrétiens [4]; et lorsqu'il se rendit en Orient, dans le dessein de porter la guerre chez les Perses, il fut tué par les officiers de son armée, entre Héraclée et Byzance [5].

Le monde demeura sept mois sans maître : le sénat et l'armée se renvoyèrent le choix d'un empereur. L'un refusait d'user de son droit, l'autre de sa force [6]. Les deux derniers souverains avaient tellement affermi l'État, que rien ne bougea ; mais Rome ne reprit pas sa liberté : qu'en eût-elle fait?

Claudius Tacite [7], sénateur, âgé de soixante-quinze ans, fut enfin proclamé par le sénat. Telle est la souveraineté naturelle du génie : il n'y a point d'homme qui ne préférât aujourd'hui avoir été Tacite l'historien que Tacite l'empereur. Celui-ci sembla craindre la marque dont son aïeul avait flétri les tyrans; il vécut sur la pourpre comme en présence et dans la frayeur du peintre de Tibère [8].

[1] Le canton des Ucrimes.
[2] *Hist. Aug.*, pag. 222.
[3] Suid., pag. 494.
[4] Eus., *Chron.*
[5] *Hist. aug.*, pag. 218.
[6] Vopisc., *Hist. aug.*, pag. 222.
[7] Tacite, emp. Eutichien, pape. An de J.-C. 275, 276.
[8] Dix copies des *Annales* et des *Histoires* devaient êtres placées annuellement, par ordre de Claudius Tacite, dans les bibliothèques publiques : si cet ordre avait été exécuté, il est probable que

L'empereur rendit au sénat quelques-unes de ses prérogatives; et le sénat, dans sa décrépitude corrompue, crut voir renaître la chaste enfance de la république [1]. Tacite, allant se mettre à la tête de l'armée, en Thrace, pour repousser une attaque des Alains, à qui les Romains avaient manqué de foi, mourut de fatigue ou fut tué à Tarse, ou à Tyane, ou dans le Pont, selon les versions différentes des historiens [2]. Peu de temps avant sa mort, la tombe de son père s'était ouverte, et il avait vu l'ombre de sa mère. Le tombeau de nos pères s'ouvre toujours pour nous; mais il y a ici quelques souvenirs confus du sépulcre d'Agrippine : le génie de l'historien dominait l'imagination de l'empereur.

Florien, frère de Tacite, se fit déclarer auguste en Asie, Probus en Orient [3]. Une guerre civile de deux ou trois mois termina la lutte en faveur du dernier. La défaite des Franks, des Bourguignons, des Vandales, des Logions ou Lyges, qui s'étaient emparés des Gaules, signala le commencement du règne de Probus. Il tua quatre cent mille Barbares, délivra et rétablit soixante-dix villes, transporta dans la Grande-Bretagne des colonies de prisonniers, soumit une partie de l'Allemagne, obligea les peuples vaincus à se retirer au delà du Necker et de l'Elbe, de payer aux Romains un tribut annuel en blé, vaches, brebis, et de prendre les armes pour la défense de l'Empire contre des nations plus éloignées [4] : enfin il bâtit un mur de deux cents milles de longueur, depuis le Rhin jusqu'au Danube [5]. Probus conçut le plan régulier de défendre l'Empire contre les Barbares avec des Barbares. Quand la république réunissait des peuples à ses domaines, elle leur apportait la vertu en échange de la force qu'elle recevait d'eux. Que pouvaient les Romains du siècle de Probus pour les Barbares?

Une poignée de Franks auxiliaires, que Probus avait relégués sur le rivage du Pont-Euxin, s'ennuyèrent; ils s'emparèrent de quelques barques, franchirent le Bosphore, désolèrent les côtes de la Grèce, de l'Asie et de l'Afrique, prirent et pillèrent Syracuse, entrèrent dans l'Océan, et, après avoir côtoyé les Espagnes et les Gaules, vinrent

---

nous posséderions entiers les chefs-d'œuvre que la main du temps a mutilés. Claudius Tacite était de la famille de Cornélius Tacite; mais il n'est pas certain qu'il descendît en ligne directe de l'historien. (*Hist. aug.*, *Vit. Tac.*)

[1] *Ibid.*, *ibid.*

[2] Victor j(un).; Aurel. Victor; Euseb., *Chron.*

[3] Probus, emp. Eutichien, pape. An de J.-C. 276-282.

[4] *Prob. Vit.*, *Hist. aug.*, pag. 238 et seq.; Zos., lib. 1; Bucharii, *Hist. Belg.*, lib. III, pag. 1; Hier., *Chron.*

[5] Limes inter Rhenum atque Danubium ab Hadriano imperatore ligneo muro munitus, a Germanis sub Aurelio eversus, a Probo restauratus, et muro lapideo fuit firmatus. (Danielis Schopflini *Alsat. Illust.*, tom. 1, pag. 223.)

débarquer dans leur patrie, aux embouchures du Rhin [1], laissant le monde étonné d'une audace qui annonçait un grand peuple.

Probus passa en Égypte, défit, dans la Thébaïde, les Blemmyes, sauvages d'Éthiopie, dont on ne sait presque rien; de là il marcha contre les Perses. Assis à terre, sur l'herbe, au haut d'une montagne d'Arménie, mangeant dans un pot quelques pois chiches, habillé d'une simple casaque de laine teinte en pourpre, la tête couverte d'un chapeau, parce qu'il était chauve, sans se lever, sans discontinuer son repas, Probus reçut les ambassadeurs étonnés du grand roi. Il leur dit qu'il était l'empereur, que si leur maître refusait justice aux Romains, il rendrait la Perse aussi nue d'arbres et d'épis que sa tête l'était de cheveux; et il ôta son couvre-chef. « Avez-vous faim? ajouta ce Popilius de l'Empire, partagez mon repas; sinon, retirez-vous [2]. »

Probus donna des terres en Thrace à cent mille Bastarnes (nation scythe ou gothique), qui s'attachèrent au sol. Il en avait partagé d'autres aux Gépides, aux Juthongues, aux Vandales, aux Franks: tous ceux-ci se soulevèrent à divers intervalles.

On peut fixer au règne de Probus la fin de la première grande invasion des Barbares, bien que les mouvements s'en fissent encore sentir sous Carus, Carin, Numérien, et qu'ils se prolongeassent sous Dioclétien jusqu'à l'avénement de Constantin à l'empire.

Probus, délivré des guerres étrangères, étouffa les révoltes de Saturnin, de Proculus et de Bonose. Dans le retour d'une si grande paix, il affirmait qu'on n'aurait bientôt plus besoin d'armée. Il occupa les troupes oisives à planter des vignes dans la Pannonie, la Mœsie et les Gaules, et, selon Vopiscus, jusque dans la Grande-Bretagne : on croit que la Bourgogne lui est redevable de ses premières richesses. Probus, guerrier si digne du sceptre, n'en fut pas moins tué par ses soldats

---

[1] Itidem cum Franci ad imperatorem accessissent, et ab eo sedes obtinuissent, pars eorum quædam defectionem molita, magnamque navium copiam nancta, totam Græciam conturbavit. In Siciliam quoque delata, et urbem Syracusanam adorta, magnam in ea cædem edidit. Tandem quum et in Africam adpulisset, ac refecta fuisset, adductis Carthagine copiis, nihilominus domum redire nullum passa detrimentum potuit. (Zosim., lib. 1, pag. 20, edit. Basileæ.)

[2] Quo in habitu deprehensum a legatis Carinum aiunt. Purpurea vestis humi per herbam jacebat; cibus autem erat pridianum ex ipsis elixis pulmentum, in hisque frusta quædam et inveterata porcinarum carnium salsamenta. Eos ergo (Parthorum legatos) cum vidisset, neque surrexisse neque quidquam mutasse fertur, sed, e vestigio vocatis, dixisse : Se quidem illos scire ad sese venire, se enim Carinum esse, juvenique regi in eadem die renuntiarent jubere, ni saperet omnem ipsorum saltum, campumque omnem intra lunare spatium Carini capite fore nudiorem, simulque dicentem detracto pileo caput ostendisse nihilo galea adjacente villosius : ac si quidem esurirent, ut manum una in ollam immitterent permissurum ; sin minus, jubere se eadem hora recedere. Synesii episcopi Cyrenes de regno ad Arcadum imperat., interprete Dionysio Petavio Jesu presbytero. (Pag. 48. Lutetiæ, 1633.) — On sait qu'il y a erreur dans le texte de Synésius, et qu'il faut rapporter à *Probus* ce qu'il attribue à *Carin*.

dans une guérite de fer, d'où il surveillait les légions employées au desséchement des marais de Sirmich, sa patrie [1].

Carus [2], qui vint après Probus, était né à Narbonne, selon les deux Victor. Il se disait originaire de Rome, et il n'est pas sûr qu'il vit jamais cette capitale du monde, dont il était souverain. Il fut foudroyé après des victoires remportées sur les Perses, non loin de Ctésiphon, qu'il avait prise [3]. Quand la guerre fatiguée discontinuait le meurtre de ses princes, le ciel s'en chargeait.

Les fils de Carus, Carin et Numérien [4], reconnus empereurs, célébrèrent à Rome les *jeux romains* [5], que Calpurnius ou Calphurnius, poëte oublié comme ces jeux, a chantés [6].

---

[1] Vict., *Ep.*

[2] Carus, emp., et ses deux fils, Carin et Numérien. Eutichien, pape. An de J.-C. 282, 283.

[3] Ctesiphontem usque pervenit... ut alii dicunt morbo, ut plures fulmine interemptus est. Negari non potest eo tempore quo periit, tantum fuisse subito tonitruum, ut multi terrore ipso exanimati esse dicantur : cum igitur aegrotaret atque in tentorio jaceret, ingenti exorta tempestate, immani coruscatione, immaniori, ut diximus, tonitru exanimatus est. (*Carus. Hist. aug.*, pag. 666.)

[4] Carin et Numérien Ier, empereurs. Caius, pape. An de J.-C. 284.

[5] September habet dies 30. — 27. — Ludi romaniani. *Ægidii Bucherii.*

[6]
>   Venimus ad sedes, ubi pulla sordida veste,
>   Inter femineas spectabat turba cathedras.
>   Nam quaecumque patent sub aperto libera coelo
>   Aut eques aut nivei loca densavere tribuni.
>   ...... Stabam defixus......
>   Tum mihi senior.:.... Quid
>   Ad tantas miraris opes? qui nescius auri
>   Sordida tecta, casas et sola mapalia nosti?
>   En ego...... et ista
>   Factus in urbe senex, stupeo tamen......
>   Balteus en gemmis, en illita porticus auro
>   Certatim radiant. Nec non ubi finis arenae,
>   Proxima marmoreo peragit spectacula muro :
>   Sternitur adjunctis ebur mirabile truncis,
>   Et coit in rotulam, tereti qua lubricus axis
>   Impositos subita vertigine falleret ungues,
>   Excuteretque feras. Auro quoque tota refulgent
>   Retia, quae tortis in arenam dentibus exstant
>   Dentibus aequatis......
>   ..... Vidi genus omne ferarum,
>   Hic niveos lepores, et non sine cornibus apros
>   Menticoram......
>   Vidimus et tauros......
>   ..... Æquoreos ego cum certantibus ursis
>   Spectavi vitulos......
>   Ah! trepidi quoties...... arenae
>   Vidimus in partes, ruptaque voragine terrae,
>   Emersisse feras : et eisdem saepe latebris
>   Aurea cum croceo creverunt arbuta libro.
>   (Calpurnii *Ecloga septima.*)

J'ai pris place sur des bancs, au milieu des siéges des femmes, d'où la populace, dans les sales

Numérien, revenant de la Perse, fut tué par Aper, préfet du prétoire, dont il avait épousé la fille. Montesquieu remarque que les préfets du prétoire étaient à cette époque, auprès des empereurs, ce que sont les vizirs auprès des sultans [1]. Le jeune prince avait versé tant de larmes sur la mort de son père, que sa vue s'en était affaiblie; on le portait dans une litière au milieu des légions. Aper, qui convoitait la pourpre, s'était trop hâté; son forfait avait devancé ses brigues; le cadavre de Numérien, assassiné dans la litière fermée, tomba en pourriture avant que le meurtrier eût pu s'assurer du suffrage des soldats. La présence du crime et le néant des grandeurs humaines furent dénoncés par l'odeur qui s'en élevait [2].

L'armée tint un conseil à Calcédoine, afin d'élire le chef de l'État. Dioclétien, qui commandait les officiers militaires du palais, fut choisi [3]. Tout aussitôt, descendant de son tribunal, il perce Aper de son épée, et s'écrie : « J'ai tué le sanglier fatal. » Une druidesse de Tongres lui avait promis l'empire quand il aurait tué un *sanglier*, en latin *aper* [4]. A cette élection, du 17 septembre 284, commença l'ère, fameuse dans l'Église, connue sous le nom de l'ère de *Dioclétien* ou des Martyrs [5].

Dioclétien livra divers combats à Carin, dont les mœurs rappelaient celles des princes déréglés, prédécesseurs des empereurs militaires. Carin triompha, mais ses soldats victorieux lui ôtèrent la vie à l'insti-

habits de sa misère, regardait les jeux, car toute l'enceinte qui se trouve en plein air est occupée par les tribuns aux toges blanches ou par les chevaliers..... J'admirais..... Alors un vieillard :

Pourquoi t'étonner de tant de richesses ? toi qui ne connais pas l'or et n'as jamais habité que sous un toit au hameau, puisque moi-même, que cette ville a vu vieillir, je suis ébloui... L'or resplendit au portique, et les pierreries au pourtour. Au bas du mur de marbre qui environnait l'arène était une roue formée de morceaux d'ivoire rapportés avec art, qui, par son axe arrondi et par sa surface glissante, fuyait subitement sous les ongles des bêtes féroces, et empêchait leur approche. Des filets dorés étaient enlacés sur l'arène à des dents d'éléphant toutes égales...... J'ai vu toutes sortes d'animaux, des lièvres blancs, des sangliers armés de cornes, une menticore (un phoque), des taureaux, des veaux marins, combattant contre des ours.

Ah ! combien de fois n'ai-je pas été saisi de frayeur, lorsque l'arène s'entr'ouvrant, des bêtes sauvages sortaient du gouffre ! souvent aussi du brillant abîme poussaient des arbousiers aux tiges safranées.

[1] *Grandeur et Décadence des Romains.*

[2] Patre mortuo, cum nimio fletu oculos dolere cœpisset... dum lectica portaretur, factione Arii Apri soceri sui, qui invadere conabatur imperium, occisus est. Sed cum per plurimos dies de imperatoris salute quæreretur a milite, cocionareturque Aper idcirco illum videri non posse, quod oculos invalidos a vente et sole substraheret, fetori tamen cadaveris res est prodita : omnes invaserunt Aprum, eumque ante signa et principia protraxere: (Flav. Vopic., *Numerianus. Hist. aug.*, pag. 669.)

[3] *Domesticus regens. (Car. Aug. Vit.,* pag. 250.)

[4] *Domesticus regens. (Car. Aug. Vit.* pag. 252.) Avant le meurtre d'Aper, il avait coutume de dire qu'il tuait toujours des sangliers, mais qu'un autre les mangeait : *utitur pulpamento.*

[5] Elle servit longtemps au comput de la fête de Pâques, et elle est encore employée par les Cophtes et les Abyssins.

gation d'un tribun dont il avait déshonoré la couche. Ils se soumirent à Dioclétien.

Vous aurez à considérer plusieurs choses sous le règne des derniers empereurs, Gallus, Émilien, Valérien, Gallien, Claude, Aurélien, Tacite, Probus, Carus et ses fils, par rapport aux chrétiens.

Bien que tous les évêques portassent le nom de pape, l'unité de l'Église s'établissait : un traité de saint Cyprien la recommande [1].

Gallus et Valérien excitèrent des persécutions : outre ces persécutions générales, il y en avait de particulières. Les empereurs ayant publié des édits contradictoires au sujet de la religion nouvelle, et ces édits ne s'abrogeant pas mutuellement, il arrivait que les délégués du pouvoir, selon leurs caractères, leurs principes et leurs préjugés, usaient de la tolérance ou de l'intolérance de la loi [2].

Les papes Corneille, Étienne, Sixte II, succombèrent. Celui-ci avait transporté les corps de saint Pierre et de saint Paul dans les Catacombes, qui servaient de temple et de tombeau aux chrétiens. En parlant des mœurs des fidèles, je vous raconterai quelque chose du martyre de saint Laurent.

Cyprien eut la tête tranchée à Carthage; trois cents chrétiens sans nom égalèrent, à Utique, la fermeté de Caton : ils furent précipités dans une fosse de chaux vive [3]. Théogène, évêque, souffrit à Hippone, Fructueux à Taragone, Paturin à Toulouse, Denis à Lutèce [4]; première illustration de cette bourgade inconnue : comme un arbre dans le clos des morts, le christianisme poussait vigoureusement dans le champ des martyrs. Grégoire le Thaumaturge, près d'expirer, demande s'il reste encore quelques idolâtres dans sa ville épiscopale; on lui répond qu'il en reste dix-sept. « Je laisse donc à mon successeur autant d'infidèles que je trouvai de chrétiens à Néocésarée [5]. »

Les Barbares, en entrant dans l'Empire, étaient venus chercher des missionnaires : les envoyés de la miséricorde de Dieu allèrent au-devant des envoyés de sa colère, pour la désarmer. Des évêques, la chaîne au cou, guérissaient les malades en prêchant la sainte parole. Les maîtres prenaient confiance dans ces esclaves médecins; ils se figuraient obtenir par eux la victoire, et demandaient le baptême. Les prisonniers se changeaient en pasteurs; des Églises nomades commençaient au milieu des hordes guerrières rentrées dans leurs forêts comme

---

[1] De Unitate Ecclesiæ catholicæ, vulgo de simplicitate prælatorum. (*Opera Cyp.*, pag. 2)6.)
[2] PAGI., an, 252; *Catalog.* BUCHER.
[3] PRUDENT. PERISTEPH., 12.
[4] *Martyr..* 14 mai.
[5] GREG. NYSS., pag. 1006. D,

sous leurs tentes. Ces diverses nations se combattaient les unes les autres, se formaient en confédérations, dissoutes et recomposées selon les succès et les revers; gens féroces qui brisaient tous les jougs, et se soumettaient au frein de quelques prêtres captifs.

De tous les corps de l'État, l'armée romaine était celui où le christianisme faisait le moins de progrès. Les chrétiens répugnaient à l'enrôlement, parce qu'ils regardaient les festins, la *mesure* et la *marque* comme mêlés de paganisme. Maximilien, appelé au service, disait au proconsul Dion, à Tébeste en Numidie : « Je ne recevrai point la marque; j'ai déjà reçu celle de Jésus-Christ [1]. » D'une autre part, le légionnaire attaché à ses aigles renonçait difficilement à l'idolâtrie de la gloire.

Les hérésiarques et les philosophes continuèrent leur succession : Manès, avec sa doctrine des deux principes; Plotin et Porphyre, beaux esprits, ennemis du Christ.

Dioclétien associa Maximien au pouvoir suprême [2], et nomma deux césars, Galère et Constance : l'Orient et l'Italie tombaient dans le département des augustes; les césars eurent la garde du Danube et du Rhin, en deçà desquels se plaçaient les provinces de l'Occident. La possession romaine se trouva divisée entre quatre despotats, ce qui prépara la séparation finale des deux empires d'Orient et d'Occident.

L'armée, obéissant à quatre maîtres, n'eut plus assez de force pour les créer; il n'y eut plus assez de trésors dans l'une des quatre divisions territoriales pour fournir à un usurpateur le moyen d'acheter l'élection. Dioclétien diminua le nombre des prétoriens et leur opposa deux nouvelles cohortes, les joviens et les herculiens.

Mais ce qui fit la sûreté du prince causa la ruine de l'État : ces légions, qui choisissaient les empereurs, repoussaient en même temps les Barbares; c'était une république militaire qui se donnait des maîtres nationaux et n'en voulait point d'étrangers. Lorsque Dioclétien eut opéré ses changements; lorsque Constantin, continuant la même politique, eut cassé les prétoriens; lorsque, au lieu de deux préfets du prétoire, il en eut nommé quatre; lorsqu'il eut rappelé les légions qui gardaient les frontières pour les mettre en garnison dans le cœur de l'Empire, le règne des légions expira, le pouvoir domestique prit naissance. Le droit d'élection fut partagé entre les soldats et les eunuques [3] : la

---

[1] Milita et accipe signaculum. — Non accipio signaculum. Jam habeo signum Christi Dei mei. (*Acta sincera Ruinartii*, pag. 340.)

[2] Dioclétien et Maximien, cmp. Caïus et Marcelin, papes. An de J.-C. 284-308.

[3] Adrien de Valois remarque qu'autre chose était *milites* chez les Romains et autre chose *exercitus*; à l'appui de sa remarque il cite le passage d'Idace : *Apud Constantinopolis Marcianus a* militibus *et ab* exercitu, *instante etiam sorore Theodosis Pulcheria regina, efficitur imperator.* Le savant historien entend par *exercitu* la cour et les officiers du palais : il a raison. Gré-

liberté romaine, qui avait commencé dans le sénat, passé au forum, traversé l'armée, alla s'enfermer dans le palais avec des esclaves à part de la race humaine ; geôliers de la liberté qui n'avaient pas même la puissance de perpétuer dans leur famille la servitude héréditaire.

Le sénat partagea l'abaissement des légions. Rome ne vit presque plus ses empereurs ; ils résidèrent à Trèves, à Milan, à Nicomédie, et bientôt à Constantinople. Dioclétien modela sa cour sur celle du grand roi ; il se donna le surnom de *Jupiter;* au lieu de la couronne de laurier, il ceignit le diadème, et ajouta au manteau de pourpre la robe d'or et de soie. Des officiers du palais de diverses sortes, et partagés en diverses *écoles,* furent constitués : les eunuques avaient la garde intérieure des appartements. Quiconque était introduit devant l'empereur se prosternait et adorait. Les successeurs de Dioclétien, et peut-être lui-même, se firent appeler *votre Éternité,* et ils vécurent un jour [1]. Sachez néanmoins que les empereurs s'arrogèrent ce titre par une espèce de droit d'héritage. Rome se surnommait la ville éternelle ; le peuple romain avait vu dans l'immutabilité du dieu Terme le présage de la durée de sa puissance : en usurpant les pouvoirs politiques, les despotes usurpèrent aussi les forces religieuses. Toutefois cette transmission du sort de l'espèce au destin de l'individu n'était qu'une fausseté impie : les nations qui changent de mœurs, de lois, de nom, de sang, ne meurent point, il est vrai ; mais est-il rien de plus vite et de plus mortel que l'homme ?

Ce ne fut guère que six ans après l'association de Maximien à l'empire que Dioclétien s'adjoignit les deux césars Galérius et Constance. On vit dans les Gaules, sous le nom de Bagaudes [2], une insurrection de paysans, assez semblable à celles qui éclatèrent en France dans le moyen âge. Œlianus et Amandus, chefs de ces paysans, prirent la pourpre. Leurs médailles nous sont parvenues [3], moins comme une preuve historique du pouvoir d'un maître, que comme un mouvement de la liberté : on a cru qu'Œlianus et Amandus étaient chrétiens [4]. Maximien soumit ces hommes rustiques dont le nom reparut au cinquième siècle. Salvien, à cette dernière époque, excuse leur révolte par leurs souffrances : la faction de la misère est enracinée.

goire de Tours, et d'autres emploient la même distinction : la suite des faits démontre que l'élection était devenue double, c'est-à-dire qu'elle s'opérait par le concours des officiers du palais et de ceux de l'armée. (*Valesiana,* pag. 79.)

[1] Aur. Vict., pag. 323 ; Eutrop., pag. 586 ; Greg. Naz., or. III ; Ath., *Apolog. cont. Arian.;* Ammian. Marcel, lib. xv.

[2] Aur. Vict., pag. 524.

[3] Eutrop., pag. 585 ; Goltzii *Mes. rei. antiq.*, pag. 12.

[4] *Vit. S. Babol. in And. Du Ch. Hist. Fr. Scrip.*

Carausius dans la Grande-Bretagne, Achillée en Égypte, furent vaincus, l'un par Constance, l'autre par Dioclétien, après une usurpation plus ou moins longue. Galérius, d'abord défait par les Perses, les défit à son tour.

Dioclétien, grand administrateur, homme fin et habile[1], répara et augmenta les fortifications des frontières ; battit, à l'aide de ses associés et généraux, les Blemmyes en Égypte, les Maures en Afrique, les Franks, les Allamans, les Sarmates en Europe ; il sema la division parmi les Goths, les Vandales, les Gépides, les Bourguignons, qui se consumèrent en guerres intestines. Ceux des Barbares du Nord que

[1] J'ai tracé dans les *Martyrs* les portraits de Dioclétien, de Galérius et de Constantin, avec la fidélité historique la plus scrupuleuse : au lieu de les refaire, qu'il me soit permis de les rappeler.

« Dioclétien a d'éminentes qualités ; son esprit est vaste, puissant, hardi ; mais son caractère, « trop souvent faible, ne soutient pas le poids de son génie. Tout ce qu'il fait de grand et de petit « découle de l'une ou de l'autre de ces sources. Ainsi l'on remarque dans sa vie les actions les « plus opposées : tantôt c'est un prince plein de fermeté, de lumières et de courage, qui brave la « mort, qui connaît la dignité de son rang, qui force Galérius à suivre à pied le char impérial comme « le dernier des soldats ; tantôt c'est un homme timide qui tremble devant ce même Galérius, qui « flotte irrésolu entre mille projets, qui s'abandonne aux superstitions les plus déplorables, et qui ne « se soustrait aux frayeurs du tombeau qu'en se faisant donner les titres impies de Dieu et d'Éter-« nité. Réglé dans ses mœurs, patient dans ses entreprises, sans plaisirs et sans illusions, ne « croyant point aux vertus, n'attendant rien de la reconnaissance, on verra peut-être ce chef de « l'Empire se dépouiller de la pourpre par mépris pour les hommes, et afin d'apprendre à la terre « qu'il était aussi facile à Dioclétien de descendre du trône que d'y monter.

« Soit faiblesse, soit nécessité, soit calcul, Dioclétien a voulu partager sa puissance avec Maximien, « Constance et Galérius. Par une politique dont il se repentira peut-être, il a pris soin que ces princes « fussent inférieurs à lui, et qu'ils servissent seulement à rehausser son mérite. Constance seul « lui donnait quelque ombrage, à cause de ses vertus, il l'a relégué loin de la cour, au fond « des Gaules, et il a gardé près de lui Galérius. Je ne vous parlerai point de Maximien auguste, « guerrier assez brave, mais prince ignorant et grossier, qui n'a aucune influence. »

Je passe à Galérius.

« Né dans les huttes des Daces, ce gardeur de troupeaux a nourri dès sa jeunesse, sous la cein-« ture du chevrier, une ambition effrénée. Tel est le malheur d'un État où les lois n'ont point fixé « la succession au pouvoir ; tous les cœurs sont enflés des plus vastes désirs, il n'est personne qui « ne puisse prétendre à l'empire ; et comme l'ambition ne suppose pas toujours le talent, pour un « homme de génie qui s'élève, vous avez vingt tyrans médiocres qui fatiguent le monde.

« Galérius semble porter sur son front la marque, ou plutôt la flétrissure de ses vices ; c'est une « espèce de géant dont la voix est effrayante et le regard horrible. Les pâles descendants des « Romains croient se venger des frayeurs que leur inspire ce césar, en lui donnant le surnom « d'*Armentarius*. Comme un homme qui fut affamé la moitié de sa vie, Galérius passe les jours à « table, et prolonge dans les ténèbres de la nuit de basses et crapuleuses orgies. Au milieu de ces « saturnales de la grandeur, il fait tous ses efforts pour déguiser sa première nudité sous l'effron-« terie de son luxe ; mais plus il s'enveloppe dans les replis de la robe du césar, plus on aperçoit « le sayon du berger.

« Outre la soif insatiable du pouvoir et l'esprit de cruauté et de violence, Galérius apporte encore « à la cour une autre disposition bien propre à troubler l'Empire : c'est une fureur aveugle contre « les chrétiens. La mère de ce césar, paysanne grossière et superstitieuse, offrait souvent, dans son « hameau, des sacrifices aux divinités des montagnes. Indignée que les disciples de l'Évangile refu-« sassent de partager son idolâtrie, elle avait inspiré à son fils l'aversion qu'elle sentait pour les « fidèles. Galérius a déjà poussé le faible et barbare Maximien à persécuter l'Église ; mais il n'a « pu vaincre encore la sage modération de l'empereur. »

l'on avait faits prisonniers furent ou distribués comme esclaves aux habitants des territoires de Trèves, de Langres, de Cambrai, de Beauvais et de Troyes, ou adoptés comme colons, nommément quelques tribus de Sarmates, de Bastarnes et de Carpiens.

Au moment de triompher, le christianisme eut à soutenir une persécution générale. Poussé par Galérius, qu'excitait sa mère, adoratrice des dieux des montagnes, Dioclétien assembla un conseil de magistrats et de gens de guerre. Ce conseil fut d'avis de poursuivre les ennemis du culte public. L'empereur envoya consulter Apollon de Milet : Apollon répondit que les justes répandus sur la terre l'empêchaient de dire la vérité; la pythonisse se plaignait d'être muette. Les aruspices déclarèrent que les justes dont parlait Apollon étaient les chrétiens. La persécution fut résolue. On en fixa l'époque à la fête des Terminales, dernier jour de l'année romaine [1], jour réputé heureux, et qui devait mettre fin à la religion de Jésus. Dioclétien et Galérius se trouvaient à Nicomédie.

L'attaque commença par la démolition de la basilique bâtie dans cette ville, sur une colline, et environnée de grands édifices [2]. On y chercha l'idole, qu'on n'y trouva point.

Le décret d'extermination portait en substance : Les églises seront renversées et les livres saints brûlés; les chrétiens seront privés de tous honneurs, de toutes dignités, et condamnés au supplice sans distinction d'ordre et de rang; ils pourront être poursuivis devant les tribunaux, et ne pourront poursuivre personne, pas même en réclamation de vol, réparation d'injures ou d'adultère; les affranchis redeviendront esclaves [3].

C'est toujours par l'effet rétroactif des lois ou par leur déni, que les grandes iniquités sociales s'accomplissent : le refus de justice est le point où l'homme se trouve le plus éloigné de Dieu. Un édit particulier frappait les évêques, ordonnait de les mettre aux fers, et de les forcer à abjurer.

La persécution, d'abord locale, s'étendit ensuite à toutes les provinces de l'Empire. La maison de l'empereur fut particulièrement tourmentée. Valérie, fille de Dioclétien, et Prisca sa femme, accusées de christianisme, sacrifièrent; Dorothée, le premier des eunuques; Gorgonius, Pierre, Judes, Mygdonius et Mardonius, souffrirent. On mit du sel et du vinaigre dans les plaies de Pierre; étendu sur un gril, ses chairs furent rôties comme les viandes d'un festin [4]. On jeta pêle-mêle

---

[1] 23 février 304.
[2] Euseb., lib. vii, cap. ii.
[3] Id., ibid.
[4] Lact., de Mortib. persec., Martyr. 26 déc.

dans les bûchers, femmes, enfants et vieillards; d'autres victimes, entassées dans des barques, furent précipitées au fond de la mer [1].

La bassesse, comme toujours, se trouva à point nommé pour faire l'apologie du crime : deux philosophes [2] écrivirent à la lueur des bûchers contre les chrétiens.

Le martyre de la légion thébéenne, massacrée par ordre de Maximien, est de cette époque. Nantes, dans l'Armorique, se consacra par le sang des deux frères Donatien et Rogatien [3].

Arnobe et Lactance défendirent le christianisme; le dernier nous a peint la mort des persécuteurs et l'extinction de leur race [4] : Licinius, Galérius et Candidien son fils; Maximien avec son fils âgé de huit ans, sa fille âgée de sept, sa femme noyée dans l'Oronte où elle avait fait

---

[1] Voici le tableau de cette persécution, encore emprunté des *Martyrs* : ce n'est qu'un abrégé exact du long récit d'Eusèbe et de Lactance. (EUSEB., cap. VI, VII, VIII, IX, X, XI, lib. IV; LACT.):

« La persécution s'étend dans un moment des bords du Tibre aux extrémités de l'Empire. De
« toutes parts on entend les églises s'écrouler sous les mains des soldats; les magistrats dispersés
« dans les temples et dans les tribunaux, forcent la multitude à sacrifier; quiconque refuse d'adorer
« les dieux est jugé et livré aux bourreaux; les prisons regorgent de victimes : les chemins sont
« couverts de troupeaux d'hommes mutilés qu'on envoie mourir au fond des mines ou dans les tra-
« vaux publics. Les fouets, les chevalets, les ongles de fer, la croix, les bêtes féroces, déchirent
« les tendres enfants avec leurs mères; ici l'on suspend par les pieds des femmes nues à des po-
« teaux, et on les laisse expirer dans ce supplice honteux et cruel; là, on attache les membres du
« martyr à deux arbres rapprochés de force : les arbres, en se redressant, emportent les lambeaux
« de la victime. Chaque province a son supplice particulier; le feu lent en Mésopotamie, la roue
« dans le Pont, la hache en Arabie, le plomb fondu en Cappadoce. Souvent, au milieu des tour-
« ments, on apaise la soif du confesseur, et on lui jette de l'eau au visage, dans la crainte que
« l'ardeur de la fièvre ne hâte sa mort. Quelquefois, fatigué de brûler séparément les fidèles, on les
« précipite en foule dans le bûcher : leurs os sont réduits en poudre, et jetés au vent avec leurs
« cendres. . . . .
« . . . .
« Les villes sont soumises à des juges militaires, sans connaissances et sans lettres, qui ne savent
« que donner la mort. Des commissaires font les recherches les plus rigoureuses sur les biens et les
« propriétés des sujets; on mesure les terres, on compte les vignes et les arbres, on tient registre
« des troupeaux. Tous les citoyens de l'Empire sont obligés de s'inscrire dans le livre du cens, de-
« venu un livre de proscription. De crainte qu'on ne dérobe quelque partie de sa fortune à l'avidité
« de l'empereur, on force, par la violence des supplices, les enfants à déposer contre leurs pères,
« les esclaves contre leurs maîtres, les femmes contre leurs maris. Souvent les bourreaux con-
« traignent des malheureux à s'accuser eux-mêmes et à s'attribuer des richesses qu'ils n'ont pas.
« Ni la caducité, ni la maladie, ne sont une excuse pour se dispenser de se rendre aux ordres de
« l'exécuteur; on fait comparaître la douleur même et l'infirmité; afin d'envelopper tout le monde
« dans des lois tyranniques, on ajoute des années à l'enfance, on en retranche à la vieillesse : la
« mort d'un homme n'ôte rien au trésor de Galérius, l'empereur partage la proie avec le tombeau. Cet
« homme, rayé du nombre des humains, n'est point effacé du rôle du cens, et il continue de payer
« pour avoir eu le malheur de vivre. Les pauvres, de qui on ne pouvait rien exiger, semblaient
« seuls à l'abri des violences par leur propre misère; mais ils ne sont point à l'abri de la pitié déri-
« soire du tyran : Galérius les fait entasser dans des barques, et jeter ensuite au fond de la mer, afin
« de les guérir de leurs maux. (*Les Martyrs*, liv. XVIII.)

[2] PAGI, an. 302, n° 13; EPIPHAN. *Hæres.*, 68.

[3] *Act. sinc.*, pag. 295.

[4] *De Mortib. persecut.*

noyer des chrétiennes; Dioclétien, Valérie et Prisca fugitives, cachées sous de misérables habits, reconnues, arrêtées, décapitées à Thessalonique, et jetées dans la mer : victimes de la tyrannie de Licinius, elles n'étaient coupables que d'appartenir à un sang maudit.

Dioclétien et Maximien étaient venus triompher en Italie, l'un des Égyptiens, l'autre des peuples du Nord; c'est le dernier triomphe authentique qu'ait vu Rome. L'empereur ne descendit du char de sa victoire que pour monter à Nicomédie sur le tribunal de son abdication. Cette scène eut lieu dans une plaine qu'inondait la foule des grands, du peuple et des soldats. Dioclétien déclara qu'ayant besoin de repos, il cédait l'empire à Galérius. En même temps il indiqua le césar qui devait remplacer Galérius, devenu auguste : c'était Daïa ou Daza Maximin, fils de la sœur de Galérius. Il jeta son manteau de pourpre sur les épaules de ce pâtre [1], et Dioclétien, redevenu Dioclès, prit le chemin [2] de Salone, sa patrie.

Cet homme extraordinaire avait les larmes aux yeux en déposant le pouvoir; il avait également pleuré lorsque Galérius, dans un entretien secret, lui signifia qu'il prétendait être le maître, et que si lui, Dioclétien, ne voulait pas s'éloigner, lui, Galérius, l'y saurait contraindre. D'autres ont écrit que Dioclétien renonça au trône par mépris des grandeurs humaines [3]. Soit que ce prince ait quitté l'empire de gré ou de force, avec courage ou faiblesse, sa retraite à Salone a donné à sa vie un caractère de philosophie qui fait aujourd'hui sa principale renommée.

Dioclétien habitait, au bord de la mer, une maison de campagne [4] que Constantin le Grand dit avoir été simple [5], et que Constantin Porphyrogénète [6] a crue magnifique. Maximien Hercule se dépouilla de l'autorité souveraine à Milan en faveur de Constance Chlore, et nomma césar Valérius Sévère, obscur favori de Galérius, le même jour que Dioclétien accomplissait son sacrifice à Nicomédie. Maximien, ayant dans la suite ressaisi la pourpre, fit inviter Dioclétien à suivre son exemple. Dioclétien répondit : « Je voudrais que vous vissiez les beaux choux que j'ai plantés, vous ne me parleriez plus de l'empire [7]. » Paroles démenties par des regrets.

Pendant les neuf années que Dioclétien vécut à Salone, sa femme et

---

[1] Eutrop., pag. 56; Vict., *Epit*.
[2] *Rhedæ impositus*, dit le texte.
[3] Eutrop., lib. ix, cap. xviii; Aurel. Vict., *Lumen Panegyr. vet.*, vii, 15.
[4] Peut-être Spalatro.
[5] *Ad cœtum sanct.*, cap. xxv; Euseb.
[6] *De Administ. imp. ad Rom. fil.*, pag. 72, 85, 86.
[7] Vict., *Ep.*, pag. 223; Eutrop., pag. 589.

sa fille périrent misérablement, et il ne put les sauver, obligé qu'il fut alors de reconnaître l'impuissance d'un prince auquel il ne reste d'autorité que celle des larmes. Menacé par Constantin et Licinius, peut-être même par le sénat [1], il résolut d'abréger sa vie. On est incertain du genre de sa mort; on parle de poison, d'abstinence, de mélancolie [2]. L'empereur sans empire ne dormait plus, ne mangeait plus; il soupirait; il gémissait : saint Jérôme laisse entendre qu'avant d'expirer, il vomit sa langue rongée de vers [3].

La philosophie fut aussi inutile à Dioclétien, pour mourir, que la religion à Charles-Quint : tous deux eurent des remords d'avoir abandonné le pouvoir; le premier, sur son lit et sur la terre, où il se roulait au milieu de ses larmes [4]; le second, au fond du cercueil, où il se plaça pour assister à la représentation de ses funérailles [5].

Dioclétien multiplia les impôts; il couvrit l'Empire de monuments onéreux qu'il faisait souvent abattre, et recommencer sur un plan nouveau. La Providence a voulu qu'une salle des *Thermes* du persécuteur des chrétiens soit devenue, à Rome, l'église de *Notre-Dame des Anges*. Dans le cloître, jadis vaste cimetière de cet édifice, l'espace se trouve aujourd'hui trop grand pour la mort; un petit retranchement, pratiqué au pied de trois ou quatre colonnes, suffit aux tombeaux diminuants de quelques chartreux qui finissent aussi, et qui, dans leur abdication du monde, ne regrettent rien de la terre.

Les faits sont comme il suit après l'abdication de Dioclétien.

---

[1] LACT., *de Mortib. persecut.*

[2] *Id., ibid.*; EUSEB., lib. VIII, cap. XVII; VICT., *Ep.*

[3] Nos autem dicemus, omnes persecutores qui afflixerunt Ecclesiam Domini, ut taceamus de futuris cruciatibus, etiam in præsenti seculo recepisse quæ fecerint. Legamus ecclesiasticas historias : quid Valerianus, quid Decius, quid Diocletianus, etc., passi sint, et tunc rebus probabimus etiam juxta litteram prophetiæ veritatem esse completam : quod computruerint carnes eorum, et oculi contabuerint, et lingua in pedorem et saniem dissoluta sit. (*Commentarior.* D. HIERON., *in Zachar.*, lib. III, p. XIV, pag. 370-h. Romæ, in ædibus populi romani, 1571.)

[4] LACT., *de Mortib. persecut.*

[5] He resolved to celebrate his own obsequies before his death. He ordered his tomb to be erected in the chapel of the monastery. His domestiks marched thither in funeral procession, with black tapers in their hands; he himself followed hid shroud, he was laid in his coffin with much solemnity. The service for the dead was chanted, and Charles joined in the prayers which were offered up for the rest of his soul, mingling his tears with those which his attendants shed, as if they had been celebrating a real funeral. The ceremony closed with sparkling holy water on the coffin in the usual form, and at the assistants retiring, the doors of the chapel were shut. Then Charles arose out of the coffin. (ROBERTSON's, *Hist. of Charl. V,* vol. the third, pag. 817, 1760.)

Sibi adhuc viventi suprema officia repræsentari suoque ipse funeri interesse voluit atratus. Itaque monachis immissus mortuale sacrum canentibus, æternam sibimet requiem tanquam deposito inter sedes beatus appreccatus fuit, majori circumstantium luctu quam cantu : et genibus nixus summo rerum conditori animam suam humili precatione commendavit : inde inter gementium famulorum manus in cellam relatus. (MARIANÆ, *Hist. Hisp. continuatio ab Emmanuele Miniana,* lib. v, pag. 246, tom. IV.)

Constance [1] gouvernait les Gaules, l'Espagne et la Grande-Bretagne; il était doux, juste, tolérant envers les chrétiens, et si dénué de fortune, qu'il était obligé d'emprunter de l'argenterie lorsqu'il donnait un festin [2]. Suidas l'appelle *Constance le Pauvre* [3], un des plus beaux surnoms que jamais prince absolu ait portés.

Il eut d'Hélène, fille d'un hôtelier, sa femme légitime ou sa concubine, Constantin le Grand; et de Théodora, fille de la femme de Maximien Hercule, trois filles et trois garçons. On le força de répudier Hélène, comme étant d'une naissance trop inférieure.

Constantin avait alors dix-huit ans : entraîné dans l'humiliation de sa mère, il fut attaché à Dioclétien, et porta les armes en Égypte et dans la Perse. Galérius, jaloux de la faveur dont le fils de Constance jouissait auprès des soldats, se voulut défaire de lui en l'excitant à se battre, d'abord contre un Sarmate, ensuite contre un lion [4]. Constantin, sorti heureusement de ces épreuves, se déroba par la fuite aux complots de Galérius; afin de n'être pas poursuivi, il fit couper de poste en poste les jarrets des chevaux dont il s'était servi [5]. Il rejoignit son père à Boulogne, au moment où celui-ci, vainqueur de Carrausius, s'embarquait pour la Grande-Bretagne. Constance mourut à York. Les légions, par un dernier essai de leur puissance, sans attendre l'élection du palais, proclamèrent Constantin empereur, au nom des vertus de son père. Galérius n'accorda à Constantin que le titre de césar, conférant à Valère celui d'auguste.

Galérius avait ordonné un recensement des propriétés, afin d'asseoir une taxe générale sur les terres et sur les personnes; il y voulut soumettre l'Italie : Rome se soulève, appelle à la pourpre Maxence, gendre de Galérius, et fils de Maximien Hercule. Le vieil empereur abdiqué sort de sa retraite, se joint à son fils. Sévère, réfugié dans Ravenne, qu'il rend par capitulation à Maximien Hercule, est condamné à mort et se fait ouvrir les veines.

Maximien s'allie avec Constantin [6], lui donne Fausta, sa fille, en mariage, et le nomme auguste. Galérius fond sur l'Italie avec une armée : parvenu jusqu'à Narni, et forcé de retourner en arrière, il élève Licinius,

---

[1] GALÉRIEN, CONSTANCE, emp. MARCELIN, pape. An de J.-C. 306.

[2] EUT., pag. 587. Adeo autem cultus modici, ut ferialis diebus, si cum amicis numerosioribus esset epulandum, privatorum ei argento ostiatim petito triclinia sternerentur. (EUTROP., *Rer. romanar.*, lib. II, pag. 136. Basileæ, anno 1532.)

[3] Pauper ita vocabaturConstantius. Παῦπερ οὕτω ἐκάλειτο Χωνστάντιος. (SUIDÆ *Lexicon*, tom. II. Genevæ, 1690.)

[4] PHOTII *Bibl.*, cap. LXII, *In Praxag.*; ZONAR., *Ann. vitæ Diocl.*

[5] ZOSIM., lib. II, et les deux VICTOR.

[6] CONSTANTIN, emp. MARCELLUS, EUSÈBE, MELCHIADE, SILVESTRE Iᵉʳ, papes. An de J.-C. 307-333.

son ancien compagnon d'armes, au rang d'où la mort avait précipité Sévère. Maximin Daïa, le césar qui gouvernait l'Égypte et la Syrie, enflammé de jalousie, se décore aussi de la dignité d'auguste. Six empereurs (ce qui ne s'était jamais vu, et ce qui ne se revit jamais) règnent à la fois : Constantin, Maxence et Maximien en Occident; Licinius, Maximin et Galérius en Orient.

La discorde éclate entre Maximien Hercule et Maxence, son fils. Maximien se retire en Illyrie, ensuite dans les Gaules, auprès de Constantin, son gendre. Il conspire contre lui, et sur une fausse nouvelle de la mort de ce prince, s'empare d'un trésor déposé dans la ville d'Arles. Constantin, occupé au bord du Rhin à repousser un corps de Franks, revient, assiége son beau-père dans Marseille, le prend, et condamne à mort un vieillard dont l'ambition était tombée en enfance [1].

Galérius meurt à Sardique d'une maladie dégoûtante [2], attribuée par les chrétiens à la vengeance céleste. Galérius avait été le véritable auteur de la persécution. Maximin Daïa et Licinius se partagent ses États. Licinius fait alliance avec Constantin, Maximin avec Maxence. Constantin, vainqueur des Franks et des Allamans, livre leur prince aux bêtes dans l'amphithéâtre de Trèves [3].

Maxence, oppresseur de l'Afrique et de l'Italie, invente le don gratuit [4] que les rois et les seigneurs féodaux exigèrent dans la suite pour une victoire, une naissance, un mariage, et pour l'admission de leur fils à l'ordre de chevalerie : sous les Romains, il s'agissait du consulat du jeune prince. Maxence immole les sénateurs et déshonore leurs femmes. Sophronie, chrétienne et femme du préfet de Rome, se poignarde afin de lui échapper [5].

Maxence médite d'envahir la Gaule. Constantin, décidé à prévenir son ennemi, voit dans les airs le Labarum, et commence à s'instruire de la foi. Maxence avait rétabli les prétoriens; son armée se composait de cent soixante-dix mille fantassins et de dix-huit mille cavaliers. Constantin ne craignit point d'attaquer Maxence avec quarante mille vieux soldats. Il passe les Alpes Cottiennes sur une de ces voies indestructibles qui n'existaient pas du temps d'Annibal; il emporte Suse d'assaut, défait un corps de cavalerie pesante aux environs de Turin, un autre à Bresse : Vérone capitule : la garnison captive est liée des

---

[1] Il y a divers récits contradictoires de sa mort.
[2] Lact., *de Mortib. persecut.*; Euseb., cap. xvi; Aurel. Vict., *Epit.*
[3] *Paneg. Orat. int. vet. peneg.*
[4] Aurel. Vict., pag. 526.
[5] Rufin., *Hist. eccl.*, pag. 145.

chaînes forgées avec les épées des vaincus [1]; Constantin marche à Rome, et gagne la bataille où Maxence perd l'empire et la vie.

Cette bataille est du petit nombre de celles qui, expression matérielle de la lutte des opinions, deviennent, non un simple fait de guerre, mais une véritable révolution. Deux cultes et deux mondes se rencontrèrent au pont Milvius ; deux religions se trouvèrent en présence, les armes à la main, au bord du Tibre, à la vue du Capitole. Maxence interrogeait les livres sibyllins, sacrifiait des lions, faisait éventrer des femmes grosses, pour fouiller dans le sein des enfants arrachés aux entrailles maternelles : on supposait que des cœurs qui n'avaient pas encore palpité, ne pouvaient recéler aucune imposture. Constantin, dans son camp, se contentait de dire, ce qu'on grava sur son arc de triomphe, qu'il arrivait par l'impulsion de la Divinité et la grandeur de son génie [2].

Les anciens dieux du Janicule rangèrent autour de leurs autels les légions qu'ils avaient envoyées à la conquête de l'univers : en face de ces soldats étaient ceux du Christ. Le Labarum domina les aigles, et la terre de Saturne vit régner celui qui prêcha sur la montagne : le temps et le genre humain avaient fait un pas.

Six mois après la victoire de Constantin, Maximin Daïa voulut enlever à Licinius la partie de l'Empire qu'il gouvernait ; vaincu auprès d'Héraclée, il alla mourir à Nicomédie. Des six empereurs il ne restait plus que Constantin et Licinius.

Ceux-ci se brouillèrent. Une première guerre civile, suivie d'une seconde, amenèrent les batailles de Cibalis, de Mardie, d'Andrinople et de Chrysopolis, où Constantin fut heureux. Licinius, resté aux mains du vainqueur, fut exilé à Thessalonique. Quelque temps après, on lui demanda sa tête, sous prétexte d'une conspiration ourdie par lui dans les fers : ce moyen de crime, si souvent reproduit dans l'histoire, accuse de stérilité les inventions de la tyrannie.

Constantin, demeuré en possession du monde, résolut, vers la fin de sa vie, de donner une seconde capitale à ses États : Constantinople s'éleva sur l'emplacement de Byzance, au nom de Jésus-Christ, comme Rome s'était élevée sur les chaumières d'Évandre, au nom de Jupiter [3]. Le fondateur de l'empire chrétien déclara qu'il bâtissait la nouvelle cité

---

[1] Tu divino monitus instinctu, de gladiis eorum gemina manibus aptari claustra jussisti, ut servarent deditos gladii sui, quos non defenderent repugnantes. (*Incerti panegyricus Constantino augusto*, cap. II, pag. 498, tom. II. Trajecti ad Rhenum, 1787.)

[2] *Instinctu Divinitatis, mentis magnitudine.*

[3]   Cum muros, arcemque procul, et rara domorum
        Tecta vident, quæ nunc romana potentia cœlo
        Æquavit.   (VIRG.)

par l'ordre de Dieu [1] : il racontait qu'endormi sous les murs de Byzance, il avait vu dans un songe une femme, accablée d'ans et d'infirmités, se changer en une jeune fille brillante de santé et de grâce, laquelle il lui semblait revêtir des ornements impériaux [2]. Constantin, interprétant ce songe, obéit à l'avertissement du ciel; armé d'une lance, il conduit lui-même les ouvriers qui traçaient l'enceinte de la ville. On lui fait observer que l'espace déjà parcouru était immense. « Je suis, répondit-il, le guide invisible qui marche devant moi; je ne m'arrêterai que quand il s'arrêtera [3]. »

La cité naissante fut embellie de la dépouille de la Grèce et de l'Asie : on y transporta les idoles des dieux morts, et les statues des grands hommes qui ne meurent pas comme les dieux. La vieille métropole paya surtout son tribut à sa jeune rivale, ce qui fait dire à saint Jérôme que Constantinople s'était parée de la nudité des autres villes [4]. Les familles sénatoriales et équestres furent appelées des rivages du Tibre à ceux du Bosphore, pour y trouver des palais semblables à ceux qu'elles abandonnaient. Constantin éleva l'église des Apôtres, qui, vingt ans après sa dédicace, était tombante; et Constance bâtit Sainte-Sophie, plus célèbre par son nom que par sa beauté. L'Égypte demeura chargée de nourrir la nouvelle Rome aux dépens de l'ancienne.

Il y a des jugements que les historiens répètent sans examen; vous aurez souvent lu que Constantin avait hâté la chute de la puissance des césars en détruisant l'unité de leur siége : c'est, au contraire, la fondation de Constantinople qui a prolongé jusque dans les siècles modernes l'existence romaine. Rome, demeurée seule métropole, n'en eût pas été mieux défendue; l'Empire se serait écroulé avec elle, lorsqu'elle succomba sous Alaric, si la nouvelle capitale n'eût formé une seconde tête à cet Empire; tête qui n'a été abattue que plus de mille ans [5] après la première, par le glaive de Mahomet II.

Mais, ce qui fut favorable à la durée du pouvoir temporel tel que le créa Constantin, devint contraire au pouvoir spirituel dont il se déclara le protecteur. Fixés dans l'Occident, sous l'influence de la gravité latine

---

[1] *Cod. Theod.*, liv. v.
[2] Sozomène, pag. *444, conq. de Const.*, liv. i.
[3] Philostorg., *Hist. eccles.*, lib. ii, cap. ix.
[4] *Constantinopolis dedicantur pene omnium urbium nuditate.* (*Chron.*, pag. 181.) *Nuditas* qui n'est pas de la bonne latinité, ne peut être employé ici que dans le sens de la *Bible*. Les principaux objets d'art transportés à Constantinople furent les trois serpents qui soutenaient à Delphes le trépied d'or consacré en mémoire de la défaite de Xerxès, le Pan également consacré par toutes les villes de la Grèce, et les Muses d'Hélicon. La statue de Rhée fut enlevée au mont de Dyndème; mais, par une barbarie digne de ce siècle, on changea la position des mains de la déesse, pour lui donner une attitude suppliante, et on la sépara des lions dont elle était accompagnée.
[5] Mille quarante-sept ans.

et du bon sens des races germaniques, les empereurs ne seraient point entrés dans les subtilités de l'esprit grec : moins d'hérésies auraient ensanglanté le monde et l'Église. Constantinople naquit chrétienne; elle n'eut point, comme Rome, à renier un ancien culte, mais elle défigura l'autel que Constantin lui avait donné.

ÉTUDE DEUXIÈME

PREMIÈRE PARTIE.

DE CONSTANTIN A VALENTINIEN ET VALENS.

En entrant dans cette seconde Étude [1], vous rentrez avec moi dans l'unité du sujet. Je ne me trouve plus obligé de séparer les trois faits des nations païennes, chrétiennes et barbares : ces dernières, ou fixées dans le monde romain, ou préparant au dehors la décisive invasion, se sont déjà inclinées aux mœurs et à la nouvelle religion de l'Empire.

D'un autre côté, le christianisme s'assied sur la pourpre; ses affaires ne sont plus celles d'une secte en dehors des masses populaires ; son histoire est maintenant l'histoire de l'État. Bien que la majorité des populations soumises à la domination de Rome est et demeure encore longtemps païenne, le pouvoir et la loi deviennent chrétiens.

Des intérêts nouveaux, des personnages d'une nature jusqu'alors inconnue, se révèlent. Depuis le règne de Néron jusqu'à celui de Constantin, les dissentiments religieux n'avaient guère été, parmi les fidèles, que des démêlés domestiques, méprisés ou contenus par l'autorité; mais aussitôt que le fils de sainte Hélène eut levé l'étendard de la croix, les schismes se changèrent en querelles publiques : quand les persécutions du paganisme finirent, celles des hérésies commencèrent. A peine Constantin avait-il pris les rênes du gouvernement, qu'Arius divisa l'Église.

Avec Arius parurent ces grands évêques nourris aux écoles d'Antioche, d'Alexandrie et d'Athènes, les Alexandre, les Athanase, les

---

[1] CONSTANTIN, emp. MARCELLUS, EUSÈBE, MELCHIADE, SILVESTRE, MARC, JULES Ier, papes. An de J.-C. 307-337.

Grégoire, les Basile, les Chrysostome, lesquels, renouvelant la philosophie, l'éloquence et les lettres, poussèrent l'esprit humain hors des vieilles règles, le firent sortir des routines où il avait si longtemps marché sous la domination des anciens génies et d'une religion tombée. Les Pères de l'Église latine, saint Paulin, saint Hilaire, saint Jérôme, saint Ambroise, saint Augustin, conduisirent l'Occident à la même rénovation.

Les discours et les actions de ces prêtres attiraient l'attention principale du gouvernement; les généraux et les ministres furent relégués dans une classe secondaire d'intérêt et de renommée. Les conciles prirent la place des conseils, ou plutôt furent les véritables conseils du souverain, qui se passionna pour des vérités ou des erreurs que souvent il ne comprenait pas. Le monde païen essayait de lutter avec ses fables surannées et les systèmes discrédités de ses sages, contre un siècle qui l'entraînait.

Le christianisme avait eu à supporter les persécutions du paganisme: les rôles changent; le christianisme va proscrire à son tour le paganisme. Mais étudiez la différence des principes et des hommes.

Les païens, comme les chrétiens, ne tinrent point obstinément à leur culte, ne coururent point au martyre : pourquoi? parce que le polythéisme était à la fois l'idée fausse et l'idée décrépite, succombant sous l'idée vraie et rajeunie de l'unité d'un Dieu. L'ancienne société ne trouva donc pas pour se défendre l'énergie que la société nouvelle eut pour attaquer.

Jusqu'alors les mouvements du monde civilisé avaient été produits par les impulsions d'un culte corporel, les réclamations de la liberté, les usurpations du pouvoir, enfin par les passions politiques ou guerrières : un autre ordre de faits commence ; on s'arme pour les vérités ou les erreurs du pur esprit. Ces subtilités métaphysiques, obscures, qui le seront toujours, qui firent couler tant de sang, n'en sont pas moins la preuve d'un immense progrès de l'espèce humaine. Plus l'homme s'éloigne de l'homme matériel pour se concentrer dans l'homme intelligent, plus il se rapproche du but de son existence; s'il ne perdait pas quelquefois le courage physique et la vertu morale, en développant sa nature divine, il atteindrait avec moins de lenteur le perfectionnement auquel il est appelé.

Avec Constantin se forme l'*Église* proprement dite. Alors prit naissance cette monarchie religieuse qui, tendant à se resserrer sous un seul chef, eut ses lois particulières et générales, ses conciles œcuméniques et provinciaux, sa hiérarchie, ses dignités, ses deux grandes divisions du clergé régulier et séculier, ses propriétés régies en vertu d'un droit différent du droit commun, tandis que, honorés des princes et chéris des peuples, les évêques, élevés aux plus hauts emplois politiques, remplaçaient encore les magistrats inférieurs dans les fonctions municipales et administratives, s'emparaient par les sacrements des principaux actes de la vie civile, et devenaient les législateurs et les conducteurs des nations.

Remarquez deux choses peu observées, qui vous expliqueront la manière dont le christianisme parvint à dominer la société tout entière, peuples et rois.

L'*Église* se constitua en monarchie (élective et représentative), et la *communauté chrétienne* en république : tout était obéissance et distinction de rangs dans l'une, bien que le chef suprême fût presque toujours choisi dans les rangs populaires : tout était liberté et égalité dans l'autre. De là cette double influence du clergé, qui, d'un côté, convenait aux grands par ses doctrines de pouvoir et de subordination, et, de l'autre, satisfaisait les petits par ses principes d'indépendance et de nivellement évangélique ; de là aussi ce langage contradictoire, sans cesser d'être sincère : le prêtre était auprès des souverains le tribun de la république chrétienne, leur rappelant les droits égaux des enfants d'Adam, et la préférence que le Rédempteur de tous accorde aux pauvres et aux infortunés sur les riches et les heureux ; et ce même prêtre était auprès du peuple le mandataire de la monarchie de l'Église, prêchant la soumission, et ordonnant de rendre à César ce qui appartient à César.

Jamais la société religieuse ne s'altère que la société politique ne change : je vous ai déjà dit comment l'élection de l'empereur passa des camps au palais. Les révolutions se concentrèrent au foyer impérial ; les guerres civiles n'arrivèrent plus que rarement par les insurrections et les ambitions militaires ; elles sortirent des divisions de la famille régnante, comme il advient dans les empires despotiques de l'Orient.

Sous Constantin on voit paraître, avec l'établissement de l'Église, cette espèce d'aristocratie à la façon moderne, qui ne remplaça jamais dans l'Empire le patriciat auquel Rome dut sa première liberté. Constantin multiplia, s'il n'inventa pas, les titres de nobilissime, de clarissime, d'illustre, de duc, de comte (dans le sens honorifique de ces deux derniers mots). Ces titres, avec ceux de *baron* et de *marquis*, d'origine purement barbare, ont passé à la noblesse de nos temps. Ainsi, à l'époque dont nous discourons, une transfusion d'éléments se prépare : au premier autel de Constantinople, autel qui fut chrétien, se rattache un des premiers anneaux de la chaîne de la nouvelle société. Si les créations politiques de Constantin ne furent point l'effet immédiat du christianisme, elles en furent l'effet médiat. Tout tend à se mettre de niveau dans la cité : avancer sur un point, et rester en arrière sur un autre, ne se peut : les idées d'une société sont analogiques, ou la société se dissout.

Les institutions de la vieille patrie mouraient donc avec le vieux culte. Le paganisme, depuis la disparition de l'âge religieux et de l'âge héroïque, s'était rarement mêlé à la politique; il sanctifiait quelques actes de la vie du citoyen; il protégeait les tombeaux; il présidait à la dénonciation du serment; il consultait le ciel touchant le succès d'une entreprise; il honorait l'empereur vivant, lui offrait des libations, lui immolait des victimes, et couronnait ses statues; il l'admettait, après sa mort, au rang des dieux : là se bornait à peu près l'action du paganisme. Les devins, astrologues et magiciens, venus d'Orient, ajoutèrent quelques fourberies aux mensonges des oracles réguliers.

Mais avec le ministère chrétien s'introduisait la sorte de puissance nationale que les brahmanes de l'Inde, les mages de la Perse, les druides des Gaules, les prêtres chaldéens, juifs, égyptiens, tous serviteurs d'une religion plus ou moins allégorique et mystique, avaient jadis exercée. Le sanctuaire réagit sur les idées du pouvoir en raison du plus ou moins d'immatérialité du dieu, et de son plus grand rapprochement de la vérité religieuse. L'idolâtrie aurait mal servi et n'aurait jamais enfanté l'espèce d'aristocratie qu'impatronisa Constantin. Aussi, lorsque Julien essaya de revenir au polythéisme, il dédaigna les titres et le régime nouveau de la cour. Il n'y eut, après le règne de ce prince, que l'aristocratie de fraîche invention qui se pût soutenir, parce que l'ordre ecclésiastique dont elle dérivait s'établit : ce qui retraçait l'ancienne aristocratie disparut; les souvenirs ne surmontent point les mœurs; en voici la preuve.

Constantin avait formé, dans son autre Rome, un patriciat à l'instar du corps fameux qu'immortalisèrent tant de grands citoyens. Cette noblesse ressuscitée acquit si peu de considération, qu'on rougissait presque d'en faire partie. On proposa vainement de soutenir sa pauvreté par des pensions [1], de masquer par un langage, par des habits, des us et coutumes d'autrefois, une naissance d'hier : les priviléges ne sont pas des ancêtres; l'homme ne se peut ôter les jours qu'il a, ni se donner ceux qu'il n'a pas. Les sénateurs de Constantin demeurèrent

---

[1] ..... Nec a stultitia ulla re honor iste videretur...Ac tunc quidem et latifundiorium et pecuniarum auctoramento illecti, munera hæc escam quamdam esse putabant, qua ad illic figendum domicilium attrahebantur. (THEMISTII *Orat.* III, p. 48; Parisiis, 1634.)

écrasés sous le nom antique et éclatant de *Patres conscripti*, dont on outrageait leur récente obscurité.

En embrassant le christianisme et fondant l'Église, en fixant les Barbares dans l'Empire, en établissant une noblesse titrée et hiérarchique, Constantin a véritablement engendré ce moyen âge[1] dont on place la naissance, je l'ai déjà dit, cinq siècles trop tard.

Ce prince ne monta point au Capitole après sa victoire sur Maxence, et sembla répudier avec les dieux la gloire de la ville éternelle. Il publia un édit favorable aux chrétiens, et plus tard un second édit pour les confesseurs et martyrs. Il accorda des immunités et des revenus aux églises, et des priviléges aux prêtres. Il ne fit point aux papes la donation inventée au huitième siècle par Isidore, mais il leur céda le palais de Latran, palais de l'impératrice Fausta, et il y bâtit l'édifice connu sous le nom de Basilique de Constantin[2].

Le supplice de la croix fut prohibé[3]; la vacation du dimanche[4] et peut-être la sanctification du samedi ou du vendredi[5], devinrent coutumières. L'idolâtrie fut condamnée, et toutefois la liberté du culte laissée aux idolâtres; nonobstant quoi divers temples furent dépouillés et quelques-uns démolis[6]. Hélène renversa, à Jérusalem, le simulacre de Vénus, découvrit le saint sépulcre et la vraie croix, bâtit l'église de la Résurrection, celle de l'Ascension, sur le mont des Oliviers, celle de la Crèche, à Bethléem. Eutropia, mère de l'impératrice Fausta, remplaça

---

[1] Il faut entendre cette expression dans le sens général : le moyen âge proprement dit n'a guère commencé qu'à Robert, fils de Hugues Capet, et il a fini à Louis IX. — [2] On croit que Constantin fit encore bâtir à Rome six autres églises : Saint-Pierre au Vatican, Saint-Paul hors des murs, Sainte-Croix de Jérusalem, Sainte-Agnès, Saint-Laurent hors des Murs, Saint-Marcelin et Saint-Pierre, martyrs. Des domaines en Italie, en Afrique et dans la Grèce, formaient à l'église de Latran un revenu de 13,934 sous d'or. D'autres églises, à Ostie, à Albe, à Capoue, à Naples, possédaient un revenu de 17,717 sous d'or. Ces églises avaient encore une redevance en aromates dans l'Égypte et l'Orient. L'église de Saint-Pierre était propriétaire de maisons et de terres à Antioche, à Tharse, à Tyr, à Alexandrie et à Cyr, dans la province de l'Euphrate. Ces terres fournissaient du nard, du baume, du storax, de la cannelle et du safran, pour les lampes et les encensoirs. Toutes ces dotations se composaient des immeubles confisqués sur les martyrs, et dont il ne se trouvait point d'héritiers, du revenu des temples détruits et des jeux abolis. Anastase, le bibliothécaire, des compilations duquel nous tirons ces détails, donne un catalogue des vases d'or et d'argent employés au service de ces églises; le voici : « Hic fecit in urbe Roma ecclesiam in prædio qui cognominabatur Equitius. Patenam argenteam pensantem libras viginti, ex dono Aug. Constantini. Donavit autem scyphos argenteos duos, qui pensaverunt singuli libras denas, calicem aureum pensantem libras duas, calices ministeriales quinque pensantes singuli libras binas; amas argenteas binas; pensantes singulæ libras denas; patenam argenteam; chrismatem auro clusum pensantem libras quinque; phara coronata decem pensantia singula libras octonas; phara ærea viginti pensantia singula libras denas; canthara cerostrata duodecim ærea pensantia libras tricenas.»(ANAST., *Bibliothec., de Vit. pontificum roman.*, pag. 13.) — [3] AUREL. VICT., pag. 526. — [4] *Cod. Just.*, lib. III, de Fer. — [5] EUS., *Vit. Const.*, lib. IV, cap. XVIII; SOZOM., lib. I, cap. XVIII. — [6] En particulier, les temples d'Aphaque sur le mont Liban, d'Héliopolis en Phénicie, et les temples d'Esculape et d'Apollon en Cilicie.

par un oratoire chrétien, au chêne de Mambré, un autel profane. Constantine, Maïum, échelle ou port de Gaza, d'autres villes ou d'autres villages, embrassèrent la religion du Christ[1]. Ne semble-t-on pas entrer dans le monde moderne, en reconnaissant les lieux et les noms familiers à nos yeux et à notre mémoire?

Des lois de Constantin rendent la liberté à ceux qui étaient retenus contre leur droit en esclavage[2], permettent l'affranchissement dans les églises devant le peuple, sur la simple attestation d'un évêque[3]; les clercs même avaient le pouvoir de donner la liberté à leurs esclaves, par testament ou par concession verbale, ce qui, sans les désordres des temps, aurait affranchi tout d'un coup une nombreuse partie de l'espèce humaine. D'autres lois défendent les concubines aux personnes mariées[4], ordonnent la salubrité des prisons, interdisent les cachots[5], exceptent de la confiscation ce qui a été donné aux femmes et aux enfants avant le délit des maris et des pères, proscrivent des choses infâmes et les combats de gladiateurs[6]. Ces divers règlements n'eurent pas d'abord leur plein effet, mais ils signalent les premiers moments de l'établissement légal du christianisme, par la condamnation de l'idolâtrie, de l'esclavage, de la prostitution et du meurtre.

Constantin eut à s'occuper des hérésies : dans l'Occident, celle des donatistes fut anathématisée à Arles; dans l'Orient, la doctrine d'Arius exigea la convocation du premier concile œcuménique. La question théologique intéresse peu aujourd'hui[7]; mais le concile de Nicée est resté un événement considérable dans l'histoire de l'espèce humaine. On eut alors la première idée, et l'on vit le premier exemple d'une société existant en divers climats, parmi les lois locales et privées, et néanmoins indépendante des princes et des sociétés sous lesquels et dans lesquelles elle était placée; peuple formant partie des autres peuples, et cependant isolé d'eux, mandant ses députés de tous les coins de l'univers à traiter des affaires qui ne concernaient que sa vie morale et ses relations avec Dieu. Que de droits tacitement reconnus par ce bris des scellés du pouvoir sur la volonté et sur la pensée!

Pour la première fois encore, depuis les jours de Moïse, émancipateur de l'homme au milieu des nations esclaves de l'ignorance et de la force, se renouvela la manifestation divine du Sinaï; comme autour du camp des Hébreux, les idoles étaient debout autour du concile de

---

[1] Socrat., lib. I, cap. XVII; Sozom., lib. II, cap. I, IV; Euseb., *Vit. Const.*, lib. IV, cap. XXXVII. — [2] *Cod. Theod.*, t. I, p. 447. — [3] *Cod. Just.*, tom. XIII, lib. I; *Cod. Theod.*, tom. I, p. 354; Sozom., lib. I, cap. IX. — [4] *Cod. Just.*, tom. XXVI, p. 464. — [5] *Cod. Theod.*, tom. III, p. 33. — [6] *Cod. Theod.*, tom. V, p. 397; Euseb., *Vit. Const.*, lib. IV, cap. XXV; Socrat., lib. I, cap. XVIII. — [7] J'y reviendrai dans le tableau des hérésies.

Nicée, lorsque les interprètes de la nouvelle loi proclamèrent la suprême vérité du monde : l'existence et l'unité de Dieu. Les fables des prêtres, qui avaient caché le principe vivant, les mystères dans lesquels les philosophes l'avaient enveloppé, s'évanouirent : le voile du sanctuaire fut déchiré avec la croix du Christ; l'homme vit Dieu face à face. Alors fut composé ce symbole que les chrétiens répètent, après quinze siècles, sur toute la surface du globe; symbole qui expliquait celui dont les apôtres et leurs disciples se servaient comme de mot d'ordre pour se reconnaître : en les comparant, on remarque les progrès du temps et l'introduction de la haute métaphysique religieuse dans la simplicité de la foi.

« Nous croyons en un seul Dieu, père tout-puissant, créateur de toutes choses visibles et invisibles, et en un seul Seigneur Jésus-Christ, fils unique de Dieu, engendré du Père, c'est-à-dire de la substance du Père, Dieu de Dieu, lumière de lumière, vrai Dieu de vrai Dieu, engendré et non fait, consubstantiel au Père, par qui toutes choses ont été faites au ciel et sur la terre.... Nous croyons au Saint-Esprit [1]. »

Le concile de Nicée a fait ces choses immenses; il a proclamé l'unité de Dieu et fixé ce qu'il y avait de probable dans la doctrine de Platon. Constantin, dans une harangue aux Pères du concile, déclare et approuve ce que ce philosophe admet : un premier Dieu suprême, source d'un second; deux essences égales en perfections, mais l'une tirant son existence de l'autre, et la seconde exécutant les ordres de la première. Les deux essences n'en font qu'une; l'une est la raison de l'autre, et cette raison étant Dieu, est aussi fils de Dieu [2].

Et quels étaient les membres de cette convention universelle réunie pour reconnaître le monarque éternel et son éternelle cité? Des héros du martyre, de doctes génies, ou des hommes encore plus savants par l'ignorance du cœur et la simplicité de la vertu. Spyridion, évêque de Trimithonte, gardait les moutons et avait le don des miracles [3]; Jacques, évêque de Nisibe, vivait sur les hautes montagnes, passait l'hiver dans une caverne, se nourrissait de fruits sauvages, portait une tunique de poil de chèvre et prédisait l'avenir [4]. Parmi ces trois cent dix-huit évêques, accompagnés des prêtres, des diacres et des acolytes, on remarquait des vétérans mutilés à la dernière persécution : Paphnuce, de la Haute-Thébaïde, et disciple de saint Antoine, avait l'œil droit crevé

---

[1] FLEURY, *Hist. ecclés.*, liv. II, pag. 122. — [2] CONST. MAG., *in Orat. sanctor. cœt.*, cap. IX. — [3] Hic pastor ovium, etiam in episcopatu positus permansit. Quadam vero nocte cum ad caulas fures venissent, et manus improbas quo aditum educendis ovibus facerent extendissent, invisibilibus quibusdam vinculis restricti, usque ad lucem velut traditi tortoribus permanserunt. (RUF., lib. I, cap. V.) — [4] Jacobus enim episcopus Antiochiæ Mygdoniæ, quam Syri vulgo et Assyri Nisibim appellant, plurima fecit miracula. (THÉODOR., lib. I, cap. III, pag. 24.)

et le jarret gauche coupé[1] ; Paul de Néocésarée, les deux mains brûlées[2] ; Léonce de Césarée, Thomas de Cyzique, Marin de Troade, Eutychus de Smyrne, s'efforçaient de cacher leurs blessures, sans en réclamer la gloire. Tous ces soldats d'une immense et même armée ne s'étaient jamais vus ; ils avaient combattu sans se connaître, sous tous les points du ciel, dans l'action générale, pour la même foi.

Entre les hérésiarques se distinguaient Eusèbe de Nicomédie, Théognis de Nicée, Maris de Chalcédoine, et Arius lui-même, appelé à rendre compte de sa doctrine devant Athanase, qui n'était alors qu'un simple diacre attaché à Alexandre, évêque d'Alexandrie.

Des philosophes païens étaient accourus à ce grand assaut de l'intelligence. Vous venez de voir que Constantin même, dans une harangue, s'expliqua sur la doctrine de Platon. Un vieillard laïque, ignorant et confesseur, attaqua l'un de ces philosophes fastueux, et lui dit tout le christianisme en peu de mots : « Philosophe, au nom de Jésus-Christ, écoute : Il n'y a qu'un Dieu qui a tout fait par son Verbe, tout affermi par son Esprit. Ce Verbe est le fils de Dieu ; il a pris pitié de notre vie grossière, il a voulu naître d'une femme, visiter les hommes et mourir pour eux. Il reviendra nous juger selon nos œuvres[3]. »

Constantin ouvrit en personne le concile le 19 juin, l'an 325. Il était vêtu d'une pourpre ornée de pierreries : il parut sans gardes et seulement accompagné de quelques chrétiens. Il ne s'assit sur un petit trône d'or au fond de la salle, qu'après avoir ordonné aux Pères, qui s'étaient levés à son entrée, de reprendre leurs sièges. Il prononça une harangue en latin, sa langue naturelle et celle de l'Empire ; on l'expliquait en grec. Le concile condamna la doctrine d'Arius malgré une vive opposition, promulgua vingt canons de discipline, et termina sa séance le vingt-cinquième d'août de cette même année 325.

Transportez-vous en pensée dans l'ancien monde pour vous faire une idée de ce qu'il dut éprouver, lorsqu'au milieu des hymnes obscènes, enfantines ou absurdes à Vénus, à Bacchus, à Mercure, à Cybèle, il entendit des voix graves chantant au pied d'un autel nouveau : « O Dieu, nous te louons ! Ô Seigneur, nous te confessons ! Ô Père éternel,

---

[1] Paphnutius, homo Dei, episcopus ex Ægypti partibus confessor, ex illis quos Maximianus dexteris oculis effossis et sinistro poplite succiso, per metalla damnaverat. (Ruff., lib. 1, cap. IV.) — [2] Paulus vero, episcopus Neocæsare, ambabus manibus fuerat debilitatus, candente ferro eis admoto. (Théod., lib. 1, cap. VII, p. 25.) — [3] Dialectici quibusdam sermonum prolusionibus... sese exercebant... Laicus quidam, ex confessorum numero, recto ac simplici præditus sensu, cum dialecticis congreditur, hisque illos verbis compellavit. « Christus et apostoli non artem nobis dialecticam, nec inanem versutiam tradiderunt, sed apertam ac simplicem sententiam, quæ fide bonisque actibus custoditur. » Quæ cum dixisset, omnes qui aderant, admiratione perculsi, ei assenserunt. (Socrat., *Hist. eccles.*, lib. 1, cap. VIII, pag. 10.)

toute la terre te révère ! » La prière latine composée pour les soldats n'était pas moins explicite que l'hymne de saint Ambroise et de saint Augustin [1].

L'esprit humain se dégagea de ses langes : la haute civilisation, la civilisation intellectuelle, sortie du concile de Nicée, n'est plus retombée au-dessous de ce point de lumière. Le simple catéchisme de nos enfants renferme une philosophie plus savante et plus sublime que celle de Platon. L'unité d'un Dieu est devenue une croyance populaire : de cette seule vérité reconnue date une révolution radicale dans la législation européenne, longtemps faussée par le polythéisme, qui posait un mensonge pour fondement de l'édifice social.

Cependant (telle est la difficulté de se tenir dans les régions de la pure intelligence!), tandis que le polythéisme et la religion corporelle tendaient à sortir des nations, ils y rentraient par une double voie : les philosophes, pour se rendre accessibles au vulgaire, inventaient les *génies*; et les chrétiens, pour envelopper dans des signes sensibles la haute spiritualité, honoraient les *saints* et les *reliques*.

On a conservé le catalogue des prélats qui portèrent les décrets du concile aux diverses Églises [2]. Les Germains et les Goths connaissaient la foi; Frumence l'avait semée en Éthiopie, une femme esclave l'avait donnée aux Ibériens, et des marchands de l'Osroëne à la Perse. Tiridate, roi d'Arménie, professa le christianisme avant les empereurs romains.

Au surplus, Constantin se mêla trop des querelles religieuses où l'entraînèrent quelques femmes de sa famille, et les obsessions des évêques des deux partis. Après avoir exilé Arius, il le rappela, et bannit Athanase, qui remplaça Alexandre sur le siége d'Alexandrie. Arius expira tout à coup à Constantinople en rendant ses entrailles, lorsque Eusèbe de Nicomédie s'efforçait de le ramener triomphant [3]. Le vieil évêque Alexandre avait demandé à Dieu sa propre mort ou celle de l'hérésiarque, selon qu'il était plus utile à la manifestation de la vérité [4].

---

[1] Te solum agnoscimus Deum, te regem profitemur; te adjutorem invocamus. Tui muneris est quod victorias retulimus, quod hostes superavimus : tibi ob præterita jam bona gratias agimus, et futura a te speramus. Tibi omnes supplicamus, utque imperatorem nostrum Constantinum, una cum piissimis ejus liberis incolumem et victorem diutissime nobis serves, rogamus. — Hoc die solis a militaribus numeris fieri, et hæc verba interprecandum ab iis proferri præcipit. (Euseb. Pamph., *de Vit. Const.*, lib. iv, pag. 443.) — [2] Hosius, episcopus Cordulæ, sanctis Dei Ecclesiis quæ Romæ sunt, et in Italia et Hispania tota, et in reliquis ulterius nationibus usque ad Oceanum commorantibus, per eos qui cum ipso erant, romanos presbyteros Vitonem et Vincentium. (Gelasii Cyziceni, *Act. Concil. Nicæn.*, lib. iii, p. 807, *in Concil. gener. Eccles. cath.*, tom. i; Romæ, 1608. — [3] Eusebianis satellitum instar eum stipantibus per mediam civitatem magnifice incedebat. (Socrat., *Histor. ecclesiast.*, lib. i, cap. xxxviii, p. 63.) — [4] Cum orasset Alexander ac rogasset Dominum, ut aut ipsum auferret... Votum sancti impletum est... nam Arius... crepuit. (Epiphan., *episc.*

Constantin défit successivement les Sarmates et les Goths, et reçut des députations des Blemmyes, des Indiens, des Éthiopiens et des Perses. Il se déclara l'auxiliaire des Sarmates dans une guerre que ceux-ci eurent à soutenir contre les Goths; puis il contracta une nouvelle alliance avec les derniers, qui s'engagèrent à lui fournir quarante mille soldats appelés *fœderati*, alliés [1]. Les Sarmates avaient armé leurs esclaves; chassés par ces mêmes esclaves, ils sollicitèrent et obtinrent des terres dans l'Empire [2].

Sapor II, alors assis sur le trône de la Perse, portait un nom fatal aux empereurs romains. Son père, Hormisdas II, laissa en mourant sa femme enceinte. Les mages déclarèrent qu'elle accoucherait d'un fils; ils mirent la tiare sur le ventre de cette reine, et l'embryon roi, Sapor, fut couronné dans les entrailles de sa mère [3]. Ce fut à ce prince que Constantin écrivit une lettre en faveur des chrétiens, lui rappelant la catastrophe de Valérien, puni pour les avoir persécutés. Sapor se put souvenir de cette lettre lorsque Julien marcha contre lui. Le monarque des Perses avait un frère aîné exilé, Hormisdas, que vous retrouverez à Rome.

Constantin, heureux comme monarque, n'échappa pas au malheur comme homme. Les calamités qui désolèrent la famille du premier Auguste païen semblèrent se reproduire dans la famille du premier Auguste chrétien.

De Minervine, sa première femme, Constantin avait eu Crispus, prince de valeur et de beauté, élevé par Lactance. Soit que le fils de Minervine inspirât une passion à Fausta, sa marâtre; soit que Fausta fût jalouse pour ses propres enfants des grandes qualités de Crispus, elle l'accusa auprès de son mari [4], et renouvela la tragique aventure de Phèdre. Constantin fit mourir son fils, ainsi que le jeune Licinius son neveu, âgé de onze ans : Crispus eut la tête tranchée à Pôle, en Istrie [5]. Bientôt instruit par sa mère Hélène de l'innocence de Crispus et des

---

Constantiæ, opus contra octoginta hæreses, lib. II, pag. 321. Parisiis, 1564.) — Petitio Alexandri erat hujusmodi : ut si quidem recta esset Arii sententia, ipse diem disceptioni præstitutum nusquam videret; sin vera esset fides quam ipse profiteretur, ut Arius impietatis pœnas lueret. (SOCRAT., lib. I, cap. XXXVII, pag. 61.)

[1] Nam et dum famosissimam et Romæ æmulam in suo nomine conderet civitatem, Gothorum interfuit operatio, qui, fœdere inito cum imperatore, XL suorum millia illi in solatia contra gentes varias obtulere; quorum et numerus et militia usque ad præsens in republica nominantur, id est *fœderati*. (AMM., pag. 648; AUR. VICT., pag. 527; JORN., *de Reb. got.*, pag. 640, cap. 221.) — [2] EUS, *Vit. Const.*, p. 529; AMM., p. 476; JORN., pag. 641. — [3] Qui, cum responderent masculam prolem parituram, nihil ultra morati sunt, sed, cidari utero imposita, embryum regem pronuntiarunt. (*Agathiæ scholast.*, lib. IV, p. 185; Paris, 1670.) — [4] Crispum filium Cæsaris ornatum titulo quod in suspicionem venisset quasi cum Fausta noverca consuesceret, nulla ratione juris naturalis habita sustulit. (ZOSIM., *Histor.*, lib. II, p. 34; Basileæ.) — [5] HIER., *Ch. Eutr.*, p. 588; AMM., lib. XIV, p. 29.

mœurs dépravées de Fausta, Constantin ordonna la mort de cette femme, qui fut étouffée dans un bain chaud [1]. Les chrétiens et les gentils jugèrent diversement ces actions : saint Chrysostome en conclut qu'il ne faut ni désirer la puissance, ni chercher d'autre félicité que celle de la vertu et du ciel [2]; le philosophe Sopâtre, consulté par Constantin, selon Zosime, déclara que la religion des Grecs n'avait point d'expiation pour de pareils crimes [3]. Cependant l'idolâtrie avait trouvé des dieux indulgents pour Néron et Tibère.

Est-il vrai que Constantin se repentit, qu'il passa quarante jours dans les larmes, qu'il éleva à Crispus une statue d'argent à tête d'or, avec cette inscription : « A mon fils malheureux, mais innocent [4]? » L'autorité sur laquelle repose ce fait est suspecte. Dieu ne demandait point à Constantin une statue de Crispus; il lui demanda le reste de sa famille.

Constantin ne reçut le baptême que peu d'instants avant sa mort, à Achiron, près de Nicomédie. Il avait témoigné le désir d'être baptisé dans les eaux du Jourdain, comme le Christ; le temps lui manqua. Dépouillé de la robe de pourpre pour quitter les royaumes de la terre, et revêtu de la robe blanche pour solliciter les grandeurs du ciel, le premier empereur chrétien expira à midi, le jour de la Pentecôte. Trois cent trente-sept ans s'étaient écoulés depuis que la religion chrétienne était née parmi des bergers dans une étable : Constantin la laissait sur ce trône du monde dont elle n'avait pas besoin.

Constantin [5] avait eu trois frères de père, par Théodora, belle-fille de Maximien Hercule; savoir : Dalmatius, Jules Constance, Annibalien.

Dalmatius mourut et laissa un fils de son nom, fait césar, et un autre fils, Claudius Annibalien, nommé roi du Pont et de l'Arménie.

Jules Constance eut de Galla, sa première femme, Gallus, et de Basiline, sa seconde femme, Julien. On ignore la postérité d'Annibalien, ou l'on n'en sait rien de précis.

Les frères, les neveux et les principaux officiers de Constantin furent

---

[1] Nam cum balneum accendi supra modum jussisset, eique Faustam inclusisset, mortuam inde extraxit. (Zosim., *Hist.*, lib. II, p. 31; Basileæ.) — [2] Αὐτὸς δὲ ὁ νῦν κράτων οὐχὶ ἐξ οὗ τὸ διάδημα περιέπετο ἐν πόνοις... Ἀλλὰ οὐχ ἡ βασίλεια τοιαύτη τῶν οὐρανῶν. Alter vero qui nunc rerum potitur, nonne ex quo diadema gestat, perpetuo versatur in laboribus, molestiis, calamitatibus?... At non hujusmodi cœlorum regnum. (S. J. Chrysostom., *ad Philip.*, homel. XV, tom. XI, p. 319.) — [3] Ad flamines accedens, admissorum lustrationes poscebat : illis respondentibus non esse traditum lustrationis modum qui tam fœda piacula posset eluere. (Zosim., *Hist.*, lib. II, pag. 31; Basileæ.) — [4] Tandem permotus pœnitentia integros quadraginta dies illum luxit, tanta animi ægritudine, ut nunquam lavaret corpus, nec lecto recumberet. Præterea statuam ei posuit ex argento puro et ex parte inauratam præter caput, quod ex puro auro confectum erat : inscriptis in fronte his versibus : *Filius meus injuria affectus* (ὁ ἠδικημένος υἱός μου). Georg. Codin., *de Antiquitatibus Constantinopolitanis*, p. 34; Parisiis, 1650. — [5] Constance, emp. Jules 1er, Liberius, papes. An de J.-C. 338-361.

massacrés après sa mort, à l'exception des deux fils de Jules Constance. Les causes de cette conspiration spontanée de l'armée et du palais, que rien n'avait semblé présager, ne sont pas clairement expliquées : l'authenticité de l'écrit posthume de Constantin, et dans lequel il déclarait à ses trois fils avoir été empoisonné par ses deux frères, est à bon droit suspecte. Constance immola-t-il à la seule fureur de son ambition ses deux oncles, sept de ses cousins, le patricien Optatus et le préfet Ablavius? Mais il restait à Constance des frères qui n'étaient pas alors en sa puissance. Julien, saint Athanase, saint Jérôme, Zosime, Socrate, autorités si contraires, se réunissent néanmoins pour charger sa mémoire [1]. Il est probable que ces meurtres furent le fruit des diverses passions combinées avec la politique du despote, qui enseigne à chercher le repos dans le crime. Le paganisme, l'hérésie, la turbulence militaire, trouvèrent des satisfactions et des vengeances dans cette extermination de la famille impériale.

L'Empire demeura partagé entre les trois fils de Constantin : Constantin, Constance et Constant. Constantin et Constant prirent les armes l'un contre l'autre; Constantin périt auprès d'Aquilée[2], dès la première campagne; Constant, seul maître de l'Occident, fut attaqué par les Franks; et Libanius nous a laissé, à l'occasion de cette guerre, quelques détails sur les mœurs et le caractère de nos ancêtres[3].

Magnence, Barbare d'origine et chef des joviens et des herculéens, salué auguste par ses amis, obligea Constant à prendre la fuite, et le fit assassiner au pied des Pyrénées. Ce prince ne trouva qu'un seul homme qui voulût s'associer à sa mauvaise fortune : c'était un Frank nommé Laniogaise [4], plus fidèle au malheur des rois qu'à leur autorité.

L'unique fils de Constantin qui restât alors, Constance, après avoir mal combattu les Perses, après avoir dépouillé Vétranion, usurpateur de la pourpre en Illyrie; après avoir refusé de traiter avec Magnence, vainquit celui-ci à Murza [5] : bientôt après, il le réduisit à se tuer.

Avant d'obtenir ce succès, une faute avait été commise; elle montre le degré de faiblesse et de misère auquel l'empire était déjà descendu : retenu en Orient par des affaires graves, Constance, lorsqu'il apprit la révolte des Gaules, invita les Allamans à passer le Rhin, afin d'arrêter les forces de Magnence. Les Allamans obéirent, et, depuis la source du

---

[1] Julian., ad Athen., Ath. ad Solit., Vit. Agent., tom. I, pag. 856; Hier., Chr.; Zos., Hist., pag. 692; Socr., Hist. eccl., lib. III, cap. 1, p. 165. — [2] Eutr.; Aurel. Vict., Epit. — [3] Liban., orat. III, p. 138. — [4] Zos., lib. II, p. 693; Vict., Epit ; Eutr.; Hieron., Chr.; Idac., Chr., an. 350; Amm., lib. XV, cap. V. Laniogaiso... solum adfuisse morituro Constanti supra retulimus. — [5] Il resta cinquante mille hommes sur le champ de bataille, selon Victor, et il prétend que les Romains ne se relevèrent jamais de cette perte.

Rhin jusqu'à son embouchure, ils occupèrent trente lieues de pays en largeur, sans compter celui qu'ils ravageaient.

Les panégyristes affirment que Constance, héritier de tous les États de son père, usa bien de sa victoire; les historiens assurent qu'il ne put porter sa fortune. Durant ces discordes, on voit des capitaines franks et des corps franks servir différents partis, des évêques aller d'un camp à l'autre en qualité d'ambassadeurs; à la bataille de Murza, l'empereur se retire dans une église pour prier; il eût mieux fait de combattre : ce n'est déjà plus le monde antique.

On fixe au règne de Constance le règne des eunuques, jusqu'alors abîmés sous le poids des édits. Ces hommes (excepté trois ou quatre, doués du génie militaire), en butte au mépris public, se réfugièrent dans les sentines du palais : trop dégradés pour les affaires publiques, ils s'enfoncèrent aux intrigues de la cour, et se dédommagèrent par la virilité de leurs vices de l'impuissance de leurs vertus. Eusèbe, eunuque, chambellan et favori de Constance, dans son triple état de bassesse, fit prononcer la sentence de mort de Gallus.

Gallus et Julien, neveux de Constantin et cousins de Constance, avaient, le premier douze ans, et le second six, quand arriva le massacre de la famille impériale. Marc, évêque d'Aréthuse, avait sauvé Julien, qui fut caché dans le sanctuaire d'une église [1] : Gallus, épargné comme malade et près de mourir, ne sembla pas valoir la peine d'être tué.

L'enfance de ces deux princes fut environnée de soupçons et de périls; ils demeurèrent six ans enfermés dans la forteresse de Macellum, ancien palais des rois de Cappadoce. Gallus, à vingt-cinq ans, honoré du titre de césar par Constance, épousa la princesse Constantina, fille de Constantin le Grand, et veuve d'Annibalien, roi du Pont et de l'Arménie. Il établit sa résidence à Antioche, d'où il gouverna ce qu'on appelait alors les cinq diocèses de la préfecture orientale.

Passé de la solitude à la puissance, Gallus transporta l'inquiétude et l'âpreté de la première dans la placidité et la modération nécessaires à la seconde : il devint un tyran bas et cruel, livré aux espions, espion lui-même. Il s'en allait déguisé dans les lieux publics : son travestissement ne l'empêchait pas d'être reconnu, car Antioche était éclairée la nuit d'une si grande quantité de lumières, qu'on y voyait comme en plein jour [2], ce qui rappelle la police des villes modernes. Constantina,

---

[1] Naz., orat. III, pag. 90; Roll., XXII; Mart., gr., pag. 16. — [2] *Ubi pernoctantium luminum claritudo dierum solet imitari fulgorem.* (Amm., lib. XIV, cap. I.) De quelle manière Antioche était-elle éclairée? Le texte de l'historien ne l'explique pas. Ammien Marcellin, qui décrit minutieusement les machines de guerre, n'a pas cru devoir entrer dans le détail d'un usage journalier. Comme il est sujet à l'enflure du style, il ne faut pas prendre trop à la lettre la grande clarté dont il fait ici mention. Saint Jérôme (epist. XIV) parle des feux qu'on allumait sur les places publiques,

femme de Gallus, était encore plus que lui altérée de sang et de rapine : on l'accusait de prendre en secret le titre d'*augusta*[1], dans l'intention de donner publiquement celui d'auguste à son mari.

Mandé à la cour de Milan après le massacre de deux ministres que lui avait envoyés l'empereur, Gallus eut l'imprudence d'obéir[2]. La lettre qui l'appelait était pleine de protestations d'amitié et de services. Il fut arrêté à Pettau, conduit à Flone en Istrie, dépouillé de la chaussure des césars, interrogé par l'eunuque Eusèbe, condamné à mort, et exécuté non loin de Pôle, où vingt-huit ans auparavant Crispus avait été décapité[3]. Que de têtes, l'effroi des peuples, furent abattues par le bourreau[4] !

Les Isaures et les Sarrasins désolaient l'Asie[5] ; les Franks et les autres Germains continuaient leurs courses transrhénanes ; Rome se soulevait pour du vin au milieu de ses débauches et de ses spectacles[6]. Constantin et Constance singulièrement attachés aux Barbares, et les ayant promus à presque toutes les charges de l'État, il se trouva que Silvain, fils de Bonit, chef frank, commandait l'infanterie romaine dans les Gaules : c'était un homme doux et de mœurs polies, quoique né d'un père barbare ; *il savait même souffrir,* dit l'histoire en parlant de lui. On l'accusa d'aspirer à la pourpre, et il était fidèle ; la calomnie en fit un traître : il prit l'empire comme un abri. Vingt-huit jours après son usurpation, obligé de chercher un plus sûr asile, il n'eut pas le temps d'y entrer : il fut tué par ses compagnons lorsqu'il essayait de se réfugier dans une église[7].

Alors les Franks, les Allamans, les Saxons, se précipitèrent de nouveau sur les Gaules, dévastèrent quarante villes le long du Rhin, se saisirent de Cologne, et la ruinèrent[8]. Les Quades et les Sarmates pillaient la Pannonie et la Haute-Mœsie[9] ; les généraux de Sapor troublaient la Mésopotamie et l'Arménie : ce fut l'époque de l'élévation de Julien.

Jusqu'à l'âge de quinze ans, Julien reçut sa première éducation d'Eusèbe, évêque de Nicomédie, qui menait à la cour l'intrigue arienne, et de l'eunuque Mardonius, personnage grave, Scythe de nation, grand

---

à la lueur desquels on se rassemblait, et l'on disputait sur les intérêts du moment. *Dum audientiam et circulum lumina jam in plateis accensu solverent, et inconditam disputationem nox interrumperet.*

[1] Philostorge, *Hist. eccl.,* lib. III, cap. ccxxii. — [2] Constantina mourut en route à Cène, village de Bithynie. — [3] Amm., lib. xiv, cap. xi. — [4] *Quot capita, quæ horruere gentes, funesti carnifices absciderunt!* — [5] Amm., lib. xiv, pag. 3 et seq. — [6] *Id*, ibid. — [7] *Id.,* lib. xv, cap. v; Aur. Vict., *Epit.*; Eutr.; Hier. *Chr.* Selon Ammien, Silvain était déjà retiré dans une petite chapelle chrétienne ; on l'en arracha tout tremblant pour le massacrer. *Silvanum extractum ædicula, quo exanimatus confugerat, ad conventiculum ritus christiani tendentem, densis gladiorum ictibus trucidarunt.* — [8] Zos., lib. III, p. 702; Amm., lib. xv. — [9] Zosim., lib. III, p. 702.

admirateur d'Hésiode et d'Homère. Le futur apostat fut ensuite réuni à Gallus dans la forteresse de Macellum : il apprit de bonne heure à se contraindre, et parut se plaire aux vérités de la foi. Lorsque Gallus eut été nommé césar, Julien obtint la permission de suivre ses études à Constantinople, sous la surveillance d'Hérébole, d'abord chrétien, puis infidèle avec son élève, puis chrétien encore après la mort de celui-ci[1]. Julien visita les écoles de l'Ionie : Constance même favorisait les exercices de son cousin, dans l'espoir que les livres lui feraient oublier l'empire; mais bientôt la supériorité de l'écolier, même dans les lettres, l'alarma.

Après la mort de Gallus, Julien, conduit à Milan, étroitement gardé pendant sept mois, fut enfin relégué à Athènes. Il y rencontra, avec saint Basile et saint Grégoire de Nazianze, une foule de rhéteurs qui achevèrent de le gagner à leurs doctrines : il prit toutes les allures du philosophe. Universellement instruit, sa mémoire égalait son intelligence : il pensait et il écrivait en grec, mais il se servait aussi du latin[2]. Les Gaules étant désolées par les Franks et les Allamans, l'impératrice Eusébie décida Constance à créer Julien césar, afin de l'opposer aux Barbares. Le disciple de Platon reçut la lettre qui l'appelait au rang suprême comme un arrêt de mort : il leva les mains vers ce temple dont les admirables ruines ne semblent avoir été conservées qu'afin d'attester la beauté de l'ancienne liberté grecque à cette liberté renaissante. Julien monte à la citadelle, embrasse les colonnes du Parthénon, les mouille de ses larmes, implore la protection de la déesse. Il s'éloigne ensuite de l'immortelle cité, où des déclamateurs et des sophistes foulaient les cendres de Démosthènes et de Socrate, mais où Minerve régnait encore par le génie de Phidias et de Périclès.

Arrivé à Milan, il traça ces mots pour l'impératrice : « Puisses-tu avoir des enfants! que Dieu t'accorde ce bonheur et d'autres prospérités! mais, je t'en conjure, laisse-moi retourner à mes foyers[3]. » C'était ainsi que Julien appelait la Grèce. Le billet écrit, il n'osa l'envoyer, arrêté qu'il fut, dit-il, par les menaces des dieux : l'Apostat prit la voix de l'ambition pour l'ordre du ciel.

Les officiers du palais s'emparèrent de l'étudiant d'Athènes, le dépouillèrent du manteau et de la barbe du philosophe, et le revêtirent de l'habit du soldat. Il a peint lui-même sa gaucherie dans ce nouvel accoutrement, son embarras à la cour et les railleries des eunuques[4]. La dernière partie de l'éducation de Julien avait été populaire; il assistait aux cours des rhéteurs à Constantinople, comme les autres

---

[1] Amm., lib. xv, cap. xii. — [2] Epist. ix, lvi, or. iii; Eutrop., lib. xv.; Eunap., Vit. Max.; Liban., or. x; Socr., lib. iii. — [3] Julian., ad Ath. — [4] Id., ibid.

élèves : en se plongeant dans les mœurs publiques, il y puisa des enseignements qui manquent à l'éducation privée des princes.

Constance, le sixième jour de novembre, l'an de Jésus-Christ 335, ayant assemblé à Milan les légions, proclama Julien césar. L'orphelin dans la pourpre, au milieu des meurtriers de sa famille, répétait tout bas un vers d'Homère : « La mort *pourprée* et son invincible destin l'enlevèrent. »

Après avoir épousé Hélène, sœur de l'empereur, Julien partit pour son gouvernement des Gaules, auquel on avait ajouté la Grande-Bretagne, et peut-être l'Espagne [1]. Eusébie lui donna des livres, ses conseillers ; Constance, des valets, ses maîtres [2]. Tenu dans une tutelle jalouse, il ne pouvait ni prendre seul une résolution, ni intimer un ordre, ni changer un domestique : tout était réglé dans son intérieur par les ordres de Constance, jusqu'aux mets de sa table ; aucune lettre ne lui parvenait qu'elle n'eût été lue : il se sevrait de la compagnie de ses amis dans la crainte de les compromettre et de s'exposer lui-même à sa perte. A peine mit-on à sa disposition quelques soldats [3]. Sa seule consolation, en entrant dans le pays ravagé que l'on confiait à son inexpérience, fut de rencontrer une vieille femme aveugle, qui le salua du nom de restaurateur des temples [4].

Durant les cinq années que Julien gouverna les Gaules, il courut d'une ville à l'autre, d'Autun à Auxerre, d'Auxerre à Troyes, de Troyes à Cologne, de Cologne à Trèves, de Trèves à Lyon : on le voit assiégé dans la ville de Sens ; on le voit passant le Rhin cinq fois, gagnant la bataille de Strasbourg sur les Allamans, faisant prisonnier Chrodomaire, le plus puissant de leurs rois ; rétablissant les cités, punissant les exacteurs, diminuant les impôts, et enfin, ce qui nous intéresse par les liens du sang, soumettant les Chamaves et les Franks Saliens : on commence à vivre avec les Franks au milieu de la future France. Julien avait écrit ses guerres des Gaules : cet ouvrage, que l'on mettait auprès des *Commentaires de César*, est malheureusement perdu ; il aurait jeté une vive lumière sur l'histoire obscure de nos aïeux au quatrième siècle.

Julien passa au moins à Lutèce les deux hivers de 358 et de 359. Il aimait cette bourgade, qu'il appelait sa *chère Lutèce* [5], et où il avait rassemblé, autant qu'il avait pu au milieu de ses entreprises militaires, des savants et des philosophes. Oribase le médecin, dont il nous reste

---

[1] Amm., lib. xx; Zosim., lib. iii. — [2] Julian., *ad Ath.*, or. iii. — [3] Amm., lib. xvii, xx, xxi, xxii; Zosim., lib. iii; Liban., or. xii; Julian., *ad Ath*. — [4] Tunc anus quædam orba luminibus, cum, percontando quinam esset ingressus, Julianum Cæsarem comperisset, exclamavit hunc deorum templa reparaturum. — [5] Φίλην Λευκετίαν : caram Lutetiam.

quelques travaux, y rédigea son *Abrégé* de Galien : c'est le premier ouvrage publié dans une ville qui devait enrichir les lettres de tant de chefs-d'œuvre.

On se plaît à rechercher l'origine des grandes cités, comme à remonter à la source des grands fleuves : vous serez bien aise de relire le propre texte de Julien :

« Je me trouvais, pendant un hiver, à ma chère Lutèce [1] (c'est ainsi qu'on appelle dans les Gaules la ville des Parisii). Elle occupe une île au milieu d'une rivière ; des ponts de bois la joignent aux deux bords. Rarement la rivière croît ou diminue ; telle elle est en été, telle elle demeure en hiver : on en boit volontiers l'eau, très-pure et très-riante à la vue [2]. Comme les Parisii habitent une île, il leur serait difficile de se procurer d'autre eau. La température de l'hiver est peu rigoureuse, à cause, disent les gens du pays, de la chaleur de l'Océan, qui, n'étant éloigné que de neuf cents stades, envoie un air tiède jusqu'à Lutèce ; l'eau de mer est en effet moins froide que l'eau douce. Par cette raison, ou par une autre que j'ignore, les choses sont ainsi [3]. L'hiver est donc fort doux aux habitants de cette terre ; le sol porte de bonnes vignes ; les Parisii ont même l'art d'élever des figuiers [4] en les enveloppant de paille de blé comme d'un vêtement, et en employant les autres moyens dont on se sert pour mettre les arbres à l'abri de l'intempérie des saisons.

« Or, il arriva que l'hiver que je passais à Lutèce fut d'une violence inaccoutumée : la rivière charriait des glaçons comme des carreaux de marbre : vous connaissez les pierres de Phrygie ? tels étaient, par leur blancheur, ces glaçons bruts, larges, se pressant les uns les autres, jusqu'à ce que, venant à s'agglomérer, il formassent un pont [5]. Plus dur à moi-même, et plus rustique que jamais, je ne voulus point souffrir

---

[1] ΜΙΣΟΠΩΓΩΝ Η ΑΝΤΙΟΧΙΚΟΣ. Julian. *Op.*, p. 340; D. Lipsiæ, 1696. — [2] Tout cela s'accorde peu avec ce que nous voyons aujourd'hui, excepté ce qui concerne la salubrité de l'eau. Même à l'époque dont parle Julien, les débordements de la Seine étaient assez fréquents. Si Julien était né à Rome, ou même s'il eût jamais vu le Tibre, la Seine aurait pu lui paraître limpide en comparaison de ce fleuve (*flavus Tiberinus*). Il est vrai que, dans l'Ionie, Julien n'avait rencontré que l'Hermus (*turpidus Hermus*); il n'avait trouvé à Athènes que deux ruisseaux ; et l'Éridan, dans la Lombardie, laissait encore l'avantage à la Seine pour la clarté de l'eau. Mais enfin Julien avait habité les rives du lac de Cosme ; il avait vu les autres fleuves de la Gaule, les rivières de la Cappadoce ; il écrivait le *Misopogon* aux bords de l'Oronte, et bientôt ses cendres devaient reposer sur ceux du Cydnus : comment donc la Seine lui paraissait-elle si limpide ? La Marne, comme on l'a cru, coulait-elle au-dessous de Paris ? — [3] L'observation des Gaulois-Romains était juste : les hivers sont plus humides, mais moins froids, aux bords de la mer que dans l'intérieur des terres. — [4] On voit que le climat de Paris n'a guère changé. Il y a longtemps que l'on cultive la vigne à Surène. Julien ne se piquait pas de se connaître en bon vin ; il préférait, dit-il, les nymphes à Bacchus. Quant aux figuiers, on les enterre et on les empaille encore à Argenteuil. — [5] Julien peint très-bien ce que nous avons vu ces derniers hivers. Les glaçons que la Seine laisse sur ses bords, après la débâcle, pourraient être pris pour des blocs de marbre.

que l'on échauffât à la manière du pays, avec des fourneaux, la chambre où je couchais[1]. »

Julien raconte qu'il permit enfin de porter dans sa chambre quelques charbons dont la vapeur faillit l'étouffer.

Il y avait à Lutèce des thermes construits sur le modèle de ceux de Dioclétien à Rome : on croit que Julien et Valentinien Ier y demeurèrent; Ammien en parle assez souvent. Il est probable que ces thermes étaient bâtis avant l'arrivée de Julien dans les Gaules, peut-être du temps de Constantin ou de Constance Chlore. D'autres ont pensé, mal à propos, que Julien occupait dans l'île un palais élevé sur le terrain où fut construit depuis le palais de nos rois. On voyait encore à Lutèce un champ de Mars et des arènes : celles-ci devaient se trouver du côté de la porte Saint-Victor; c'est ce qui résulte de quelques titres du treizième siècle[2]. La flotte chargée de garder la Seine était stationnée chez les Parisii; elle avait vraisemblablement pour bassin l'espace que couvre aujourd'hui la nef gothique de Notre-Dame[3].

Tandis que Julien habitait la petite et naissante Lutèce, Constance visitait la grande et mourante Rome, que n'avait jamais vue cet empereur des Romains.

Il existait sans doute à Rome quelque vieillard à qui, dans son enfance, son aïeul avait raconté l'entrée d'un prêtre de Syrie, Élagabale, sautant avec la pourpre au milieu des eunuques et des danseuses, devant une pierre triangulaire consacrée au soleil : voici venir dans une pompe triomphale pour un succès obtenu sur des Romains[4], voici venir une espèce d'idole chrétienne, Constance, pareillement environné d'eunuques, mais immobile sur un haut char éclatant de pierreries; les yeux fixes, ne se remuant ni pour cracher, ni pour se moucher, ni pour s'essuyer le front; baissant seulement quelquefois sa courte stature afin de passer sous de hautes portes[5]. Autour de lui flottaient, au bout de longues piques dorées, des étendards de pourpre découpés en

---

[1] Ces fourneaux étaient apparemment des poêles. Il faudrait aussi conclure du charbon que Julien fit porter dans sa chambre, que l'on n'échauffait pas les appartements avec du bois, soit qu'il fût rare dans les environs de Paris, ou qu'on préférât l'usage des fourneaux. Les Romains, comme on peut s'en assurer par ce qui nous reste de leurs constructions domestiques, avaient porté l'art d'échauffer leurs maisons au plus haut degré de raffinement. — [2] D. T. DU PLES., *Nouv. Ann. de Paris;* BREUIL., *Ant. de Paris.* — [3] *Præfectus classis Andericianorum Parisiis.* Notit. Imper. Mézeray, dont la lecture et la critique doivent être suivies avec précaution, conjecture que cette flotte se tenait à Andresy, vers le confluent de l'Oise et de la Seine, parce que les matelots qui montaient cette flotte sont nommés dans la notice *Andériciens.* On jugera de la force de l'argument. (*Histoire de France avant Clovis,* liv. III.) J'ai suivi l'opinion de l'abbé Dubos. — [4] La défaite de Magnence. — [5] *Corpus perhumile curvabat portas ingrediens celsas, et velut collo munito rectam aciem luminum tendens, nec dextra vultum, nec læva flectebat, tanquam figmentum hominis : non cum rota concuteret nutans, nec spuens, aut os aut nasum tergens vel fricans, manumve agitans visus est nunquam.* (AMM., lib. XVI, cap. X.)

forme de dragons, dont les queues effilées sifflaient dans les vents. Des gardes superbement armés, des cavaliers couverts de fer, ressemblant, non à des hommes, mais à des statues polies par la main de Praxitèle [1], l'environnaient. En approchant de Rome, Constance rencontra les patriciens, le sénat, qu'il ne prit pas, comme Cinéas, pour une assemblée de rois, mais pour le conseil du monde [2] ; il crut, en voyant les flots de la foule, que le genre humain était accouru à Rome [3].

Lorsqu'il eut pénétré jusqu'aux Rostres, il demeura stupéfait au souvenir de l'ancienne puissance du Forum [4]. De là l'Auguste oriental alla descendre à l'ancien palais d'Octave, qui n'avait ni marbre ni colonne, et dans lequel le fondateur de l'Empire, l'ami d'Horace, habita quarante ans la même chambre, hiver et été [5].

Ammien Marcellin, dont ces détails sont empruntés, nous peint ensuite deux choses considérables : une partie des édifices de Rome, tels qu'ils existaient de son temps, et l'étonnement de Constance à la vue de ces édifices. Que d'événements étaient survenus, que de jours s'étaient écoulés, pour que le maître de l'empire romain ne fût qu'un étranger dans la capitale de cet empire ! pour qu'il demeurât muet d'admiration au milieu des ouvrages de tant de génies, de tant de fortunes, de tant de siècles, de tant de liberté et d'esclavage, comme un voyageur qui rencontrerait aujourd'hui Rome tout entière dans un désert ! Mais ces monuments des mœurs vivantes d'un peuple ne vivent point eux-mêmes ; leurs masses insensibles ne purent s'émerveiller de la petitesse de Constance, comme il s'ébahissait de leur grandeur.

Il est un certain travail du temps qui donne aux choses humaines le principe d'existence qu'elles n'ont point en soi ; les hommes cessent, et ne sont rien par eux-mêmes, mais leurs vies mises bout à bout, leurs tombeaux rangés à la file, forment une chaîne dont la force augmente en raison de la longueur. De ces néants réunis se compose l'immortalité des empires. Le nom de Rome était la seule puissance qui restât à vaincre aux Barbares. Rome, quoique habitée d'une foule innombrable, n'était plus réellement défendue que par les souvenirs de quelques vieux morts. Constance visita curieusement cette cité, dont

---

[1] *Limbis ferreis cincti, ut Praxitelis manu polita crederes simulacra, non viros.* (Amm., lib. xvi, cap. x.) — [2] *Non ut Cineas ille, Pyrrhi legatus, in unum coactam multitudinem regum, sed asylum mundi totius adesse existimabat.* (Id., ibid.) — [3] *Stupebat qua celeritate omne quod ubique est hominum genus confluxerit Romam.* (Id., ibid.) — [4] *Proinde Romam ingressus, imperii virtutumque omnium larem, cum venisset ad Rostra, perspectissimum priscæ potentiæ Forum obstupuit.* (Id., ibid.) — [5] Ammien a seulement *in palatium receptus.* Je me range à l'opinion de Gibbon, qui veut que ce soit l'ancien palais d'Auguste, dont Suétone dit : « *Ædibus modicis neque laxitate neque cultu conspicuis, ut in quibus porticus breves essent, albanarum columnarum, et sine marmore ullo, aut insigni pavimento conclavia, ac per annos amplius quadraginta eodem cubiculo hieme et æstate mansit.* (C. Sueton. Tranq., *Octav.*, p. 109; Antuerpiæ.)

il empruntait l'autorité qu'on voulait bien encore passer à sa pourpre. Il harangua le sénat et le peuple. Qu'eût répondu Marius, s'il eût mis la tête hors de sa tombe?

En parcourant les sept collines couvertes de monuments sur leurs pentes et sommets, l'empereur se figurait à chaque pas que l'objet qu'il venait de voir était inférieur à celui qu'il voyait[1] : le temple de Jupiter Tarpéien; les bains, pareils à des villes de province; la masse de l'amphithéâtre, bâti de pierres tiburtines, et dont les regards se fatiguaient à mesurer la hauteur; la voûte du Panthéon, suspendue comme le ciel; les colonnes couronnées des statues des empereurs, et dans lesquelles on montait par des degrés; la place et le temple de la Paix, le théâtre de Pompée, l'Odéon, le Stade, magnifiques ornements de la ville éternelle.[2] Mais au forum de Trajan, Constance s'arrêta confondu, promenant ses regards sur ces constructions gigantesques que, dans leur ineffable beauté, l'historien déclare ne pouvoir décrire[3].

Le grand roi, le monarque légitime de la Perse, le frère aîné de ce Sapor II, si funeste à Julien et à l'empire romain, Hormisdas était réfugié dans cet empire. Il accompagnait Constance dans sa visite de Rome. L'empereur, se tournant vers son hôte, lui dit : « Si je ne puis reproduire en entier ce forum, j'espère du moins faire imiter le cheval de la statue équestre du prince. — Tu le peux, dit Hormisdas; mais bâtis d'abord une semblable écurie, afin que ton cheval y soit à l'aise comme celui que nous voyons[4]. »

Ce même exilé, interrogé sur ce qu'il pensait de Rome : « Ce qui m'y plaît, répondit-il, c'est que les hommes y meurent comme ailleurs[5]. »

Hormisdas suivit Julien dans son expédition contre les Perses, et s'entendit appeler traître par un officier de Sapor, lequel Sapor occupait, contre le droit, le trône de son frère. Hormisdas vit mourir Julien; il avait vu passer Constantin et Constance : il laissa un fils, que Théodose Ier chargea de conduire une troupe de Goths en Égypte. Le dernier successeur du héros macédonien qui renversa l'ancien empire de Cyrus,

---

[1] *Deinde intra septem montium culmina, per acclivitates planitiemque posita urbis membra collustrans et suburbana, quidquid viderat primum, id eminere inter cuncta sperabat.* (Amm.) — [2] *Jovis Tarpeii delubra, quantum terrenis divina præcellunt : lavacra in modum provinciarum exstructa : amphitheatri molem solidatam lapidis tiburtini compage, ad cujus summitatem ægre visio humana conscendit : Pantheum velut regionem teretem, speciosa celsitudine fornicatam; elatosque vertices qui scansili suggestu consurgunt, priorum principum imitamenta portantes, et urbis templum forumque Pacis, et Pompei theatrum, et Odeum, et Stadium, aliaque inter hæc decora urbis æternæ.* (Id., lib. xvi, cap. x.) — [3] *Ut opinamur... nec relatu ineffabiles, nec rursus mortalibus appetendos.* (Id., ibid.) — [4] *Ante, imperator, stabulum tale condi jubeto, si vales; equus quem fabricare disponis, ita late succedat, ut iste quem videmus.* (Amm., lib. xvi, cap. x.) — [5] *Id tantum sibi placuisse quod didicisset ibi quoque homines mori.* (Id., ibid.)

Persée, détrôné, vint mourir greffier parmi ses vainqueurs; l'héritier du nouvel empire des Perses, rétabli sur les ruines de celui d'Alexandre, vint chercher un abri dans les palais croulants des césars. Au lieu d'assister à l'histoire de son propre pays, Hormisdas fut un témoin des Parthes, envoyé pour assister à l'inventaire des monuments romains mis à l'encan des nations, et pour certifier véritable la chute de Rome. Vous ne savez pas tout : Hormisdas, nourri par les mages, était chrétien. Ainsi vont les choses et les hommes dans l'enchaînement des conseils éternels [1].

Constance déclara que la renommée, coutumière de mensonge, de malignité, et toujours d'exagération, était restée, dans ce qu'elle racontait de Rome, fort au-dessous de la vérité [2]. Il y voulut laisser quelques traces de son passage; mais, sentant sa propre impuissance, il emprunta à la terre des tombeaux une parure funèbre pour la reine expirante du monde. L'obélisque du temple d'Héliopolis, que Constantin avait projeté de transporter à Constantinople, fut envoyé du Nil au Tibre, et élevé à Rome dans le grand cirque. Depuis, Sixte-Quint en décora la place de Saint-Jean de Latran. On peut voir encore aujourd'hui debout ce monument d'un pharaon, d'un empereur et d'un pape également tombés [3].

Constance, auquel il manquait, selon Libanius, le cœur d'un prince et la tête d'un capitaine; ce souverain, qui passa son règne dans les transes des discordes civiles et d'une guerre peureuse contre Sapor, se donnait encore l'embarras des querelles ecclésiastiques. Sa cour était arienne : dans les conciles de Séleucie et de Rimini, il embrassa lui-même le parti des ariens. A la sollicitation de Constant, son frère, il avait d'abord rappelé Athanase de son premier exil; il le maintint encore sur son siége, après la déposition prononcée au concile arien d'Antioche; mais il l'abandonna au troisième concile de Milan. Il y eut des

---

[1] J'ai suivi particulièrement Zosime pour l'histoire d'Hormisdas; mais Zonare, Agathias et Abulfarage (*ex arabico latine reddita Historia*) diffèrent de Zosime en plusieurs points. — [2] *Imperator de fama querebatur ut invalida vel maligna, quod augens omnia semper in majus, erga hæc explicanda quæ Romæ sunt obsolescit.* (Amm., lib. xvi, cap. x.) — [3] Constance avait voulu faire transporter à Constantinople un autre obélisque; Julien reprit ce projet : il en écrivit aux Alexandrins, leur proposant, en échange de l'obélisque, une statue colossale qui venait d'être achevée, et qui vraisemblablement était la sienne. Julien ajoute que des solitaires se tenaient sur la pointe de cet obélisque, que d'autres personnes y dormaient au milieu des immondices, et y commettaient des infamies. Il veut donc, dit-il, détruire à la fois cette superstition et cette honte : il prétend que les Alexandrins auront un grand plaisir à reconnaître de loin, en arrivant à Constantinople, le présent dont ils auront embelli la ville natale de l'Apostat. On croit que cet obélisque, transporté à Constantinople par Julien ou par Valens, fut élevé par Théodose dans l'Hippodrome. L'édition allemande dont je me sers n'a point la fin de cette lettre aux Alexandrins sous le n° 58. Cette fin, retrouvée par Muratori, a été transportée des *Anecdotes grecques* dans la *Bibliothèque grecque* de Fabricius.

évêques bannis, intrus, catholiques, ariens, semi-ariens. Le premier concile de Paris ou de Lutèce se tint alors [1], et se déclara catholique sous la protection de Julien, qui méditait au même lieu le rétablissement du paganisme. Saint Hilaire de Poitiers, exilé en Orient, trouva les mêmes désordres en rentrant dans son église. Il écrivit contre l'empereur Constance : « Vous saluez les évêques du baiser par lequel Jésus-Christ fut trahi; vous courbez la tête pour recevoir leur bénédiction, et vous foulez aux pieds leur foi. » Lucifer de Cagliari, plus hardi encore, menace du glaive de Matathias et de Phinées Constance infidèle. Saint Martin, qui commençait à paraître, servit d'abord comme soldat dans les troupes de l'Apostat, et donna naissance au premier monastère des Gaules, Lugugiacum ou Ligugé, à deux lieues de Poitiers. Pacôme, Hilarion, Macaire, avaient succédé à saint Antoine et à saint Paul, et saint Basile méditait déjà la règle qui devait gouverner dans l'Orient un peuple de solitaires.

La turbulence et la légèreté de Constance ruinaient l'Empire en convocations de conciles, transports d'évêques par les voitures et les chevaux de postes impériales [2]. Ses profusions augmentaient sa convoitise; il portait des sentences injustes, et la torture arrachait des mensonges qu'il transformait en vérités [3]. Au lieu d'employer son autorité à éteindre les disputes religieuses, il les enflammait par sa manie d'argumenter et par les rêveries mystiques des femmes et des eunuques.

Les papes Jules et Libère s'étaient déclarés successivement à Rome pour saint Athanase, bien que Libère eût d'abord été faible, et que saint Hilaire l'eût anathématisé. Libère, persécuté, se cacha dans les cimetières autour de la ville, fut enlevé, conduit à Milan, où l'empereur l'interrogea. Il défendit Athanase, et répondit à Constance qui l'accusait de soutenir seul un impie : « Quand je serais seul, la foi ne succomberait pas [4]. » Exilé à Bérée, dans la Thrace, il refusa l'argent que l'empereur, l'impératrice et l'eunuque Eusèbe lui offraient. « Tu as rendu désertes les églises du monde, dit-il au dernier, et tu m'offres une aumône comme à un criminel [5] ! » Félix, archidiacre de l'Église romaine, devint l'antipape arien.

Le séjour de Constance à Rome eut lieu à l'époque de la plus grande chaleur des partis attachés à Félix et à Libère. Les matrones romaines catholiques se présentèrent à l'empereur dans la magnificence accou-

---

[1] Hier., de Scriptor. eccles.; Rufin., pro Orig.; Hilarii Fragmenta a Pithœo ed. — [2] Amm. Marcell., lib. xxi, cap. xvi. — [3] Id., ibid. — [4] Imperator Liberio dixit : Quota pars es orbis terrarum, ut tu solus homini impio suffragari velis?... Liberius dixit : Etiamsi solus sim, fidei causa non idcirco minuitur. (Parisiis, 1683; Theodor., Hist. eccles., lib. ii, cap. xvi, p. 94.) — [5] Ecclesias orbis terrarum vacuas ac desertas fecisti, et mihi tanquam noxio eleemosynam adfers! (Id., pag. 95.)

tumée de leur parure, le suppliant de rendre au troupeau leur pasteur absent. L'empereur consentit à rappeler Libère, pourvu qu'il gouvernât l'Église en commun avec Félix. Cette résolution fut lue dans le Cirque au peuple assemblé : les deux factions païennes, qui se distinguaient par leurs couleurs, dirent, en se moquant, qu'elles auraient chacune leur pasteur ; puis la foule chrétienne fit entendre cette acclamation : Un Dieu ! un Christ ! un évêque [1] ! Naguère cette même foule s'écriait : Les chrétiens aux bêtes !

Au milieu de cette confusion, Constance, retourné en Orient [2], et devenu jaloux des triomphes de Julien, songea à l'affaiblir en lui demandant la plus grande partie de son armée, sous le prétexte de continuer la guerre contre Sapor. Julien pressa ses troupes, ou feignit de les presser de partir. C'est la première grande scène militaire dont Paris ait été témoin.

Assis sur un tribunal élevé aux portes de Lutèce, Julien invite les soldats à obéir aux ordres d'Auguste : les soldats gardent un silence morne et se retirent à leur camp. Julien caresse les officiers, leur témoigne le regret de se séparer de ses compagnons d'armes sans les pouvoir récompenser dignement. A minuit les légions se soulèvent, sortent en tumulte du banquet donné pour leur départ, environnent le palais, et, tirant leurs épées à la lueur des flambeaux, s'écrient : Julien auguste [3].

Il avait ordonné de barricader les portes ; elles furent forcées au point du jour. Les soldats se saisissent du césar, le portent à son tribunal aux cris mille fois répétés de Julien auguste! Julien priait, conjurait, menaçait ses violents amis, qui, à leur tour, lui déclarèrent qu'il s'agissait de la mort de l'empire : il céda. Une acclamation le salua maître ou compétiteur du monde. Il fut élevé sur un bouclier [4] comme un roi frank, et couronné comme un despote asiatique : le collier militaire d'un hastaire [5] lui servit de diadème, car il refusa d'user à cette fin (étant chose de mauvais augure) d'un collier de femme [6] ou d'un ornement de cheval que lui présentaient les soldats.

Afin qu'il ne manquât rien d'extraordinaire à l'avénement du restaurateur de l'idolâtrie, Julien écrivit au peuple et au sénat athénien (*Ad. S. P. Q. Ath.*) la relation de ce qui s'était passé à Lutèce. Il

---

[1] Unus Deus, unus Christus, unus Episcopus. (THEODORET., lib. II, pag. 96.) — [2] Je ne parle point de l'autel de la Victoire que Constance fit ôter du sénat, et qui y fut replacé vraisemblablement par Julien. Il en sera question sous Théodose Ier. — [3] *Augustum Julianum horrendis clamoribus concrepabant.* (AMM., lib. XX, cap. IV.) — [4] Impositusque scuto pedestri. (*Id., ibid.*) Libanius s'écrie : *O felix scutum, in quo solemnis inaugurationis mos peractus est, omni tibi tribunali convenientius!* — [5] Il se nommait *Maurus*. — [6] Le texte parle aussi en particulier d'une parure de tête de sa femme : *Uxoris colli vel capitis.*

adressa des lettres explicatives à Constance, lui demanda la confirmation du titre d'auguste. Pour trouver un second exemple d'un empereur proclamé à Paris, il faut passer de Julien à Napoléon. Après des négociations inutiles, Constance rejeta les prières de son rival ; il lui enjoignit de quitter la pourpre, non sans le traiter d'ingrat : « Rappelle-toi que je t'ai protégé alors que tu étais orphelin. — Orphelin ! dit Julien dans sa réponse à Constance ; le meurtrier de ma famille me reproche d'avoir été orphelin[1] ! »

Julien rassemble à Lutèce le peuple et l'armée, leur communique les messages venus d'Orient, et leur demande s'il doit abdiquer le titre d'auguste. Un grand bruit s'élève avec ces paroles : « Sans Julien auguste, la puissance est perdue pour les provinces, les soldats et la république[2]. »

Le questeur Léonas fut chargé de porter la réponse publique à son maître, avec une lettre particulière remplie de la colère et du mépris de Julien.

Décidé à marcher sur l'Orient, Julien part avec trois mille soldats ; il était à peine suivi de trente mille autres. Tout s'épouvante : Taurus, préfet d'Italie, s'enfuit ; Florent, préfet de l'Illyrie, s'enfuit ; Nébridius, préfet du prétoire en Occident, demeure seul fidèle à Constance ; il perd une main d'un coup d'épée, et Julien refuse de serrer la noble main qui reste à Nébridius[3].

Le nouvel auguste descend le Danube, tantôt côtoyant ses bords, tantôt s'abandonnant à son cours ; Sirmium, capitale de l'Illyrie occidentale, le reçoit ; il se saisit du pas de Suques, entrée de la Thrace, et s'arrête pour attendre son armée[4].

Il tourne alors le visage au passé et le dos à l'avenir, et, se préparant la triste gloire d'avoir été le premier prince apostat, il abjure publiquement le christianisme ; il déclare qu'il confie sa vie et sa cause aux dieux immortels, fait rouvrir à grand bruit les portes des temples, efface l'eau du baptême par la cérémonie du taurobole : une seule des divinités évoquées apparut un moment à la fumée des sacrifices de Julien, la Victoire.

Les soldats qui l'accompagnaient, brandissant leurs épées au-dessus de leurs têtes, ou tournant la pointe de ces épées contre leurs poitrines, avaient juré de mourir pour lui : cependant plusieurs d'entre eux étaient chrétiens ; mais Julien les avait trompés. Avant de quitter les Gaules, il était entré le jour de l'Épiphanie dans l'église de Vienne, et y avait

---

[1] Julian., *Orat. ad S. P. Q. Athen.*; Liban., *Orat. parent.*; Zonar., lib. xiii. — [2] *Auguste Juliane ut provincialis, et miles, et reip. decrevit auctoritas.* (Amm., lib. xx, cap. xi.) — [3] *Id.*, lib. xxi; Liban., *Orat. parent.* — [4] Mamert., *Paneg.*; Liban., *Orat.*

fait sa prière. Ammien Marcellin affirme qu'en ce moment même il professait secrètement le paganisme [1]. Qu'est-ce donc que le parjure avait dit à Vienne au dieu des chrétiens?

Constance se préparait à repousser l'invasion : il meurt à Mopsucrène, en Cilicie, après avoir été baptisé par Euzoïus, de la communion arienne.

Le sénat de la nouvelle capitale se range du côté de la fortune [2]; Julien entre dans sa ville natale, que Constance, dit-il, aimait comme sa sœur, et que lui Julien aimait comme sa mère [3]. Constantinople chrétienne reçoit l'idolâtrie ainsi que Rome païenne avait reçu l'Évangile.

Une commission établie à Chalcédoine jugea les ministres de Constance : Paul, Apodème et l'eunuque Eusèbe furent justement punis; d'autres subirent injustement la mort et l'exil.

La cour éprouva une réforme totale : on congédia des milliers de cuisiniers et de barbiers. Un de ces derniers se présente superbement vêtu pour couper les cheveux au successeur de Constance. « Je n'ai pas demandé un trésorier, dit Julien, mais un barbier [4]. » Les agents, au nombre de plus de dix mille, furent réduits à dix-sept; les *curieux*, et autres espions, abolis.

Maintenant il convient de connaître plus intimement l'homme qui a pris dans l'histoire une place tout à part, en opposant son génie et sa puissance à la transformation sociale dont les peuples modernes sont sortis.

SECONDE PARTIE.

DE JULIEN A THÉODOSE Ier.

Lorsque Julien fut relégué à Athènes par Constance, saint Basile et saint Grégoire de Nazianze s'y trouvaient. Le dernier nous a laissé un portrait de l'apostat où se reconnaît l'inimitié du peintre. « Il était de médiocre taille, le cou épais, les épaules larges, qu'il haussait et remuait souvent, aussi bien que la tête. Ses pieds n'étaient point fermes, ni sa démarche assurée. Ses yeux étaient vifs, mais égarés et tournoyants; le regard, furieux; le nez, dédaigneux et insolent; la bouche, grande; la lèvre d'en bas, pendante; la barbe, hérissée et pointue : il faisait

---

[1] *Adhærere cultui christiano fingebat a quo jampridem occulte desciverat.* (Amm., lib. xx.) — [2] Julien, emp. Dumas, pape. An de J.-C. 360-363. — [3] Ὁ μὲν γὰρ αὐτὴν ὡς ἀδελφὴν ἐγὼ δὲ ὡς μητέρα φιλῶ. (Julian, epist. 58.) — [4] *Ego non rationalem jussi, sed tonsorem acciri.*

des grimaces ridicules, et des signes de tête sans sujet; riait sans mesure, et avec de grands éclats ; s'arrêtait en parlant, et reprenait haleine ; faisait des questions impertinentes, et des réponses embarrassées l'une dans l'autre qui n'avaient rien de ferme et de méthodique [1]. »

Ammien Marcellin, qui voyait Julien en beau, conserve pourtant, dans le portrait de ce prince, quelques traits de celui de Grégoire de Nazianze [2]; et Julien lui-même, dans le *Misopogon*, semble attester la fidélité malveillante du pinceau chrétien.

« La nature, comme je le présume, n'a pas donné beaucoup d'agréments à mon visage ; et moi, morose et bizarre, je lui ai ajouté cette longue barbe pour lui infliger une peine, à cause de son air disgracieux. Dans cette barbe je laisse errer des insectes [3], comme d'autres bêtes dans une forêt. Je ne puis boire ni manger à mon aise, car je craindrais de brouter imprudemment mes poils avec mon pain. Il est heureux que je ne me soucie ni de donner ni de recevoir des baisers.....

« Vous dites qu'on pourrait tresser des cordes avec ma barbe : je consens de tout mon cœur que vous en arrachiez les brins ; prenez garde seulement que leur rudesse n'écorche vos mains molles et délicates.

« N'allez pas vous figurer que vos moqueries me désolent : elles me plaisent ; car enfin, si mon menton est comme celui d'un bouc, je pourrais, en le rasant, le rendre semblable à celui d'un beau garçon ou d'une jeune fille sur qui la nature a répandu sa grâce et sa beauté. Mais vous autres, de vie efféminée et de mœurs puériles, vous voulez, jusque dans la vieillesse, ressembler à vos enfants : ce n'est pas comme chez moi, aux joues, mais à votre front ridé, que l'homme se fait reconnaître.

« Cette barbe démesurée ne me suffit pas : ma tête est sale ; rarement

---

[1] Cette traduction n'est pas tout à fait exacte, et n'a pas surtout l'âpreté de l'original ; mais il y a quelque chose de si simple, de si naturel, de si grave dans le style de Fleury, que je n'ai pas eu la témérité d'entreprendre de refaire ce qu'il a fait : Fleury et Tillemont sont deux hommes qui ne permettent pas qu'on retouche ce qu'ils ont touché. Le dernier a du génie à force de savoir, de conscience et d'exactitude. Il est, en présence des faits et des hommes, comme un chrétien des premiers siècles en présence de la vérité : il aimerait mieux mourir que de faire un mensonge. Son style incorrect, sauvage et nu, est mêlé de choses qui étonnent. C'est ainsi que, peignant les derniers moments de Julien, il dit, dans le langage des Pères de l'Église : « Il mourut dans la disgrâce de Dieu et des hommes. » — [2] *Mediocris erat staturæ, capillis tanquam pexisset mollibus, hirsuta barba in acutum desinente vestitus, venustate oculorum micantium flagrans, qui mentis ejus angustias indicabant, superciliis decoris et naso rectissimo, ore paulo majore, labro inferiore demisso, opima et incurva cervice, humeris vastis et latis, ab ipso capite usque unguium summitates lineamentorum recta compagine, unde viribus valebat et cursu.* (Amm., lib. xxv, cap. iv.) D'après ce portrait, Julien avait les cheveux doux, les sourcils charmants, le nez tout à fait grec; la beauté de ses yeux étincelants annonçait que son âme était mal à l'aise dans l'étroite prison de son corps. Si on lit *arguitias* au lieu d'*angustias* dans le texte, on retrouverait les yeux vifs, mais *égarés et tournoyants*, qu'attribue à Julien saint Grégoire de Nazianze. — [3] *Discurrentes in ea pediculos*.

je la fais tondre ; je coupe mes ongles rarement, et j'ai les doigts noircis par ma plume.

« Voulez-vous connaître mes imperfections secrètes ? Ma poitrine est horrible et velue comme celle du lion, roi des animaux. Je n'ai jamais voulu la peler, tant mes habitudes sont brutes et abjectes. Je n'ai jamais poli aucune partie de mon corps : franchement, je vous dirais tout, quand j'aurais même un poireau comme Cimon [1]. »

Et c'est le maître du monde qui parle de lui de cette façon ! Mais cette brutale humilité est l'orgueil de la puissance.

Julien avait des vertus, de l'esprit et une grande imagination : on a rarement écrit et porté une couronne comme lui. Il détestait les jeux, les théâtres, les spectacles ; il était sobre, laborieux, intrépide, éclairé, juste, grand administrateur, ennemi de la calomnie et des délateurs. Il aimait la liberté et l'égalité autant que prince le peut ; il dédaignait le titre de seigneur ou de maître. Il pardonna dans les Gaules à un eunuque chargé de l'assassiner.

Un jour on lui signala un citoyen qui, disait-on, aspirait à l'empire, parce qu'il faisait préparer en secret une chlamyde de pourpre. Julien chargea l'officieux ami du prince légitime de porter à l'usurpateur une paire de brodequins ornés de pourpre, afin qu'il ne manquât rien au vêtement impérial [2]. La loi défendait, sous peine de mort, de fabriquer

---

[1] Spanheim a traduit le *Misopogon* ; La Bletterie en a donné une autre traduction avec celle des *Césars* et de quelques lettres choisies ; le marquis d'Argens a traduit, sous le nom de *Défense du paganisme*, ce que saint Cyrille d'Alexandrie nous a conservé de l'ouvrage de Julien contre les chrétiens ; enfin, M. Tourlet a publié une traduction complète des œuvres de cet empereur. Je me suis aidé des excellents travaux de mes devanciers, sans adopter tout à fait leur version. La traduction du *Misopogon* de La Bletterie, que M. Tourlet a conservée en la corrigeant, est élégante ; mais elle ne dit pas tout l'original. La Bletterie, d'ailleurs homme d'esprit, de raison, d'instruction et de talent, est resté dans l'ironique ; il n'a pas osé aborder le sardonique ; il a eu peur de l'effronterie des mots : je ne parle pas du collectif *messieurs* adressé aux habitants d'Antioche, petite politesse de notre bonne compagnie, qu'il était aisé de faire disparaître. La Bletterie croit que Julien calomnie sa barbe ; je le pense aussi ; il est probable qu'il répétait les railleries des Antiochiens, ou qu'enchérissant lui-même sur ces railleries, il exagérait ses défauts pour tomber de plus haut sur les vices contraires de ses détracteurs. Nous voyons Julien se baigner dans une maison de campagne, se faire couper les cheveux en arrivant à Constantinople ; cela n'annonce pas un homme si indifférent au soin de sa personne. Saint Augustin, dont la philosophie n'était pas, il est vrai, celle de Julien, pense que la propreté est une demi-vertu. M. Tourlet a réuni plusieurs fragments de Julien qui ne se trouvent pas dans les anciennes éditions de ses œuvres. Il a rendu ainsi un véritable service aux lettres ; mais la grande découverte à faire serait celle de l'*Histoire des guerres de Julien dans les Gaules*. Cet ouvrage est perdu, tandis que des discours assez insignifiants se sont conservés. Cela vient en partie de l'esprit du siècle où vivait Julien : on attachait une extrême importance aux écrits dogmatiques de l'Apostat pour les admirer ou les combattre, et l'on se souciait peu de ce qui était en dehors des controverses religieuses. C'est ainsi que Cyrille d'Alexandrie, dans ses dix livres *Pro sancta christianorum religione adversus libros athei Juliani*, nous a transmis une grande partie de l'ouvrage de cet empereur contre la religion chrétienne. — [2] *Jubet periculoso garritori pedum tegmina dari purpurea ad adversarium perferenda.* (Amm.)

pour les particuliers une étoffe de pourpre; un usurpateur était réduit, dans le premier moment de son élection, à voler la pourpre des enseignes militaires et des statues des dieux.

Maris, évêque arien de Calcédoine, insultait Julien qui sacrifiait dans un temple de la Fortune. Julien lui dit : « Vieillard, le Galiléen ne te rendra pas la vue. » Maris était aveugle. « Je le remercie, répondit l'évêque, de m'épargner la douleur de voir un apostat comme toi [1]. » L'empereur supporta cet accablant reproche.

Delphidius, célèbre avocat de Bordeaux, plaidait devant Julien contre Numérius, accusé de concussion dans le gouvernement de la Gaule narbonnaise; Numérius niait les faits. « Qui ne sera innocent, s'écria l'avocat, s'il suffit de nier ? — Qui sera innocent, repartit Julien, s'il suffit d'être accusé [2] ? »

D'autres avocats louaient Julien : « Je me réjouirais de vos éloges, leur dit-il, si vous aviez le courage de me blâmer [3]. »

Un certain Thalassius était dénoncé par le peuple d'Antioche, comme exacteur et comme ancien ennemi de Gallus et de Julien. « Je reconnais, dit l'empereur, qu'il m'a offensé; c'est ce qui doit suspendre vos poursuites jusqu'à ce que j'aie tiré raison de mon ennemi. » Il pardonna à l'accusé [4].

Un homme vint se prosterner à ses pieds dans un temple, criant merci pour sa vie. « C'est Théodote, lui dit-on, chef du conseil d'Hiéraple, qui jadis demandait votre tête à Constance. — Je savais cela depuis longtemps, répondit l'empereur. Retourne en paix à tes foyers, Théodote. J'ai à cœur de diminuer le nombre de mes ennemis et d'augmenter celui de mes amis [5]. »

Une femme plaidait contre un domestique militaire renvoyé du palais; elle n'avait osé l'assigner tant qu'il avait été en faveur. Celui-ci se présente à l'audience impériale avec la ceinture de son emploi; la femme se croit perdue, présumant que son adversaire est rentré en grâce : « Femme, dit Julien [6], soutiens ton accusation; le défendeur n'a mis sa

---

[1] *Illum (Julianum) graviter objurgavit, impium et apostatam vocans et religionis expertum. At ille conviciis reddens convicia cœcum eum appellavit : Neque vero, inquit, Deus tuus galilæus te unquam sanaturus est. Gratias, inquit Maris, ago Deo, qui me luminibus orbavit ne viderem vultum tuum qui in tantam prolapsus est impietatem.* (SOCRAT., *Hist. eccles.*, lib. II, cap. XII, pag. 450.) — [2] *Ecquis innocens esse poterit, si accusasse sufficiet?* (AMM.) — [3] *Gaudebam plane præ meque ferebam, si ab his laudarer quos et vituperasse posse adverterem, si quid factum sit secus aut dictum.* (Id.) — [4] *Agnosco quem dicitis offendisse me justa de causa; et silere vos interim consentaneum est, dum mihi inimico potiori faciat satis.* (Id.) — [5] *Abi securus ad lares, exutus omni metu, clementia principis, qui ut prudens definivit, inimicorum minuere numerum augereque amicorum sponte sua contendit ac libens.* (Id.) — [6] *Prosequere, mulier, si quid te læsam existimas : hic enim sic cinctus est ut expeditius per lutum incedat : at parum nocere tuis partibus potest.* (Id.)

ceinture que pour marcher plus vite dans la boue; elle ne peut rien contre ton droit. »

La publication du *Misopogon* tient à la même élévation de nature : à part l'orgueil cynique de cet ouvrage, un homme investi du pouvoir absolu, environné d'une armée de Barbares dévoués à ses ordres, un prince qui pouvait d'un seul signe faire exterminer ses insolents détracteurs, et qui se contente de tirer raison d'un libelle par un pamphlet, est un exemple unique dans l'histoire des peuples et des rois. César, dans l'*Anti-Caton*, n'eut à se venger que de la vertu, et il ne la put vaincre, même en joignant les armes à la satire.

Les *Césars* sont encore plus extraordinaires que le *Misopogon*. Quel souverain a jamais jugé ses prédécesseurs avec autant de rigueur et de supériorité? Jules César entre le premier au banquet des dieux : Silène avertit Jupiter que ce convive pourrait bien songer à le détrôner, et Jupiter trouve que la tête de ce mortel ne ressemble pas mal à la sienne.

Vient Auguste, dont les couleurs du visage changent comme celles du caméléon; Tibère, à la mine fière et terrible, et au dos couvert de lèpre; Caligula, monstre sur-le-champ précipité dans le Tartare; Claude, pauvre prince qui n'est rien sans Pallas, Narcisse et Messaline; Néron, une couronne de laurier sur la tête, une lyre à la main, et qu'Apollon jette dans le Cocyte; ensuite des gens de toutes sortes, les Galba, les Othon, les Vitellius; Vespasien, qui accourt pour éteindre le feu mis aux temples [1]; Titus, qu'on envoie à la Vénus publique; Domitien, qu'on enchaîne auprès du taureau de Phalaris; Nerva, à propos duquel Silène s'écrie : « Vous autres dieux, vous laissez quinze années un monstre sur le trône, et ce vieillard affable et juste n'a pas régné un an entier! » Jupiter apaise Silène en lui annonçant que des princes vertueux vont suivre Nerva.

Trajan paraît : aussitôt Silène recommande à Jupiter de veiller sur celui qui verse à boire aux immortels. Que cherche Adrien? son Antinoüs? il n'est point dans l'Olympe. Antonin, modéré, excepté en amour, s'arrêterait à couper en portions égales un grain de cumin. A la vue de Marc-Aurèle, Silène déclare qu'il n'a rien à lui reprocher.

Survient un débat entre Alexandre et César, jouteurs de gloire. César affirme qu'il a effacé les grands hommes ses contemporains et les grands hommes de tous les siècles et de tous les pays. Que prétend Alexandre avec sa conquête de la Perse? Peut-il opposer quelque chose à la journée de Pharsale? Quel était le capitaine le plus habile de Pompée ou de Darius? Où étaient les meilleurs soldats? « Toi, Alexandre, tu

---

[1] Allusion à l'incendie du temple de Jérusalem et du Capitole.

as égorgé les citoyens de Thèbes, incendié les villes des malheureux Grecs; moi, César, j'ai conquis les Gaules, passé le Rhin, franchi l'Océan, sauté sur le rivage des Bretons. Tu as vaincu dix mille Grecs : j'ai défait cent cinquante mille Romains. »

Alexandre, qui commençait à entrer en fureur, apostrophe Jupiter et lui demande quand enfin ce babillard romain cessera de se donner des éloges. Il a triomphé de Pompée! Pompée, pauvre homme qui profita des triomphes de Lucullus! on lui donna le nom de grand par flatterie ; mais pouvait-on le comparer à Marius, aux deux Scipions, à Camille? « Tu as battu Pompée, César? Pompée, si amoureux de sa coiffure qu'il n'osait se gratter la tête que du bout du doigt! Tu ne soumis les Gaulois et les Germains que pour asservir ta patrie : fut-il jamais rien de plus impie et de plus détestable! Ne traite pas avec tant de dédain les dix mille Grecs que je me vis forcé d'accabler. Vous, Romains, qui à peine avez pu vous rendre maîtres de la Grèce dans sa décadence; vous qui vous êtes épuisés à soumettre un petit État presque ignoré aux beaux jours de l'Hellénie, que seriez-vous devenus s'il vous eût fallu combattre les Grecs unis et florissants ? Il vous sied bien de parler avec mépris de ma conquête de la Perse, fameux conquérants qui, après trois siècles de guerre, êtes parvenus, à la sueur de votre front, à vous emparer de quelques villages au delà du Tigre! Moins de dix ans ont suffi à Alexandre pour dompter la Perse et les Indes. » La satire continue de cette manière impitoyable, haute et juste, jusqu'à Constantin, outrageusement traité par le restaurateur de l'idolâtrie : il le livre à la déesse de la mollesse qui l'embrasse, le revêt d'une robe de femme de diverses couleurs, et le conduit par la main à la Luxure. Auprès d'elle Constantin trouve un de ses fils, Crispus, qui criait incessamment : « Corrupteurs de femmes, homicides, sacriléges, scélérats, vous tous qui avez besoin d'expiation, approchez! avec un peu d'eau je vous rendrai purs. Si vous retombez dans vos fautes, frappez-vous la poitrine, battez-vous la tête : tout vous sera remis [1]. »

Ici il y a triple calomnie et haine atroce : on ne reconnaît plus le souverain supérieur qui condamne les mauvais princes, et le grand homme qui juge ses pairs.

Julien était musicien et poëte de talent : nous avons de lui deux épi-

---

[1] Ὅστις φθορεῦς, ὅστις μιαιφόνος, ὅστις ἐναγής καὶ βδελυρός, ἴτω θαρρῶν ἀποφανῶ γὰρ αὐτὸν τούτῳ τῷ ὕδατι λούσας, αὐτίκα καθαρόν. Κἂν πάλιν ἔνοχος τοῖς αὐτοῖς γένηται, δώσω τὸ στῆθος πλήξαντι, καὶ τὴν κεφαλὴν πατάξαντι καταρῶ γενέσται. Quisquis mulierum corruptor, quisquis homicida est, quisquis piaculo aut exsecrando scelere se obstrinxit, fidenter huc adito. Etenim simul atque hac aqua ablutus fuerit, illico ego eum purum reddam. Quod si iisdem rursus se flagitiis contaminarit, efficiam uti, tunso pectore et capite percusso, expietur. (*In Cæsar.*, pag. 336. B.)

CHARETTE

grammes élégantes, l'une contre la bière, l'autre où l'orgue est décrit à peu près tel que nous le connaissons [1]. Ses lettres sont instructives, quoique d'un style peu naturel [2] ; en voici une où il y a trop de Néréides, de Grâces, de Nymphes, de lieux communs de mythologie, et qui ressemble assez à ces épîtres toutes fleuries de lis et de roses, que le grand Frédéric écrivait à des gens de lettres, la veille d'une bataille ; mais le sujet en est touchant et les descriptions agréables ; elle nous apprend quelque chose d'intime de la vie et de la jeunesse de Julien.

L'aïeule maternelle de Julien lui avait laissé une petite terre en Bithynie : l'empereur écrit à un ami dont on ignore le nom, pour lui en faire présent. Quel est le roi d'une province de l'empire romain qui ne croirait aujourd'hui déroger à sa puissance, démembrer le domaine de sa couronne, et compromettre la dignité de son sang, en offrant d'aussi bonne grâce l'héritage de sa grand'mère à un ami ?

« La maison n'est pas à plus de vingt stades de la mer, mais on n'y est point étourdi par le marchand, ou par le matelot criard ou querel-

---

[1] Il existe en manuscrit, dit-on, un poëme de Julien sur le soleil, et quelques harangues non publiées. D'une grande quantité de lettres sorties de la plume féconde de Julien, on n'en connaît guère plus de soixante-quatre. Vossius assure que les *Césars* étaient intitulés, dans les anciens manuscrits, *les Saturnales et le Banquet ;* mais Suidas distingue les *Césars* des *Saturnales*, et cite de ce dernier ouvrage des choses qui ne se trouvent point dans les *Césars*. Suidas indique encore deux ouvrages perdus de Julien, l'un sur *les trois figures*, l'autre sur *l'origine du mal contre les ignorants*. Eunape, dans ses Vies des sophistes, parle souvent de Julien ; il en avait écrit l'histoire ; peut-être faisait-elle partie de son *Histoire des empereurs depuis Alexandre Sévère*. On croit que celle-ci se retrouve en partie dans les deux livres de Zosime, qui se serait contenté de retoucher le travail d'Eunape ; Calliste, au rapport de Socrate, avait mis en vers la vie de Julien. On présumait, dans le dix-septième siècle, que l'histoire politique d'Eunape était dans les bibliothèques d'Italie. Le monde littéraire doit au savant M. Boissonade une édition grecque d'Eunape, dont M. Cousin, juge compétent, parle ainsi ; son suffrage sera d'un tout autre poids que le mien : « Personne, en effet, n'était mieux préparé à donner une édition critique d'Eunape que M. Boissonade, qui a déjà si bien mérité de la philosophie néoplatonicienne en publiant une nouvelle édition de la Vie de Proclus par Marinus, et le commentaire inédit de Proclus sur le *Cratyle*. Et comme si ses propres ressources ne lui suffisaient point, sa modestie lui a fait un devoir de se procurer tous les matériaux amassés par ses devanciers. Le *specimen* de Carpzow le mettait en possession des notes de Fabricius, et par l'intermédiaire de Schœfer, Erfurt, entre les mains duquel étaient tombés les travaux inédits de Wagner, les a obligeamment communiqués à M. Boissonade, avec des notes de Reinesius. Pour la vie de Libanius, il a eu les notes inédites de Valois ; et deux exemplaires d'Eunape, qui avaient appartenu à Walckenaer, lui ont fourni quelques corrections heureuses déposées sur les marges par Walckenaer, ou par lui recueillies sur l'exemplaire de Vossius conservé à la bibliothèque de Leyde ; sans compter les conjectures de l'illustre évêque d'Avranches, Huet, que contient un des exemplaires de la bibliothèque de Paris, et d'autres secours qu'il serait trop long d'énumérer, et qui tous disparaissent devant la vaste collection de remarques de toute espèce dont Wyttenbach a enrichi l'ouvrage de notre savant compatriote : de sorte que les deux volumes dont se compose cette édition d'Eunape présentent les travaux des maîtres de différents pays et de différents siècles, habilement employés par un des maîtres du siècle présent. »

[2] Libanius prétend avoir atteint la perfection du style épistolaire, et il accorde la seconde place à Julien. Pline le jeune offre le modèle de ce bel esprit élégant et recherché, imité par Julien et les Grecs de son temps.

leur. Cependant on y jouit des présents des Néréides, et l'on peut y avoir le poisson frais et palpitant. Si tu montes sur un tertre peu éloigné de la maison, tu verras la Propontide, ses îles et la ville qui porte le noble nom d'un empereur. Là tu ne seras point au milieu des algues, des mousses et des autres plantes désagréables et inconnues que la mer jette sur ses grèves, mais au milieu des saules, parmi le thym et les herbes parfumées. Couché, un livre à la main, après une lecture attentive, tu pourras reposer tes yeux fatigués : la mer et les vaisseaux te seront un charmant spectacle. Dans mon enfance, ce lieu me plaisait, parce que j'y trouvais des fontaines qui n'étaient pas à mépriser, des bains assez propres, un potager et des arbres. Lorsque je devins homme, je désirai ardemment de revoir ce lieu ; j'y suis maintes fois retourné en compagnie de quelques amis. Je m'y suis même assez occupé d'agriculture pour y laisser, comme un monument, une petite vigne qui donne un vin suave et parfumé. Tu verras dans mon clos Bacchus et les Grâces : la grappe pendante au cep, ou portée au pressoir, exhale l'odeur des roses ; la liqueur dans le tonneau est déjà du nectar, si nous en croyons Homère. Tu me demanderas peut-être, puisque les vignes viennent si bien dans ce sol, pourquoi je n'en ai pas planté davantage ? Mais d'abord je ne suis pas un cultivateur bien habile ; ensuite les Nymphes tempèrent pour moi la coupe de Bacchus : je ne voulais de vin qu'autant qu'il en fallait pour moi et mes convives, dont tu sais que le nombre n'est pas grand. Accepte donc ce présent, ô tête chérie [1] ! Il est petit, sans doute ; mais ce qui va d'un ami à un ami, de la maison à la maison, est très-doux, comme le dit le sage poëte Pindare [2]. »

Les discours de Julien ont les défauts de la littérature de son temps ; mais celui qu'il adresse aux Athéniens, en partie purgé de ces défauts, montre avec quelle gravité il avait pu écrire l'histoire des guerres des Gaules et de la Germanie. Il est fâcheux que l'Apostat, dans deux panégyriques, ait si bien loué Constance, son persécuteur, et qu'il ait été si froid dans l'éloge d'Eusébie, sa bienfaitrice, et peut-être quelque chose de plus [5].

---

[1] Φίλη κεφαλή ! *O carum caput!* Horace a transporté ce tour dans le latin, et Racine dans le français. — [2] *Epist.* XLVI. — [3] Cette princesse, aussi belle qu'humaine, dit Julien (*Paneg. Eus.*), est représentée comme aimant les lettres, et pleine de compassion pour les malheureux : *in culmine tam celso humana*. On la voit protéger Julien, le défendre contre ses ennemis, lui fournir des livres, prendre pour lui tous les soins de la puissance et de la tendresse ; ensuite on la voit donner un breuvage à Hélène pour la faire délivrer de son fruit avant terme. Comment Eusébie, qui avait élevé Julien à la pourpre, et qui conséquemment ne semblait pas craindre son ambition, voulait-elle le priver de postérité ? Eusébie était stérile ; Hélène n'était pas jeune, mais elle était féconde. Ces contradictions s'expliqueraient par la folie d'une passion. Dans cette hypothèse,

Grand admirateur du passé, Julien a voulu faire remonter le vocabulaire dont il s'est servi aux jours classiques de la Grèce : assez souvent il habille à l'antique des idées modernes ; on peut se faire une idée de ce contraste par un exemple en sens opposé. L'auteur des *Vies des grands hommes* a écrit en grec dans un idiome complet et vieilli, et il a été traduit en français dans un idiome incomplet et naissant, d'où il est arrivé une chose assez extraordinaire : le génie de Plutarque était naïf, et sa langue ne l'était plus ; Amyot est venu, et il a donné à Plutarque la langue qui manquait à son génie. Mais Amyot échoue dans les *Morales* : le gaulois, qui s'était si bien prêté aux récits du biographe, n'a pu rendre les idées complexes et les expressions métaphysiques du philosophe.

De grandes imperfections balançaient dans Julien ses éminentes qualités : il gâtait son caractère original en copiant d'autres grands hommes, et semblait n'avoir de naturel que sa perpétuelle imitation. Il s'était surtout donné pour modèles Alexandre et Marc-Aurèle ; sa mémoire envahissait ses actions ; il avait fait entrer son érudition dans sa vie. Lorsqu'il renvoya aux évêques le traité de Diodore de Tarse, en faveur du christianisme, avec ces trois mots : *anegnôn, egnôn, categnôn* : Ἀνέγνων, ἔγνων, κατέγνων : *J'ai lu, j'ai compris, j'ai condamné*, il rappelait mal le *veni, vidi, vici*, de César. Ses actes de clémence étaient peu méritoires, le dédain y ayant plus de part que la générosité. Léger, railleur, pétulant, questionneur sans dignité, d'une loquacité intarissable, il eût été cruel s'il se fût laissé aller à son penchant[1]. Dans des emportements involontaires, il s'abaissait jusqu'à frapper de la main et du pied les gens du peuple qui se présentaient à ses audiences[2]. On pourrait soupçonner sa pudicité : bien que Mamertin assure que son lit était plus chaste que celui d'une vestale, il est probable, s'il n'est certain, qu'il eut des enfants naturels[3]. Telle est la puissance d'un mot : le nom d'Apostat, donné à Julien, suffit pour flétrir sa mémoire, même aujourd'hui que nous sommes séparés de ce prince par quatorze siècles, et que tombent les institutions qu'il proscrivait.

L'antipathie de Julien pour le culte des chrétiens se fortifia de la haine que lui inspira le prince qui massacra son père, livra son frère au bourreau, et menaça longtemps sa vie : les anciens autels étant devenus les autels persécutés, Julien s'y attacha comme un caractère généreux s'attache à la patrie, à la faiblesse et au malheur ; il voulut croire à des

---

Eusébie aurait désiré placer Julien sur le trône du monde, mais elle n'aurait pu souffrir qu'une femme, plus heureuse qu'elle, fût la mère des enfants de Julien.

[1] Socrat., lib. III, cap. XXI. — [2] Naz., pag. 121. — [3] Julian., *epist.* XI. *Educator meorum liberorum.*

absurdités que sa raison condamnait ; il employa son génie, comme les philosophes de son temps, à expliquer par des allégories le culte de ces divinités, personnifications des objets de la nature, ou passions matérialisées. La beauté des cérémonies du paganisme enchantait son imagination poétique, nourrie des songes de la Grèce : à la renaissance des lettres, au seizième siècle, quelques écrivains de la France et de l'Italie, ravis des belles fables, devinrent de véritables païens, et firent abjuration entre les mains d'Homère et de Virgile. Julien attribuait son salut à sa piété envers les dieux qui l'avaient excepté seul de la juste condamnation prononcée contre la maison impie de Constantin.

Son aversion pour le christianisme se put augmenter encore du spectacle qu'offrait la société lorsqu'il parvint à l'empire. L'hérésie d'Arius avait tout divisé et subdivisé ; ce n'étaient qu'anathèmes lancés et reçus ; les catholiques même ne s'entendaient plus ; les évêques se disputaient des sièges, et le schisme ajoutait ses désordres à ceux de l'hérésie. Julien avait remarqué que les chrétiens sont plus cruels entre eux que les bêtes ne le sont aux hommes [1] (c'est un auteur païen qui l'affirme). Athanase fait la même remarque sur les ariens [2]. Ces querelles dans toutes les villes, dans tous les villages, dans tous les hameaux, affaiblissaient l'Empire au dehors, paralysaient le pouvoir au dedans, rendaient l'administration périlleuse et difficile. Les juges et les gouverneurs n'étaient occupés qu'à réprimer les délits et les séditions des chrétiens. Le fameux Georges, évêque arien d'Alexandrie, persécuteur des païens et des catholiques, avait désolé l'Égypte par ses rapines et ses cruautés. Diodore, un de ses adhérents, coupait de sa propre autorité la chevelure des enfants ; chevelure que l'idolâtrie maternelle laissait croître en l'honneur de quelque divinité protectrice. Le peuple lassé se souleva, massacra Georges, pilla sa bibliothèque dont Julien recommanda au préfet d'Égypte de rassembler soigneusement les débris. « La folie des Galiléens, dit le même prince dans sa lettre à Artabius, a presque tout perdu [3]. »

Julien, qui n'aurait pu reconnaître la vérité chrétienne parmi des hommes qui ne s'entendaient pas sur la nature du Christ, put donc croire qu'il supprimerait à la fois tous les maux en étouffant toutes les sectes sous l'ancien culte : erreur d'un juge préoccupé qui prit les effets pour la cause ; qui ne vit que l'extérieur des troubles ; qui ne fut frappé que du mouvement à la surface, et n'aperçut pas l'idée immobile reposant

---

[1] Nullas infestas hominibus bestias, ut sunt sibi ferales plerique christianorum expertus. (Amm., lib. xxii, cap. v.) — [2] Ariani Scythis ipsis crudeliores. (Ath., *Hist. Arian.*) — [3] *Etenim Galilæorum ementia*, propemodum omnia afflixit ac perdidit. (Julian., epist. vii.)

au fond de ces troubles. Une révolution était accomplie, un changement opéré dans l'espèce humaine.

Cependant l'éducation d'enfance du grand ennemi de la croix avait été toute chrétienne ; il avait disputé de dévotion à Macellum avec son frère Gallus ; il paraît même qu'après avoir été *lecteur* dans l'église de Nicomédie, il s'était fait tondre pour se faire moine [1] ; intention qu'on a voulu attribuer à l'hypocrisie, et qu'il est plus équitable de regarder comme le mouvement d'une âme exaltée. Julien ne pouvait être ni chrétien, ni philosophe à demi ; la nature ne lui avait laissé que le choix du fanatisme.

Quoi qu'il en soit, aussitôt que ce prince fut séparé de Gallus, il s'abandonna à la passion de l'étude, que lui avait inspirée Mardonius, son premier maître. Il visita à Pergame Édésius, dont l'école jetait un grand éclat.

Chef du néoplatonisme dont Plotin était le fondateur, Édésius, disciple et successeur de Jamblique, était un vieillard dont l'esprit vigoureux s'élevait vers le ciel à mesure que son corps se penchait vers la terre. Julien voulait en tirer toute la science, mais le vieillard lui dit : « Aimable poursuivant de la sagesse, mon corps est un édifice en ruine prêt à tomber : interrogez mes enfants [2]. »

Ces enfants d'Édésius étaient ses disciples : Maxime, Priscus, Eusèbe et Chrysanthe. Julien s'adressa d'abord aux deux derniers. Eusèbe ne croyait point à la théurgie, et parlait à Julien contre les opérateurs de prodiges ; il lui raconta que Maxime avait fait sourire devant lui, au moyen d'un grain d'encens purifié, et d'un hymne chanté à voix basse, la statue de la déesse au temple d'Hécate ; qu'ensuite les flambeaux s'étaient allumés d'eux-mêmes [3]. Aussitôt Julien, transporté de curiosité, ne voulut plus écouter les raisonnements d'Eusèbe, et s'empressa d'aller chercher Maxime à Éphèse.

Maxime, d'un âge approchant de la vieillesse, portait une longue barbe blanche ; son éloquence était entraînante ; le son de sa voix se mariait si bien avec l'expression de ses regards, qu'on ne lui pouvait résister [4]. Pressé par Julien, il fit venir Chrysanthe, et tous les deux l'instruisirent. Maxime conduisit le jeune prince dans le souterrain d'un temple : après les évocations on entendit un grand bruit, et des spectres de feu apparurent. Julien, saisi de frayeur, fit involontairement et par habitude le signe de la croix : tout s'évanouit. Julien ne se pouvait empêcher d'admirer la puissance du signe des chrétiens, lorsque le

---

[1] *Et ad cutem usque tonsus monasticam vitam simulavit.* (Socrat.) — [2] Eunap., *Vit. Jambl., Vit. Max.* — [3] *Id., ibid.* — [4] *Id., ibid.* ; Liban., *Paneg.*, 175.

philosophe lui dit d'une voix sévère : « Croyez-vous avoir fait peur aux dieux ? ils se sont retirés, parce qu'ils ne veulent pas avoir de relations avec des profanes tels que vous [1]. »

On ignore le reste de cette initiation ; mais on assure que Maxime prédit l'empire à Julien, s'il jurait d'abolir le christianisme et de rétablir l'ancien culte.

Au surplus, quels que fussent les nuages dont le néoplatonisme environnait sa doctrine, on sait qu'il admettait des puissances subordonnées avec lesquelles on commerçait par la science de la cabale. Comme les philosophes ne pouvaient justifier les folies du polythéisme pris dans le sens absolu, ils composaient un système d'allégories dans lesquelles ils renfermaient les vérités de la physique, de la morale et de la théologie. Ils admettaient un Dieu-Principe dont les attributs devenaient des divinités inférieures. Les astres, la terre, la mer, les royaumes, les villes, les maisons, de même que les vertus et les arts, avaient leurs génies : ceux qui tout à la fois rougissaient et se glorifiaient des anciennes superstitions, chargeaient ainsi l'imagination d'inventer, pour les justifier, un système digne d'elles.

Le fond de l'ancienne doctrine platonicienne subsistait : l'intervalle incommensurable qui sépare l'homme de Dieu étant rempli par des êtres plus ou moins sublimes, à mesure qu'ils sont plus voisins de Dieu ou de l'homme, notre âme, selon le degré de sa vertu, remonte cette longue chaîne de héros, de génies et de dieux, et va s'abîmer dans le sein du grand Être, beauté, vérité, souverain bien, science complète.

Plutôt alléché aux mystères que rassasié de secrets, Julien alla chercher jusqu'au fond de la Grèce un vieux prêtre d'Éleusis, qui passait pour ne rien ignorer. Si nous en croyons Eunape, seule autorité pour ce récit, Julien, au moment de rompre avec Constance, appela ce prêtre dans les Gaules, et lui fit part du projet qu'il n'avait révélé qu'à Oribase, son médecin, et à Évhémère, son bibliothécaire.

Julien était versé dans la théurgie et les deux divinations : ses croyances se composaient d'un mélange de néoplatonisme et de quelque souvenir de sa première éducation chrétienne, le tout enveloppé dans l'hellénisme, où les mythes homériques.

Le néoplatonisme joignait à la doctrine de Platon des idées empruntées aux écoles pythagoricienne, stoïcienne et péripatéticienne. En vertu de la loi de la métempsycose, Julien pensait avoir hérité de l'âme d'Alexandre : superstition naturelle du courage, du génie, et de la gloire.

---

[1] Théodor., lib. III, cap. III; Greg. Naz., or. III, pag. 74.

Libanius compare la vérité rentrant dans l'esprit de Julien, purifiée du christianisme, à la statue des dieux replacée dans un temple autrefois profané. Selon le même Libanius, des divinités amies éveillaient le disciple impérial en touchant doucement ses mains et ses cheveux [1] ; il distinguait la voix de Jupiter de celle de Minerve, et ne se trompait point sur la forme d'Hercule ou d'Apollon : platonicien par l'esprit, stoïcien par le caractère, cynique par quelques habitudes extérieures, Julien priait et jeûnait en l'honneur d'Isis, de Pan ou d'Hécate, comme les Pères du désert ses contemporains jeûnaient et priaient aux jours de vigiles et d'abstinence. Si, à cette époque, la philosophie affectait des austérités et prétendait opérer des prodiges, c'est qu'elle avait été conduite à opposer quelque chose aux vertus et aux merveilles des chrétiens.

En effet, peu de temps après le règne de Julien, une persécution s'éleva contre les hommes accusés de magie ; cette magie n'était que la réaction et la contre-partie des miracles. Le christianisme avait forcé l'hellénisme à l'imitation pour maintenir sa puissance. La cérémonie du taurobole ou du criobole, qui se rattachait dans son principe à la plus haute antiquité, était devenue une simple parodie du baptême. Au bord d'une fosse couverte d'une pierre percée, le sacrificateur égorgeait un taureau ou un bélier ; le sang de la victime coulait au travers des trous, sur le prosélyte placé au fond de la fosse, et les taches de ce pécheur se trouvaient effacées au moins pour vingt ans. Les philosophes étaient les *solitaires* de la religion de Jupiter ; comme les ermites du christianisme, ils s'attribuaient un pouvoir surnaturel. Plotin évoquait, à l'aide d'un Égyptien, son propre démon ; quand il mourut, un dragon sortit de dessous son lit et traversa une muraille. Jamblique s'élevait en l'air, et tout son corps paraissait resplendissant : au son d'une parole il fit un jour sortir les génies de l'amour, Éros et Antéros, du fond d'un bain. Édésius forçait les dieux à descendre, et il en recevait des oracles en vers hexamètres [2]. Vous venez de voir les jongleries de Maxime et de Crysanthe. Simon le magicien, Apollonius de Tyane, avaient eu les mêmes prétentions aux vertus théurgiques. Celse avait opposé aux miracles de Jésus-Christ les prestiges d'Esculape, d'Apollon, d'Aristes, et d'Abaris. Les philosophes affectaient un tel air de ressemblance avec les ascètes, que Julien, dans un moment d'humeur contre les cyniques, les compare aux moines galiléens [3] : vous allez bientôt voir ce prince essayant de régler la police des temples d'après la discipline des églises. Enfin, les idolâtres réformés avaient placé une Trinité à la tête de leurs

---

[1] Liban., *Paneg.* — [2] Eunap., *Vit. Soph.* ; Brucker., *Hist. philosoph.* ; Julian., apud S. Cyril., lib. vi. — [3] Julian., contra imperitos canes, or. vi.

dieux : vaincu de toutes parts, le paganisme était, pour ainsi dire, obligé de se faire chrétien.

Toutefois, dans cette transfusion du sang social, dans l'accomplissement de la plus grande révolution de l'intelligence, on doit aussi remarquer, afin d'être juste et sincère, ce que le christianisme pouvait avoir admis de la philosophie et du paganisme.

Le christianisme a-t-il reçu de la philosophie les dogmes de la Trinité, du Logos ou du Verbe ?

J'ai déjà eu l'occasion de traiter ailleurs cette matière : j'ai fait observer [1] que la Trinité pouvait avoir été connue des Égyptiens, comme le prouvait l'inscription grecque du grand obélisque du Cirque Majeur, à Rome ; j'ai cité un oracle de Sérapis, rapporté par Héraclides de Pont et Porphyre [2], lequel oracle exprime nettement le dogme de la Trinité [3].

---

[1] *Génie du Christianisme*, tom. III, liv. 1, chap. III. — [2] Porphyre appartient au néoplatonisme, postérieur à la prédication de l'Évangile : sous ce rapport, son témoignage est suspect. — [3] La belle découverte de la lecture des hiéroglyphes a pu jeter de nouvelles lumières sur le système religieux des Égyptiens. Je dois à M. Charles Lenormant, qui a suivi M. Champollion en Égypte, la note savante qu'on va lire. L'auteur, en traitant de la triade égyptienne, dit aussi quelques mots du taurobole. (*Voyez* la Préface de ces *Études historiques*.) « La triade égyptienne, identiquement semblable à la triade hindoue, repose sur une croyance panthéistique : les deux principes fondamentaux (Ammon-Ra et *Mouth*, la grande mère, dans la forme la plus élevée) représentent l'esprit et la matière ; ils ne sont pas même corrélatifs, car il est dit qu'Ammon est le *mari de sa mère* *, ce qui veut dire que l'esprit est une émanation de la matière préexistante, du chaos. Dans le *Rituel funéraire* **, la pièce capitale et le résumé de la théologie égyptienne, Ammon dit à Mouth : *Je suis l'esprit; toi, tu es la matière*. Plus loin, dans la prière adressée à *Mouth*, sous la forme secondaire de Neith, on lit ces mots : *Ammon est l'esprit divin, et toi, tu es le grand corps*, Neith, qui préside dans Saïs. De leur union provient *Chons*, la plus haute manifestation de l'esprit, la troisième personne de la triade thébaine. Chons est tellement le même que le *Logos* de l'Inde, et même de la Perse, de Platon et de saint Jean, qu'à Thèbes, dans le temple qui lui est dédié ***, il est nommé *Chons Toth* ; c'est-à-dire *parole*. Cette triple unité de Dieu se retrouve ainsi dans toutes les dégradations du théisme égyptien, jusqu'à la triple manifestation corporelle de Dieu dans les personnes d'Osiris, d'Isis et d'Horus. Puis vient un personnage complémentaire, un résumé des formes multiples de la Divinité, *Ammon-Horus* ou *Porus-Ammon*, qui réunit les deux anneaux opposés de cette chaîne immense, et renferme l'unité panthéistique du monde concentré dans les trois personnes de l'esprit, de la matière et du verbe. Ammon-Horus est le *Pan* des Grecs. La trinité chrétienne est fondée sur l'existence d'un Dieu préexistant à la matière, qui a tiré le monde du néant ; ce Dieu se manifeste incessamment dans son fils ; l'esprit est l'intermédiaire de cette manifestation, qui, dans la triplicité, constitue l'unité de Dieu. On voit donc que, pour établir un rapport de cette trinité à la triade égyptienne, il faudrait supposer dans cette dernière l'abstraction du principe féminin et la division de l'esprit en principe générateur et en esprit proprement dit. La différence fondamentale des deux doctrines a pour base l'opinion différente que les panthéistes et les chrétiens professent sur l'origine du mal : l'optimisme panthéistique le plus exalté ne peut détruire l'inhérence du mal à la matière éternelle, et par con-

---

* Sur le pylone du temple de *Chons* à Karnak, appelé le *grand temple du Sud*, dans le grand ouvrage d'Égypte. — ** Troisième partie, section III, traduction communiquée par M. Champollion. — *** Le même que ci-dessus ; l'Ibis, en style hiéroglyphique, est le symbole du dieu *Toth*, et se résout phonétiquement dans le mot *tot* qui commence tous les discours des dieux... *parole d'Ammon-Ra, roi des dieux*, etc. (Renseignement communiqué par M. Champollion.)

Les mages avaient une espèce de Trinité dans leur Métris, Oromasis et Arimanis, ou Mitra, Oromase et Arimane. Platon semble indiquer la Trinité dans le Timée, l'Épinomis ; et dans une lettre à Denis le Jeune, il énonce le Verbe de la manière la plus claire. Selon lui, le Verbe très-divin a arrangé l'univers et l'a rendu visible [1]. Platon avait emprunté le dogme de la Trinité de Timée de Locres, qui le tenait de l'école italique. Les pythagoriciens avouaient l'excellence du ternaire : le TROIS n'est point engendré et engendre toutes les autres fractions, d'où il prenait, dans l'école pythagoricienne, la qualification de nombre sans *mère*. Les stoïciens professaient la même théologie, ainsi que le témoigne Tertullien qui cite Zénon et Cléanthes [2].

Aux Indes et au Thibet proprement dit, les livres sacrés mentionnent le Verbe et la Trinité. Enfin, les missionnaires anglais croient avoir retrouvé la Trinité jusque dans la religion des sauvages d'Otaïti [3].

Les principaux Pères de l'Église, presque tous sortis de l'école platonicienne, ont avoué que leur ancien maître s'était quelquefois approché de la pure doctrine : c'est ce qu'on voit dans Origène, dans Ter-

séquent la nécessité du mal ; Nephtis, la sœur d'Isis, partage sa couche entre Osiris et Typhon. Les premiers apologistes ont aussi attribué au désir de contre-balancer l'influence des cérémonies chrétiennes l'usage fréquent des sacrifices tauroboliques, à compter de la dernière moitié du second siècle de notre ère. Mais il est plus que probable que ces sacrifices avaient une autre source que l'imitation des rites du baptême, ou même que l'idée de réhabilitation d'où la cérémonie baptismale est dérivée. La purification expiatoire par le sang est universelle dans les cultes de l'Orient ; on en retrouve la trace jusque dans le Lévitique : *Et sanguinem qui erat in altari aspersit super Aaron et vestimenta ejus, et super filios illius ac vestes eorum* (VIII, 30). Tous les témoignages anciens s'accordent à rattacher les tauroboles au culte phrygien de Cybèle. Or, ce culte, bien qu'introduit à Rome deux cent sept ans avant Jésus-Christ, ne fut longtemps que toléré, et ne passa tout à fait dans la chose publique que sous le règne d'Antonin. M. de Boze [*] a très-bien rappelé les causes de la vénération superstitieuse de cet empereur pour les mystères de Cybèle : il a montré en même temps que Faustine la mère était la première impératrice qui eût pris sur les médailles le nom de *mère des dieux*. Or, le plus ancien taurobole que nous trouvions constaté par une inscription se rapporte à l'an 160 de Jésus-Christ, et a été célébré pour la conservation des jours d'Antonin et de sa famille [**] ; la plupart des monuments de ce genre ont, comme le précédent, une couleur politique. Que les idées de régénération répandues par le christianisme dans tout le monde aient contribué à étendre l'usage des sacrifices tauroboliques, c'est ce qu'il est difficile de nier ; mais les apologistes eux-mêmes montraient la différence de principe, et par conséquent d'origine, qui existait entre le baptême et le taurobole : le sang du taureau, disait Firmicus [***], ne rachète pas ; il souille. C'est qu'effectivement l'idée de réhabilitation purifiante et celle d'expiation sanglante appartiennent à deux systèmes opposés, dont le second a été aboli par le sacrifice de la grande victime du christianisme. S'il était permis d'assigner une origine encore plus ancienne que les mystères de Cybèle au sacrifice taurobolique, nous en retrouverions la trace dans le mythe persan de Mithra et dans l'immolation du taureau, qui en est le symbole principal ; or, on sait que la religion de la mère des dieux n'est, en grande partie, qu'une émanation des doctrines persanes. »

[1] PLAT., tom. II, pag. 986, in Epinomid. — [2] TERTULL, *Apologet.* — [3] *Génie du Christianisme*, tom. III, liv. I, chap. III.

[*] Tom. II des *Mémoires de l'Acad. des inscript.* — [**] Mémoire précité. — [***] Cité par M. de Boze.

tullien, dans saint Justin, saint Athanase [1] et dans saint Augustin. Ce dernier raconte qu'ayant lu les traités des platoniciens, il y découvrit les vérités de la foi, relatives au Verbe de Dieu, telles qu'elles sont énoncées dans le premier chapitre de l'évangile de saint Jean. Il fait observer que plusieurs platoniciens ayant entendu parler du christianisme, convinrent que le Messie était l'Homme-Dieu, en qui la Vérité permanente, l'immuable Sagesse, s'était incarnée [2]. Platon avait déclaré que, si le Juste venait sur la terre, il serait méconnu et crucifié. Une tradition confuse des incarnations du dieu indien s'était répandue à travers la Perse jusqu'au fond de l'Occident.

Constantin, dans la harangue que j'ai rappelée, signale Platon comme le premier philosophe qui attira les hommes à la contemplation des choses divines [3].

Qu'un homme du génie de Platon ait approché de la vérité révélée par la force de sa pénétration, rien de plus naturel : les vérités de l'intelligence, comme toutes les autres vérités, nous sont plus ou moins accessibles, selon le plus ou le moins de supériorité de notre esprit. Mais la philosophie de Platon est mêlée de tant d'obscurités, de contradictions et d'erreurs, qu'il est difficile d'en tirer le système des chrétiens. Ensuite Aristobule, Joseph, saint Justin, Origène, Eusèbe de Césarée [4], ont avancé et prouvé que Platon avait eu connaissance des livres hébreux, qu'il y avait puisé cette partie de sa philosophie si peu ressemblante à ce qui lui appartient en propre, ou plutôt à Pythagore : les exemplaires des idées et de l'harmonie des sphères.

Mais aucune induction raisonnable ne peut être tirée des doctrines qui ont eu cours après l'avénement du Christ : le néoplatonisme, au lieu d'avoir donné aux chrétiens la Trinité, la lui aurait plutôt dérobée : Plotin et Porphyre ont rajusté leur système confus de triade sur le système positif et clair de la nouvelle religion. Alors parut le dogme trinitaire païen plus nettement énoncé, les trois dieux, les trois entendements, les trois rois réunis dans l'unité demiurgique. Les philosophes avaient une grande admiration pour ces premières paroles de l'évangile selon saint Jean : *Au commencement était le Verbe, et le Verbe était en*

---

[1] S. Justin, *Apolog.*; Origen., *contr. Cels.*, Tertull., *Apolog.*; Athan., *de Incarn. verbi Dei*, pag. 83. — [2] Aug., *Confess.*, lib. vii; id., *epist.* cxviii. — [3] Constant. Mag., *in Orat. Sanctor. cœl.*, cap. ix. — [4] Aristobul., *apud Euseb.*, lib. xiii; *Præp. Ev.*, cap. xii; Joseph., lib. ii, *contra App.*; S. Just., *Apologet.*; Orig., lib. xii, *contr. Cels.*; Euseb., lib. xi, *Præp. Evang. in proœmio.* La version des Septante est postérieure au voyage de Platon en Égypte : mais il est prouvé par Aristobule (*apud Euseb.*, lib. xiii, *Præp. Evang.*, cap. xii) et par Démétrius (*in epist. ad Plorem. Eg. Reg. apud Joseph. Arist. et Euseb.*) que des parties considérables des livres hébreux étaient traduites en grec longtemps avant la version complète des Septante. (Voyez *Défense des SS. Pères accusés de platonisme*, liv. iv, pag. 648 et suiv.) Baltus sur ce point a complétement raison contre Luther.

Dieu, et le Verbe était Dieu; ils disaient qu'il fallait les écrire en lettres d'or au frontispice des temples[1]; saint Basile[2] assure qu'ils étaient allés jusqu'à s'emparer de ces paroles et à les insérer, comme leur appartenant, dans leurs ouvrages. Amélius, disciple de Plotin, est atteint et convaincu par Eusèbe de Césarée, Théodoret et saint Cyrille d'Alexandrie, d'être un plagiaire de l'évangile de saint Jean, de cet apôtre qu'Amélius appelle dédaigneusement un Barbare [3]. Théodoret compare les néoplatoniciens, imitateurs des fidèles (et en particulier Porphyre), à des singes et à la corneille d'Ésope [4].

Je ne puis que vous indiquer, dans ces *Études*, des sujets qui demanderaient un développement considérable. Il conviendrait d'examiner si, avant le christianisme révélé, il n'y a pas eu un christianisme obscur, universel, répandu dans toutes les religions et dans tous les systèmes philosophiques de la terre; si l'on ne retrouve pas partout une idée confuse de la Trinité, du Verbe, de l'Incarnation, de la Rédemption, de la chute primitive de l'homme; si le christianisme ne fit pas sortir du fond du sanctuaire les doctrines mystérieuses qui ne se transmettaient que par l'initiation; si, portant en lui sa propre lumière, il n'a pas recueilli toutes les lumières qui pouvaient s'unir à son essence; s'il n'a pas été une sorte d'éclectisme supérieur, un choix exquis des plus pures vérités.

Il y a longtemps qu'on s'est enquis du degré d'influence que la philosophie a pu exercer sur la doctrine des Pères de l'Église : d'un côté, on a soutenu qu'ils avaient transformé le christianisme moral des apôtres dans le christianisme métaphysique du concile de Nicée; de l'autre, on a combattu cette assertion [5].

Ceux qui voulaient défendre les Pères accusés de platonisme auraient pu faire valoir l'autorité même de Julien, qui prétend prouver la fausseté du système des chrétiens en lui opposant celui du chef de l'Académie : dans un passage d'une grande beauté de style et d'une grande élévation de pensée, il compare la création racontée par Moïse à la création telle que l'a supposée Platon. Le dieu de Moïse, dit-il, n'a créé, ou plutôt n'a *arrangé* que la nature matérielle, le *monde des corps;* il n'avait aucune puissance pour engendrer la nature spirituelle, le *monde animé;* tandis que le dieu de Platon enfante d'abord les êtres intelli-

---

[1] *Solebamus audire aureis litteris conscribendum et... in locis eminentissimis proponendum esse dicebat.* (Aug., *de Civit. Dei*, lib. x, cap. xxix.) — [2] Basil., hom. 16, *in verba illa : In principio erat Verbum.* — [3] Euseb., *Præp. Evang.*, lib. xi, cap. xix ; Theodor., sermo xi, *ad Græc.* ; Cyrill. Alex., lib. viii, *in Julian.* — [4] Theodor. serm. vii, *ad Græc.* — [5] Les lecteurs qui seraient curieux de connaître à fond cette controverse peuvent lire la *Défense des saints Pères accusés de platonisme*, par Baltus, 1 vol. in-4º; Paris, 1711 ; Moshem., *de turbata per Platonicos Ecclesia,* ap. Cudworth., System. intell., tom. ii; Lugd. Batav., 1783.

gents, les Puissances, les Anges, les Génies, lesquels créent ensuite, par délégation du Dieu suprême, les formes ou la nature visible qui les représentent, les cieux, le soleil et les sphères qui sont les vêtements ou les images des Puissances, des Anges et des Génies.

Le principe essentiel de l'âme est un des mystères sur lesquels on s'est fixé le plus tard ; les Pères hésitent et présentent différentes opinions : dans les neuvième, dixième et onzième siècles, le champ des discussions était encore resté ouvert sur ce point aux écrivains ecclésiastiques.

Tout ceci ne fait rien à la question fondamentale : fût-il possible de prouver que les doctrines du christianisme ont été plus ou moins connues antérieurement à son ère, il n'aurait rien à perdre à cette preuve. Je vous l'ai déjà dit : des esprits puissants ont pu atteindre à des vérités mères, avant que ces vérités eussent été acquises au genre humain par une révélation directe. Loin de détruire la foi, ce serait un nouvel et merveilleux argument en sa faveur ; car alors il serait démontré qu'elle est conforme à la religion naturelle des plus hautes intelligences.

Telles sont les relations qui existaient entre la philosophie et le christianisme. Quant au paganisme, le christianisme en prit quelques formules applicables à toute religion, quelques rites, quelques prières, quelques pompes qui n'avaient besoin que de changer d'objet pour être véritablement saintes : l'encens, les fleurs, les vases d'or et d'argent, les lampes, les couronnes, les luminaires, le lin, la soie, les chants, les processions, les époques de certaines fêtes, passèrent des autels vaincus à l'autel triomphant. Le paganisme essaya d'emprunter au christianisme ses dogmes et sa morale ; le christianisme enleva au paganisme ses ornements : le premier était incapable de garder ce qu'il dérobait ; le second sanctifiait ce qu'il avait ravi.

L'apostasie du cousin de Constance, d'abord soigneusement cachée à la foule, fut donc connue d'un petit nombre de philosophes et de prêtres qui attendaient la réhabilitation des anciens jours, comme des hommes, étrangers au monde où ils vivent, rêvent parmi nous l'impossible retour du passé. Cependant, le secret du changement de Julien ne put être si bien gardé qu'il n'en transpirât quelque chose au dehors. Il nous reste une lettre de Gallus, de l'an 354 ou 353, dans laquelle le césar fait mention des bruits répandus dans Antioche. « On prétendait, écrit-il à Julien alors en Ionie, que vous aviez abandonné la religion de nos *ancêtres* pour embrasser l'hellénisme ; mais j'ai promptement été détrompé. OEtius m'a dit que vous étiez au contraire plein de zèle pour bâtir des oratoires, et que vous vous plaisiez aux tombeaux des martyrs. » Gallus appelle le christianisme la religion de ses *ancêtres* : saint Grégoire de Nazianze le nomme *l'ancienne religion*. Que le monde romain était changé! combien avait été rapide la conquête de l'Évangile !

Mais si le christianisme avait fait de pareils progrès extérieurs, le développement de sa puissance intérieure n'était pas moins étonnant. Déjà l'on pouvait reconnaître son caractère universel, non-seulement dans le sens de sa diffusion parmi les peuples, mais dans le sens de sa convenance avec les diverses facultés de l'homme : le voilà expliquant, à l'aide du plus beau langage, les idées les plus sublimes, ce christianisme qui fut prêché par des esprits obtus, de grossiers compagnons sans éducation et sans lettres. Comment Pierre le pêcheur avait-il produit Grégoire le poëte, Basile le philosophe, Jean Bouche d'Or l'orateur? C'est que Jésus le Christ était derrière Pierre l'apôtre, et que le Verbe incréé contenait la vertu de la parole humaine : fils de Dieu, source de toutes lumières et de tous biens, il les distribuait à ses serviteurs en proportion des besoins successifs de la société, donnant à propos la simplicité et l'éloquence, la force des mœurs ou les clartés de l'esprit. De cette croix si rude, de ce bois qui ne présenta d'abord à l'adoration de l'univers qu'un gibet et un condamné, découlèrent graduellement les perfections de l'essence divine.

Julien, parvenu à l'empire, publia un édit de tolérance universelle. Les évêques et les prêtres, à quelque communion qu'ils appartinssent, ariens, donatistes, novatiens, eunomiens, macédoniens, catholiques, furent également protégés par celui qui les méprisait tous, et qui espérait les affaiblir en les divisant. Néanmoins, il fait lui-même observer qu'il rappela les évêques exilés à leurs *foyers*, non à leurs *siéges*. Il assemblait les chefs des sectes, et, quand ils s'emportaient, il leur criait : « Écoutez-moi! les Franks et les Allamans m'ont bien écouté [1]. » Dans ses lettres, il recommande la modération envers les chrétiens; mais c'est en grimaçant qu'il conserve l'impartialité philosophique : sa haine perce à travers sa tolérance affectée, et lui arrache des mots sanglants.

Athanase, par une préférence méritée, fut excepté de l'amnistie de Julien. « Il serait dangereux, dit l'Apostat dans sa lettre aux habitants d'Alexandrie, de laisser à la tête du peuple un intrigant, non pas un homme, mais un petit avorton sans valeur, qui s'estime d'autant plus grand qu'il appelle plus de dangers sur sa tête [2]. » Et dans une lettre

---

[1] *Audite me, quem Alamani audierunt et Franci.* (Amm.) — [2] Ἀλλ' ἀνθρωπίσκος εὐτελής. *Quod si ne ille quidem vir est, sed contemptus homuncio.* (Julian., epist. vi.)

à Ecdicius, préfet d'Égypte, Julien ajoute : « Les dieux sont méprisés. Chassez le scélérat Athanase ; il a osé, sous mon règne, conférer le baptême à des femmes grecques d'une naissance illustre [1]. »

Eunape ne nous laisse aucun doute sur la sincérité religieuse de Julien : il suffit d'ailleurs de lire ce qui nous reste des ouvrages de cet empereur, aussi singulier comme homme qu'extraordinaire comme prince, pour se convaincre qu'il était païen de bonne foi. Il avait pris dans les initiations et les sociétés secrètes un degré d'enthousiasme qui allait jusqu'à interpréter les songes et à croire aux apparitions.

Au lever et au coucher du soleil, il immolait une victime à Apollon, sa divinité favorite : il croyait à la trinité des platoniciens ; le soleil était pour lui le *Logos*, le fils du Père souverain, le Verbe brûlant qui inspire la vie à l'univers. La nuit, Julien honorait la lune et les étoiles auxquelles s'unissent les âmes des héros. Dans les grandes solennités, il aimait à jouer le rôle de sacrificateur et d'aruspice.

« Le beau spectacle que de voir l'empereur des Romains fendre le bois, égorger les victimes, consulter leurs entrailles, souffler le feu des autels en présence de quelques vieilles femmes, les joues bouffies, excitant la risée de ceux-là même dont il désirait s'attirer les louanges ! » Aux fêtes de Vénus, il marchait entre deux troupes de prostitués de l'un et de l'autre sexe, affectant la gravité au milieu des éclats de rire de la débauche, élargissant ses épaules, portant en avant sa barbe pointue, allongeant de petits pas pour imiter la marche d'un géant. Saint Chrysostome [2] doute que la postérité veuille croire à son récit ; il adjure de la vérité de ses paroles les vieillards qui l'écoutaient, et qui pouvaient avoir été témoins de ces indignités.

L'empereur faisait toutes ces choses comme souverain pontife, dignité attachée chez les Romains à la souveraineté politique. Il épuisait l'État pour les frais d'un culte que rien ne pouvait rétablir. Il offrait en holocauste des oiseaux rares ; cent bœufs étaient quelquefois assommés à un seul autel dans un seul jour. Les peuples disaient que, s'il revenait vainqueur des Perses, il détruirait la race des taureaux. Il ressemblait en cela, selon la remarque d'Ammien Marcellin, au césar Marcus, à qui les bœufs blancs avaient écrit ce billet : « Les bœufs blancs au césar Marcus, salut : c'est fait de nous si vous triomphez [3]. »

De magnifiques présents étaient prodigués par Julien aux sanctuaires

---

[1] Quis ausus est in meo regno feminas Græcorum illustres ad baptismum impellere. (JULIAN., *epist.* VI.) — [2] C'est à Antioche que Chrysostome parlait ainsi. Ammien lui-même dit à peu près la même chose, lib. XXII, cap. XIV. — [3] Le texte de cette plaisanterie est en grec dans Ammien. (*Voir* la note des savants éditeurs, AMM., in-fol. Lugd. Batav., 1693.) On a appliqué cette épigramme à Marc-Aurèle.

célèbres, à Dodone, à Delphes, à Délos. En arrivant à Antioche, son premier soin fut de sacrifier sur la cime du mont Cassius. Il apprit avec une sainte joie que le gouverneur de l'Égypte avait retrouvé le bœuf Apis. Il fit déboucher, à Daphné, la fontaine Castalie; mais, en visitant ce lieu renommé par sa beauté, il eut un grand sujet de douleur : le bois de lauriers et de cyprès n'était plus qu'un cimetière chrétien; Gallus y avait déposé le corps de saint Babylas. « Je me figurais d'avance, dit Julien, une pompe magnifique : je ne rêvais que victimes, libations, parfums, chœurs de beaux enfants, dont l'âme était aussi pure que leur robe était blanche. J'entre dans le temple, je n'y trouve ni encens, ni gâteaux, ni victimes..... J'interroge le prêtre, je demande ce que la ville sacrifiera aux dieux dans cette fête solennelle. — Voici une oie que j'apporte de ma maison, me répondit-il[1]. »

Les temples détruits par le temps ou par les chrétiens furent réparés. Julien fut le Luther païen de son siècle; il entreprit la réformation de l'idolâtrie sur le modèle de la discipline des chrétiens. Plein d'admiration pour la fraternité évangélique, il désirait que les païens se liassent ainsi d'un bout de la terre à l'autre; il voulait que les prêtres de l'hellénisme eussent la vertu des prêtres de la croix; qu'ils fussent comme eux irréprochables; que, comme eux, ils prêchassent la piété, la charité, l'hospitalité. Il ordonna des prières graves et régulières à heures fixes, chantées à deux chœurs dans les temples; enfin il se proposait de fonder des monastères d'hommes et de femmes et des hôpitaux. « Ne devons-nous pas rougir que les Galiléens, ces impies, après avoir nourri leurs pauvres, nourrissent encore les nôtres laissés dans un dénûment absolu[2]? » Saint Grégoire de Nazianze remarque que ces imitateurs des chrétiens ne se pouvaient appuyer de l'exemple de leurs dieux, et qu'il y avait contradiction entre leur morale et leur foi.

Le zèle que Julien avait pour le paganisme, il l'avait pour la philosophie : il aimait un rhéteur de la même tendresse qu'il chérissait un augure. Lors de sa rupture avec Constance, il s'était flatté que Maxime accourrait dans les Gaules. Il revenait de sa dernière expédition d'outre-Rhin; il demandait partout, chemin faisant, si quelque philosophe n'était point arrivé : il avise de loin un cynique; il le prend pour Maxime; il est ravi de joie; ce n'était qu'un autre philosophe, ami de

---

[1] *Misopogon.* — [2] *Sed quid est causæ, cur in hisce, perinde ac si nihil amplius opus esset, conquiescamus, ac non potius convertamus oculos ad ea, quibus impia christianorum religio creverit, id est, ad benignitatem in peregrinos, ad curam ab illis in mortuis sepeliendis positam, et ad sanctimoniam vitæ quam simulant. . . . . . Nam turpe profecto est, cum nemo ex Judæis mendicet, et impii Galilæi non suos modo, sed nostros quoque alant, ut nostri auxilio, quod a nobis ferri ipsis debeat, destituti videantur.* (JULIAN., *epist.* XLIX.)

Julien [1]. Ne croit-on pas voir un empereur chrétien humiliant sa pourpre devant un anachorète, ou un chevalier de la croisade baisant la manche de Pierre l'Ermite?

Mais Julien ne fut pas plus heureux avec les philosophes qu'avec les prêtres : ils se corrompirent à la cour. Maxime et quelques autres sophistes acquirent des fortunes scandaleuses ; ils démentirent par leurs mœurs la rigidité de leurs doctrines : Chrysanthe, Libanius et Aristomène se tinrent seuls dans une louable réserve. Julien avait eu saint Basile pour compagnon d'études à Athènes ; il essaya de l'attirer auprès de lui : le philosophe chrétien, dans sa solitude, repoussa l'amitié du philosophe païen sur le trône.

« Aussitôt, dit saint Chrysostome (rudement traduit par Tillemont), aussitôt que Julien eut publié son édit pour le rétablissement de l'idolâtrie, on vit accourir, de toutes les parties du monde, les magiciens, les enchanteurs, les devins, les augures, et tous ceux qui faisaient métier d'imposture et d'illusion ; de sorte que tout le palais se trouvait plein de gens sans honneur et de vagabonds. Ceux qui depuis longtemps étaient réduits à la dernière misère ; ceux qui pour leurs sorcelleries et maléfices avaient langui dans les prisons et dans les minières ; ceux qui traînaient à peine une misérable vie dans les emplois les plus bas et les plus honteux ; tous ces gens, érigés en prêtres et en pontifes, se trouvaient en un instant comblés d'honneurs. L'empereur, laissant là les généraux et les magistrats, et ne daignant pas seulement leur parler, menait avec lui, par toute la ville, des jeunes gens perdus de débauches, et des courtisanes qui ne faisaient que sortir des lieux infâmes de leurs prostitutions. Le cheval de l'empereur et ses gardes ne le suivaient que de fort loin, pendant que cette troupe infâme environnait sa personne et paraissait avec le premier rang d'honneur, au milieu des places publiques, disant et faisant tout ce qu'on peut attendre de gens de cette profession. »

L'apostasie conduisit Julien au fanatisme, et du fanatisme à la per-

---

[1] Ce détail se trouve dans une lettre au philosophe Maxime. Julien nous fait connaître Besançon dans cette lettre, comme Paris dans le *Misopogon*. « *Ad Gallos revertens, circumspiciebam et percontabar de omnibus qui illinc venirent, num quis philosophus, num quis scholasticus, aut pallio penulave indutus, eo appulisset. Cum autem Vesontionem* (Βιζεντίωνα, Besançon) *appropinquarem (est autem oppidulum nunc refectum, magnum tamen olim, et magnificis templis ornatum, mœnibus firmissimis, et loci natura munitum, propterea quod cingitur Dubi* (Δανούβις, Doubs) : *est que, ut in mari, rupes excelsa, propemodum ipsis avibus inaccessa, nisi qua flumen ambiens tanquam littora quædam habet projecta); cum, inquam, prope abessem ab hac urbe, vir quidam cynicus cum pera et baculo mihi occurrit. Eum ego cum eminus aspexissem, teipsum esse putavi : cum accessit propius, a te omnino illum venire suspicatus sum. Est autem mihi quidem ille amicus, multum tamen infra expectationem meam.* (JULIAN., epist. XXXVIII.)

sécution : quand l'homme a commis une faute qu'il suppose irréparable, l'orgueil lui fait chercher un abri dans cette faute même. Julien essaya deux choses difficiles : réchauffer le zèle des idolâtres pour un culte éteint; provoquer des chutes parmi les chrétiens. Embaucheur de la cupidité et de la faiblesse, il offrait de l'or et des honneurs à l'apostasie : il échoua contre la foi fervente et contre la foi tiède. Lui-même se plaint de ne trouver presque personne disposé à sacrifier; il avoue que son discours hellénique au sénat chrétien de Berée, loué pour la forme, n'eut aucun succès pour le fond; il gourmande les habitants d'Alexandrie d'abandonner les dieux d'Alexandre pour un Verbe que ni eux, ni leurs pères, n'ont jamais vu [1]. Chrysanthe usa de modération envers les chrétiens, prévoyant que leur culte ne tarderait pas à triompher. L'ancien monde et le monde nouveau repoussèrent Julien : l'un, dans sa décrépitude, eût vainement essayé de se redresser comme un jeune homme; l'autre, adolescent vigoureux, ne se put rabougrir en vieillard.

La mission du césar-apôtre auprès des soldats eut le sort qu'elle devait avoir dans les camps. Il ordonna aux officiers de quitter la foi ou l'épée : Valentinien, déposa la dernière, qui lui laissa la main libre pour saisir la couronne. Quant aux légions, celles de l'Occident, composées de Gaulois et de Germains, s'accommodèrent fort du vin, des hécatombes et des bœufs gras [2]; on laissa aux légions de l'Orient le Labarum; mais on effaça le monogramme du Christ : l'idolâtrie se trouva cachée dans une confusion lâche et habile des emblèmes de la guerre et de la royauté.

L'empereur résolut de rebâtir le temple de Jérusalem, afin de confondre une prophétie sur laquelle les chrétiens s'appuyaient. Des globes de feu, s'élançant du sein de la terre, dispersèrent les ouvriers. L'entreprise fut abandonnée [3]; elle était peu digne d'un esprit philoso-

---

[1] Hunc vero quem neque vos, neque patres vestri videre, Jesum Deum esse Verbum creditis oportere. (JULIAN., epist. LI.) — [2] Petulantes ante omnes et Celtæ... Augebantur ceremoniarum ritus immodice cum impensarum amplitudine ante hac inusitata et gravi. (AMM.) — [3] Le texte d'Ammien Marcellin que je vais citer a fort embarrassé Gibbon, et avant lui Voltaire : un miracle affirmé par un païen était en effet une chose fâcheuse ; il a donc fallu avoir recours à la physique. « Julien, dit judicieusement l'abbé de La Bletterie, et les philosophes de sa cour mirent sans doute en œuvre ce qu'ils savaient de physique pour dérober à la Divinité un prodige si éclatant. La nature sert la religion si à propos qu'on devrait au moins la soupçonner de collusion. » M. Guizot, dans son excellente édition française de l'ouvrage de Gibbon, indique aussi quelques lois de la physique par lesquelles on pourrait expliquer, jusqu'à un certain point, l'apparition des feux qui chassèrent les ouvriers de Julien. M. Tourlet, par un calcul chronologique, établit que le phénomène arrivé à Jérusalem ne fut que le même tremblement de terre qui menaça Constantinople et dévasta Nicée et Nicomédie pendant le troisième consulat de Julien, en 362. Je suis trop ignorant pour disputer rien aux faits, et n'ai pas assez d'autorité pour les interpréter ou les combattre ; je les rapporte comme je les trouve. Sozomène, Rufin, Socrate, Théodoret, Philostorge, saint Grégoire de

phique. Dernier témoin de l'accomplissement des paroles du maître, j'ai vu Jérusalem : *Non relinquetur lapis super lapidem.*

Enfin Julien défendit aux fidèles d'enseigner les belles-lettres ; c'était surtout par les enfants que l'Évangile s'emparait des pères : « Laissez les petits venir à moi ! » — « Ou n'expliquez point, disait l'empereur dans son édit, les écrivains profanes, si vous condamnez leurs doctrines ; ou, si vous les expliquez, approuvez leurs sentiments. Vous croyez qu'Homère, Hésiode et leurs semblables sont dans l'erreur ; allez expliquer Matthieu et Luc dans les églises des Galiléens [1]. »

Les maîtres chrétiens, privés des chaires d'éloquence et de belles-lettres, eurent recours à un moyen ingénieux pour prouver qu'ils n'étaient point des rustres, obligés de se tenir dans la barbarie de leur origine, comme disait Julien. Ils composèrent (et l'usage en fut continué), sur des thèmes de morale et de théologie, et sur des sujets tirés de l'histoire sainte, des hymnes, des idylles, des élégies, des odes, des tragédies, et même des comédies. Il nous reste bon nombre de ces poëmes qui ouvrent des routes nouvelles au talent, appliquent l'art des vers aux aspérités de la haute métaphysique, et plient la langue des Muses aux formes des idées, comme elle l'avait été de tout temps à celles des images [2].

Ce coup fut pourtant rude aux chrétiens : les beaux génies qui combattaient alors pour la foi auraient mieux aimé subir une persécution sanglante : ils ne s'en peuvent taire, ils reviennent sans cesse sur cette iniquité ; et comme le siècle au milieu des Barbares armés était philo-

---

Nazianze, saint Chrysostome et saint Ambroise, confirment le récit d'Ammien Marcellin. Julien lui-même avoue qu'il avait voulu rétablir le temple : *Templum illud tanto intervallo a ruinis excitare voluerim.* En creusant les fondements du temple nouveau, on acheva de détruire les fondements de l'ancien temple, et l'on confirma les oracles de Daniel et de Jésus-Christ par la chose même qu'on faisait pour les convaincre d'imposture. Au rapport de Philostorge (liv. VII, cap, VI), un ouvrier travaillant aux fondements du temple trouva, sous une voûte, au haut d'une colonne environnée d'eau, l'évangile de saint Jean. Rien de plus positif que le texte d'Ammien ; le voici : *Ambitiosum quondam apud Hierosolymam templum, quod post multa et interneciva certamina, obsidente Vespasiano posteaque Tito, ægre est expugnatum, instaurare sumptibus cogitabat immodicis : negotiumque maturandum Alypio dederat Antiochensi, qui olim Britannias curaverat pro præfectis. Cum itaque rei idem fortiter instaret Alypius, juvaretque provinciæ rector metuendi globi flammarum prope fundamenta crebris assultibus erumpentes, fecere locum, exustis aliquoties operantibus, inaccessum ; hocque modo elemento destinatius repellente, cessavit inceptum.* (AMM., lib. XXIII, cap. I.)

[1] *Sin in deos sanctissimos putant ab illis auctoribus peccatum esse, eant in Galilæorum ecclesias, ibique Matthæum et Lucam interpretentur.* (JULIAN., epist. XLII.) — [2] Saint Grégoire de Nazianze seul a composé plus de trente mille vers. Trois de ses poëmes sont sur la *virginité*, plusieurs sur *sa vie* et sur *les maux qu'il a soufferts* ; quelques-uns accusent les mœurs du clergé et le luxe des femmes ; d'autres font l'éloge des moines. Les poëmes intitulés *des Calamités de mon âme, de la Grandeur et de la Misère de l'homme, les Secrets de saint Grégoire*, sont admirables par la hauteur du sujet et la beauté de l'expression : il y a aussi beaucoup de vers sur le respect dû aux tombeaux. Les deux Apollinaires, le père et le fils, se signalèrent par leur combat

sophique et littéraire, les païens même n'applaudirent pas à l'ordre de Julien; Ammien le traite d'injuste [1].

Les controverses religieuses ou politiques commencent ordinairement par les écrits, et finissent par les armes; il en fut autrement lors de la révolution qui a fait voir le premier et l'unique exemple d'un changement complet dans la religion nationale d'un grand peuple civilisé. On tua d'abord les chrétiens dans dix batailles rangées, les dix persécutions générales, et les chrétiens livrèrent leur tête sans essayer de se défendre par la force; mais ils sentirent de bonne heure la nécessité d'écrire, pour affirmer leur innocence et assurer leur foi. C'est au christianisme que l'on doit la liberté de la pensée écrite; elle coûta cher à ceux qui en firent la conquête : on dédaigna d'abord de leur répondre autrement qu'avec des griffes de fer et les ongles des lions. Quand l'Évangile eut gagné la foule, le polythéisme, obligé de renoncer à la guerre de l'épée, accepta celle de la plume : l'idolâtrie se réfugia aux deux extrémités opposées de la société, les ignorants et les gens de lettres. Les philosophes, les rhéteurs, les poëtes, les grammairiens, tinrent ferme au paganisme avec les hommes rustiques; les premiers par orgueil de la science, les autres par la privation de tout savoir. Depuis le troisième siècle de l'ère chrétienne jusqu'à l'abolition complète de l'idolâtrie, vous n'ouvrez pas un livre de philosophie, de religion, de science, d'histoire, d'éloquence, de poésie, où vous ne trouviez le combat des deux religions. Sous Julien vous rencontrez Libanius, Édésius, Priscus, Maxime, Sopâtre, orateurs et sophistes; Andronic et Delphide, poëtes; Ammien Marcellin et Aurélius Victor, historiens; Mamertin, panégyriste; Oribase, médecin; et Julien lui-même, orateur, poëte et historien; tous combattant contre Athanase, Basile, les deux Grégoire de Nysse et de Nazianze, Diodore de Tarse, orateurs, philosophes, poëtes, historiens; Césarius, médecin et frère de Grégoire de Nazianze; Prohérésius, rhéteur, lequel aima mieux abandonner sa chaire à Athènes que d'être excepté de l'édit qui défendait aux chrétiens d'enseigner.

Julien préluda aux persécutions qu'il méditait par une espèce d'apologie du paganisme : en innocentant ses dieux et en condamnant le Dieu qu'il avait quitté, il justifiait indirectement son apostasie. Au milieu des soins qu'exigeait de lui son empire, il trouva le temps de dicter

---

poétique contre l'édit de Julien. Le premier mit en vers héroïques l'histoire sainte jusqu'au règne de Saül; il prit pour modèles de ses comédies, de ses tragédies et de ses odes pieuses, Ménandre, Euripide et Pindare : le second expliqua, dans des dialogues à la manière de Platon, les évangiles et la doctrine des apôtres.

[1] Lib. XXII, cap. x.

l'ouvrage dont saint Cyrille nous a conservé une partie dans la réfutation qu'il en a faite.

Julien remonte jusqu'à Moïse, compare son système sur la création du monde à celui de Platon, et donne la préférence au dernier.

Dieu, après avoir fait l'homme, dit : « Il n'est pas bon que l'homme soit seul; » et il crée la femme qui perd l'homme.

Que penser du serpent qui parle? dans quelle langue parlait-il? comment se moquer après cela des fables populaires de la Grèce?

Dieu interdit à nos premiers parents la connaissance du bien et du mal; il leur défend de toucher à l'arbre de vie dans la crainte qu'ils viennent à vivre toujours : blasphèmes contre Dieu, ou allégories. Alors pourquoi rejeter les mythes philosophiques?

Dieu choisit pour son peuple les Hébreux. Comment un Dieu juste a-t-il abandonné toutes les autres nations? chez les Grecs, le Dieu créateur est le roi et le père commun des hommes.

Julien remarque qu'il y a peu de nations dans l'Occident propres à l'étude de la philosophie et de la géométrie : les temps sont bien changés.

Vous voulez que nous croyions à la tour de Babel, et vous ne voulez pas croire aux géants d'Homère, qui entassèrent trois montagnes les unes sur les autres pour escalader le ciel.

Le Décalogue ne contient que des préceptes vulgaires; le Dieu des Hébreux est un Dieu jaloux qui n'en souffre point d'autre. Galiléens, vous donnez un prétendu fils à ce Dieu qui ne le connut jamais.

Quel est ce Dieu toujours en courroux qui, voulant punir quelques hommes coupables, fait périr cent mille innocents[1]? Comparez le législateur des Hébreux aux législateurs de la Grèce et de Rome, aux grands hommes de l'Égypte et de la Babylonie.

Qu'est-ce que ce Jésus suborneur des plus vils d'entre les Juifs, et qui n'est connu que depuis trois cents ans; ce Jésus qui n'a rien fait dans le cours de sa vie, si ce n'est de guérir quelques boiteux et quelques démoniaques? Esculape est un tout autre sauveur de l'humanité.

L'inspiration divine envoyée par les dieux n'a qu'un temps; les oracles fameux cessent dans la révolution des âges.

Les Galiléens n'ont pris des Hébreux que leur fureur et leur haine contre l'espèce humaine : ils ont renoncé au culte d'un seul Dieu pour adorer des hommes misérables; comme la sangsue, ils ont sucé le sang le plus corrompu des Juifs, et leur ont laissé le plus pur.

Jésus et Paul n'ont pu prévoir les chimères que se formeraient un

---

[1] Il est curieux de trouver, dans les arguments de Julien, tous les arguments de Voltaire.

jour les Galiléens; ils ne pouvaient deviner le degré de puissance où ceux-ci parviendraient un jour. Tromper quelques servantes, quelques esclaves ignorants, Paul et Jésus n'avaient pas d'autre prétention.

Peut-on citer sous le règne de Tibère et de Claude des chrétiens distingués par leur naissance ou leur mérite?

L'eau du baptême n'ôte point la lèpre et les dartres, ne guérit ni la goutte ni la dyssenterie ; mais elle efface l'adultère, la rapine, et nettoie l'âme de tous les vices.

Si le Verbe est Dieu, venant de Dieu, comment Marie, femme mortelle, a-t-elle enfanté un Dieu?

Ni Paul, ni Matthieu, ni Luc, ni Marie, n'ont osé dire que Jésus fût un Dieu; mais quand dans la Grèce et dans l'Italie un grand nombre de personnes l'eurent reconnu pour tel, qu'elles eurent commencé à honorer les tombeaux de Pierre et de Paul, alors Jean déclara que le Verbe s'était fait chair, et qu'il avait habité parmi nous. Cependant, quand il nomme Dieu et le Verbe, il ne nomme ni Jésus ni Christ. Jean doit être regardé comme la source de tout le mal.

Viennent après ceci quelques considérations sur le sacrifice d'Abraham.

Plusieurs choses vous auront frappé dans cet ouvrage tronqué de Julien. Les miracles de Jésus-Christ y sont avoués, les hommages rendus aux tombeaux de saint Pierre et de saint Paul reconnus, le silence des oracles attesté. Saint Jean, y est-il dit, *a fait tout le mal.* Cela signifie qu'il a énoncé la doctrine du Verbe, et qu'il n'y a pas moyen de soutenir que cette doctrine, établie par le disciple bien-aimé, a été empruntée deux siècles plus tard à l'école d'Alexandrie : du reste l'attaque est faible. Julien ne veut voir ni ce qu'il y a de sublime dans les livres de Moïse, ni d'ineffable dans l'Évangile; ses raisonnements tournent à la gloire de ce qu'il prétend ravaler. Comment se fait-il que sous Claude et sous Tibère, à la naissance même de l'ère chrétienne, le christianisme comptât à peine pour néophytes quelques servantes et quelques esclaves, et qu'immédiatement après, l'apôtre Jean voie la Grèce et l'Italie couvertes de chrétiens et honorant les tombeaux de Pierre et de Paul? Julien ne s'aperçoit pas qu'il prête, par ce rapprochement, une nouvelle force au miracle de l'établissement du christianisme. La cause humaine de la propagation étonnante de la foi, c'est que la première de toutes les vérités, la vérité qui enfante toutes les autres, la vérité de l'unité d'un Dieu, était venue détrôner le premier de tous les mensonges, le mensonge qui engendre toutes les erreurs, le mensonge de la pluralité des dieux. Une fois cette vérité répandue dans la foule après une absence de plusieurs milliers d'années, elle agit sur les esprits avec son essentielle et négative énergie.

Julien, persécuteur d'une nouvelle sorte, affecta de substituer au nom de chrétien celui de Galiléen, dont s'étaient déjà servis Épictète et quelques hérésiarques. Joignant la moquerie à l'injustice, il dépouillait les disciples de l'Évangile en disant : « Leur admirable loi leur enjoint de renoncer aux biens de la terre afin d'arriver au royaume des cieux; et nous, voulant gracieusement leur faciliter le voyage, ordonnons qu'ils soient soulagés du poids de tous les biens. » Quand les chrétiens s'osaient plaindre, il répondait : « La vocation d'un chrétien n'est-elle pas de souffrir ? »

Beaucoup d'édifices païens avaient été détruits sous le règne de Constance, d'autres changés en églises. Julien força le clergé de rendre les uns et de relever les autres : les intérêts acquis, se trouvant attaqués, produisirent des désordres. Marc, évêque d'Aréthuse, à la tête de son troupeau, avait renversé un temple : trop pauvre pour en restituer la valeur, on saisit le prélat, en vertu de la loi romaine qui livre aux créanciers la personne du débiteur insolvable. Battu de verges, la barbe arrachée, le corps nu et frotté de miel, le vieillard, suspendu dans un filet, fut exposé, sous les rayons d'un soleil ardent, à la piqûre des mouches. Marc avait dérobé Julien enfant aux fureurs de Constance, comme Joad avait soustrait Joas aux mains d'Athalie : il fut traité de même que Joad par le prince ingrat envers le pontife et infidèle au Dieu qui l'avaient sauvé.

Décidé à rendre au temple et au bois de Daphné son ancienne pompe, Julien fit enlever les reliques de saint Babylas du cimetière chrétien ; le peuple se mutina ; le temple d'Apollon fut brûlé. L'empereur, irrité, ordonna à son oncle Julien, comte d'Orient, et apostat comme lui, de fermer la cathédrale d'Antioche, et de confisquer ses revenus. Le comte mit en interdit les autres églises, souilla les vases sacrés, et condamna à mort saint Théodoret. Gaza, Ascalon, Césarée, Héliopolis, la plupart des villes de Syrie, se soulevèrent contre les chrétiens, non par ardeur religieuse, mais par cupidité, haine et envie. Après avoir déterré les morts, on tua les vivants ; on traîna dans les rues des corps déchirés : les cuisiniers perçaient les victimes avec leurs broches, les femmes avec leurs quenouilles : les entrailles des prêtres et des recluses furent dévorées par des cannibales, ou jetées mêlées d'orge aux pourceaux. Quelques serviteurs du Christ périrent égorgés sur les autels des dieux[1]. Mais il est une chose difficile à croire, même sur le témoignage de deux saints et de deux hommes illustres[2] : le lit de l'Oronte, des puits, des

---

[1] Sozomen., lib. v; Theodor., lib. ix; Greg. Naz., or. ix. — [2] Chrysost., cont. gent.; Greg. Naz., ibid. ; Theod., ibid.

caves, des fossés, des étangs demeurèrent encombrés, disent-ils, par les corps des martyrs nuitamment exécutés, ou par ceux des nouveaunés et des vierges que l'empereur immolait dans ses opérations magiques. Les premiers chrétiens avaient été accusés de sacrifier des enfants : la calomnie était renvoyée à Julien.

Théodoret raconte que Julien, marchant sur la Perse, vint à Carrhes où Diane avait un temple ; il se renferma dans ce temple avec quelquesuns de ses confidents les plus intimes ; lorsqu'il en sortit, il en fit sceller les portes, y mit des gardes, et défendit de laisser pénétrer personne dans l'intérieur de l'édifice jusqu'à son retour : il ne revint point. On rouvrit le temple ; qu'y trouva-t-on ? Une femme pendue par les cheveux, les mains déployées, et le ventre fendu. Julien, en cherchant l'avenir dans le sein de cette victime, y avait fait entrer la mort : elle y resta pour lui [1]. Le sincère fanatisme de ce prince et la familiarité des Romains avec le meurtre qu'autorisait l'ancien droit paternel, le droit de l'esclavage, le pouvoir du glaive, et celui du juge souverain dans le chef absolu de l'Empire, donnent de la vraisemblance au récit de Théodoret : Ammien, admirateur de Julien, l'accuse d'avoir été plus superstitieux que religieux. Auguste et Claude avaient défendu les sacrifices humains ; mais, dans la législation du despotisme, ce qui est interdit au peuple est permis au tyran : le prince qui crée le crime, qui fait la loi et l'applique, est au-dessus de l'un et de l'autre.

Julien méditait contre les chrétiens un plan de persécution digne d'un sophiste ; il en avait remis l'exécution à son retour de la guerre des Perses : il lui fallait un triomphe pour faire de l'injustice avec de la gloire. Exclusion des Galiléens de tous les emplois, interdiction des tribunaux, nécessité d'offrir de l'encens aux idoles afin de conserver le droit de plaider ou même d'acheter du pain [2] : tel était le dessein que la haine philosophique, la jalousie littéraire et l'amour-propre blessé avaient inspiré à l'Apostat. Un trait caractéristique de l'histoire du peuple qui nous occupe, est cette privation de la justice, toujours ordonnée comme la plus grande peine qu'on pût infliger à un citoyen. La société, chez cette nation magistrale, était pénétrée de la loi, et incorporée avec elle : les fastes de l'Empire étaient un grand recueil de jurisprudence, le monde romain un grand tribunal.

Julien régna vingt mois seize ou vingt-trois jours depuis la mort de Constance. Enflé de ses succès contre les Franks, fier des ambassadeurs qu'il recevait des peuples les plus éloignés, tels que ceux de la Taprobane, il refusa la paix que lui offrait Sapor. Ce roi des rois que la tiare avait

---

[1] Theod., lib. III, cap. XXI. — [2] Id., ibid., cap. XXIII ; Sozom., lib. IV ; Greg. Naz., or. III.

coiffé jusque dans la nuit du sein maternel, ce frère du soleil et de la lune [1], poursuivait avec acharnement les chrétiens, peut-être par animosité contre le frère aîné dont il avait usurpé le trône, Hormisdas l'exilé et le chrétien : on a évalué à deux cent quatre-vingt-dix mille le nombre des victimes immolées dans les États de Sapor. Celui qui voulait détruire les disciples de l'Évangile par la loi, et celui qui les livrait à l'épée, allaient en venir aux mains : la Providence armait l'apostat contre le persécuteur. Julien se croyait si sûr de la victoire qu'il refusa l'alliance des Sarrasins : il traita avec hauteur Arsace, roi d'Arménie, dont il réclamait néanmoins l'assistance ; Arsace professait le christianisme. Une grande famine, augmentée encore par une fausse mesure sur les blés, avait régné à Antioche ; le rassemblement d'une nombreuse armée accrut le fléau. Quelque chose semblait pousser Julien ; et, dans une entreprise militaire d'une si haute importance, on ne reconnaissait plus ses talents accoutumés. Il avait dédaigné d'attaquer les Goths ; c'était la Perse qu'il se flattait de conquérir comme Alexandre ; il n'eut que la gloire d'y mourir comme Socrate : toujours en présence de ses souvenirs, ses actions les plus nobles ne paraissaient que de hautes imitations. Il liait de grands projets pour l'Empire, et surtout contre la croix, à cette conquête espérée : l'homme, dans ses desseins, oublie de compter l'heure qu'il ne verra pas.

Julien s'avança dans le pays ennemi, et, comme s'il eût craint que sa philosophie n'eût fait soupçonner son courage, il s'exposait sans ménagement. Il se laissa tromper par des transfuges, brûla sa flotte sur le Tigre, hésita sur le chemin qu'il avait à prendre, car il voulait voir la plaine d'Arbelles : bientôt manquant de vivres, harcelé par la cavalerie des Perses, il est obligé de commencer la retraite. Près de succomber avec son armée, il donnait encore à l'étude et à la contemplation les heures les plus silencieuses de la nuit : dans une de ces heures solitaires, comme il lisait ou écrivait sous la tente, le génie de l'Empire, qu'il avait déjà vu à Lutèce avant d'avoir été salué auguste, se montra à lui : il était pâle, défiguré, et s'éloigna tristement en couvrant d'un voile sa tête et sa corne d'abondance [2]. Julien se lève, s'empresse d'offrir une libation aux dieux : il aperçoit une étoile qui traverse le ciel et s'évanouit [3] ; le pieux serviteur de l'Olympe croit reconnaître dans ce météore l'astre menaçant du dieu Mars. Le lendemain, lorsqu'il com-

---

[1] *Frater solis et lunæ.*— [2] *Vidit squalidius, ut confessus est proximis, speciem illam Genii publici, quam cum ad augustum surgeret culmen conspexit in Galliis, velata cum capite cornucopia per aulæa tristius discedentem.* (AMM., lib. XXV, cap. II.) — [3] *Flagrantissimam facem cadenti similem visam, aeris parte sulcata evanuisse existimavit : horroreque perfusus est, ne ita aperte minax Martis appareret sidus.* (Id., ibid.)

battait sans cuirasse à la tête de ses soldats, une javeline lui rase le bras, lui perce le côté droit et pénètre dans la partie inférieure du foie : il tombe de cheval, défaille, et, quand il rouvre les yeux, il juge, malgré les soins de l'habile Oribase, que sa blessure est mortelle.

Un général atteint au champ de bataille expire sur des drapeaux, noble lit, mais que l'honneur accorde souvent à ses fidèles. Ici se présente un spectacle sans exemple : Julien, étendu sur une natte recouverte d'une peau, sa couche ordinaire, est entouré de soldats et de sophistes ; sa mort est la mort d'un héros, ses paroles sont celles d'un sage. « Amis, dit-il, le temps est venu de quitter la vie : ce que la nature me redemande, débiteur de bonne foi, je le lui rends allégrement. Toutes les maximes des philosophes m'ont appris combien l'âme est d'une substance plus fortunée que le corps. Je sais aussi que les immortels ont souvent envoyé la mort à ceux qui les révèrent, comme la plus grande récompense. Les douleurs insultent aux lâches, et cèdent aux courageux. J'espère avoir conservé sans tache la puissance que j'ai reçue du ciel et qui en découle par émanation. Je remercie le Dieu éternel de m'enlever du monde au milieu d'une course glorieuse. Celui qui désire la mort lorsque le temps n'en est pas venu, ou qui la redoute lorsqu'elle est opportune, manque également de cœur....

« Je n'ai plus la force de parler. Je m'abstiens de désigner un empereur, dans la crainte de me tromper sur le plus digne, ou d'exposer celui que j'aurais jugé le plus capable, si mon choix n'était pas suivi : en fils tendre et en homme de bien, je souhaite que la république trouve après moi un chef intègre [1]. »

Après avoir ainsi parlé d'une voix tranquille, il disposa de ses biens de famille en faveur de ses intimes, et s'enquit d'Anatolius, maître des offices. Le préfet Salluste répondit qu'Anatolius était *heureux* [2] : Julien comprit qu'il avait été tué, et il déplora la mort d'un ami, lui si indifférent à la sienne ! Ceux qui l'entouraient fondaient en larmes. Julien les réprimanda, disant qu'il ne convenait pas de pleurer une âme prête à se réunir au ciel et aux astres. On fit silence, et il continua de discourir de l'excellence de l'âme avec les philosophes Maxime et Priscus. Sa blessure se rouvrit ; il demanda un peu d'eau froide, et expira sans efforts au milieu de la nuit [3]. Il n'était âgé que de trente-trois ans ; il avait été vingt ans chrétien [4].

S'il est vrai, comme on l'a voulu faire entendre, et comme le caractère de l'homme porterait à le soupçonner, que Julien, calculant les

---

[1] Amm., lib. xxv, cap. iii. — [2] Beatum fuisse... intellexit occisum. (*Id., ibid.*) — [3] *Medio noctis horrore vita facilius est absolutus.* (*Id., ibid.*) — [4] Julian., epist. li. La Bletterie ne lui en donne que trente et un, et se trompe avec l'historien Socrate.

événements de sa vie, avait préparé d'avance son discours de mort, on n'a jamais si bien répété un si grand rôle ; l'acteur égalait le personnage qu'il représentait. Les deux religions, en présence, luttèrent de prodiges dans les versions opposées des derniers moments de l'empereur. Théodoret, Sozomène, le compilateur des actes du martyre de saint Théodoret, prêtre d'Antioche, disent que Julien blessé reçut son sang dans ses mains, et le lança vers le ciel en s'écriant : « Tu as vaincu, Galiléen [1] ! » D'autres prétendent qu'il se voulait précipiter dans une rivière, afin de disparaître comme Romulus, et de se faire passer pour un dieu. D'après les actes de Théodoret, ce ne furent point des Perses, mais des anges sous la figure des Perses, qui combattirent Julien [2].

La manière dont il périt devint encore un objet de controverse : les Romains assuraient que la javeline avait été lancée par un Perse, les Perses par un Romain. Libanius avance, dans un de ses ouvrages, que l'empereur fut tué en trahison comme Achille [3] ; dans un autre il semble accuser le chef des chrétiens, qui, selon Gibbon, ne pouvait être que saint Athanase [4]. La Vie de saint Basile et la Chronique d'Alexandrie contiennent l'histoire d'une vision de ce saint, de laquelle il résulterait que Mercure, martyr de Cappadoce, avait frappé Julien par ordre de Jésus-Christ [5]. Didyme, célèbre aveugle, Julien Sabbas, fameux solitaire, eurent des révélations de la même nature. Didyme aperçut en songe des guerriers montés sur des chevaux blancs courant dans l'air, et qui s'écriaient : « Dites à Didyme qu'aujourd'hui, à cette heure même, Julien a été tué [6]. » Sabbas entendit une voix qui prononçait ces mots : « Le sanglier sauvage qui ravageait la vigne du Seigneur est étendu

---

[1] Aiunt illum, vulnere accepto, statim haustum manu sua sanguinem in cœlum jecisse, hæc dicentem : Vicisti, Galilæe ! (Sozom., lib. III, cap. xxv, p. 147.) — [2] Et quum omnia se obtinuisse putasset, subito ei irruit multitudo exercitus angelorum. (Passion. S. Theodor. presbyt.) — [3] Dolo enim mortuus est sicut Achilles. (Liban., pro Templis, pag. 24; Genevæ, 1634.) — [4] Gibbon suit l'opinion de La Bletterie : le dernier remarque qu'on avait, d'après une phrase de Libanius, soupçonné saint Basile et saint Grégoire de Nazianze, mais que cette phrase désignerait plutôt saint Athanase. Seize ans après la mort de Julien, Libanius ne craignit point de renouveler une accusation qui, d'ailleurs, était sans preuve, dans un discours adressé à l'empereur Théodose. Sozomène (lib. VI, cap. II) fait honneur à quelques chrétiens zélés de la mort de Julien, et compare ces héros inconnus à ces Grecs généreux qui se dévouaient autrefois pour la patrie. Libanius est si peu d'accord avec lui-même, qu'il dit positivement dans un autre discours (orat. II, pag. 258) que Julien avait été tué par un Achéménide, un Perse. — [5] Per nocturnam speciem, Basilius, Cæsareæ episcopus, vidit cœlos apertos et Christum Salvatorem in solio pro tribunali sedentem magnoque clamore vocantem : Mercuri, abi, occide Julianum imperatorem, illum hostem christianorum. Sanctus ergo Mercurius, stans coram Domino, loricam ferream indutus, accepto a Domino mandato, evanuit : rursus visus adstare ad tribunal Domini exclamavit : Julianus imperator expiravit uti imperasti, Domine. (Chronicon Alexandrinum, pag. 693, 694.) — [6] Equos candidos per aerem discurrentes sibi videre visus est, virosque ipsis insidentes, ita clamantes audire : Nuntiate Didymo, hodie Julianum, hac ipsa hora, peremptum esse. (Sozom., Histor. eccles., lib. VI, cap. II, pag. 518.)

mort[1]. » Libanius demandant à un chrétien d'Antioche : « Que fait aujourd'hui le fils du charpentier ? — Un cercueil, » répondit le chrétien[2].

La plupart de ces faits sont contestés et très-contestables ; mais il s'agit moins de la critique historique à cette époque, que de la peinture du mouvement des esprits.

Les païens furent consternés en apprenant la fin prématurée du restaurateur de l'idolâtrie. « Je me souviens, dit saint Jérôme, qu'étant encore enfant et étudiant la grammaire, lorsque toutes les villes fumaient des feux des sacrifices, la nouvelle de la mort de Julien se répandit tout à coup. Un philosophe s'écria : Les chrétiens déclarent que leur Dieu est patient, et rien n'est aussi prompt que sa colère[3] ! »

Grégoire de Nazianze commence et termine ses invectives contre Julien par une sorte d'hymne où respire une joie aussi féroce qu'éloquente :

« Peuples, écoutez ! soyez attentifs, vous tous qui habitez l'univers ! j'élève de ce lieu, comme du haut d'une montagne, un cri immense. Écoutez, nations ! écoutez, vous qui êtes aujourd'hui, et vous qui viendrez demain ! Anges, Puissances, Vertus, écoutez ! La destruction du tyran est votre ouvrage. Le dragon, l'apostat, le grand et redoutable génie, l'ennemi du genre humain, qui répandait partout la terreur, qui vomissait des blasphèmes contre le ciel ; celui dont le cœur était encore plus souillé que la bouche n'était impure, est tombé ! Cieux et terre, prêtez l'oreille au bruit de la chute du persécuteur.

« Venez aussi, généreux athlètes, défenseurs de la vérité, vous qui avez été donnés en spectacle à Dieu et aux hommes ! approchez, vous qui fûtes dépouillés de vos biens ; accourez, vous qui, injustement bannis de votre patrie terrestre, avez été arrachés des bras de vos femmes et de vos enfants ; enfin, je convoque à ces réjouissances tous ceux qui confessent un seul Dieu, souverain maître de toutes choses. C'est ce Dieu qui a exercé un jugement si éclatant, une vengeance si prompte ; c'est le Seigneur qui a percé la tête de l'impie. Dans les saints transports qui m'animent, il n'est point de paroles qui répondent à la grandeur du bienfait. Nous verrons un jour combien les supplices de Julien damné sont au-dessus de ce que l'es-

---

[1] Suem agrestem, vastatorem vineæ Domini... mortuum jacere. (THEODOR., lib. III, cap. XXIX, pag. 657 ; Lutetiæ Parisiorum, 1642.) — [2] Iste fabri filius arcam ei ligneam parat ad tumulum. (SOZOM., *Hist. eccles.*, *in Julian.*, cap. II, page 519.) L'histoire de saint Mercure, dont on a fait un chevalier Mercure, est devenue le sujet d'un drame du moyen âge. — [3] Dum adhuc essem puer, et in grammaticæ ludo exercerer, omnesque urbes victimarum sanguine pollucrentur, ac subito in ipso persecutionis ardore Juliani nuntiatus esset interitus, eleganter unus de ethnicis : Quomodo, inquit, christiani dicunt Deum suum esse patientem... nihil iracundius, nihil hoc furore præsentius ! (S. HIERON., *Comment.*, lib. II, cap. III, in Habacuc, pages 243, 244.)

prit humain se peut figurer de tourments. O homme, qui te disais le plus prudent et le plus sage des hommes, voilà l'oraison funèbre que Grégoire et Basile prononcent sur ton cercueil ! O toi, qui nous avais interdit l'usage de la parole, comment es-tu tombé dans le silence éternel [1] ? »

Si Antioche se réjouit par des festins et des danses ; si la victoire de la croix fut non-seulement célébrée dans les églises, mais sur les théâtres ; si l'on s'écriait : Où sont vos oracles, insensé Maxime[2] ? à Carrhes, le courrier porteur du fatal message fut lapidé[3] ; quelques villes placèrent l'image de Julien parmi celles des dieux, et lui rendirent les honneurs divins[4].

Libanius se voulut percer de son épée[5], et se résolut à vivre pour travailler à l'apologie d'un prince dont Grégoire de Nazianze devait écrire la satire : la louange est plus à l'aise que le blâme sur un tombeau. Tel est l'emportement du fanatisme, qu'un saint, un Père de l'Église, un homme supérieur par ses talents, n'a pas craint d'avancer que Julien avait fait empoisonner Constance.

Le corps de Julien, transporté à Tarse, fut enterré en face du monument de Maximin Daïa : le chemin qui conduit aux défilés du mont Taurus séparait les sépulcres des deux derniers persécuteurs des chrétiens[6].

Les funérailles eurent lieu selon les rites du paganisme : des bouffons chantaient des airs funèbres ; un personnage représentait le mort, et les baladins prenaient plaisir, au milieu de leurs danses et de leurs lamentations, à se moquer de la défaite et de l'apostasie de l'ennemi des théâtres[7].

Le chrétien Grégoire de Nazianze plaint la ville de Tarse, condamnée à garder la poussière de l'adorateur des démons ; poussière qui s'agitait, et que la terre rejeta[8].

---

[1] Greg. Naz., *Or. contr. Julian.* Ce beau mouvement, *Venez aussi, généreux athlètes,* a été visiblement imité par Bossuet dans l'admirable apostrophe qui termine l'Oraison funèbre du grand Condé. — [2] Nec in ecclesiis solum ac martyriis, cuncti tripudiabant, sed in ipsis etiam theatris victoriam crucis prædicabant... Omnes siquidem juncti simul clamabant : Ubinam sunt vaticinia tua, Maxime stulte! (Theodor., lib. iii, cap. xxviii, pag. 147, 148.) — [3] Et Carrheni tantum percepere doloris morte Juliani nuntiata, ut eum qui nuntium hunc adtulerat, lapidibus obruerent. (Zosim., lib. iii, pag. 59; Basileæ.) — [4] Plerœque urbes illum deorum figuris representarunt, atque ut divos honorant. (Lib., *orat.* x, tom. i, pag. 330; Lutetiæ, 1637.) — [5] In ensem oculos conjeci, quasi vita acerbior omni jugulatione mihi futura esset. (Lib., *Vit.*, pag. 45.) — [6] Porro cadaver Juliani, quum Merobaudes, et qui quum illo erant, in Ciliciam deportassent, non consulto sed casu quodam e regione sepulchri in quo Maximini ossa erant condita deposuerunt, via publica duntaxat loculos eorum a se invicem separante. (Philostorg., *Hist. ecclesiast.,* lib. viii, pag. 511; Parisiis, 1673.) — [7] Mimi et histriones eum ducebant probris a scena petitis, ac ludibriis incessebant, eique fidei abjurationem et cladem vitæque finem exprobrantes. (S. Gregor. *theologi. oratio.* v, tom. i, pag. 159, Lutetiæ, 1778.) — [8] Ut mihi quispiam narravit nec ad sepulturam assumptum, sed a terra quæ ipsius causa turbata fuerat excussum, æstuque vehementi projectum. (*Id., orat.* xxi, pag. 408.)

Le philosophe Libanius eût désiré saluer la dépouille mortelle de Julien auprès de celle du divin Platon dans les jardins de l'Académie[1].

Le soldat Ammien Marcellin souhaitait que les cendres de son général fussent baignées non par le Cydnus, mais par le Tibre, qui traverse la ville éternelle et embrasse les monuments des anciens Césars[2]. Toutefois la tombe de Julien aux bords du Cydnus, si renommé par la fraîcheur de ses ondes, devint une espèce de temple; une main amie y grava cette épitaphe : *Ici repose Julien, tué au delà du Tigre. Excellent empereur, vaillant guerrier*[3]. Le polythéisme en était à son tour réduit aux reliques, et à pleurer dans ses sanctuaires abandonnés.

En dédaignant le faste de la cour de Constance, en recevant d'une armée mutinée le titre d'auguste, Julien avait rendu momentanément le droit d'élection aux seuls soldats : ils s'assemblèrent après sa mort; pressés de se donner un chef, ils offrirent la pourpre au préfet Salluste qui rejeta cet honneur. Vous avez pu remarquer que l'on commençait à refuser assez fréquemment l'autorité suprême : jusqu'au règne de Commode, l'Empire était la possession de tous les plaisirs dans le repos; mais, après ce règne, le césar ne fut plus qu'un soldat courant les armes à la main du Rhin à l'Euphrate, et du Nil au Danube, combattant ou repoussant l'ennemi, domestique ou étranger. Le pouvoir, qui cessait d'être une jouissance, devint un fardeau : la médiocrité était toujours prompte à le mettre sur ses épaules, le mérite à le secouer.

Au défaut de Salluste, les légions élurent empereur Jovien, primicère des gardes, dont le nom avait été prononcé par hasard. Il était chrétien et catholique comme Valentinien ; il avait préféré comme lui sa foi à son épée ; mais Julien, qui le redoutait peu, consentit à lui laisser l'une et l'autre. Jovien s'était trouvé chargé de conduire à Constantinople le corps de Constance, mort à Mopsucrène : assis dans le char funèbre, il avait partagé les honneurs impériaux rendus à la poussière de son maître ; on en augura sa grandeur future : on y aurait pu trouver le présage de son second et prochain voyage sur le même char.

Jovien signa une paix de vingt-neuf ou de trente ans[4], et conclut un traité honteux avec Sapor : il céda aux Perses cinq provinces transtigritaines[5], la colonie romaine de Singare et la ville de Nisibe, malgré

---

[1] Atque eum quidem Tarsi in Cilicia recepit suburbanum; at potiori jure in Academia, proximo Platonis sepulchro, fuisset tumulatus. (LIBAN., *Orat. Parental.*, cap. CLVI, pag. 377.) — [2] Cujus suprema et cineres, si quis tunc juste consuleret, non Cydnus videre deberet, quamvis gratissimus amnis et liquidus : sed ad perpetuandam gloriam recte factorum præterlambere Tiberis, intersecans urbem æternam, divorumque veterum monumenta præstringens. (AMM., lib. XXV, cap. X.) — [3] AMM, lib. XXV, cap. X. Voyez aussi *Vie de Julien*, par La Bletterie, *ad fin.* — [4] JOVIEN, emp. DAMAS Ier, pape. An de J.-C. 364. — [5] Par rapport aux Perses.

ses larmes, malgré son dernier siége, retracé éloquemment par Julien dans l'un de ses deux panégyriques de Constance. Obligés de livrer à Sapor les murs qu'ils avaient si vaillamment défendus contre lui avec Jacques leur évêque, les Nisibiens, chassés de leurs foyers, dépouillés de leurs biens, offrirent encore à l'auteur de leur exil la couronne d'or que chaque ville était dans l'usage de présenter aux nouveaux empereurs : exemple touchant d'une fidélité qui ne se croyait pas affranchie de ses devoirs par l'ingratitude [1].

Jovien rendit la paix à l'Église et rappela saint Athanase.

Ainsi s'évanouirent tous les projets de Julien : il entreprit d'abattre la croix, et il fut le dernier empereur païen.

L'hellénisme retomba de tout le poids des âges dans la poudre d'où l'avait soulevé à peine une main mal guidée. Les philosophes se rasèrent, jetèrent leur robe, et se contentèrent d'enseigner en silence ou de gémir sur les générations qui leur échappaient : on craignait tellement d'être pris pour l'un d'eux, que les citoyens qui portaient des manteaux à franges les quittèrent.

Julien s'était porté à la conquête des Perses, afin de revenir dompter les chrétiens : cette guerre, qui devait renverser le trône du grand roi, amena le premier démembrement de l'empire des Césars.

Il a fallu vous rappeler en détail cette dernière épreuve de l'Église, parce qu'elle fait époque et qu'elle se distingue des autres : elle tient d'une civilisation plus avancée : elle a un air de famille avec l'impiété littéraire et moqueuse qu'un esprit rare répandit au dix-huitième siècle. Mais l'impiété de l'empereur, qui pouvait ordonner des supplices, ne laissa aux chrétiens que des couronnes ; et l'impiété du poëte, qui n'avait pas la puissance du glaive, leur légua des échafauds.

La persécution de Julien ne sortit point du paganisme populaire ; elle vint du paganisme philosophique demeuré seul sur le champ de bataille, ayant pour chef un cynique à manteau de pourpre, qui portait le vieux monde dans sa tête et l'Empire dans sa besace. Mais, dans la lice où les deux partis cherchaient à s'enlever des champions, les hommes de talent passèrent successivement avec leur génie et leur vertu au christianisme, comme les soldats qui désertent avec armes et bagages à l'ennemi : l'autre camp ne voyait arriver personne.

Constantin était un prince inférieur à Julien, et pourtant il a attaché son nom à l'une des plus mémorables révolutions de l'ordre social : c'est qu'abstraction faite de ce qu'il peut y avoir de surnaturel dans l'établissement de la religion chrétienne, il se mit à la tête des idées de

---

[1] Amm., lib. xxv.

son temps, marcha dans le sens où l'espèce humaine marchait, et grandit avec les mœurs croissantes qui le poussaient.

Julien au contraire se fit écraser par les générations qu'il prétendait retenir ; elles le jetèrent par terre malgré sa force, et lui passèrent sur la poitrine. Eût-il vécu, il aurait ralenti le mouvement ; il ne l'eût pas arrêté : le Calvaire nu, par où l'esprit de l'homme allait maintenant chercher la vérité de Dieu, devait dominer tous les temples. Les soins inutiles que se donna une vaste intelligence, un monarque absolu, un guerrier redoutable, pour rétablir l'ancien culte, prouvent qu'il n'est pas plus possible de ressusciter les siècles que les morts. Cent cinquante ans auparavant, Pline le jeune avait aussi pensé qu'on pouvait extirper le christianisme. La tentative rétrograde de Julien, événement unique dans l'histoire ancienne [1], n'est pas sans exemple dans l'histoire moderne : toutes les fois qu'ils ont voulu rebrousser le cours du temps, ces navigateurs en amont, bientôt submergés, n'ont fait que hâter leur naufrage.

Jovien ramena du désert des soldats sans vêtements, mendiant leur pain : le légionnaire qui avait conservé un morceau de sa pique ou de son bouclier, ou qui rapportait un de ses brodequins sur son épaule, magnifiait son courage : ainsi auraient été les Perses si Julien avait vécu, dit Libanius. La fin de la retraite de l'armée fut le terme de la vie de Jovien : sa femme venait au-devant de lui pour partager sa pourpre ; elle rencontra son convoi. Les officiers civils et militaires, les eunuques et l'armée voulurent décerner le diadème à Salluste, qui le refusa une seconde fois. L'élection, après la proposition de divers candidats, s'arrêta sur Valentinien, confesseur de la foi sous Julien : il était sans lettres, mais avait une naturelle éloquence. Trente jours après son élévation, il associa son frère Valens à l'empire ; nom fatal qui rappelle la dernière et définitive invasion des Barbares.

Alors eut lieu, et pour toujours, la division de l'empire d'Orient et de l'empire d'Occident. Valentinien établit sa cour à Milan, Valens à Constantinople. Les deux frères quittèrent le château de Médiana, à trois milles de Naïsse, où s'était accompli le partage du monde romain ; ils allèrent ensemble à Sirmium : là, ils s'embrassèrent, se séparèrent, et ne se revirent plus [2].

---

[1] Léonidas à Sparte, sur un plus petit théâtre, se trompa et se perdit comme Julien. — [2] Amm., lib. xxvi ; Philostorg., pag. 114. Théodose Ier ne fut un moment maître de tout l'Empire que pour le partager entre ses deux fils.

ÉTUDE TROISIÈME

PREMIÈRE PARTIE.

DE VALENTINIEN Ier ET VALENS A GRATIEN ET A THÉODOSE Ier [1].

Pour éviter la confusion des sujets, vous aimerez mieux voir séparément ce qui se passait aux empires d'Orient et d'Occident, sans toutefois perdre de vue leur connexité et ce qu'il y avait de commun dans les événements, les mœurs et les lois des deux grandes divisions du monde romain.

L'Occident, dévolu à Valentinien, comprenait l'Illyrie, l'Italie, les Gaules, la Grande-Bretagne, l'Espagne et l'Afrique; l'Orient, laissé à Valens, embrassait l'Asie, l'Égypte, la Thrace et la Grèce.

La résidence particulière de Valentinien était à Milan; celle de Valens à Constantinople; mais les deux empereurs se transportaient là où leur présence était nécessaire.

Dans l'Occident, Valentinien eut à combattre les Allamans, qui se jetèrent sur la Gaule, et il fortifia de nouveau la ligne du Rhin. On voit paraître les Bourguignons, issus des Vandales qui habitaient les bords de l'Elbe. Leur roi était connu sous le nom générique d'Hendinos, et leur grand prêtre sous celui de Sinistus [2]. Ennemis des Allamans, les Bourguignons s'allièrent avec Valentinien, et s'engagèrent à lui fournir une armée de quatre-vingt mille hommes.

Les Saxons et les Franks reparurent sur les côtes de la Gaule et de la Grande-Bretagne; les Pictes et les Scots désolèrent cette dernière province. Théodose, général de Valentinien, les refoula au fond de la Calédonie.

Les peuples de la Gétulie, de la Numidie et de la Mauritanie ravagèrent l'Afrique : Théodose fut envoyé pour les repousser, et punir l'avidité de

---

[1] Valentinien, Valens, emp. Félix, Damas, papes. An de J.-C. 364-376. — [2] Apud hos generali nomine rex appellatur Hendinos... Sacerdos omnium maximus vocatur Sinistus. (Amm. Marcell., lib. xxviii, cap. v, pag. 539. 1671.)

Romanus, commandant militaire de cette province : il réussit dans la première partie de sa mission.

Valens et Valentinien poursuivirent avec toute la rigueur des lois romaines leurs sujets accusés de magie. Les victimes furent nombreuses à Rome et à Antioche. Maxime, si fameux sous Julien, et d'autres philosophes succombèrent ; Jamblique s'empoisonna ; Libanius échappa avec peine à l'accusation [1].

Valens était tyran par faiblesse, Valentinien par colère. Deux ourses, l'histoire en dit le nom, *Inoffensive* et *Paillette dorée*, avaient leurs loges auprès de la chambre à coucher de Valentinien ; il les nourrissait de chair humaine. *Inoffensive*, bien méritante, fut rendue à ses forêts [2].

L'empereur d'Occident gâtait de grandes qualités par un tempérament cruel : il ordonnait le feu pour les moindres fautes. Milan eut des victimes qui prirent de leur injuste condamnation le nom d'*Innocents*. Tout débiteur insolvable était mis à mort. Le prévenu récusait-il un juge, c'était à ce juge qu'on le renvoyait [3].

Vous êtes frappés de cet arbitraire de supplices, qui souille les annales de Rome ; le genre de peines à appliquer semble abandonné au caprice des magistrats et des particuliers : la loi criminelle, chez les Romains, était fort inférieure à la loi civile. Nous ne faisons pas assez d'attention aux améliorations évidemment apportées dans les lois par la mansuétude du Christ. Accoutumés que nous sommes à lire des faits atroces, quand nous voyons des hommes déchirés avec des ongles de fer, exposés nus et frottés de miel à la piqûre des mouches, torturés comme les prisonniers de guerre des Iroquois par l'ordre d'un juge ou la vengeance d'un simple créancier, nous ne nous demandons pas comment cela arrivait chez les nations civilisées de l'ancien monde, et comment cela n'arrive plus chez les nations civilisées du monde moderne. Le progrès si lent de la société ne suffit pas pour rendre compte de ces changements ; il faut reconnaître une cause plus prompte, plus efficace, plus générale : cette cause est l'esprit du christianisme.

Le sang des empereurs païens se retrouve dans les cruautés de Valentinien ; le caractère des empereurs chrétiens, dans les lois qui ordonnent des médecins pour les pauvres, et qui défendent l'exposition des enfants [4] : honneur à la bénignité évangélique, à qui l'on doit l'abo-

---

[1] Primus ex nobilibus philosophis interfectus est Maximus, et post illum oriundus ex Phrygia Hilarius, qui ambiguum quoddam oraculum clarius fuisset interpretatus. Secundum hunc Simonides, et patricius Lydus et Andronicus e Caria. (Zosim., *Histor.*, lib. IV, pag. 65 ; Basileæ.) — [2] Micam auream et Innocentiam : cultu ita curabat enixo, ut earum caveas prope cubiculum suum locaret.. Innocentiam denique, post multas quas ejus laniatu cadaverum viderat sepulturas, ut bene meritam in sylvas abire dimisit. (Amm. Marcell., lib. xxix, cap. iii.) — [3] *Id.*, lib. xxvii, cap. vii ; lib. xxix, cap. iii ; lib. xxx, cap. viii. — [4] *Cod. Theod.*, tom. iii, lib. viii, pag. 34.

lition d'une coutume qu'autorisaient les législations les plus fameuses de l'antiquité !

Parmi les lois de Valens et de Valentinien, je dois vous signaler encore l'institution des écoles, modèles de nos universités : l'éducation publique expira avec la liberté publique ; les colléges modernes eurent leur origine lointaine dans les siècles de décadence et d'esclavage de l'empire romain.

Valentinien donna aux villes des défenseurs officieux [1], sorte de magistrats élus par le peuple [2] ; d'où il arriva que les Églises, devenues des espèces de municipes, eurent à leur tour des défenseurs qui se transformèrent en champions dans le moyen âge. La liberté politique s'était changée en priviléges de bourgeoisie : on voit partout les empereurs adresser des lettres et des rescrits aux *communes* des diverses provinces de l'Europe, de l'Afrique et de l'Asie.

En suivant la série des institutions, le Code à la main, on remarque, avec une admiration reconnaissante, que le travail des princes chrétiens tend surtout à l'adoucissement des inflictions criminelles et à la réforme des mœurs : les enfants des suppliciés retrouvent les biens paternels ; des règlements améliorent le sort des pauvres et des esclaves, multiplient les cas de liberté ; les vices abominables chantés par les poëtes, et protégés des magistrats, sont punis. En un mot, c'est dans le recueil des lois romaines qu'il faut chercher la véritable histoire du christianisme, bien plus que dans les fastes de l'Empire.

Valentinien accorda le libre exercice du culte à ses sujets, et ne prit aucun parti dans les querelles religieuses [3] : il se crut d'autant plus autorisé à cette tolérance, qu'il s'était montré chrétien indépendant sous Julien. Cependant il défendit aux païens les sacrifices, et les assemblées aux manichéens et aux donatistes. Il mit aussi des bornes à l'accroissement des richesses de l'Église et à la multiplication des ordres monastiques : il fut défendu au clergé d'admettre à la cléricature les propriétaires hommes du peuple, et les décurions des villes, à moins que ceux-ci n'abandonnassent leurs biens ou à la municipalité dont ils étaient membres, ou à quelques-uns de leurs parents [4]. Il fut également défendu au même clergé d'accepter des legs testamentaires. Déjà le pouvoir et la fortune avaient amené la corruption : Damase disputa le siége de Rome à Ursin ; on en vint aux mains [5] ; cent trente-sept

---

[1] *Cod. Théod.*, tom. IX, lib. I, pag. 197. — [2] *Cod. Just.*, tom. LV, lib. I et II, pag. 166. — [3] Bav., ann. 371 ; Symm., lib. x, epist. 54. — [4] *Cod. Theod.*, tom. I, lib. LIX, page 405. — [5] Damasius et Ursinus, supra humanum modum ad rapiendam episcopatus sedem ardentes, scissis studiis asperrime conflictabantur, adusque mortis vulnerumque discrimina adjumentis utriusque processis... Uno die centum triginta septem reperta cadavera peremptorum. (Amm. Marcell., lib. XXVII, cap. III, pag. 484; Parisiis, 1677.)

morts furent trouvés le matin dans la basilique de Sicinius, aujourd'hui Sainte-Marie Majeure.

Valentinien avait eu de sa première femme, Sévéra, un fils nommé Gratien, qu'il éleva à Amiens, le 24 août 367, au rang d'auguste, sans le créer d'abord césar, selon l'usage. On a cherché la raison de cette innovation : elle est évidente. Il y avait maintenant deux empires; Gratien, âgé de huit ans, n'était plus un césar ou un général nommé pour défendre une partie de l'État, c'était un héritier qui devait succéder à la souveraineté de son père.

Valentinien répudia Sévéra et épousa Justine, Sicilienne d'origine ; elle aurait, selon Zosime, été mariée d'abord au tyran Magnence. Justine était arienne, mais elle ne déclara son hérésie qu'après la mort de Valentinien. Elle donna à l'empereur un fils, qui fut Valentinien II, et trois filles, Justa, Grata et Galla; celle-ci devint la seconde femme de Théodose le Grand.

Les Quades et les Sarmates, justement irrités de la trahison des Romains qui, après avoir attiré leur roi Gabinus à une entrevue, l'avaient massacré, ravageaient l'Illyrie ; Valentinien accourt avec les forces de la Gaule ; il meurt subitement à Bergetion [1], d'un accès de colère, dans une audience qu'il donnait aux députés des Quades suppliants.

Mallobaud ou Mellobaudes, chef d'une tribu de Franks, avait obtenu un commandement sous Valentinien, et s'était distingué par ses gestes militaires : à la mort de l'empereur, il entreprit avec Équitius, comte d'Illyrie, de faire prévaloir les droits de Valentinien, fils de Justine, sur ceux de Gratien, fils de Sévéra [2]. Valentinien II fut en effet proclamé empereur ; mais son frère Gratien, déjà auguste, au lieu de s'en offenser, reconnut l'élection. Valentinien eut dans son partage l'Italie, l'Illyrie et l'Afrique; Gratien garda les Gaules, l'Espagne et l'Angleterre, peut-être même n'y eut-il pas de véritable partage. Ce qu'il y a de certain, c'est que Gratien gouverna seul l'Occident jusqu'à sa mort, Valentinien n'étant encore qu'un enfant sous la tutelle de sa mère.

Valens n'approuvait pas ces arrangements paisibles entre ses jeunes neveux ; mais les mouvements des Goths arrêtèrent son intervention dans des affaires d'une moindre importance.

Mis en possession de l'empire d'Orient par Valentinien Ier, Valens avait eu, dès les premiers jours de son règne, des épreuves à subir. Procope, commandant de l'armée de Mésopotamie, prit la pourpre dans Constantinople même, par l'autorité de deux cohortes gauloises. Voulant légitimer son usurpation, il épousa Faustine, veuve de l'empereur Con-

---

[1] 17 novembre 375. — [2] VALENS, GRATIEN, emp. DAMAS, pape. An de J.-C. 376-378.

stance ; elle avait une fille âgée de cinq ans, dans laquelle les légions voyaient le dernier rejeton de la race de Constantin. La révolte de Procope dura peu ; ses soldats l'abandonnèrent à la voix de leurs capitaines, qui gardèrent leur foi. Procope, trahi, fut traîné au camp de l'empereur d'Orient, et décapité.

Valens soutint faiblement contre Sapor les rois d'Arménie et d'Ibérie. On remarque dans cette guerre les aventures de Para, roi d'Arménie, monarque fugitif comme tant d'autres, protégé d'abord des Romains ensuite égorgé par eux dans un repas.

Les Goths, restés fidèles à la famille de Constantin, s'étaient déclarés contre Valens en faveur de Procope, mari de la veuve de Constance. Valens remporta quelques avantages sur ces Barbares. Une paix fut le résultat de ces avantages, et six ans après, les Huns précipitèrent les Goths sur l'Empire.

L'arianisme était la religion de Valens : il persécuta les catholiques, qu'il appelait les athanasiens : saint Basile était devenu leur chef après la mort de saint Athanase. A ce grand homme de solitude et de charité est due la fondation du premier de ces monuments élevés aux misères humaines, monuments qui font la gloire éternelle du christianisme. Les moines, presque tous catholiques, s'étaient accrus par l'esprit et le malheur de leur temps. Valens les fit enlever à main armée ; on les força de s'enrôler dans les légions, et quand ils résistèrent on les massacra.

Nous arrivons au fameux événement qui hâta la chute de l'ancien monde.

Depuis leurs expéditions maritimes, les Goths, en paix avec les Romains, s'étaient multipliés dans les forêts : ils avaient assujetti autour d'eux les autres peuplades barbares. Hermanric, roi des Ostrogoths et de la noble race des Amali, devint conquérant à l'âge de quatre-vingts ans ; à cent dix ans il allait encore au combat, et restait le seul contemporain de sa gloire [1]. Il conquit les Hérules et les Venèdes. Sa puissance s'étendait dans les bois et sur les hordes des bois, du Pont-Euxin à la Baltique, derrière les tribus saxonnes, allamanes, frankes, bourguignonnes et lombardes, plus rapprochées des rives du Rhin : le Danube séparait l'empire sauvage des Goths de l'empire civilisé des Romains. Les Visigoths, réunis aux Ostrogoths, leur avaient cédé la prééminence ; leurs chefs, parmi lesquels se distinguaient Athanaric, Fritigern et Alavivus, avaient quitté le nom de rois pour descendre ou pour monter à celui de juges [2].

---

[1] Jorn., cap. xxii. — [2] Id., ibid.

Telles étaient devenues les nations gothiques aux frontières de l'empire d'Orient, lorsque tout à coup un bruit se répand : on raconte qu'une race inconnue a traversé les Palus-Méotides. La présence des Huns fut annoncée par un tremblement de terre qui secoua presque tout le sol du monde romain, et fit pencher sur la tête d'Hermanric sa couronne séculaire. Les Huns étaient la dernière grande nation mandée à la destruction de Rome ; les autres nations avaient fait une halte pour les attendre; ils venaient de loin. A peine avaient-ils paru, qu'on entendit parler des Lombards, dernier flot de cet océan.

Un nouveau système historique fait descendre les Huns des peuples ouralo-finnois. Dans ce système, fondé sur une meilleure critique, une connaissance plus avancée des peuples et des langues de l'Asie et de l'Europe septentrionale, on suit cependant avec moins de facilité la marche et les progrès des soldats futurs d'Attila.

Dans l'ancien système que Gibbon a adopté, il est plus aisé de se reconnaître. En rejetant de la primitive monarchie des Huns la partie confuse et romanesque; laissant de côté ce qu'ont pu faire ou ne pas faire les Huns au nord de la muraille de la Chine, 1210 ans avant l'ère vulgaire; négligeant leur invasion de la Chine, leur défaite par l'empereur Voulé de la dynastie des Huns, on trouve qu'au temps de la mission du Christ deux divisions des Huns s'avancèrent dans l'Occident, l'une vers l'Oxus, l'autre vers le Volga : celle-ci se fixa au bord oriental de la mer Caspienne, et fut connue sous le nom des Huns blancs ; ils eurent de fréquents démêlés avec les Perses.

L'autre division des Huns pénétra avec difficulté au Volga, conserva ses mœurs en augmentant sa force par des alliances volontaires, des adjonctions de peuples conquis, et par l'habitude des combats ; cette division subjugua les Alains : la plus grande partie des vaincus entra dans les rangs des vainqueurs, tandis qu'une colonie indépendante des premiers alla se mêler aux races germaniques et s'associer à leur guerre contre l'Empire [1].

Les Huns parurent effroyables aux Barbares eux-mêmes : quand ils eurent franchi les Palus-Méotides, ils se trouvèrent en présence des tributaires de la puissance d'Hermanric. Les deux monarchies des Huns et des Goths, l'une composée de sauvages à cheval, l'autre de sauvages à pied, c'est-à-dire les deux races scythe et tartare, se heurtèrent. Les Goths étaient divisés; Hermanric, abusant du pouvoir, avait fait écarteler la femme d'un chef roxolan qui s'était retiré de lui [2]. Les frères

---

[1] DEGUIGNES, GIBBON, JORNANDÈS, AMMIEN MARCELLIN, etc. — [2] Dum enim quamdam mulierem Sanielh nomine, pro mariti fraudulento discessu, rex furore commotus, equis ferocibus illigatam, incitatisque cursibus per diversa divelli præcepisset : fratres ejus Sarus et Ammius, germanæ obi-

de cette femme la vengèrent en poignardant Hermanric, vainement cuirassé d'un siècle, et à qui cent dix années avaient encore laissé du sang dans le cœur : il ne resta pas sous le coup. Balamir, roi des Huns, profita de cet événement : il attaqua les Ostrogoths, qui furent abandonnés des Visigoths ; Hermanric, impatient de la douleur que lui causait sa blessure, et encore plus tourmenté de la ruine de son empire, mit fin à des jours que la mort avait oubliés [1].

Withimer, chargé après lui du gouvernement, en vint avec les Huns et les Alains à une bataille dans laquelle il fut tué [2]. Saphrax et Alathæus sauvèrent le jeune roi des Ostrogoths, Withéric, et conduisirent les débris indépendants de leurs compatriotes sur les bords du Niester.

Cependant les Visigoths, séparés des Ostrogoths, s'étaient retirés chez les Gépides leurs alliés; ils y furent poursuivis par les Huns. Un corps de cavalerie tartare passa le Niester à gué pendant la nuit, au clair de la lune : Athanaric, juge des Visigoths, qui défendait les bords de la rivière, parvint à gagner des hauteurs avec son armée; il s'y voulait fortifier, mais les Visigoths se précipitent vers le Danube, envoient des ambassadeurs à Valens, et le conjurent de leur accorder la Mœsie inférieure pour asile : ils offraient d'embrasser la religion chrétienne. « Valens, dit Jornandès, dépêcha des évêques hérésiarques aux Visigoths, et fit de ces suppliants des sectateurs d'Arius, au lieu de disciples de Jésus-Christ. Les Visigoths communiquèrent le venin aux Gépides leurs hôtes, aux Ostrogoths leurs frères; ils se répandirent dans la Dacie, la Thrace, la Mœsie supérieure, et tous les Goths se trouvèrent ariens [3]. »

L'historien se trompe : tous les Goths sans doute n'étaient pas encore chrétiens en 376, mais ils avaient déjà reçu les semences de la foi. Théophile, au concile de Nicée, est appelé l'évêque des Goths [4]; ceux-ci avaient un petit sanctuaire catholique à Constantinople. Vers l'an 325, Audius, chef d'un schisme, fut banni par Constantin en Scythie; il pénétra chez les Goths, y prêcha l'Évangile, et établit dans

---

tum vindicantes, Ermanarici latus ferro petierunt. (Jorn., *de Reb. gothicis*, cap. XXIV, pag. 70, 71; Lugdun. Batavorum.)

[1] Inter hæc Ermanaricus tam vulneris dolorem, quam etiam incursiones Hunorum non ferens, grandævus et plenus dierum, centesimo decimo anno vitæ suæ defunctus est. (Jorn., cap. XXIV.) — [2] Amm. Marcell., lib. XXXI, cap. III. — [3] Et ut fides uberior illis haberetur promittunt, se, si doctores linguæ suæ donaverit, fieri christianos. . . . . Sic quoque Vesegothæ a Valente imperatore ariani potius quam christiani effecti. De cætero, tam Ostrogothis quam Gepidis parentibus suis, per affectionis gratiam evangelizantes, hujus perfidiæ culturam edocentes, omnem ubique linguæ hujus nationem ad culturam hujus sectæ invitavere. Ipsi quoque (ut dictum est) Danubium transmeantes Daciam, ripensem Mœsiam, Thraciasque permissu principis insedere. (Jorn., cap. XXV.) — [4] Socr., lib. II, cap. XVI.

leur pays des vierges, des ascètes et des monastères [1]. Les Goths mêmes avaient exercé de grandes cruautés dans la persécution arienne de 372, et ce fut le célèbre évêque Ulphilas que ce peuple fugitif députa, en 376, à Constantinople [2].

Fritigern et Alavivus commandaient les Visigoths qui tendaient les mains à Valens : Athanaric, suivi de quelques compagnons, ne voulut point paraître sur les terres de l'Empire en qualité de parjure ou de suppliant, et se retira dans les forêts de la Transylvanie.

Valens, bigot sectaire, se croyait un profond politique ; il acquiesça à la demande des Visigoths ; il se félicitait de cantonner sur les frontières de ses États des guerriers qui promettaient de le défendre et de se faire ariens. Il les voulut tous, même ceux qui pouvaient être attaqués d'une maladie mortelle [3] ; mais il attacha deux conditions à son bienfait : les Visigoths eurent ordre de livrer leurs enfants et leurs armes ; leurs enfants comme otages, et leurs armes comme vaincus. Et Valens prétendait que ces bras désarmés se lèveraient pour protéger sa tête ! Les Visigoths se soumirent.

Le Danube était enflé par des pluies. On assembla une multitude de barques, de radeaux, de troncs d'arbres creusés, et l'on vit, par la permission de Dieu, les Romains occupés nuit et jour à transporter dans l'Empire les destructeurs de l'Empire. Des commissaires désignés à cet effet essayèrent de compter les Barbares à leur passage d'une rive du Danube à l'autre ; mais ils furent obligés de renoncer au dénombrement [4]. Ammien Marcellin, citant deux vers de Virgile, prétend qu'on aurait plutôt compté les sables que le vent du midi soulève sur les rivages de la Libye. Une évaluation moins poétique porte l'émigration des Visigoths à un million d'individus.

Les enfants mâles des familles les plus distinguées furent séparés de leurs pères ; on les distribua dans différentes provinces : les habitants de ces provinces étaient étonnés des brillantes parures et de la beauté martiale des jeunes exilés.

Quant aux armes, elles ne furent point livrées ; les Visigoths arrivaient avec les tributs qu'ils avaient jadis reçus, et les anciennes richesses qu'ils avaient enlevées aux Romains ; on les crut opulents parce

---

[1] Sulp. Sev., lib. xvi, n° 42 ; Epiph., Hær., lxx, n° 9, 14. — [2] Sozom., lib. vi, cap. xxxvii. — [3] Et navabatur opera diligens, ne qui romanam rem eversurus derelinqueretur vel quassatus morbo letali. (Amm. Marcell., lib. xxxi, cap. iv.) — [4] Proinde permissu imperatoris transcundi Danubium copiam colendique adepti Thraciæ partes, transfretabantur in dies et noctes, navibus ratibusque et cavatis arborum alveis agminatim impositi... Ita turbido instantium studio orbis romani pernicies ducebatur. Illud sane neque obscurum est neque incertum, infaustos transvehendi barbaram plebem ministros numerum ejus comprehendere calculo sæpe tentantes, conquievisse frustratos. (Id., ibid.)

qu'ils étaient chargés de dépouilles; pour garder du fer, ils soûlèrent la cupidité des officiers de Valens avec des tapis, des tissus précieux, des esclaves et des troupeaux. A ceux qui préférèrent un autre lucre, ils prostituèrent leurs filles [1]; ils vendirent leur honneur pour acheter un empire, sûrs qu'avec leurs épées ils feraient bientôt passer les filles des Césars dans le lit des Goths.

Les Ostrogoths, conduits par Saphrax et Alathæus, qui avaient sauvé Withéric, se présentèrent à leur tour sur la rive septentrionale du Danube, et sollicitèrent inutilement la faveur obtenue par leurs compatriotes : la peur commençait chez les Romains.

Les Visigoths s'avancèrent dans les Thraces. On s'était chargé de les nourrir; on ne les nourrit point : on leur fournit de la chair infecte de chien et d'autres animaux morts de maladie; un pain coûtait un esclave, un agneau six livres d'argent. Après leurs esclaves, ils n'eurent plus à livrer que le reste de leurs enfants [2]. On fit (parce qu'enfin Rome devait périr) d'un million d'alliés un million d'opprimés : la reconnaissance finit où l'injustice commence.

Les Ostrogoths, cessant de prier, passèrent le Danube, et se trouvèrent ennemis et indépendants sur le territoire romain. Fritigern, chef des Visigoths, forma des liaisons secrètes avec les nouveaux émigrants, et s'efforça de réunir les Goths dans le même intérêt.

Maxime et Lupicinus, généraux de Valens, avaient alors le commandement dans les Thraces : ils étaient, par leur avarice et leur faiblesse, la première cause de tous ces malheurs. La discorde éclata à Marcianopolis, capitale de la Basse-Mœsie, à soixante-dix milles du Danube : Lupicinus avait invité les chefs des Goths à un repas, dans le dessein de les faire assassiner; les gardes de ces chefs, restés aux portes de la ville, se prirent de querelle avec les soldats romains; leurs clameurs pénétrèrent jusqu'à la salle du festin. Fritigern et ses amis tirent leurs épées, s'ouvrent un passage à travers la foule, sortent de la ville, et ont le bonheur [3] d'échapper. « Ce jour-là, dit Jornandès, ôta la faim aux Goths et la sûreté aux Romains : les premiers ne se regardèrent plus comme des vagabonds et des étrangers, mais comme des citoyens et comme les seigneurs de l'Empire [4]. »

Lupicinus, se fiant à la discipline des légions et à la supériorité de leurs armes, attaqua les Goths : ceux-ci, déployant leur bannière,

---

[1] Zosim. — [2] Cœperunt duces (avaritia compellente) non solum ovium, boumque carnes, verum etiam canum, et immundorum animalium, morticina eis pro magno contrahere : adeo, ut quodlibet mancipium in unum panem aut decem libras in unam carnem mercarentur. (Jorn., cap. xxvi.) — [3] Amm. Marcell., lib. xxxi ; Jorn., cap. xxvi. — [4] Illa namque dies Gothorum famem, Romanorumque securitatem ademit : cœperuntque Gothi jam non ut advenæ et peregrini, sed ut cives et domini possessoribus imperare. (Jorn., cap. xxvi.)

firent entendre le lamentable son de cette corne célèbre dans le récit de leurs combats, et à la ronflée de laquelle devait s'écrouler le Capitole [1]; les Romains furent vaincus.

Une troupe de Goths, avant la migration générale de ces peuples, était entrée au service de Valens, sous la conduite de Suérid et de Colias; attaquée par les habitants mutinés d'Andrinople, elle les repoussa, et alla rejoindre le grand corps de ses compatriotes. Fritigern franchit l'Hémus, et mit le siége devant Andrinople, qu'il ne put prendre. Les ouvriers employés aux mines de Rhodope se révoltent, se réfugient chez les Barbares, et leur servent ensuite de guides aux réduits les plus secrets des Romains. Les Goths délivrent leurs enfants captifs [2], qui leur racontent ce qu'ils ont eu à souffrir de la lubricité et de la cruauté de leurs maîtres. Une partie des Huns et des Alains font alliance avec les Goths.

Alors Valens songe à porter remède au mal qu'il avait fait; il retire les légions d'Arménie, et demande des secours au jeune empereur Gratien, qui venait de succéder à Valentinien, son père : Richomer, comte des domestiques, est dépêché à Valens avec les légions gauloises. Une première armée romaine, sous les ordres de Trajan et Profuturus, s'approcha des Visigoths campés vers l'embouchure méridionale du Danube, à soixante milles au nord de Tôme, exil d'un poëte : Fritigern fait élever des feux pour rappeler ses bandes répandues dans le plat pays. Les Visigoths se lient d'un serment terrible, et entonnent les chants à la gloire de leurs aïeux; les Romains y répondirent par le *barritus*, cri militaire commencé presque à voix basse, allant toujours grossissant, et finissant par une explosion effroyable [3]. La bataille de Salices, qui a pris son nom des arbres paisibles sous lesquels elle fut donnée, dura la journée entière, et la victoire resta indécise. Les Visigoths rentrèrent dans leur camp. Les Romains n'osèrent renouveler le combat, et résolurent d'enfermer les Barbares dans ce coin de terre entre le Danube, la mer Noire et le mont Hémus. Les Ostrogoths et le parti des Huns et des Alains, avec lequel Fritigern s'était ménagé une alliance, les dégagèrent.

Valens, suspendant sa guerre contre les moines, partit enfin d'Antioche avec une seconde armée. Arrivé à Constantinople, il maltraita le général Trajan, ami de saint Basile. Au bout de quelques jours, il

---

[1] Rauca cornua. (CLAUDIAN., *in Ruf*.) Auditisque triste sonantibus. (AMM. MARCELL., lib. XXXI.) — [2] Eo maxime adjumento præter genuinam erecti fiduciam, quod confluebat ad eos in dies ex eadem gente multitudo, dudum a mercatoribus venumdati, adjectis plurimis quos primo transgressu necati inedia, vino exili vel panis frustis mutavere vilissimis. (*Id., ibid.*, cap. VI.) — [3] Et Romani quidem voci undique martia concinentes, a minore solita ad majorem protolli, quam gentilitate appellant barritum, vires validas erigebant. (*Id., ibid.*, cap. VII.)

sortit de la capitale de l'Orient, chassé par le mépris populaire et les clameurs de la foule qui le pressait de marcher à d'autres ennemis [1].

Le moine Isaac sort de sa cellule, voisine des chemins où passait l'empereur; il s'avance au-devant de lui et lui crie : « Où vas-tu? Tu as fait la guerre à Dieu, il n'est plus pour toi. Cesse ton impiété, ou ni toi ni ton armée ne reviendront. » L'empereur dit : « Qu'on le mette en prison. Faux prophète, je reviendrai et je te ferai mourir. » Isaac répondit : « Fais-moi mourir si tu me trouves en mensonge. » Le moine [2] chrétien remplaçait le philosophe cynique : il n'en différait que par les mœurs.

Les Goths, après avoir encore une fois saccagé la Thrace et franchi l'Hémus, inondaient les environs d'Andrinople. Frigérid, général de Gratien, avait défait quelques alliés des Goths, entre autres les Taïfales, barbares débauchés dont les prisonniers furent transportés sur les terres abandonnées de Parme et de Modène [3]. Sébastien, maître général de l'infanterie de Valens, s'était occupé à rétablir la discipline dans un corps particulier; ce corps avait eu l'avantage sur un nombreux parti d'ennemis. Enivré de ces succès, Valens s'apprête à triompher des peuples gothiques, et s'établit dans un camp fortifié sous les murs d'Andrinople.

Richomer, accouru de l'Occident, vient annoncer à Valens que son neveu, vainqueur des Allamans, s'avance pour le soutenir.

En même temps un évêque envoyé par Fritigern, politique aussi rusé que général habile, se présente chargé d'humbles paroles et de soumissions. Il proteste publiquement de la fidélité des Goths, qui, selon lui, ne demandent qu'à paître leurs troupeaux dans la Thrace déserte; mais, par des lettres secrètes, Fritigern presse l'empereur de marcher [4], l'assurant que la seule terreur de son nom obligera les Goths à se soumettre. Valens, jaloux de la renommée de Gratien, ne veut point attendre un jeune prince qui pourrait ravir ou partager l'honneur de la victoire : il lève son camp le 9° d'août, l'an 378. Le trésor militaire et les ornements impériaux furent laissés dans Andrinople.

A huit milles de cette ville on découvrit, rangés en cercle, les cha-

---

[1] Venit Constantinopolim, ubi moratus paucissimos dies, seditione popularium pulsatus, etc. (Amm., lib. xxxi, pag. 639; Parisiis, 1677.) — [2] Quo pergis, imperator, qui Deo bellum intulisti, nec cum habes adjutorem? Desine ergo bellum inferre ei. . . . Nam neque reverteris, et exercitum præterea amittes. . . Ad hæc imperator ira percitus : Revertar, inquit, teque interficiam, et falsi vaticinii pœnas a te exigam. Tum ille minas neutiquam reformidans : Interfice, inquit, si in verbis meis mendacium fuerit deprehensum. (Theodor., Episcop.; Cyr., Eccles. hist., lib. iv, pag. 195; Parisiis, 1673.) — [3] Cum... trucidasset omnes ad unum,... vivos omnes circa Mutinam, Regiumque et Parmam, italica oppida, rura culturos exterminavit. (Amm. Marcell., lib. xxxi, cap. ix.) — [4] Id., ibid., cap. xii.

riots des Barbares. Les Romains firent tristement leurs dispositions militaires, aux lugubres clameurs des Goths [1] : les Goths, pareillement étonnés du bruit des armes et du retentissement des boucliers que frappaient les légionnaires, envoyèrent proposer la paix ; leur cavalerie, sous la conduite d'Alathæus et de Saphrax, n'était point encore arrivée. Valens s'obstine à ne vouloir entendre que des négociateurs d'un rang élevé : le soldat romain s'épuise sous la chaleur du jour qu'augmentait un vaste embrasement : le feu avait été mis aux herbes et aux bois desséchés des campagnes [2]. Fritigern demande à son tour pour traiter un homme de distinction ; Richomer s'offre, et part du consentement de Valens à qui le cœur commençait à faillir. A peine approchait-il des retranchements ennemis, que les sagittaires et les scutaires engagent le combat. La cavalerie des Goths revenait alors renforcée d'un corps d'Alains : sans laisser le temps à Richomer de remplir sa mission, elle se précipite sur les troupes impériales.

Les deux armées se choquèrent ainsi que des proues de vaisseaux, dit Ammien [3]. L'aile gauche des légions poussa jusqu'aux chariots ; mais, abandonnée de sa cavalerie, elle fut accablée sous le nombre des Barbares qui tombèrent sur elle comme un énorme éboulement de terre [4]. Les soldats romains s'arrêtent ; serrés les uns contre les autres, ils manquent d'espace pour tirer l'épée ; jamais plus grand danger ne menaça leurs têtes sous un ciel où la splendeur du jour était éteinte [5].

Dans ce chaos, Valens, saisi de frayeur, saute par-dessus des monceaux de morts, et se réfugie dans les rangs des lanciers et des matiaires qui se défendaient encore. Les généraux Trajan et Victor cherchent vainement la réserve formée des soldats bataves : les chemins étaient obstrués des cadavres des chevaux et des hommes. L'empereur, à l'approche de la nuit, fut tué d'une flèche ; d'autres disent qu'il fut porté blessé avec quelques eunuques dans la maison d'un paysan. Les Goths survinrent ; trouvant cette maison barricadée, et ignorant qui elle renfermait, ils l'incendièrent [6]. Valens périt au milieu des flammes. « Il fut brûlé avec une pompe royale, dit Jornandès, par ceux

---

[1] Atque ut mos est, ululante barbara plebe, ferum et triste, Romani duces aciem struxere. (Amm. Marcell., lib. xxxi, cap. xii). — [2] Miles fervore calefactus æstivo, siccis faucibus commarceret relucente amplitudine camporum incendiis, quos lignis nutrimentisque aridis subditis, ut hoc fieret, iidem hostes urebant. (Id., ibid.) — [3] Deinde collisæ in modum rostrorum navium acies. (Id., cap. xiii.) — [4] Sicut ruina aggeris magni oppressum atque dejectum est. (Id., ibid.) — [5] Diremit hæc nunquam pensabilia damna (quæ magno rebus stetere romanis) nullo splendore lunari nox fulgens. (Id., ibid.) — [6] Unde quidam de candidatis per fenestram lapsus, captusque a Barbaris, prodidit factum, et eos mœrore afflixit, magna gloria defraudatos quod romanæ rei rectorem non cepere superstitem. (Id., ibid.)

qui lui avaient demandé la vraie foi, et qu'il avait trompés, leur donnant le feu de la géhenne au lieu du feu de la charité [1]. »

Les deux généraux Trajan et Sébastien ; Valérien, grand écuyer ; Équitius, maire du palais ; Potentius, tribun des Promus ; trente-cinq autres tribuns et les deux tiers de l'armée romaine restèrent sur la place. Selon l'auteur déjà cité, l'histoire n'offre point de bataille où le carnage ait été aussi grand, excepté celle de Cannes [2].

Les Goths livrèrent l'assaut à Andrinople, qu'ils manquèrent ; descendus jusqu'à Constantinople, ils admirèrent les édifices pyramidant au-dessus des murailles qui mettaient la ville à l'abri : leur destin fut de voir Constantinople et de prendre Rome ; entre ces deux bornes, le monde civilisé était la lice ouverte à leurs courses. Épouvantés de l'action d'un Sarrasin [3], ils rebroussèrent vers l'Hémus, forcèrent le pas de Suques, et se répandirent sur un pays fertile jusqu'au pied des Alpes Juliennes. Les lieux d'où s'était écoulée cette multitude n'offrirent plus que l'aspect d'une grève-déserte et ravagée, quand le flux, qui avait apporté des tempêtes et des vaisseaux, s'est retiré.

Libanius composa l'oraison funèbre de Valens et de son armée : « Les pluies du ciel ont effacé le sang de nos soldats, mais leurs ossements blanchis sont restés, témoins plus durables de leur courage. L'empereur lui-même tomba à la tête des Romains. N'imputons pas la victoire aux Barbares ; la colère des dieux est la seule cause de nos malheurs. » Libanius se souvenait de Julien.

Ammien, qui termine son ouvrage à la mort de Valens, cherche à rassurer les Romains sur les succès des Goths : il rappelle les différentes invasions des Barbares depuis celle des Cimbres, afin de prouver qu'elles n'ont jamais réussi : cette digression de l'historien montre mieux que tout ce que je vous pourrais dire la frayeur des peuples et les pressentiments de l'avenir.

Ce même Ammien raconte (et ce sont presque les dernières lignes de ce soldat grec de la ville d'Antioche, qui écrivait en latin ses souvenirs dans la ville de Rome), ce même Ammien raconte que le duc Julien, commandant au delà du Taurus, ordonna, par lettres secrètes, de massacrer à jour fixe et heure marquée les Goths dispersés dans les provinces de l'Asie. « Par ce prudent artifice, l'Orient fut délivré sans bruit et sans combat d'un grand danger [4]. » La leçon venait de

---

[1] Cum regali pompa crematus est, haud secus quam Dei prorsus judicio, ut ab ipsis igne combureretur, quos ipse veram fidem petentes in perfidiam declinasset et ignem charitatis ad gehennæ ignem detorsisset. (JORN., cap. xxvi.) — [2] AMM. MARCELL., lib. XXXI, cap. XIII. — [3] J'en parlerai ailleurs. — [4] Quo consilio prudenti sine strepitu vel mora completo, orientales provinciæ discriminibus ereptæ sunt magnis. (*Id., ibid.*, cap. XVI.)

Mithridate : elle ne profita ni au royaume de Pont ni à l'empire romain. Gratien vengea mieux Valens, en élevant à la pourpre Théodose.

SECONDE PARTIE.

La famille de Théodose [1] était espagnole comme celle de Trajan et d'Adrien. Théodose ne sollicita point la puissance : il n'eut pour intrigue que sa renommée, pour protecteurs que la nécessité. Il était exilé, et fils d'un père, grand général, injustement décapité à Carthage [2]; il désirait paix et peu, et il eut guerre et richesse; un empereur qui n'avait pas dix-neuf ans le fit son collègue.

Sous Théodose, successeur de Valens en Orient, les Goths se divisèrent et se soumirent. Les Visigoths furent établis dans la Thrace; les Ostrogoths dans la Phrygie et dans la Lydie : introduits dans l'Empire, ils n'en sortirent plus. Un parti, celui de Fravitta, païen de religion, voulait rester fidèle aux Romains; un autre parti, celui de Priulphe ou d'Ériulphe, soutenait qu'on n'était pas obligé de garder la foi à des maîtres lâches et perfides. L'inimitié des deux chefs éclata dans un festin où Théodose les avait invités : Fravitta suivit Priulphe qui quittait la table, et lui plongea son épée dans le ventre [3].

Gratien gouvernait l'Occident, tandis que son frère Valentinien II, encore enfant, résidait en Italie. Le poëte Ausone, qui professait l'hellénisme, avait eu part à l'éducation de Gratien [4], et saint Ambroise avait composé pour ce prince, qu'il appelle *Très-Chrétien* [5], une instruction sur la Trinité. Gratien refusa de prendre la robe pontificale des idoles [6], publia, ensuite rappela un édit de tolérance [7], et exempta les femmes chrétiennes de monter sur le théâtre [8]. Le christianisme était un droit futur à la liberté et un privilége actuel de vertu.

Gratien, préférant la chasse à tout autre plaisir, donnait sa confiance aux Alains de sa garde, particulièrement distingués comme chasseurs : les autres Barbares à son service en conçurent une profonde jalousie. Mellobaudes, roi d'une tribu des Franks (ce Mellobaudes qui avait voulu faire reconnaître Valentinien II pour régner sous le nom d'un

---

[1] Gratien, Valentinien II, Théodose Ier, emp. Damas Ier, Siricius, papes. An de J.-C. 379-395.
— [2] Orose, pag. 219. — [3] Eunape, pag. 21, c. d.; Zos , pag. 755 et 677. — [4] Ausone, pag. 405.
— [5] Christianissime. (Ambr., *de Fide*, tom. iv, pag. 110.) — [6] Zos., lib. iv, pag 774, d. — [7] Loi du 17 octobre 378, datée de Constantinople; loi du 3 août 379, datée de Milan. (*Cod. Theod.*)
— [8] *Cod. Theod.*, xv, tit. vii, lib. iv, pag. 365.

enfant), était devenu, à force de souplesse, le favori de Gratien. Alors Maxime, soldat ambitieux, se laissa proclamer auguste dans la Grande-Bretagne. Il fondit sur les Gaules, accompagné de trente mille soldats et suivi d'une population nombreuse qui se fixa en partie dans l'Armorique. Gratien, qui séjournait à Paris, prend la fuite, est arrêté par le gouverneur du Lyonnais, livré à Andragathius, général de la cavalerie de Maxime, et tué. Mellobaudes partagea le sort du maître qu'il avait peut-être trahi [1]. L'empereur d'Orient toléra l'usurpation de Maxime.

Théodose rendit en faveur de la religion catholique un édit fameux : cet édit ordonne de suivre la religion enseignée par saint Pierre aux Romains, de croire à la divinité du Père, du Fils et du Saint-Esprit, autorisant ceux qui professaient cette doctrine à se nommer catholiques [2].

Cependant l'arianisme triomphait aux rives mêmes du Bosphore : Rome et Alexandrie repoussaient depuis quarante ans la communion des évêques et des princes de Constantinople; la controverse occupait cette ville entière. « Priez un homme de vous changer une pièce d'argent, il vous apprendra en quoi le Fils diffère du Père; demandez à un autre le prix d'un pain, il vous répondra que le Fils est inférieur au Père ; informez-vous si le bain est prêt, on vous dira que le Fils a été créé de rien [3]. »

Saint Grégoire de Nazianze essaya de fonder à Constantinople une église catholique : il y fut attaqué, et la discorde divisa son troupeau.

Théodose, après avoir reçu le baptême et publié son édit, enjoignit à Démophile, évêque arien, de reconnaître le symbole de Nicée, ou de céder Sainte-Sophie et les autres églises à des prêtres de la foi orthodoxe. Grégoire fut installé dans la chaire épiscopale par Théodose en personne, au milieu de ses gardes. Mais les sanctuaires étaient vides, et la population arienne poussait des cris [4]. Cette résistance amena la proscription de l'arianisme dans tout l'Orient, et un synode convoqué à Constantinople, l'an 382, confirma le dogme de la consubstantialité. L'intervention du pouvoir politique n'empêcha point saint Grégoire, fatigué, d'abdiquer son siége, et d'aller mourir dans la retraite [5].

Maxime, usurpateur des Gaules, aussi orthodoxe que Théodose, fut le premier prince catholique qui répandit le sang de ses sujets pour des opinions religieuses. Priscillien, évêque d'Avila en Espagne, fondateur de la secte de son nom, fut exécuté à Trèves avec deux prêtres

---

[1] Socr., lib. v; Zos., lib. vii ; Pacat., *Panegyr. ad Theod.* — [2] Loi du 28 février 380, datée de Thessalonique. (*Cod. Theod.*, xvi, tit. i, lib. ii, p. 4 et 5). — [3] Jortin, *Remarques sur l'histoire ecclésiastique*, tom. iv, pag. 71 (5 volumes in-8°, 1673); et Gibbon. — [4] Greg. Naz., *de Vita sua*, pag. 21. — [5] *Id. ibid.*

et deux diacres [1]. Le poëte Latronien, et Euchrocia, veuve de l'orateur Delphidius, subirent le même sort. Les priscilliens étaient accusés de magie, de débauche et d'impiété. Saint Ambroise et saint Martin de Tours condamnèrent ces cruautés.

Je vous ai dit que l'impératrice Justine, seconde femme de Valentinien Ier et mère de Valentinien II, était arienne. Elle entreprit d'ouvrir à Milan une église de sa confession; Ambroise s'y opposa; des troubles s'ensuivirent. Le saint, qui les avait excités par son zèle, les calma par son autorité. Néanmoins, condamné à l'exil, il refusa d'obéir, et le peuple prit sa défense. La liberté individuelle commençait à renaître sous la protection de la liberté religieuse. Saint Augustin se trouvait parmi les disciples de saint Ambroise.

Maxime, qui avait enlevé à Gratien les Gaules, la Grande-Bretagne et les Espagnes, entreprend de dépouiller Valentinien des provinces de l'Italie; il trompe la cour de Milan malgré la clairvoyance de saint Ambroise, et franchit les Alpes avant que Justine se doutât de ses projets; elle n'eut que le temps de se sauver avec son fils. La population de Milan était catholique; elle renonça facilement à la fidélité jurée à une princesse et à un enfant ariens. Saint Ambroise refusa toute communication avec Maxime [2].

Justine, arrivée à Thessalonique, implore le secours de Théodose; il le lui promet, en lui faisant observer que le ciel lui infligeait le châtiment dû à son hérésie [3]. Valentinien avait une sœur appelée Galla; cette sœur confirma dans le cœur de Théodose la résolution que lui inspirait la reconnaissance envers la famille de Gratien Ier. Théodose épouse Galla, et marche à la tête d'une armée de Romains, de Huns, d'Alains et de Goths, contre une armée de Romains, de Germains, de Maures et de Gaulois. Maxime, vaincu sur les bords de la Save, ne montra ni courage ni talent. Il se réfugia dans Aquilée, y fut pris, dépouillé des ornements impériaux, conduit au camp de Théodose, où sa tête tomba peu d'instants après sa couronne [4].

Un an avant la victoire de Théodose sur Maxime, la sédition d'Antioche avait eu lieu; Libanius et saint Chrysostome nous en ont conservé le double récit. Théodose, bien qu'il eût prononcé une sentence terrible, se laissa toucher, et pardonna : trois ans plus tard, il ne montra pas la même indulgence pour Thessalonique. A Antioche on avait renversé les statues de l'empereur, de son père Théodose, de sa première femme Flacilla, de ses deux fils Arcadius et Honorius; à Thessalonique, le

---

[1] Sulp. Sev., lib. II; Oros., lib. VII, cap. XXXIV. — [2] Zos., lib. IV, pag. 767; Theodor., lib. V, cap. XIV, pag. 724. — [3] Theodor., lib. V, cap. V, pag. 724. — [4] Pacat., *Panegyr. ad Theod.*, pag. 200. *Inter veteres Panegyricos duodecimus.*

peuple avait égorgé Bothéric, commandant de la garnison, en vindicte de l'emprisonnement d'un infâme cocher du cirque, épris de la beauté d'une jeune esclave de Bothéric. Théodose donna l'ordre d'exterminer ce peuple ; ordre qu'il révoqua quand il était exécuté. La foule, appelée aux jeux du cirque, fut assaillie par des troupes cachées dans les édifices environnants. Un marchand avait conduit ses deux fils au spectacle ; entouré de meurtriers, il leur offre sa vie et sa fortune pour la rançon de ses fils : les soldats répondent qu'ils sont obligés de fournir un certain nombre de têtes, mais ils consentent à épargner une des deux victimes, et pressent le marchand de désigner celle qu'il veut sauver. Tandis que le père regarde en pleurant ses deux fils, et qu'il hésite, les impatients barbares épargnent à sa tendresse l'horreur du choix : ils égorgent les deux enfants [1].

Saint Ambroise apprend à Milan le massacre de Thessalonique; il se retire à la campagne et refuse de venir à la cour. Il écrit à l'empereur: « Je n'oserais offrir le sacrifice, si vous prétendez y assister. Ce qui me serait interdit pour le sang répandu d'un seul homme, me serait-il permis par le meurtre d'une foule d'innocents [2] ? »

Théodose n'est point retenu par cette lettre; il veut entrer dans l'église; il trouve sous le portique un homme qui l'arrête; c'est Ambroise : « Tu as imité David dans son crime, s'écrie le saint, imite-le dans son repentir [3]. »

Huit mois s'écoulèrent; l'empereur n'obtenait point la permission de pénétrer dans le saint lieu. « Le temple de Dieu, répétait-il, est ouvert aux esclaves et aux mendiants, et il m'est fermé ! » Ambroise demeurait inexorable; il répondait à Rufin, qui le pressait : « Si Théodose veut changer sa puissance en tyrannie, je lui livrerai ma vie avec joie [4]. » Enfin, touché du repentir de l'empereur, l'évêque lui accorda l'expiation publique; mais, en échange de cette faveur, il obtint une loi suspensive des exécutions à mort pendant trente jours, depuis le prononcé de l'arrêt : belle et admirable loi qui donnait le temps à la colère de mourir et à la pitié de naître! sublime leçon qui tournait au

---

[1] Mercator quidam, pro duobus filiis qui comprehensi fuerant semetipsum offerens, rogabat ut ipse quidem necaretur, filii vero abirent incolumes : et pro hujus beneficii mercede quidquid habebat auri militibus pollicebatur. Illi calamitatem hominis miserati, pro altero ex filiis quem vellet, supplicationem ejus admiserunt. Utrumque vero dimittere haud quaquam sibi tutum fore dixerunt, eo quod numerus deficeret. Verum pater quum ambos aspiceret flens et gemens neutrum ex duobus eximere valuit. Sed dubius ancepsque animi quoad interficerentur permansit, utriusque amore ex æquo flagrans. (Sozom., *Hist. eccles.*, lib. vii, pag. 747; Parisiis, 1678.) — [2] Offerre non audeo sacrificium, si volueris assistere; an quod in unius innocentis sanguine non licet, in multorum licet? (Ambr., *epist.* li, n° 11.) — [3] Secutus es errantem, sequere corrigentem. (Paul., *in Vita Ambrosii*, in tom. i Operum, pag. 62.) — [4] Quod si imperium mutarit in tyrannidem, cædem quidem lubens excipiam. (Theod., lib. v, cap. xviii.)

profit de l'humanité et de la justice ! Si trente jours s'étaient écoulés entre la sentence de Théodose et l'accomplissement de cette sentence, le peuple de Thessalonique eût été sauvé [1].

Dépouillé des marques du pouvoir suprême, l'empereur fit pénitence au milieu de la cathédrale de Milan. Prosterné sur le pavé, il implora la merci du ciel avec sanglots et prières [2]. Saint Ambroise, lui prêtant le secours de ses larmes, semblait être pécheur et tombé avec lui [3]. Cet exemple, à jamais fameux, apprenait au peuple que les crimes font descendre au dernier rang ce qu'il y a de plus élevé; que la cité de Dieu ne connaît ni grand ni petit; que la religion nivelle tout et rétablit l'égalité parmi les hommes. C'est un de ces faits complets, rares dans l'histoire, où les trois vérités, religieuse, philosophique et politique, ont agi de concert. A quelle immense distance le paganisme est ici laissé ! L'action de saint Ambroise est une action féconde qui renferme déjà les actions analogues d'un monde à venir : c'est la révélation d'une puissance engendrée dans la décomposition de toutes les autres.

Théodose rétablit Valentinien III dans la possession de l'empire d'Occident, et retourna à Constantinople. Justine mourut.

Arbogaste, élevé aux grandes charges militaires, s'empara de la maison du jeune prince : on a pu voir, à propos de Mellobaudes, que les Franks s'introduisirent dans toutes les affaires du palais et de l'État. Retenu quasi prisonnier à Vienne dans les Gaules, par son hautain sujet, Valentinien fit connaître sa position à saint Ambroise et à Théodose; mais il n'eut pas la patience d'attendre. Il mande Arbogaste, le reçoit assis sur son trône, et lui remet l'ordre qui le destitue de ses emplois. « Tu ne m'as pas donné le pouvoir, tu ne me le peux ôter, » dit le Frank en jetant le papier à terre [4]. Valentinien saisit l'épée d'un de ses gardes pour s'en frapper, ou pour en percer Arbogaste [5]. On le désarma : quelques jours après il fut trouvé étouffé dans son lit [6].

Arbogaste dédaigna de revêtir la pourpre; il en emmaillota un Ro-

---

[1] AMBR., de ob. Theod., cap XXXIV; AUG., de Civit. Dei, lib. v, cap. XXVI. Il y a dans le code Théodosien (lib. XIII, de pœn.) une loi semblable qui porte le nom de Gratien, datée du consulat d'Antoine et de Syagrius, 18 août 382. Ce ne peut être celle rendue en 390 par Théodose, sur la demande de saint Ambroise. Apparemment que la loi de Gratien n'était point exécutée. — [2] In templum ingressus, non stans, Dominum precatus est, nec genibus flexis, sed pronus humique adjectus, versum illum Davidis recitavit: « Adhæsit pavimento anima mea, vivifica me secundum verbum tuum. » (THEOD., lib. v, Hist., cap. XIV.) — [3] Si quidem quotiescunque illi aliquis ad percipiendam pœnitentiam lapsus suos confessus esset, ita flebat ut illum flere compelleret; videbatur enim sibi cum jacente jacere. (PAUL., in Vita Ambrosii, pag. 65.) — [4] Nec imperium mihi dedisti, ait, nec auferre poteris, discerptoque libello, et in terram abjecto, discedebat. (Zos., page 83; Basileæ.) — [5] Gladio ducem confodere voluit, et sibi ipsi manus inferre Valentinianus finxit. (PHILOST., lib. XI, cap. I, pag. 144 et 145.) — [6] Imperatori dormienti gulam fregerunt. (SOCR., lib. v, cap. XXV, pag. 294; Zos., lib. VII, cap. XXII, pag. 739.)

main, jadis son secrétaire, Eugène, professeur de rhétorique latine, et
devenu garde-sac, place du palais [1]. Théodose se prépare deux années entières à venger Valentinien; il envoie consulter Jean, solitaire
de la Thébaïde, qui lui promet la victoire [2]. Stilicon rassemble les légions avec Timasius; les Barbares auxiliaires joignent l'armée; Alaric,
le destructeur de Rome, se trouvait parmi les recrues de Théodose :
la plupart des personnages qui devaient voir tomber la ville éternelle
étaient maintenant sur la scène.

Le soldat frank Arbogaste attendit sur les confins de l'Italie, avec
son empereur Eugène, le soldat goth Alaric qui venait avec son empereur Théodose. Premier choc sous les murs d'Aquilée; dix mille Goths
périssent avec Bacurius, général des Ibères. Théodose passa la nuit
retranché sur les montagnes; au lever du jour, il s'aperçut que sa retraite était coupée : il eut recours à un expédient souvent employé
auprès des Barbares, peu soucieux et de la cause et des maîtres pour
lesquels ils versaient leur sang; il entama des négociations avec Arbitrion, chef des troupes qui lui barraient le chemin. Un traité fut conclu
et écrit à la hâte (le papier et l'encre manquant) sur les tablettes [3] impériales.

Théodose mène aussitôt ses récents alliés à l'attaque du camp d'Eugène. Il marche en avant des bataillons, fait le signe de la croix, et
s'écrie : « Où est le Dieu de Théodose [4]? » Une tempête s'élève et jette
la terreur parmi les Gaulois : Eugène trahi est saisi, lié, garrotté,
conduit à Théodose, tué prosterné à ses pieds.

Arbogaste erra deux jours parmi les rochers, et se donna de son
coutelas dans le cœur : la vie et la mort d'un Frank n'appartenaient qu'à
lui. Saint Ambroise n'avait point voulu reconnaître Eugène; il eut le
plaisir d'embrasser vainqueur son illustre pénitent. L'évêque de Milan [5],
Rufin [6], Orose [7] et saint Augustin, qui semblent autorisés par Claudien
même [8], disent que les *apôtres Jean et Philippe combattirent à la tête*

---

[1] Grammaticus quidam, qui, quum litteras latinas docuisset, tandem in palatio militavit, et magister scriniorum imperatoris factus est. Ce n'est pas le *scrinii magister* de la chancellerie. (Socn., lib. v, pag. 240.) — [2] Ruf., pag. 191; Theodor., pag. 738. — [3] Tum vero imperator, quum chartam et atramentum quæsitum non reperisset, acceptis tabulis quas quidam ex astantibus forte gerebat, honoratæ et convenientis ipsis militiæ proscripsit gradum. (Soz., p. 742, a, b, c.) — [4] Ubi est Theodosii Deus? (Amb., *In obitu Theodosii imp. Serm.*, tom. v, pag. 117.) — [5] *Id., de Spiritu Sancto*, 36, pag. 692. — [6] Fracto adversariorum animo, seu potius divinitus expulso. (Ruf., lib. II, cap. xxxiii, pag. 192.) — [7] Oros., pag. 220, b. — [8] A Theodosii partibus in adversarios vehemens ventus ibat. Unde poeta (Claudanius) :

O nimium dilecte Deo, cum fundit ab antris
Eolus armatas hyemes cui militat æther,
Et conjurati veniunt ad classica venti.

(Aug., *de Civ. Dei*, lib. IV, cap. xxvi.)

des chrétiens dans un tourbillon. Théodose avait tant pleuré la veille de la bataille, afin d'obtenir l'assistance du ciel, que l'on suspendit à un arbre, pour les sécher, ses habits trempés de larmes [1]; trophée de l'humilité, qui devint celui de la victoire. Jean, le solitaire de la Thébaïde, fut instruit de cette victoire à l'heure même où elle s'accomplit [2]. Un possédé, à Constantinople, ravi en l'air au moment du combat, s'écria, en apostrophant le tronc décollé de saint Jean-Baptiste : « C'est donc par toi que je suis vaincu; c'est donc toi qui ruines mon armée [3]? » Voilà les temps comme ils sont.

Théodose fit abattre les statues de Jupiter placées sur la pente des Alpes; les foudres en étaient d'or : les soldats disaient qu'ils voudraient être frappés de ces foudres; l'empereur leur livra le dieu tonnant [4].

Les nombreuses réminiscences d'un autre ordre de choses, qui fourmillent dans ces récits, ne vous auront point échappé. Les fictions de l'hellénisme vivaient au fond des esprits convertis à l'Évangile; ils s'en accusaient, ils s'en défendaient comme du crime de magie, mais ils en étaient obsédés. Les poëmes d'Homère et de Virgile étaient comme des temples défendus par un démon puissant : les évêques, les prêtres, les solitaires ne les osaient brûler; mais ils dérobaient à ces édifices merveilleux tout ce qu'ils pouvaient convertir à un saint usage. Reine détrônée, régnant encore par ses charmes, la mythologie s'empara nonseulement de la littérature chrétienne, mais de l'histoire : il fallut que les nations scandinaves et germaniques descendissent des Grecs et des Troyens, que l'*Iliade* et l'*Énéide* devinssent les premières chroniques des Franks. Les Barbares du Nord se reconnurent enfants d'Homère, comme les Arabes veulent être fils d'Abraham; miraculeux pouvoir du génie, qui donnait pour père à la vérité le père des fables !

Nous voyons sous Théodose les destructeurs de l'Empire établis dans l'Empire; des Huns et des Goths au service des princes qu'ils allaient exterminer; des Franks, officiers du palais, faisant et défaisant des empereurs; des Calédoniens, des Maures, des Sarrasins, des Perses, des Ibériens cantonnés dans les provinces : l'occupation militaire du monde romain précéda de cinquante années le partage de ce monde. Les hommes même qui défendaient encore le trône des Césars, craquant sous les pas de tant d'ennemis, ne procédaient pas de la lignée des Sylla et des Marius : Stilicon était du sang des Vandales,

---

[1] Oros., lib. vii, cap. xxxv, pag. 220. — [2] Ruf., *de Vitis Patrum*, cap. i, pag. 457. — [3] A dæmone in sublimem raptum Joanni Baptistæ conviciatum esse eumque quasi capite truncatum propriis appetiisse, ita vociferando : « Tu me vincis et exercitui meo insidiaris! » (Soz., pag. 743.) — [4] Eorumque fulmina quod aurea fuissent... se ab illis fulminari velle dicentibus, hilariter benigniterque donavit. (Aug., *de Civit. Dei*, lib. v, cap. xxvi, p. 440.)

Aétius du sang des Goths. L'empire latin-romain n'était plus que l'empire romain-barbare : il ressemblait à un camp immense que des armées étrangères avaient pris en passant pour une espèce de patrie commune et transitoire. Il ne manquait à l'achèvement de la conquête que quelques destructions, le mélange momentané des races, et ensuite leur séparation.

L'invasion morale s'était tenue à la hauteur de l'invasion physique ou matérielle; les chrétiens avaient créé des empereurs comme les Barbares, et ils avaient soumis les Barbares eux-mêmes : « Nous voyons, dit saint Jérôme, affluer sans cesse à Jérusalem des troupes de religieux qui nous arrivent des Indes, de la Perse, de l'Éthiopie. Les Arméniens déposent leurs carquois, les Huns commencent à chanter des psaumes. La chaleur de la foi pénètre jusque dans les froides régions de la Scythie; l'armée des Goths, où flottent des chevelures blondes et dorées, porte des tentes qu'elle transforme en églises[1]. »

Des règnes de Théodose et de Gratien date la grande ruine du paganisme : ces princes frappèrent à la fois l'idolâtrie et l'hérésie.

Gratien s'empare des biens appartenants au collége des prêtres, à la congrégation des Vestales : il fit aussi enlever à Rome l'autel de la Victoire, du lieu où les sénateurs avaient coutume de s'assembler; Constance l'avait déjà abattu, et Julien restauré. Le sénat chargea Symmaque de solliciter le rétablissement de cet autel et la restitution des biens saisis. Le préfet de Rome plaida la cause du monde païen, l'évêque de Milan celle du monde chrétien. On est toujours obligé de rappeler le passage si connu du discours de Symmaque.

Rome, chargée d'années, s'adresse aux empereurs Théodose, Valentinien II et Arcadius : « Très-excellents princes, pères de la patrie, respectez les ans où ma piété m'a conduite; laissez-moi garder la religion de mes ancêtres; je ne me repens pas de l'avoir suivie. Que je vive selon mes mœurs, puisque je suis libre. Mon culte a rangé le monde sous mes lois : mes sacrifices ont éloigné Annibal de mes murailles et les Gaulois du Capitole. N'ai-je donc tant vécu que pour être insultée au bout de ma longue carrière ? J'examinerai ce que l'on prétend régler; mais la réforme qui arrive dans la vieillesse est tardive et outrageuse[2]. »

---

[1] HIERON., *epist.* VII, pag. 54. — [2] Romam huc putemus assistere, atque his vobiscum agere sermonibus : Optimi principes, patres patriæ, reveremini annos meos, in quos me pius ritus adduxit. Utar ceremoniis avitis, neque enim me pœnitet. Vivam more meo, quia libera sum. Hic cultus in leges meas orbem redegit. Hæc sacra Annibalem a mœnibus, a Capitolio Senonas repulerunt. Ad hoc ergo servata sum, ut longæva reprehendar ? Videro quale sit quod instituendum putatur. Sera tamen et contumeliosa est emendatio senectutis. (SYMM., lib. X, *epist.* LIV, pag. 287, etc.; et AMBR., tom. II, pag. 828.)

Symmaque demande où seront jurées les lois des princes, si l'on détruit l'autel de la Victoire [1]. Il soutient que la confiscation du revenu des temples, inique en fait, ajoute peu au trésor de l'État. Les adversités des empereurs, la famine dont Rome a été affligée, proviennent du délaissement de l'ancienne religion : le sacrilége à séché l'année [2].

Saint Ambroise répond à Symmaque. Rome, s'exprimant par la voix d'un prêtre chrétien, déclare « que ses faux dieux ne sont point la cause de sa victoire, puisque ses ennemis vaincus adoraient les mêmes dieux : la valeur des légions a tout fait. Les empereurs qui se livrèrent à l'idolâtrie ne furent point exempts des calamités inséparables de la nature humaine : si Gratien, qui professait l'Évangile, a éprouvé des malheurs, Julien l'Apostat a-t-il été plus heureux? La religion du Christ est l'unique source de salut et de vérité. Les païens se plaignent de leurs prêtres, eux qui n'ont jamais été avares de notre sang! Ils veulent la liberté de leur culte, eux qui, sous Julien, nous ont interdit jusqu'à l'enseignement et la parole! Vous vous regardez comme anéantis par la privation de vos biens et de vos priviléges? C'est dans la misère, les mauvais traitements, les supplices, que nous autres chrétiens nous trouvons notre accroissement, notre richesse et notre puissance. Sept vestales, dont la chasteté à terme est payée par de beaux voiles, des couronnes, des robes de pourpre, par la pompe des litières, par la multitude des esclaves, et par d'immenses revenus [3]; voilà tout ce que Rome païenne peut donner à la vertu chaste! D'innombrables vierges évangéliques d'une vie cachée, humble, austère, consument leurs jours dans les veilles, les jeûnes et la pauvreté. Nos églises ont des revenus! s'écrie-t-on. Pourquoi vos temples n'ont-ils pas fait de leur opulence l'usage que nos églises font de leurs richesses? Où sont les captifs que ces temples ont rachetés, les pauvres qu'ils ont nourris, les exilés qu'ils ont secourus? Sacrificateurs! on a consacré à l'utilité publique des trésors qui ne servaient qu'à votre luxe, et voilà ce que vous appelez des calamités [4]! »

Dix-huit ou vingt ans après saint Ambroise, Prudence se crut obligé de réfuter de nouveau Symmaque : il redit à peu près, dans les deux chants de son poëme, ce qu'avait dit l'évêque de Milan; mais il em-

---

[1] Ubi in leges vestras et verba jurabimus? (AMBR., tom. II, p. 828). — [2] Sacrilegio annus exaruit. (*Id., ibid.*) — [3] Quot tamen illis virgines præmia promissa fecerunt, vix septem vestales capiuntur puellæ. En totus numerus, quem infulæ vittati capitis, purpuratorum vestium murices, pompa lecticæ ministrorum circumfusa comitatu, privilegia maxima, lucra ingentia, præscripta denique pudicitiæ tempora coegerunt. Non est virginitas, quæ pretio emitur non virtutis studio possidetur. (AMBR., libel. II, *contr. relat. Symm.*) — [4] Je n'ai pu traduire littéralement le texte diffus et prolixe des deux lettres de saint Ambroise. Je me suis contenté d'en donner la substance et d'en resserrer les arguments.

ploie un argument qui semble emprunté à notre siècle, et qu'on oppose aujourd'hui aux hommes amateurs exclusifs du passé. Symmaque regrettait les institutions des ancêtres; Prudence répond que si la manière de vivre des anciens jours doit être préférée, il faut renoncer à toutes les choses successivement inventées pour le bien-être de la vie, il faut rejeter les progrès des arts et des sciences, et retourner à la barbarie [1]. Quant aux vestales, Prudence nie leur chasteté et leur bonheur; selon le poëte : « La pudeur captive est conduite à l'autel stérile. La volupté ne périt pas dans les infortunées parce qu'elles la méprisent, mais parce qu'elle est retranchée de force à leur corps demeuré intact; leur âme n'est pas également restée entière. La vestale ne trouve point de repos dans sa couche; une invisible blessure fait soupirer cette femme sans noces pour les torches nuptiales [2]. »

Prudence se livre ensuite à des moqueries sur la permission accordée aux vestales de se marier après quarante ans de virginité : « La vieille en vétérance, désertant le feu et le travail divin auxquels sa jeunesse fut consacrée, se marie : elle transporte ses rides émérites à la couche nuptiale, et enseigne à attiédir dans un lit glacé un nouvel hymen [3]. »

Si les plaidoyers de Symmaque et de saint Ambroise n'étaient que des amplifications de deux avocats joutant au barreau, l'histoire dédaignerait de s'y arrêter; mais c'était un procès réel, et le plus grand qui ait jamais été porté au tribunal des hommes : il ne s'agissait de rien moins que de la chute d'une religion et d'une société, et de l'établissement d'une société et d'une religion. La cause païenne fut perdue aux yeux des empereurs; elle l'était devant les peuples.

Théodose, dans une assemblée du sénat, posa cette question : « Quel dieu les Romains adoreront-ils, le Christ ou Jupiter [4]? » La majorité du sénat condamna Jupiter. Les pères le regrettaient peut-être; mais les

---

[1] . . . . Placet damnare gradatim
Quicquid posterius successor repperit usus.
(Prud., *cont. Symm.*, lib. II, v. 280 et seq.)

[2] Captivus pudor ingratis addicitur aris.
Nec contempta petit miseris, sed adempta voluptas
Corporis intacti; non mens intacta tenetur.
Nec requies datur ulla toris quibus innuba cæcum
Vulnus, et amissas suspirat femina tædas.
(*Id., ibid.*)

[3] Nubit anus veterana, sacro perfuncta labore,
Desertisque focis, quibus est famulata juventus,
Transfert emeritas ad fulcra jugalia rugas,
Discit et in gelido nova nupta tepescere lecto.
(*Id., ibid.*, v. 1081-1084.)

[4] Orationem habuit qua eos hortabatur ut missum facerent errorem (sic enim appellabat), quem hactenus secuti fuissent et christianorum fidem amplecterentur. (Zosim., *Histor.*, lib. IV; Basileæ.)

enfants préférèrent le Dieu d'Ambroise au dieu de Symmaque. La prospérité de l'Empire n'émanait point de ces simulacres auxquels des mœurs pures ne communiquaient plus une divinité innocente : l'autel de la Victoire n'avait eu de puissance que lorsqu'il était placé auprès de celui de la Vertu.

Prudence nous a laissé le récit de la conversion de Rome :

« Vous eussiez vu les pères conscrits, ces brillantes lumières du monde, se livrer à des transports ; ce conseil de vieux Catons tressaillir en revêtant le manteau de la piété plus éclatant que la toge romaine, et en déposant les enseignes du pontificat païen. Le sénat entier, à l'exception de quelques-uns de ses membres restés sur la roche Tarpéienne, se précipite dans les temples purs des nazaréens : la tribu d'Évandre, les descendants d'Énée, accoururent aux fontaines sacrées des Apôtres. Le premier qui présenta sa tête fut le noble Anitius..... Ainsi le raconte l'auguste cité de Rome. L'héritier du nom et de la race divine des Olybres saisit, dans son palais orné de trophées, les fastes de sa maison, les faisceaux de Brutus, pour les déposer aux portes du temple du glorieux martyr, pour abaisser devant Jésus la hache d'Ausonie. La foi vive et prompte des Paulus et des Bassus les a livrés subitement au Christ. Nommerai-je les Gracques si populaires ? Dirai-je les consulaires qui, brisant les images des dieux, se sont voués avec leurs licteurs à l'obéissance et au service du Crucifié tout-puissant ? Je pourrais compter plus de six cents maisons de race antique rangées sous ses étendards. Jetez les yeux sur cette enceinte : à peine y trouverez-vous quelques esprits perdus dans les rêveries païennes, attachés à leur culte absurde, se plaisant à demeurer dans les ténèbres, à fermer les yeux à la splendeur du jour [1]. »

[1] Exultare patres videas, pulcherrima mundi
Lumina, conciliumque senum gestire Catonum;
Candidiore toga niveam pietatis amictum
Sumere, et exuvias deponere pontificales.
Jamque ruit, paucis Tarpeia in rupe relictis,
Ad sincera virum penetralia nazareorum,
Atque ad apostolicos Evandria curia fontes,
Æneadum soboles...
Fertur enim ante alios generosus Anitius urbis
Illustrasse caput : sic se Roma inclyta jactat.
Quin et Olybriaci generisque et numinis hæres,
Adjectis fastis, palmata insignis ab aula,
Martyris ante fores, Bruti submittere fasces
Ambit, et Ausoniam Christo inclinare securim.
Non Paulinorum, non Bassorum dubitavit
Prompta fides dare se Christo...
Jam quid plebicolas percurram carmine Gracchos;
Jure potestatis fultos, et in arce senatus

Ne croirait-on pas, à ces vers de Prudence, que Rome existait au commencement du cinquième siècle, avec ses grandes familles et ses grands souvenirs? Il écrivait l'an 403 ! Sept ans après, Alaric remuait et balayait cette vieille poussière des Gracques et des Brutus, dont se couvrait l'orgueil de quelques nobles dégénérés.

Théodose étendit la proscription du paganisme aux diverses provinces de l'Empire. Une commission fut nommée pour abolir les privilèges des prêtres, interdire les sacrifices, détruire les instruments de l'idolâtrie, et fermer les temples. Le domaine de ces temples fut confisqué au profit de l'empereur, de l'Église catholique et de l'armée. « Nous défendons, dit le dernier édit de Théodose, à nos sujets, magistrats ou citoyens, depuis la première classe jusqu'à la dernière, d'immoler aucune victime innocente en l'honneur d'aucune idole inanimée. Nous défendons les sacrifices de la divination par les entrailles des victimes. »

Les fils de Théodose, Arcade et Honorius, et leurs successeurs, multiplièrent ces édits : on peut voir toutes ces lois dans le Code [1]; mais plus comminatoires qu'expresses, elles étaient rarement exécutées; quelquefois même elles étaient suspendues ou rappelées selon les besoins et les fluctuations de la politique. Le pape Innocent, à l'occasion du premier siége de Rome par Alaric (408), permit les sacrifices, *pourvu qu'ils se fissent en secret*. Les princes, agissant contradictoirement à leurs édits, conservaient des païens dans les hautes charges de l'État, et donnaient des titres aux pontifes des idoles. Aucune loi ne défendait aux gentils d'écrire contre les chrétiens et leur religion ; aucune loi n'obligeait un païen à embrasser le christianisme sous peine d'être recherché dans sa personne ou dans ses biens. Il y a plus, nombre d'édits de cette époque (j'en ai déjà cité quelques-uns) s'opposent aux envahissements du clergé par voie de testament ou de donation, retirent des immunités accordées, règlent ce nouveau genre de

> Precipuos simulacra Deum jussisse revelli?
> Cumque suis pariter lictoribus omnipotenti
> Suppliciter Christo se consecrasse regendos?
> Sexcentas numerare domos de sanguine prisco
> Nobilium licet, ad Christi lignacula versas.
> . . . .
> Respice ad illustrem, lux est ubi publica, cellam :
> Vix pauca invenies gentilibus obsita nugis
> Ingenia, obstrictos ægre retinentia cultus,
> Et quibus exactas placeat servare tenebras,
> Splendentemque die medio non cernere solem.
> (AUREL. PRUDENTIUS, vir consularis, contra Symmachum, præfectum urbis, *Corpus poetarum*, tom. IV, pag. 785, v. 128-161.)

[1] Au titre : *de paganis Sacrificiis et Templis*.

propriétés de mainmorte introduit avec l'Église, interdisent l'entrée des villes aux moines, et fixent le sort des religieuses. Bien que le pouvoir politique fût chrétien, il était déjà inquiet de la lutte; il craignait d'être entraîné : n'ayant plus rien à craindre du paganisme, il commençait à se mettre en garde contre les entreprises de l'autre culte. Les mœurs brisèrent ces faibles barrières, et le zèle alla plus loin que la loi.

De toutes parts on démolit les temples; perte à jamais déplorable pour les arts : mais le monument matériel succomba, comme toujours, sous la force intellectuelle de l'idée entrée dans la conviction du genre humain.

Saint Martin, évêque de Tours, suivi d'une troupe de moines, abattit dans les Gaules les sanctuaires, les idoles et les arbres consacrés. L'évêque Marcel entreprit la destruction des édifices païens dans le diocèse d'Apamée, capitale de la seconde Syrie. Le temple quadrangulaire de Jupiter présentait sur ses quatre faces quinze colonnes de seize pieds de circonférence; il résista : il fallut en produire l'écroulement à l'aide du feu. Plus tard, à Carthage, des chrétiens moins fanatiques sauvèrent le temple devenu céleste, en le convertissant en église, comme, depuis, Boniface III sauva le Panthéon à Rome.

Le renversement du temple de Sérapis, à Alexandrie, est demeuré célèbre. Ce temple, où l'on déposait le Nilomètre, était bâti sur un tertre artificiel; on y montait par cent degrés; une multitude de voûtes éclairées de lampes le soutenaient : il y avait plusieurs cours carrées environnées de bâtiments destinés à la bibliothèque, au collége des élèves, au logement des desservants et des gardiens. Quatre rangs de galeries, avec des portiques et des statues, offraient de longs promenoirs. De riches colonnes ornaient le temple proprement dit : il était tout de marbre; trois lames de cuivre, d'argent et d'or en revêtaient les murs. La statue colossale de Sérapis, la tête couverte du mystérieux boisseau, touchait de ses deux bras aux parois de la Celle, et à un certain jour le rayon du soleil venait reposer sur les lèvres du dieu[1].

Les païens ne consentirent pas facilement à abandonner un pareil édifice : ils y soutinrent un véritable siége, animés à la défense par le philosophe Olympius [2], homme d'une beauté admirable et d'une éloquence divine. Il était plein de Dieu, et avait quelque chose du prophète [3]. Deux grammairiens, Hellade et Ammone, combattaient sous

---

[1] Ruf., lib. xxii, pag. 192; Socr., pag. 276, lib. vii, cap. xx; *Expositio totius mundi.* (Geogr. minor., tom. iii, pag. 8.) — [2] Ad postremum grassantes in sanguine civium ducem sceleris et audaciæ suæ deligunt Olympium quemdam, nomine et habitu philosophum, quo antesignano arcem defenderent, et tyrannidem tenerent. (Ruf., lib. xx-xxii.) — [3] Οὗτω δὲ ἦν Ὄλυμπος πλήρης τοῦ Θεοῦ ὥστε. Olympus autem adeo plenus erat Deo ut, etc. (Suidas, in voce Ὄλυμπος.)

ses ordres : le premier avait été pontife de Jupiter, et le second d'un singe [1]. Théophile, archevêque d'Alexandrie, armé des édits de Théodose et appuyé du préfet d'Égypte, remporta la victoire. Hellade se vantait d'avoir tué neuf chrétiens de sa main [2]. Olympius s'évada après avoir entendu une voix qui chantait *alleluia* au milieu de la nuit dans le silence du temple [3]. L'édifice fut pillé et démoli. « Nous vîmes, dit Orose, malgré son zèle apostolique, les armoires vides de livres ; dévastations qui portent mémoire des hommes et du temps [4]. » La statue de Sérapis, frappée d'abord à la joue par la hache d'un soldat, ensuite jetée à bas et rompue vive, fut brûlée pièce à pièce, dans les rues et dans l'amphithéâtre. Une nichée de souris [5] s'était échappée de la tête du dieu, à la grande moquerie des spectateurs.

Les autres monuments païens d'Alexandrie furent également renversés, les statues de bronze fondues [6]. Théodose avait ordonné d'en distribuer la valeur en aumônes ; Théophile s'en enrichit lui et les siens [7].

On mit rez pied, rez terre, le temple de Canope, fameuse école des lettres sacerdotales, où se voyait une idole symbolique dont la tête reposait sur les jambes : peu auparavant, Antonin le philosophe y avait enseigné avec éclat la théurgie, et prédit la chute du paganisme : Sosipatre, sa mère, passait pour une grande magicienne. Des religieuses et des moines prirent à Canope la place des dieux et des prêtres égyptiens [8].

Ainsi périt encore, sur les confins de la Perse, un temple immense qui servait de forteresse à une ville. « Sérapis s'étant fait chrétien, dit saint Jérôme, le dieu Marmas pleura enfermé dans son temple à Gaza : il tremblait, attendant qu'on le vînt abattre [9]. »

Le sang chrétien que répandirent les mains philosophiques d'Hellade fut trop expié plusieurs années après par celui d'Hypatia [10]. Fille de Théon le géomètre, d'un génie supérieur à son père, elle était née,

---

[1] Ἑλλάδιος μὲν οὖν ἱερεὺς τοῦ Διὸς εἶναι ἐλέγετο Ἀμμώνιος δὲ Πιθήκου. Helladius quidem Jovis, Ammonius vero simiæ sacerdos esse dicebatur. (Socr., lib. v, cap. xvi, page 275) — [2] Helladius vero apud quosdam gloriatus est quod novem homines sua manu in conflictu interemisset. (Socr., lib. v, cap. xvi.) — [3] Olympius vero, sicut a quibusdam accepi, hocte intempesta quæ illum diem præcesserat, quemdam n Serapio *alleluia* canentem audivit. (Zos., pag. 588, c, d.) — [4] Nos vidimus armaria librorum, quibus direptis, exinanita ea a nostris hominibus, nostris temporibus memorant. (Oros., lib. vi, cap. xv, pag. 421.) — [5] Ubi caput truncatum est, murium agmen ex internis eripuit. (Theodon., *Hist. eccl.*, lib. v, pag. 229 ; Parisiis, 1673.) — [6] Ac templa quidem disturbata sunt. Statuæ vero in lebetes et alios Alexandrinæ ecclesiæ usus conflatæ. (Socr., pag. 275.) — [7] Cultus numinis et Serapidis delubrum Alexandriæ disturbata dissipataque fuere. Imperante tunc Theodosio prætorii præfecto, piaculari homine, et Eurymedonte quopiam, templi qui dona vix manus hostiliter injecerunt. (Eunap., pag. 83 ; Antuerpiæ, 1568.) — [8] Monacos Canopi quoque collocarunt. (*Id.*, pag. 35.) — [9] Hier., *epist.* vii, pag. 54, d. — [10] La ruine du temple de Sérapis est de l'année 394, et la mort d'Hypatia est de l'année 415.

avait été nourrie et élevée à Alexandrie. Savante en astronomie, au-dessus des convenances de son sexe, elle fréquentait les écoles et enseignait elle-même la doctrine d'Aristote et de Platon : on l'appelait *le Philosophe*. Les magistrats lui rendaient des honneurs ; on voyait tous les jours à sa porte une foule de gens à pied et à cheval qui s'empressaient de la voir et de l'entendre [1]. Elle était mariée, et cependant elle était vierge : il arrivait assez souvent alors que deux époux vivaient libres dans le lien conjugal [2], unis de sentiments, de goûts, de destinée, de fortune, séparés de corps. L'admiration qu'inspirait Hypatia n'excluait point un sentiment plus tendre : un de ses disciples se mourait d'amour pour elle ; la jeune platonicienne employa la musique à la guérison du malade, et fit rentrer la paix par l'harmonie dans l'âme qu'elle avait troublée [3]. L'évêque d'Alexandrie, Cyrille, devint jaloux de la gloire d'Hypatia [4]. La populace chrétienne, ayant à sa tête un *lecteur*, nommée Pierre [5], se jeta sur la fille de Théon, lorsqu'elle entrait un jour dans la maison de son père : ces forcenés la traînèrent à l'église Cæsareum, la mirent toute nue, et la déchiquetèrent avec des coquilles tranchantes ; ils brûlèrent ensuite sur la place Cinaron [6] les membres de la créature céleste qui vivait dans la société des astres qu'elle égalait en beauté, et dont elle avait ressenti les influences les plus sublimes.

Le combat des idées anciennes contre les idées nouvelles à cette époque offre un spectacle que rend plus instructif celui auquel nous assistons [7]. Ce n'était, plus, comme au temps de Julien, un mouvement rétrograde ; c'était au contraire, une course sur la pente du siècle ; mais de vieilles mœurs, de vieux souvenirs, de vieilles habitudes, de vieux préjugés disputaient pied à pied le terrain : en abandonnant le culte des aïeux, on croyait trahir les foyers, les tombeaux, l'honneur, la patrie. La violence, exercée en opposition avec l'esprit de la loi, rendait le conflit plus opiniâtre ; on reprochait aux chrétiens d'oublier dans la fortune les préceptes de charité qu'ils recommandaient dans le malheur.

Hommes de guerre et hommes d'État, sénateurs et ministres, prêtres

---

[1] Suidas, voce Ὑπατία. — [2] Isidori philosophi conjux, sed ita ut conjugii usu abstineret. (Fabric., *Bibl. gr.*; lib. v ; cap. xxii.) — [3] Hypatiam ope musicæ illum a morbo isto liberasse. — [4] Suidas, voce Ὑπατία, pag. 533. — [5] Quorum dux erat Petrus, quidam lector. (Socr., *Hist. eccl.*, lib. vii, cap. xv ; Parisiis, 1678.) — [6] Eamque e sella detractam ad ecclesiam quæ Cæsareum cognominatur, rapiunt : et vestibus exutam testis interemerunt. Cumque membratim cam discerpsissent, membra in locum quem Cinaronem vocant comportata incendio consumpserunt. (*Id., ibid.*, pag. 352.) — [7] Nous n'y assistons plus ; il est fini. Je corrige, le 13 août 1830, ces épreuves tirées avant le 27 juillet. Insensés qui êtes placés à la tête des États, profiterez-vous de cette rapide et terrible leçon ?

chrétiens et prêtres païens, historiens, orateurs, panégyristes, philosophes, poëtes, accouraient à l'attaque ou à la défense des anciens et des modernes autels.

Théodose est un empereur violent et faible, livré au plaisir de la table, selon Zosime[1] : c'est un saint qui règne dans le ciel avec Jésus-Christ, aux yeux de saint Ambroise[2].

Les temples s'écroulent à la voix et sous les mains des moines et des évêques; ils tombent aux chants de victoire de Prudence : le vieux Libanius ranime sa piété philosophique pour attendrir Théodose en faveur de ces mêmes temples.

« Celui, dit-il à l'empereur, celui qui, lorsque j'étais encore enfant (Constantin), abattit à ses pieds le prince qui l'avait traité avec outrage (Maxence), croyant qu'il lui convenait d'adopter un autre Dieu, se servit des trésors et des revenus des temples pour bâtir Constantinople; mais il ne changea rien au culte solennel : si les maisons des dieux furent pauvres, les cérémonies demeurèrent riches. Son fils (Constance) s'abandonna aux mauvais conseils de faire cesser les sacrifices. Le cousin de ce fils (Julien), prince orné de toutes les vertus, les rebâtit. Après sa mort, l'usage des sacrifices subsista quelque temps : il fut aboli, il est vrai, par deux frères (Valentinien et Valens), à cause de quelques novateurs; mais on conserva la coutume de brûler des parfums. Vous avez vous-même toléré cette coutume, en sorte que nous avons autant à vous remercier de ce que vous nous avez accordé qu'à nous plaindre de ce dont on nous prive. Vous avez permis que le feu sacré demeurât sur les autels, qu'on y brûlât de l'encens et d'autres aromates.

« Et voilà pourtant qu'on renverse nos temples ! Les uns travaillent à cette œuvre avec le bois, la pierre, le fer; les autres emploient leurs mains et leurs pieds : proie de Misyène (proverbe grec qui signifie *conquête facile*). On enfonce les toits; on sape les murailles; on enlève les statues; on renverse les autels. Pour les prêtres, il n'y a que deux partis à prendre : se taire ou mourir. D'une première expédition on court à une seconde, à une troisième : on ne se lasse pas d'ériger des trophées injurieux à vos lois.

« Voilà pour les villes : dans les campagnes c'est bien pis encore ! Là se rendent les ennemis des temples; ils se dispersent, se réunissent ensuite, et se racontent leurs exploits : celui-là rougit qui n'est pas le plus criminel. Ils vont comme des torrents sillonnant la contrée et bondissant contre la maison des dieux. La campagne privée de temples

---

[1] Zos., lib. IV. — [2] Ambr., tom. V, *Sermo de diversis*, pag. 122, f.

est sans dieux ; elle est ruinée, détruite, morte ; les temples, ô empereur ! sont la vie des champs ; ce sont les premiers édifices qu'on y ait vus, les premiers monuments qui soient parvenus jusqu'à nous à travers les âges ; c'est aux temples que le laboureur confie sa femme, ses enfants, ses bœufs, ses moissons. . . . .

« Voilà la conduite des chrétiens : ils protestent qu'*ils ne font la guerre qu'aux temples ;* mais cette guerre est le profit de ces oppresseurs ; ils ravissent aux malheureux les fruits de la terre, et s'en vont avec les dépouilles, comme s'ils les avaient conquises et non volées.

« Cela ne leur suffit pas : ils attaquent encore les possessions particulières, parce que, au dire de ces brigands, *elles sont consacrées aux dieux.* Sous ce prétexte, un grand nombre de propriétaires sont privés des biens qu'ils tenaient de leurs ancêtres, tandis que leurs spoliateurs, qui, à les entendre, *honorent la Divinité par leurs jeûnes,* s'engraissent aux dépens des victimes. Va-t-on se plaindre au *pasteur* (nom qu'on affecte de donner à un homme qui n'a certainement pas la douceur en partage), il chasse les réclamants de sa présence, comme s'ils devaient s'estimer heureux de n'avoir pas souffert davantage. . . . .

« On prétend que nous avons violé la loi qui défend les sacrifices. Nous le nions. On répond que, si aucun sacrifice n'a eu lieu, on a égorgé des bœufs au milieu des festins et des réjouissances : cela est vrai ; mais il n'y avait pas d'autels pour recevoir le sang ; on n'a brûlé aucune partie de la victime ; on n'a point offert de gâteaux ; on n'a point fait de libation. Or, si un certain nombre de personnes, pour manger un veau ou un mouton, se sont rencontrées dans quelque maison de campagne ; si, couchées sur le gazon, elles se sont nourries de la chair de ce veau ou de ce mouton, après l'avoir fait bouillir ou rôtir, je ne vois pas quelles lois ont été transgressées ; car, ô divin empereur ! vous n'avez pas prohibé les réunions domestiques. Ainsi, bien qu'on ait chanté un hymne en l'honneur des dieux, et qu'on les ait invoqués, on n'a point violé votre édit, à moins que vous ne vouliez transformer en crime l'innocence de ces festins.

« Nos persécuteurs se figurent que, par leur violence, ils nous amènent à la pratique de leur religion ; ils se trompent : ceux qui paraissent avoir varié dans leur culte sont restés tels qu'ils étaient. Ils vont avec les chrétiens aux assemblées ; mais lorsqu'ils font semblant de prier, ils ne prient point, ou ce sont leurs anciens dieux qu'ils adjurent. . . . .

« En matière de religion, laissez tout à la persuasion, rien à la force. Les chrétiens n'ont-ils pas une loi conçue en ces termes : *Pratiquez la douceur ; tâchez d'obtenir tout par elle ; ayez horreur de la nécessité ou de la contrainte.* Pourquoi donc vous précipitez-vous sur nos

temples avec tant de fureur? vous transgressez donc aussi vos lois? . .
. . . .

« . . . . . Mais puisque les chrétiens allèguent l'exemple de celui qui le premier a dépouillé les temples (Constantin), j'en vais parler à mon tour. Je ne dirai rien des sacrifices; il n'y toucha pas : mais qui fut jamais plus rigoureusement puni que le ravisseur des trésors sacrés? De son vivant, il vengea les dieux sur lui-même, sur sa propre famille; après sa mort, ses enfants se sont égorgés.

« Les chrétiens s'autorisent encore de l'exemple du fils de ce prince (Constance); il démolit les temples avec d'aussi grands travaux qu'il en eût fallu pour les reconstruire (tant il était difficile de séparer ces pierres liées ensemble par un fort ciment); il distribuait les édifices aux favoris dont il était entouré, de la même manière qu'il leur eût donné un cheval, un esclave, un chien, un bijou. Eh bien! ces présents devinrent funestes à celui qui les accordait comme à ceux qui les acceptaient. . . . .
. . . .

« De ces favoris, les uns moururent dans l'infortune, sans postérité, sans testament; les autres laissèrent des héritiers; mais qu'il eût mieux valu pour eux n'en avoir point! Nous les voyons aujourd'hui, ces enfants qui habitent au milieu des colonnes arrachées aux temples; nous les voyons couverts d'infamie et se faisant une guerre cruelle [1]. »

Cette citation, trop instructive pour être abrégée, offre un tableau presque complet du quatrième siècle : usage et influence des temples dans les campagnes; fin de ces temples; commencement de la propriété du clergé chrétien par la confiscation de la propriété du clergé païen; cupidité et fanatisme des nouveaux convertis, qui s'autorisent des lois en les dénaturant, pour commettre des rapines et troubler l'intérieur des familles; et, de même que Lactance a raconté la mort funeste des persécuteurs du christianisme, Libanius raconte les désastres arrivés aux persécuteurs de l'idolâtrie. Mais quoi qu'il en soit, Dieu, qui punit l'injustice particulière de l'individu, n'en laisse pas moins s'accomplir les révolutions générales calculées sur les besoins de l'espèce.

Les moines furent les principaux ouvriers de la démolition des temples; aussi les outrages et les éloges leur sont-ils également prodigués.

Sozomène assure que les Pères du désert pratiquent une philosophie divine.

« Les religieux, dit saint Augustin [2], ne cessent d'aimer les hommes,

---

[1] Liban., *Pro templis*. — [2] Aug., *Lib. retractatio*, cap. XXI.

quoiqu'ils aient cessé de les voir, s'entretenant avec Dieu et contemplant sa beauté. »

Saint Chrysostome, au sujet de la sédition d'Antioche, compare la conduite des philosophes et des moines. « Où sont maintenant, s'écrie-t-il, ces porteurs de bâtons, de manteaux, de longues barbes, ces infâmes cyniques au-dessous des chiens, leurs modèles? Ils ont abandonné le malheur; ils se sont allés cacher dans les cavernes. Les vrais philosophes (les moines des environs d'Antioche) sont accourus sur la place publique ; les habitants de la ville ont fui au désert, les habitants du désert sont venus à la ville. L'anachorète a reçu la religion des Apôtres; il imite leur vertu et leur courage. Vanité des païens! faiblesse de la philosophie! on voit à ses œuvres qu'elle n'est que fable, comédie, parade et fiction [1]. »

« Quels sont les destructeurs de nos temples? dit à son tour Libanius. Ce sont des hommes vêtus de robes noires, qui mangent plus que des éléphants, qui demandent au peuple du vin pour des chants, et cachent leur débauche sous la pâleur artificielle de leur visage [2]. »

« Il y a une race appelée *moines*, dit pareillement Eunape; ces moines, hommes par la forme, pourceaux par la vie, font et se permettent d'abominables choses. . . . .
. . . . . Quiconque porte une robe noire et présente au public une sale figure, a le droit d'exercer une autorité tyrannique [3]. »

« Sur la haute mer (c'est le poëte Rutilius qui parle) s'élève l'île de Capraria, souillée par des hommes qui fuient la lumière. Eux-mêmes se sont appelés *moines*, parce qu'ils aspirent à vivre sans témoins. Ils redoutent les faveurs de la fortune, parce qu'ils n'auraient pas la force de braver ses dédains ; ils se font malheureux de peur de l'être. Rage stupide d'une cervelle dérangée ! s'épouvanter du mal et ne pouvoir souffrir le bien ! Leur sort est de renfermer leurs chagrins dans une étroite cellule, et d'enfler leur triste cœur d'une humeur atrabilaire [4]. »

---

[1] Chrysost., *Hom.* xvii, pag. 196, c. — [2] Liban., *Pro templis*. — [3] Monacos sic dictos, homines quidem specie, sed vitam turpem porcorum more exigentes, qui in propatulo infinita atque infanda scelera committebant... Nam ea tempestate quivis atram vestem indutus, quique in publico sordido habitu spectari non abnuebat, is tyrannicam obtinebat auctoritatem. (Eunap., *in Vita Ædesii*, pag. 84; Antuerpiæ, 1568.)

[4] Processu pelagi jam se Capraria tollit.
 Squalet lucifugis insula plena viris.
Ipsi se monachos Graio cognomine dicunt,
 Quod soli nullo vivere teste volunt.
Munera fortunæ metuunt, dum damna verentur;
 Quisquam sponte miser, ne miser esse queat.
Quænam perversi rabies tam stulta cerebri,
 Dum mala formides, nec bona posse pati !
Sive suas repetunt fato ergastula pœnas,

Après avoir passé Capraria, petite île entre la côte de l'Étrurie et celle de la Corse, Rutilius aperçoit une autre île, la Gorgone : « Là s'est enseveli vivant, au sein des rochers, un citoyen romain. Poussé des Furies, ce jeune homme, noble d'aïeux, riche de patrimoine, et non moins heureux par son mariage, fuit la société des hommes et des dieux. Le crédule exilé se cache au fond d'une honteuse caverne; il se figure que le ciel se plaît aux dégoûtantes misères; il se traite avec plus de rigueur que ne le traiteraient les dieux irrités. Dites-moi, je vous prie, cette secte n'a-t-elle pas des poisons pires que les breuvages de Circé? Alors se transformaient les corps ; à présent se métamorphosent les âmes [1]. »

Les faiblesses et les jongleries des prêtres du paganisme étaient exposées par le clergé chrétien à la risée de la multitude. Ils se servaient de l'aimant pour opérer des prodiges, pour suspendre un char de bronze attelé de quatre chevaux [2], ou faire monter un soleil de fer à la voûte d'un temple [3]. Ils s'enfermaient dans des statues creuses adossées contre des murailles, et ils rendaient des oracles.

Fleury a osé rappeler, dans l'*Histoire ecclésiastique* [4], une anecdote racontée avec moins de pudeur par Rufin [5]. « Un prêtre de Sa-

Tristia seu nigro viscera felle tument.
Sic nimiæ bilis morbum adsignavit Homerus
Bellerophonteis sollicitudinibus ;
Nam juveni offenso, sævi post tela doloris,
Dicitur humanum displicuisse genus.
(Rutilii *Itinerarium*, lib. i, v. 439-452.)

[1] Adversus scopulos, damni monumenta recentis,
Perditus hic vivo funere civis erat.
Noster enim nuper juvenis, majoribus amplis,
Nec censu inferior, conjugiove minor,
Impulsus Furiis hominesque divosque reliquit,
Et turpem latebram credulus exul agit.
Infelix putat, illuvie cœlestia passi,
Seque premit læsis sævior ipse deis.
Num, rogo, deterior Circæis secta venenis ?
Tunc mutabantur corpora; nunc animi.
(*Id., ibid.*, v. 517-526.)

Saint Augustin parle avec estime de ces moines de l'île de Capraria si décriés par Rutilius. Il raconte que Mascerel descendit dans cette île, qu'il en emmena avec lui deux religieux, Eustache et André, aux prières desquels il dut en Afrique sa victoire sur Gildon, son frère. (*Epist.* lxxxi, pag. 142.) — [2] Prosper, lib. iii, cap. xxxviii, pag. 150. — [3] Ruf., pag. 135. — [4] Tom. iv, liv. xix, pag. 628. — [5] Sacerdos erat apud eos Saturni, Tyrannus nomine. Hic, quasi ex responso numinis, adorantibus in templo nobilibus quibusque et primariis viris, quorum sibi matronæ ad libidinem placuissent, dicebat Saturnum præcepisse ut uxor sua pernoctaret in templo. Tum is qui audierat, gaudens quod uxor sua dignatione numinis vocaretur, exornatam comptius insuper et donariis onustam, ne vacua scilicet repudiaretur, conjugem mittebat ad templum. In conspectu omnium conclusa intrinsecus matrona, Tyrannus, clausis januis et traditis clavibus, discedebat. Deinde, facto

LES RELIGIEUX DU MONT St BERNARD

turne, nommé Tyran, abusa ainsi de plusieurs femmes des principaux de la ville : il disait au mari que Saturne avoit ordonné que sa femme vînt passer la nuit dans le temple. Le mari, ravi de l'honneur que ce dieu lui faisait, envoyait sa femme parée de ses plus beaux ornements et chargée d'offrandes. On l'enfermait dans le temple devant tout le monde ; Tyran donnait les clefs des portes et se retirait ; mais pendant la nuit il venait par sous terre, et entrait dans l'idole. Le temple était éclairé, et la femme, attentive à sa prière, ne voyant personne, et entendant tout d'un coup une voix sortir de l'idole, était remplie d'une crainte mêlée de joie. Après que Tyran, sous le nom de Saturne, lui avait dit ce qu'il jugeait à propos pour l'étonner davantage ou la disposer à le satisfaire, il éteignait subitement toutes les lumières, en tirant des linges disposés pour cet effet. Il descendait alors et faisait ce qui lui plaisait à la faveur des ténèbres. Après qu'il eut ainsi trompé des femmes pendant longtemps, une, plus sage que les autres, eut horreur de cette action ; écoutant plus attentivement, elle reconnut la voix de Tyran, retourna chez elle, et découvrit la fraude à son mari. Celui-ci se rendit accusateur. Tyran fut mis à la question, et convaincu par sa propre confession qui couvrit d'infamie plusieurs familles d'Alexandrie, en découvrant tant d'adultères et rendant incertaine la naissance de tant d'enfants. Ces crimes publiés contribuèrent beaucoup au renversement des idoles et des temples. »

Une aventure à peu près pareille avait eu lieu à Rome sous le règne de Tibère [1] ; elle rappelait encore celle de ce jeune homme qui, jouant le rôle du fleuve Scamandre, abusa de la simplicité d'une jeune fille [2]. On étalait, à la honte de l'idolâtrie, les poupées empaillées, les simulacres ridicules, obscènes ou monstrueux, les instruments de magie, et jusqu'aux têtes coupées de quelques enfants dont on avait doré les lèvres [3] ; toutes divinités trouvées dans les sanctuaires les plus secrets des temples abattus.

Les païens tenaient ferme et rendaient mépris pour mépris ; ils in-

---

silentio, per occultos et subterraneos aditus, intra ipsum Saturni simulacrum patulis erepebat cavernis. Erat autem simulacrum illud a tergo excisum, et parieti diligenter annexum. Ardentibusque intra ædem luminibus intentæ, supplicantique mulieri vocem subito per simulacrum oris concavi proferebat, ita ut pavore et gaudio infelix mulier trepidaret, quod dignam se tanti numinis putaret alloquio. Posteaquam vero quæ libitum fuerat vel ad consternationem majorem, vel ad libidinis incitamentum, descruisset numen impurum, arte quadam linteolis obductis, repente lumina exstinguebantur universa. Tum descendens obstupefactæ et consternatæ mulierculæ adulterii fucum profanis commentationibus inferebat. Hoc cum per omnes miserorum matronas multo jam tempore geretur, accidit quamdam pudicæ mentis feminam horruisse facinus, et attentius designantem cognovisse vocem Tyranni, ac domum regressam viro de fraude sceleris indicasse. (Ruf., *Hist. eccl.*, lib. II, pag. 245.)

[1] Joseph., *Ant.*, lib. VIII, cap. IV. — [2] Lucien. — [3] Ruf., pag. 188.

sultaient le culte des martyrs : « Au lieu des dieux de la pensée, les moines obligent les hommes à adorer des esclaves de la pire espèce; ils ramassent et salent les os et les têtes des malfaiteurs condamnés à mort pour leurs crimes; ils les translatent çà et là, les montrent comme des divinités, s'agenouillent devant ces reliques, se prosternent à des tombeaux couverts d'ordure et de poussière. Sont appelés martyrs, ministres, intercesseurs auprès du ciel, ceux-là qui jadis esclaves infidèles ont été battus de verges et portent sur leurs corps la juste marque de leur infamie; voilà les nouveaux dieux de la terre [1]. »

Au milieu de ces combattants animés, des hommes plus justes et plus modérés, dans l'un et l'autre parti, reconnaissaient ce qu'il pouvait y avoir à louer ou à blâmer parmi les disciples des deux religions. Ammien Marcellin, parlant du pape Damase, remarque que les chrétiens avaient de bonnes raisons pour se disputer, même à main armée, le siège épiscopal de Rome : « Les candidats préférés sont enrichis par les présents des femmes; ils sont traînés sur des chars, et vêtus d'habits magnifiques; la somptuosité de leurs festins surpasse celle des tables impériales. Ces évêques de Rome, qui étalent ainsi leurs vices, seraient plus révérés s'ils ressemblaient aux évêques de province, sobres, simples, modestes, les regards baissés vers la terre, s'attirant l'estime et le respect des vrais adorateurs du Dieu éternel [2]. »

« Faites-moi évêque de Rome, disait le préfet Prétextus à Damase, et je me fais chrétien [3]. »

Saint Jérôme, souvent raisonnable à force d'être passionné, écrit : « Voici une grande honte pour nous : les prêtres des faux dieux, les bateleurs, les personnes les plus infâmes peuvent être légataires; les prêtres et les moines seuls ne peuvent l'être; une loi le leur interdit, et une loi qui n'est pas faite par des empereurs ennemis de notre religion, mais par des princes chrétiens. Cette loi même, je ne me plains pas qu'on l'ait faite, mais je me plains que nous l'ayons méritée : elle fut inspirée par une sage prévoyance; mais elle n'est pas assez forte contre l'avarice : on se joue de ses défenses par de frauduleux fidéicommis [4]. »

---

[1] Eunap., *in Vita Ædes.* — [2] Neque ego abnuo ostentationem rerum considerans urbanarum, hujus rei cupidos ob impetrandum quod appetunt omni contentione laterum jurgari debere : cum id adepti, futuri sint ita securi, ut ditentur oblationibus matronarum procedantque vehiculis insidentes, circumspecte vestiti, epulas currentes profusas, adeo ut eorum convivia regales superent mensas. Qui esse poterant beati revera, si magnitudine urbis despecta cum vitiis, ad imitationem antistitum quorumdam provincialium viverent : quos tenuitas edendi potandique parcissime, vilitas etiam indumentorum, et supercilia humum spectantia, perpetuo numini verisque ejus cultoribus ut puros commendat et verecundos. (Amm. Marcell., lib. xxvii, cap. iv.) — [3] Facite me Romanæ urbis episcopum, et ero protinus christianus. (Hieron., t. ii, pag. 165.) — [4] J'emprunte l'élégante imitation de M. Villemain. (*Mél. hist. et littér.*)

Le même Père dit ailleurs : « Il y en a qui briguent la prêtrise ou le diaconat pour voir les femmes plus librement. Tout leur soin est de leurs habits, d'être chaussés proprement, d'être parfumés. Ils frisent leurs cheveux avec le fer, les anneaux brillent à leurs doigts : ils marchent du bout du pied ; vous les prendriez pour de jeunes fiancés plutôt que pour des clercs. Il y en a dont toute l'occupation est de savoir les noms et les demeures des femmes de qualité, et de connaître leurs inclinations : j'en décrirai un qui est maître en ce métier. Il se lève avec le soleil ; l'ordre de ses visites est préparé ; il cherche les chemins les plus courts ; et ce vieillard importun entre presque dans les chambres où elles dorment. S'il voit un oreiller, une serviette, ou quelque autre petit meuble à son gré, il le loue, il en admire la propreté, il le tâte, il se plaint de n'en avoir point de semblable, et l'arrache plutôt qu'il ne l'obtient [1]. »

Grégoire de Nazianze parle des chars dorés, des beaux chevaux, de la suite nombreuse des prélats ; il représente la foule s'écartant devant eux comme devant des bêtes féroces [2].

Ces controverses avaient lieu partout ; elles passaient les mers ; elles se continuaient par lettres de la grotte de Bethléem à Hippone, du désert de la Thébaïde à Alexandrie, d'Antioche à Constantinople, de Constantinople à Rome. Tous les esprits étaient émus dans tous les rangs, à mesure que la catastrophe approchait ; mais par un effet naturel, ceux qui s'attachaient à la cause perdue afin de parvenir à la puissance, n'y trouvaient que leur ruine.

Photius nous a conservé un fragment de Damascius, dans lequel ce philosophe fait l'énumération des personnages qui entreprirent inutilement de ressusciter le culte des Hellènes. Julien est nommé le premier. Lucius, capitaine des gardes à Constantinople, voulut tuer Théodose pour ramener l'idolâtrie ; mais il ne put tirer son épée, effrayé qu'il fut d'une femme au regard terrible, qui se tenait derrière l'empereur, et l'entourait de ses bras. Marsus et Illus perdirent la vie dans une entreprise de la même nature ; Ammonius, après avoir conspiré, déserta à un évêque ; Severianus ourdit une nouvelle trame ; mais il fut trahi par Americhus, qui découvrit le complot à Zénon, empereur d'Orient [3].

Eugène, empereur d'Arbogaste, met l'image d'Hercule sur ses bannières, rend aux temples leurs revenus, et ordonne de rétablir à Rome l'autel de la Victoire. Dans cette même Rome qui avait tant de

---

[1] Fleury, *Hist. eccl.*, tom. IV, lib. xviii, p. 493. Molière a imité quelque chose de ce tableau dans *le Tartufe*. — [2] Greg. Naz., *orat.* xxxii, p. 526. — [3] *Vid.* et Voss., *de Histor. gr.*, lib. ii, cap. xxi.

peine à renoncer au dieu Mars, un oracle s'était répandu : des vers grecs annonçaient que le christianisme subsisterait pendant trois cent soixante-cinq ans : Jésus était innocent de son culte ; mais Pierre, versé dans les arts magiques, avait conservé pour ce nombre fixe d'années la religion du Christ [1]. Or, à compter de la résurrection, cette période expirait sous le consulat d'Honorius et d'Eutychianus, l'an 398 de l'ère chrétienne. Les païens pleins de joie attendaient l'abolition complète et immédiate de la loi évangélique, et ce même an les temples de l'Afrique furent renversés ou fermés par les ordres d'Honorius [2].

Une autre espérance survint : Radagaise, païen et Barbare, ravageait l'Italie et menaçait Rome. « Comment, disaient les pieux idolâtres, pourrons-nous résister à un homme qui offre soir et matin d'agréables victimes à ces dieux que nous abandonnons [3] ? » Et Radagaise fut vaincu, tandis qu'Alaric, Barbare aussi, mais chrétien, entra dans Rome. Eucher, fils de Stilicon, était l'objet de vœux secrets ; il professait le paganisme.

Attale même, ce jouet des Goths, eut des partisans ; il avait distribué les principaux offices de l'État à des polythéistes ; et Zosime remarque que la famille chrétienne des Anices s'affligeait seule *du bonheur public* [4]. La passion ne pouvait aller plus loin.

Enfin, un des derniers fantômes d'empereur créés par Ricimer, Anthémius, donna une dernière palpitation au cœur des vieux hellénistes : il inclinait aux idoles ; il avait promis à Sévère, tout livré à l'ancien culte, de rétablir la ville éternelle dans sa première splendeur, et de lui rendre les dieux auteurs de sa gloire. Le pape Hilaire traversa ce dessein en faisant promettre à Anthémius d'écarter de lui un certain Philotée [5], de la secte des macédoniens, qui plaçait Anthémius entre le paganisme et l'hérésie : Alaric et Genséric avaient déjà pillé Rome, et Odoacre, roi d'Italie, était au moment de remplacer l'empereur d'Occident.

Le paganisme alla s'ensevelir dans les catacombes d'où le christianisme était sorti : on trouve encore aujourd'hui, parmi les chapelles et les tombeaux des premiers chrétiens, les sanctuaires et les simulacres des derniers idolâtres [6]. Non-seulement les restes de la religion grecque

---

[1] Cum enim viderent, nec tot tantisque persecutionibus eam potuisse consumi, sed his potius mira incrementa sumpsisse, excogitaverunt nescio quos versus græcos, tanquam consulenti cuidam divino oraculo effusos, ubi Christum quidem ab hujus tanquam sacrilegii crimine faciunt innocentem. Petrum autem maleficiis fecisse subjungunt, ut coleretur Christi nomen per trecentos sexaginta quinque annos ; deinde completo memorato numero annorum sine mora sumeret finem. (*De Civit. Dei*, lib. xviii, cap. liii.) — [2] *Ibid.*, — [3] *Ibid.* lib. v, cap. xxiii, pag. 63. — [4] Zosim., lib. v, pag. 827. — [5] Phot., cap. ccxlii, pag. 1040. — [6] D'Agincourt, *Monuments du moyen âge à Rome*.

se conservèrent en secret, mais elle domina publiquement quelque partie du nouveau culte : saint Boniface, dans le huitième siècle, s'en plaint à la cour de Rome [1].

TROISIÈME PARTIE.

Le combat moral et intellectuel se termina de la même manière que le combat politique. Après le sac de Rome, l'idolâtrie accusa les fidèles d'être la cause de toutes les calamités publiques, accusation qu'elle avait souvent reproduite, et qu'elle renouvelait à sa dernière heure. Des chrétiens faibles joignaient leur voix à celle des païens, et disaient : « Pierre, Paul, Laurent, sont enterrés à Rome, et cependant Rome est saccagée [2]. » Pour réfuter cet argument rebattu, saint Augustin composa le grand ouvrage de la *Cité de Dieu*. Son but, en relevant la beauté, la vérité et la sainteté du christianisme, est de prouver que les Romains n'ont dû leur perte qu'à la corruption de leurs mœurs et à la fausseté de leur religion. Il les poursuit leur histoire à la main.

« Vous dites proverbialement : « Il ne pleut pas, les chrétiens en « sont la cause. » Vous oubliez donc les fléaux qui ont désolé l'Empire avant qu'il se soumît à la foi? Vous vous confiez en vos dieux : quand vous ont-ils protégés? Les Barbares, respectant le nom de Jésus-Christ, ont épargné tout ce qui s'était réfugié dans les églises de Rome : les guerres des païens n'offrent pas un seul exemple de cette nature ; les temples n'ont jamais sauvé personne. Au temps de Marius, le pontife Mutius Scévola fut tué au pied de l'autel de Vesta, asile réputé inviolable, et son sang éteignit presque le feu sacré. Rome idolâtre a plus souffert de ses discordes civiles, que Rome chrétienne du fer des Goths; Sylla a fait mourir plus de sénateurs qu'Alaric n'en a dépouillé.

« La Providence établit les royaumes de la terre; la grandeur passée de l'Empire ne peut pas plus être attribuée à l'influence chimérique des astres, qu'à la puissance de dieux impuissants. La théologie naturelle des philosophes ne saurait être opposée à son tour à la théologie divine des chrétiens, car elle s'est souvent trompée. L'école italique que fonda Pythagore, l'école ionique que Thalès institua, sont tombées dans des erreurs capitales. Thalès, appliqué à l'étude de la physique, eut pour disciple Anaximandre ; celui-ci instruisit Anaximène, qui fut

---

[1] Bonif., *Epist. ad Serran.*; et D. Mart., *Thes. Anecd.* — [2] Aug., *Serm.*, pag. 1200.

maître d'Anaxagore, et Anaxagore de Socrate, lequel rapporta toute la philosophie aux mœurs. Platon vint après Socrate et s'approcha beaucoup des vérités de la foi.

« Mais comment est-il que les chrétiens, tout en prétendant n'adorer qu'un seul Dieu, élèvent des temples aux martyrs ? Le fait n'est point exact. Notre respect pour les sépulcres des confesseurs est un hommage rendu à des hommes témoins de la vérité jusqu'à mourir : mais qui jamais entendit un prêtre, officiant à l'autel de Dieu sur les cendres d'un martyr, prononcer ces mots : « Pierre, Paul et Cyprien, je vous « offre ce sacrifice ? »

« Les païens se glorifient des prodiges opérés par leur religion : Tarquin coupe une pierre avec le rasoir ; un serpent d'Épidaure suit Esculape jusqu'à Rome ; une vestale tire une galère avec sa ceinture ; une autre puise de l'eau dans un crible : sont-ce là des merveilles à comparer aux miracles de l'Écriture ? Le Jourdain, suspendant son cours, laisse passer les Hébreux ; les murs de Jéricho tombent devant l'arche sainte. Ah ! ne nous attachons point à la cité de la terre ; tournons nos pas vers la cité du ciel qui prit naissance avant la création du monde visible.

« Les anges sont les premiers habitants de cette cité divine ; ils tiennent du ciel et de la lumière ; car au commencement Dieu fit le ciel, et il dit : *Que la lumière soit faite!* Dieu ne créa qu'un seul homme ; nous étions tous dans cet homme. Il répandit en lui une âme douée d'intelligence et de raison, soit qu'il eût déjà créé cette âme auparavant, soit qu'il la communiquât en soufflant contre la face de l'homme dont le corps n'était que limon. Il donna à l'homme une femme pour se reproduire ; mais, comme toute la race humaine devait venir de l'homme, Ève fut formée de l'os, de la chair et du sang d'Adam.

« L'homme à qui le Seigneur avait dit : « Le jour que vous mange- « rez du fruit défendu, vous mourrez, » mangea du fruit défendu, et mourut. La mort est la peine attachée au péché. Mais si le péché est effacé par le baptême, pourquoi l'homme meurt-il à présent ? Il meurt afin que la foi, l'espérance et la vertu ne soient pas détruites.

« Deux amours ont bâti les deux cités : l'amour de soi-même jusqu'au mépris de Dieu a élevé la cité terrestre ; l'amour de Dieu jusqu'au mépris de soi-même a édifié la cité céleste. Caïn, citoyen de la cité terrestre, bâtit une ville ; Abel n'en bâtit point : il était citoyen de la cité du ciel, et étranger ici-bas. Les deux cités peuvent s'unir par le mariage des enfants des saints avec les filles des hommes à cause de leur beauté : la beauté est un bien qui nous vient de Dieu.

« Les deux cités se meuvent ensemble : la cité terrestre, depuis les jours d'Abraham, a produit les deux grands empires des Assyriens et des Romains; la cité céleste arrive, par le même Abraham, de David à Jésus-Christ. Il est venu des lettres de cette cité sainte dont nous sommes maintenant exilés; ces lettres sont les Écritures. Le roi de la cité céleste est descendu en personne sur la terre pour être notre chemin et notre guide.

« Le souverain bien est la vie éternelle ; il n'est pas de ce monde : le souverain mal est la mort éternelle, ou la séparation d'avec Dieu. La possession des félicités temporelles est une fausse béatitude, une grande infirmité. Le juste vit de la foi.

« Lorsque les deux cités seront parvenues à leurs fins au moyen du Christ, il y aura pour les pécheurs des supplices éternels. La peine de mort sous la loi humaine ne consiste pas seulement dans la minute employée à l'exécution du criminel, mais dans l'acte qui l'enlève à l'existence : le juge éternel retranche le coupable de la vivante éternité, comme le juge temporel retranche le coupable du temps vivant. L'Éternel peut-il prononcer autre chose que des arrêts éternels ?

« Par la même raison, le bonheur des justes sera sans terme. L'âme toutefois ne perdra pas la mémoire de ses maux passés : si elle ne se souvenait plus de son ancienne misère, si même elle ne connaissait pas la misère impérissable de ceux qui auront péri, comment chanterait-elle sans fin les miséricordes de Dieu, ainsi que nous l'apprend le Psalmiste ? Dans la cité divine cette parole sera accomplie : *Demeurez en repos ; reconnaissez que je suis Dieu* ; c'est-à-dire qu'on y jouira de ce sabbat, de ce long jour qui n'aura point de soir, et où nous reposerons en Dieu. »

Cet ouvrage du Platon chrétien est empreint de la mélancolie la plus profonde : on y sent une âme tendre, inquiète, regrettant peut-être des illusions, et dont les vagues sentiments passent à travers un esprit abstrait et une imagination mystique. Celui qui, jeune encore, s'était confessé avec tant de charme d'avoir demandé la pureté, *mais pas trop tôt*[1], *d'avoir désiré d'aimer*[2] ; celui qui avait dit : « Lorsque vous m'aurez connu tel que je suis, priez pour moi[3] ; » le père d'Adéodat répand sur les pages échappées à sa vieillesse ce dégoût de la terre, bonheur des saints, et partage des infortunés. Le spectacle des calamités publiques contribuait sans doute à attrister le génie d'Augustin : quel temps pour écrire que les années qui séparent Alaric de Genséric, second destructeur de Rome et de Carthage ; que les années qui s'écou-

---

[1] *Confess.*; lib. VIII, cap. VII, num. XVII. — [2] *Ibid.*; lib. III et IV. — [3] Aug., *Epist.* CCXXXI, num. VI.

lèrent entre le sac de la ville éternelle par les Goths et le sac d'Hippone par les Vandales !

Volusien, homme d'une famille puissante à Carthage, avait mandé à saint Augustin qu'un de ses amis manifestait le désir de trouver un chrétien capable de résoudre certaines difficultés relatives au nouveau culte. Saint Augustin, dans une réponse affable et polie, lui envoie une sorte d'abrégé de la *Cité de Dieu*.

Le même Père entretient un correspondance avec la population païenne de Madaure : « Réveillez-vous, peuples de Madaure, mes parents ! mes frères [1] !... Puisse le vrai Dieu vous convertir à la foi, vous délivrer des vanités de ce monde ! » Un évêque, un controversiste ardent, saint Augustin, appelle les idolâtres ses *parents*, ses *frères*.

Quelques années auparavant il avait eu un commerce de lettres avec Maxime, grammairien dans cette même ville de Madaure : Maxime l'avait prié de laisser de côté son éloquence et les subtiles arguments de Chrysippe, pour lui dire quel était le dieu des chrétiens. « Et à présent, homme excellent [2], qui as abandonné ma communion, cette lettre sera jetée au feu ou détruite d'une autre manière. S'il en est ainsi, un peu de papier périra, mais non ma doctrine..... Puissent les dieux te conserver ! les dieux par qui les peuples de la terre adorent en mille manières différentes, dans un harmonieux discord, le père commun de ces dieux et des hommes [3]. Voici le païen qui appelle à son tour les bénédictions du ciel sur la tête d'un chrétien.

Longinien écrit ces mots à saint Augustin : « Seigneur et honoré père, quant au Christ, en qui tu crois, et l'esprit de Dieu par qui tu espères aller dans le sein du vrai, du souverain, du bienheureux auteur de toutes choses, je n'ose ni ne puis exprimer ce que je pense ; il est difficile à un homme de définir ce qu'il ne comprend pas ; mais tu es digne du respect que je porte à tes vertus [4]. »

Saint Augustin répond : « J'aime ta circonspection à ne rien nier, à ne rien affirmer touchant le Christ ; c'est une louable réserve dans un païen [5]. »

L'illustre évêque d'Hippone expira à soixante-seize ans, dans sa ville épiscopale assiégée, en plein exercice des devoirs d'un pasteur courageux et charitable. « Il mourut, dit l'élégant auteur que vous aimerez

---

[1] Expergiscimini aliquando, fratres mei et parentes mei Madaurenses. (*Epist.* ccxxxii.) — [2] Vir eximie. — [3] Dii te servent, per quos et eorum atque cunctorum mortalium communem patrem, universi mortales, quos terra sustinet, mille modis concordi discordia veneramur et colimus. (*Ap.* Augustin., *ep.* xvi, al. xliii, tom. ii.) — [4] Ut autem me cultorem tuorum virtutum dignatus est. (Augustin., *epist.* ccxxxiii, n° 3.) — [5] Proinde quod de Christo nihil tibi negandum vel affirmandum putasti, hoc in pagani animo temperamentum non invitus acceperim. (*Epist.* ccxxxv.)

encore à retrouver ; il mourut les yeux attachés sur cette cité céleste dont il avait écrit la merveilleuse histoire [1]. »

Mais, avant ces lettres d'Augustin, on trouve peut-être un monument encore plus extraordinaire de la tolérance religieuse entre des esprits supérieurs : ce sont les lettres de saint Basile à Libanius, et de Libanius à saint Basile. Le sophiste païen avait été le maître du docteur chrétien à Constantinople. « Quand vous fûtes retourné dans votre pays, écrit Libanius à Basile, je me disais : Que fait maintenant Basile ? Plaide-t-il au barreau ? enseigne-t-il l'éloquence ? J'ai appris que vous aviez suivi une meilleure voie : que vous ne vous étiez occupé qu'à plaire à Dieu, et j'ai envié votre bonheur [2]. »

Basile envoie de jeunes Cappadociens à l'école de Libanius sans crainte de les infecter du venin de l'idolâtrie. « Il suffira, lui mande-t-il, qu'avant l'âge de l'expérience ces jeunes gens soient comptés parmi vos disciples [3]. » — « Basile est mon ami, s'écrie Libanius dans une autre lettre ; Basile est mon vainqueur, et j'en suis ravi de joie [4]. » — « Je tiens votre harangue, dit Basile ; je l'ai admirée : ô Muses ! ô Athènes ! que de choses vous enseignez à vos élèves [5] ! »

Est-ce bien l'ennemi de Julien, l'ami de Grégoire de Nazianze, le fondateur de la vie cénobitique ; est-ce bien l'ardent sectateur de Julien, le violent adversaire des moines, l'orateur qui défendait les temples ; sont-ce bien ces deux hommes qui ont ensemble un pareil commerce de lettres ?

Synésius, de la colonie lacédémonienne fondée en Afrique dans la Cyrénaïque, descendait d'Eurystène, premier roi de Sparte de la race dorique : il était philosophe ; comme saint Augustin dans sa jeunesse, il partageait ses jours entre la lecture et la chasse. Le peuple de Ptolémaïde, en Libye, le demande pour évêque. Synésius déclare qu'il ne se reconnaît point la pureté de mœurs nécessaire à un si saint état ; que Dieu lui a donné une femme, qu'il ne veut ni la quitter, ni s'approcher d'elle furtivement comme un adultère ; qu'il souhaite avoir un grand nombre d'enfants beaux et vertueux. Il ajoutait : « Je ne dirai jamais que l'âme soit créée après le corps ; je ne croirai jamais que le monde doit périr en tout ou en partie : la résurrection me paraît une chose fort mystérieuse, et je ne me rends point aux opinions du vulgaire [6]. » On lui laissa sa femme et ses opinions, et on le fit évêque. Quand il fut ordonné, il ne put pendant sept mois se résoudre à vivre au milieu de son troupeau ; il pensait que sa charge était incompatible

---

[1] Traduct. de M. Villemain. (*Mél. hist. et litt.*) — [2] Ep. CCCXXXVI ; edit. Bened. — [3] Ep. CCCXXXVII. — [4] Ep. CCCXXXVIII. — [5] Ep. CCCLIII. — [6] Syn., *Ep.* LVII-CV.

avec sa philosophie ; il voulait s'expatrier et passer en Grèce [1]. On lui laissa sa philosophie, et il resta à Ptolémaïde.

Synésius avait été disciple d'Hypatia, à Alexandrie. Les lettres qu'il lui écrit sont ainsi suscrites : *Au philosophe. Au philosophe Hypatia* [2]. Dans une de ces lettres (et il était alors évêque), il l'appelle sa mère, sa sœur, sa maîtresse [3]. Il lui trouve une âme très-divine [4]. Il félicite Herculien de lui avoir fait connaître cette femme extraordinaire qui révèle les mystères de la vraie philosophie [5]. Ces relations paisibles s'entretenaient dans un coin du monde, l'an 410 de J.-C., l'année même qui vit entrer Alaric dans la ville éternelle. Cinq ans auparavant, les Macètes et d'autres peuples barbares avaient assiégé Cyrène [6]. La main de Dieu se montrait dans la nue ; sous cette main, les siècles, les empires, les monuments s'abîmaient, et les hommes poursuivaient le cours ordinaire de leur destinée : en ce temps-là il y avait beaucoup de vie, parce qu'il y avait beaucoup de mort.

Il n'est pas jusqu'aux poëtes dans les deux cultes qui ne gémissent de ne pouvoir chanter aux mêmes fontaines et sur la même montagne. Ausone, de la religion d'Homère, écrit à Paulin, de la religion du Christ : « Muses, divinités de la Grèce, entendez cette prière, rendez un poëte aux Muses du Latium ! » Le poëte de la croix répond : « Pourquoi rappelles-tu en ma faveur les Muses que j'ai répudiées ? Un plus grand Dieu subjugue mon âme... Rien ne t'arrachera de ma mémoire... Cette âme ne peut t'oublier, puisqu'elle ne peut mourir [7]. »

Le temps, comme vous le voyez, avait usé la violence des partis : les hommes supérieurs, le moment de l'action passé, ne tardent pas à s'entendre ; il est entre ces hommes une paix naturelle qu'on pourrait appeler la paix des talents, semblable à cette paix de Dieu qu'une religion commune établissait entre les vaillants et les forts. Aussi, vers la fin du quatrième siècle et dans les deux siècles suivants, la tendance que les philosophes des deux religions ont à se rapprocher est visible ; la haine a disparu ; il ne reste que les regrets. Les contentions n'existent plus que parmi les chrétiens des différentes sectes.

Néanmoins quelques caractères rigides, instruits aux rudes enseignements apostoliques, désapprouvaient ces ménagements : ils condamnaient orateurs et poëtes, et méprisaient la délicatesse du langage. Saint Jérôme confesse avec larmes son penchant pour les auteurs profanes ; il expie d'avance par le jeûne, les veilles et les prières, la lec-

---

[1] Ep. xcv, *ad Olymp.* — [2] Τῇ φιλοσόφῳ. Τῇ φιλοσόφῳ Ὑπατία. (*Ep.* xv, pag. 172 ; *ep.* x, pag. 170.)— [3] Μῆτερ, καὶ ἀδελφή, καὶ διδάσκαλε. (*Ep.* xvi, pag. 173.)— [4] Τῆς θεοτότης σοῦ ψυχῆς. (*Ep.* x, pag. 170.) — [5] Ep. cxxxvi, pag. 272.— [6] Ep. ccxv ; ccxlix. — [7] Villemain, *Mél. hist. et litt.*, pag. 449.

ture qu'il se prépare à faire de Cicéron et de Platon. Rufin accuse Jérôme d'un crime énorme : d'avoir occupé certains religieux du mont des Oliviers à copier les dialogues de Cicéron, et d'avoir, dans sa grotte de Bethléem, expliqué Virgile à des enfants chrétiens.

Les philosophes, après le règne de Julien, avaient cessé de se distinguer de la foule par les habits et les mœurs; mais la suite des doctrines et la succession des maîtres se prolongèrent bien au delà du règne de l'Apostat. Dans le cinquième et dans le sixième siècle, les chaires publiques à Athènes étaient encore occupées par des païens [1] : Syrannius fut le prédécesseur de Proclus, qui transmit le doctorat à Marinus, converti du judaïsme samaritain à l'hellénisme. Proclus était auteur d'un double commentaire sur Homère et sur Hésiode, de deux livres de théurgie, de quatre livres sur la *République* de Platon, de dix livres sur les Oracles, de plusieurs autres traités, et de dix-huit Arguments contre les chrétiens, réfutés par Philoponus [2]. Marinus nous a laissé la biographie de son maître : alors un saint écrivait la vie d'un saint, un philosophe la vie d'un philosophe; ils se partageaient la gloire du ciel et de la terre.

Marinus attribue à Proclus une vertu surnaturelle de bienfaisance : il en apporte en preuve la guérison miraculeuse de la jeune Asclépigénie, fille d'Archiades et de Plutarcha. Il remarque que la maison de Proclus touchait au temple d'Esculape; car, dit-il, Athènes était encore assez heureuse pour conserver dans son entier le temple du *Sauveur*. Platon était pauvre (c'est toujours Marinus qui parle); il n'avait qu'un jardin dans l'enceinte de l'Académie, et un revenu de la valeur de trois pièces d'or; mais du temps de Proclus, le revenu de l'Académie s'élevait à plus de mille [3].

Marinus nous donne encore l'époque certaine de la perte de la fameuse statue de Phidias, la Minerve du Parthénon : échappée aux ravages des Goths, elle n'échappa point à ceux des chrétiens. « Minerve, dit-il, manifesta le grand attachement qu'elle avait pour Proclus, quand la statue de cette déesse, qui jusqu'alors était restée au Parthénon, fut enlevée par ceux *qui touchent aux choses qui ne devraient pas être touchées*. Quand donc Minerve eut été chassée de son temple, une femme d'une beauté exquise apparut en songe à Proclus; elle lui commanda de parer ses foyers, en lui disant : « Minerve veut « habiter et dormir avec toi [4]. »

---

[1] Iontius donne le catalogue de la succession des philosophes athéniens, pag. 301 et 302 ; *De Scriptoribus hist. philosophicæ.* — [2] Suidas, *Lex.*, voce Procl.; Fabric., *de Procli script. edit.*, p. 80. — [3] Phot., Cod. ccxlii, pag. 1054; Damasc., *in Vit. Isidor.* — [4] Marin., *in Vit. Procli*, pag. 62. Nous devons à M. Boissonade une excellente édition de la vie de Proclus par Marinus, et

Marinus date la mort de Proclus de l'an 124, à partir de celle de Julien [1] : c'était une ère à l'usage des regrets et de la reconnaissance philosophiques. Les chrétiens comptaient ainsi de l'époque des martyrs.

Plus tard encore, vers l'an 550, nous trouvons Damascius le stoïcien, lié d'amitié avec Simplicius et Eulianus. L'aventure de ces derniers philosophes du monde romain mérite d'être racontée.

Damascius de Syrie, Simplicius de Cilicie, Eulianus de Phrygie, Ermias et Diogène de Phénicie, Isidore de Gaza, accablés du triomphe de la croix, résolurent de s'expatrier et d'aller vivre chez les Perses. Arrivés dans la contrée des mages, ils trouvèrent que le roi n'était pas un philosophe, que les nobles étaient pleins d'orgueil, que le peuple, rusé et voleur, ne valait pas mieux que le peuple romain. Ils furent surtout révoltés du spectacle de la polygamie, impuissante même à prévenir l'adultère : ils se repentirent et désirèrent rentrer dans leur pays. Chosroès, qui négociait alors un traité avec la cour de Constantinople, y fit généreusement insérer une clause en faveur de ses hôtes : on ne les inquiéta point à leur retour, et ils jouirent en paix à leurs foyers de la liberté de conscience [2].

Dans cette agonie d'une société prête à passer, l'assimilation de langage, d'idées et de mœurs était presque complète entre les hommes supérieurs des deux religions; mêmes principes de morale, mêmes expressions de *salut*, de *grâce* divine; mêmes invocations au Dieu unique, éternel, au Dieu *Sauveur*. Quand on lit Synésius et Marinus, Fulgence et Damascius, et les autres écrivains religieux et moraux de cette époque, on aurait peine à déterminer la croyance à laquelle ils appartiennent, si les uns ne s'appuyaient de l'autorité homérique, les autres de l'autorité biblique.

Boëce dans l'Occident, Simplicius dans l'Orient, terminèrent cette série des beaux génies qui s'étaient placés entre le ciel et la terre : ils virent entrer la solitude dans les écoles où le christianisme avait été nourri, et dont il chassa l'auditoire; ils fermèrent avec honneur les portes du Lycée et de l'Académie des sages. Justinien supprima les écoles d'Athènes quarante-quatre ans après la mort de Proclus [3]. Boëce,

---

du commentaire inédit de Proclus sur le Cratyle. Je ne sais si, par rapport à l'histoire de l'art, ce passage a jamais été remarqué. Il m'avait échappé dans mon mémoire sur l'histoire de Sparte et d'Athènes, dans l'Introduction à l'*Itinéraire de Paris à Jérusalem*. M. Quatremère de Quincy ne le cite point dans son *Jupiter Olympien*. Il y avait deux statues de Minerve à Athènes de la main de Phidias : celle de la *citadelle*; elle était de bronze, et l'on apercevait l'aigrette de son casque du cap Sunium : celle du *Parthénon*; elle était d'or et d'ivoire. Marinus parle évidemment de la dernière.

[1] Marin., *in Vit. Procli*, cap. xxxvi, pag. 73. — [2] Agathias, lib. ii, p. 69 et seq.; Suidas, voce Πρίσβεις; Brucker, *Hist. crit. de la philosoph.*, tom. ii, pag. 451. — [3] Joan. Matt., tom. ii, pag. 187; Aleman., pag. 106.

chrétien et persécuté, était un philosophe ; Simplicius, philosophe et heureux, avait le caractère d'un chrétien. « O Seigneur (dit-il dans la prière qui termine son commentaire de l'*Enchiridion* d'Épictète) ; ô Seigneur, père, auteur et guide de notre raison, permets que nous n'oubliions jamais la dignité dont tu décoras notre nature ! Fais que nous agissions comme des êtres libres ; que, purifiés de toutes passions déréglées, nous sachions, si elles s'élèvent, les combattre et les gouverner ! Guidé par la lumière de la vérité, que notre jugement nous attache aux choses véritablement bonnes ! Je te supplie, ô mon Sauveur ! de dissiper les ténèbres qui couvrent les yeux de nos âmes, afin que nous puissions, comme le dit Homère, distinguer et l'homme et Dieu. »

Boëce, enfermé dans un cachot à Ticinum (Pavie), se plaint du changement de sa fortune et des malheurs de sa vieillesse : les Muses l'environnent dans des vêtements de deuil. Tout à coup une femme majestueuse se montre à lui ; ses regards sont perçants, ses couleurs sont brillantes. Elle est jeune, et pourtant on voit que sa naissance a précédé celle des hommes du siècle : tantôt elle ne paraît pas s'élever au-dessus de la taille commune, tantôt son front touche aux nues, et se cache aux regards des mortels. Un tissu d'une matière incorruptible forme sa robe ; l'éclat de cette robe est légèrement adouci par une espèce de teinte semblable à celle que le temps répand sur les vieux tableaux. Cette femme tient un livre dans sa main droite, un sceptre dans sa main gauche. Dès qu'elle aperçoit les Muses dictant des vers à la douleur de Boëce, elle chasse ces courtisanes, qui, loin de fermer les blessures, les tiennent ouvertes avec un poison subtil. Ensuite elle s'assied sur le lit du prisonnier, et lui adresse ces paroles : « Est-ce donc toi que j'ai nourri de mon lait, que j'ai élevé avec un si tendre soin ? toi dont j'avais fortifié l'esprit et le cœur, tu te serais laissé vaincre à l'adversité ! Me reconnais-tu ? Tu gardes le silence ! » La divinité essuie avec un pan de sa robe les larmes qui roulent dans les yeux de Boëce : aussitôt il reconnaît la mère féconde des vertus, son amie céleste, la Philosophie. Elle donne ses dernières leçons à son élève ; elle lui répète que le souverain bien ne se trouve qu'en Dieu, et, comme Simplicius, la Philosophie, ou plutôt Boëce, s'écrie : « Être infini ! source de tous les biens ! Dieu Sauveur ! élevez nos âmes jusqu'au séjour que vous habitez ! répandez sur nous cette lumière qui seule peut donner à nos yeux la force de vous contempler ! »

Y a-t-il rien de plus beau et en même temps de plus semblable que ces derniers accents de Simplicius et de Boëce ? A cette époque le christianisme était philosophique ; il rétrograda ; il devint monacal par l'ignorance et les malheurs répandus sur la terre : c'est précisément ce qui fit sa force. Le temps de la barbarie couva les germes de la société moderne, et son incubation fut d'une énergie prodigieuse. Le christianisme, philosophique trop tôt à la suite d'une vieille civilisation qui n'était pas née de lui, se serait épuisé; il fallait qu'il traversât des siècles de ténèbres, qu'il fût lui-même l'auteur de la civilisation nouvelle, pour arriver à son âge philosophique *naturel,* âge qu'il atteint aujourd'hui.

Entre Platon et saint Augustin, entre Socrate et Boëce, s'accomplit une des grandes périodes de l'histoire de l'esprit humain. Les maîtres de la sapience païenne remirent, en se retirant, le style et les tablettes aux maîtres de la science évangélique. Le principe de la philosophie ne périt point, parce qu'aucun principe ne se détruit, parce que la philosophie est à la fois la langue de l'esprit, et la haute région où l'âme habite à part de son enveloppe. La théologie s'assit sur les bancs que la philosophie abandonnait, et la continua. Les systèmes d'Aristote et de Platon, la forme et l'idée, divisèrent toujours les intelligences, jusqu'au temps où les ouvrages du Stagyrite, rapportés à l'Europe par les Arabes, renouvelèrent la doctrine des péripatéticiens et enfantèrent la scolastique. La branche gourmande du christianisme, l'hérésie, qui ne cessa de pousser avec vigueur, reproduisit de son côté le fruit philosophique dont le germe l'avait fait naître.

En lisant le récit de la spoliation des temples sous le règne de Théodose, vous aurez cru assister à la destruction des églises, perpétrée de nos jours. Mais l'écroulement de nos églises n'a point amené la chute de la religion du Christ, tandis que la religion de Jupiter, ruinée d'ailleurs, disparut avec ses temples. La vérité ne tient point à une pierre; elle subsiste indépendamment d'un autel : l'erreur ne peut vivre si elle n'est enfoncée dans les ténèbres d'un sanctuaire. Le christianisme, au temps de Théodose et de ses fils, se trouvait prêt à remplacer le paganisme : le christianisme n'a point d'héritier dans notre siècle. La philosophie humaine qui se présenterait pour succéder à la foi, ainsi qu'elle s'offrit pour tenir lieu de l'idolâtrie, qu'aurait-elle à nous donner? Une théurgie? Qui l'admettrait? Et cette théurgie, que cacherait-elle sous ses voiles, sinon ces mêmes vérités de l'essence divine, que les enseignements publics de l'Église ont mises à la portée du vulgaire? Les mystères des initiations sont révélés à la foule dans le symbole que répète aujourd'hui l'enfant du peuple.

Si l'on imaginait d'établir autre chose que les vérités reçues de la foi, le panthéisme, par exemple, le pourrait-on? Le christianisme est la synthèse de l'idée religieuse; il en a réuni les rayons : le panthéisme est l'analyse de la même idée; il en disperse les éléments. Chacun aurat-il à ses foyers une petite fraction de la vérité divine, dont il se fera un Dieu pour sa consommation particulière? Les pénates, les fétiches, les manitous, les éones, les génies, ressusciteraient-ils? L'idolâtrie reviendrait-elle encore une fois par cette route fausser la société? Y aurait-il autant d'autels que de familles? autant de prêtres, de cérémonies, de rites, que d'imaginations pour les inventer? La pluralité des religions privées remplacerait-elle l'unité de la religion publique? Aurait-elle le même effet sur l'homme? Quel chaos que le mouvement et l'exercice de ces cultes infinis et divers! Toutes les bizarreries, tous les désordres d'esprit et de mœurs qui ont décrédité les sectes philosophiques et les hérésies revivraient; toutes les aberrations sur la nature de Dieu renaîtraient. Qu'est-il, ce Dieu? est-il éternel? a-t-il créé la matière? existe-t-il à part auprès d'elle? est-il une source d'où sortent et où rentrent les intelligences? La matière même existe-t-elle? L'univers est-il en nous? hors de nous? Qu'est-ce que l'esprit? effet ou cause? Ira-t-on jusqu'à supposer, dans un nouveau système, que Dieu n'est pas encore complet, qu'il se forme chaque jour par la réunion des âmes dégagées des corps; de sorte que ce ne serait plus Dieu qui aurait formé l'homme, mais les hommes qui seraient les créateurs de Dieu? Et comment revêtirez-vous d'une forme sacrée, pour remplacer la forme chrétienne, ces allégories, ces mythes, ces rêveries, ces vapeurs des esprits défectueux, nébuleux et vagues, qui cherchent la religion et qui n'en veulent pas? Le mysticisme, l'éclectisme ou le choix des vérités dans chaque système, peuvent-ils devenir un culte? ces vérités sont-elles évidentes, et tous les esprits consentent-ils aux mêmes abstractions métaphysiques?

Enfin tout système philosophique, en s'implantant dans les ruines du christianisme, ne trouverait plus pour véhicule populaire le moyen qui se rencontra autrefois, la prédication de la morale universelle. L'Évangile eut à développer ces grands principes de liberté et d'égalité qui, connus de quelques génies privilégiés, étaient ignorés des nations et combattus par les lois. Aujourd'hui l'ouvrage est accompli : la philosophie peut recommander une réforme, mais elle n'a aucun enseignement nouveau à propager. Comment alors, sans la ressource d'une morale à établir, déterminerez-vous les hommes à changer les mystères chrétiens contre d'autres mystères, aussi difficiles à comprendre?

Ces choses étant impossibles, on n'aperçoit réellement derrière le christianisme que la société matérielle; société bien ordonnée, bien réglée, jusqu'à un certain point exempte de crimes, mais aussi, bien bornée, bien enfantine, bien circonscrite aux sens polis et hébétés. Lorsque dans la société matérielle on pousserait les découvertes physiques et les inventions des machines jusqu'aux miracles, cela ne produirait que le genre de perfectionnement dont la machine même est susceptible. L'homme, privé de ses facultés divines, est indigent et triste ; il perd la plus riche moitié de son être : borné à son corps, qu'il ne peut ni rajeunir ni faire vivre, il se dégrade dans l'échelle de l'intelligence. Nous deviendrions, par l'absence de religion, des espèces d'Indiens ou de Chinois. La Chine et l'Inde, l'une par le matérialisme, l'autre par une philosophie pétrifiée, sont de véritables nations-momies : assises depuis des milliers de siècles, elles ont perdu l'usage du mouvement et la faculté de progression, semblables à ces idoles muettes et accroupies, à ces sphinx couchés et silencieux qui gardent encore le désert dans la Thébaïde.

Religieusement parlant, on est obligé de conclure de ces investigations impartiales, qu'il n'y a rien après le christianisme.

Mais si le christianisme tombe comme toute institution que l'homme a touchée, et à laquelle il a communiqué la défaillance de sa nature ; si le temps de cette religion est accompli, qu'y faire ? Le mal est sans remède. Je ne le pense pas. Le christianisme intellectuel, philosophique et moral, a ses racines dans le ciel, et ne peut périr ; quant à ses relations avec la terre, il n'attend pour se renouveler qu'un grand génie. On aperçoit très-bien aujourd'hui la possibilité de la fusion des diverses sectes dans l'unité catholique ; mais la première condition pour arriver à la recomposition de l'unité, c'est l'affranchissement complet des cultes. Tant que la religion catholique sera une religion soldée, dépendante de l'autorité politique et de la forme variable des gouvernements ; tant qu'elle continuera d'être gênée dans ses mouvements, entravée dans ses assemblées particulières et générales, contaminée dans ses chaires et ses écoles par l'argent du fisc ; en un mot, tant qu'elle ne retournera pas au pied et à la liberté de la croix, elle languira dégénérée.

Le tableau de la chute du polythéisme et de la destruction des écoles philosophiques aurait été mal aperçu, s'il s'était déroulé lentement dans l'ordre chronologique du récit : le triomphe complet de la religion chrétienne, sous le règne de Théodose, indiquait la place où ce tableau devait être exposé. Reprenons la suite des faits politiques et militaires.

ÉTUDE QUATRIÈME

PREMIÈRE PARTIE.

D'ARCADE ET HONORIUS A THÉODOSE II ET VALENTINIEN III.

Théodose [1] ne survécut que trois mois à sa victoire sur Eugène : il mourut à Milan; son corps fut transporté à Constantinople. Il laissa deux fils, Arcade et Honorius. Arcade avait été déclaré auguste par son père, la cinquième année du règne de ce dernier. Honorius fut revêtu de la même dignité après la mort de Valentinien II, et lorsque Théodose se préparait à marcher contre Eugène. Arcade hérita de l'empire d'Orient, Honorius de celui d'Occident; Arcade s'ensevelit dans le palais de Constantinople, Honorius dans les murs de Ravenne. Arcade était petit, mal fait, laid, noir et bête; il avait les yeux à demi endormis, comme un serpent [2]; Honorius était fainéant et léger [3]. Rufin se chargea de tromper et d'avilir les deux empereurs; Stilicon, de les trahir et de les défendre. Arcade subissait le joug des eunuques et de sa femme; Honorius élevait une poule appelée Rome, et Alaric prenait la cité de Romulus.

Rufin fut le ministre d'Arcade, comme Stilicon le ministre d'Honorius. Originaire d'Éause, dans les Gaules, Rufin avait obtenu sous Théodose, qui le favorisa trop, les charges de grand-maître du palais, de consul et de préfet du prétoire. Il est accusé d'ambition, de perfidie, de cruauté, et surtout d'avarice par Claudien, Suidas, Zosime, Orose, saint Jérôme et Symmaque [4], lequel, louant tout le monde, ne louait personne, ainsi qu'on l'a remarqué.

Déclaré préfet d'Orient, aspirant secrètement à l'empire, Rufin avait une fille qu'il prétendait donner en mariage à Arcade. Eutrope l'eunuque déjoua ce projet, et Arcade mit dans le lit impérial Eudoxie,

---

[1] ARCADE, HONORIUS, emp. SIRICIUS, ANASTASE Ier, INNOCENT Ier, papes. An de J.-C. 395-408. — [2] PHILOST., *Hist. eccl.*, lib. XI, cap. III ; PROCOP., *de Bel. Persic.*, lib. I, cap. II. — [3] PROCOP., *de Bel. Vandal.*, lib. I., cap. II ; PHOT., cap. LXXX. — [4] *In Ruf.* SUID., pag. 690 ; ZOSIM., lib. V ; OROS., pag. 221 ; HIER., *epist.* III ; SYMM., lib. VI, *epist.* XV.

fameuse par ses démêlés avec saint Jean Chrysostome; elle était fille de Bauton, vaillant chef frank, devenu comte et général romain.

Stilicon gouvernait l'Occident sous Honorius; c'était un grand capitaine de race vandale [1]. Il avait épousé Serène, nièce de Théodose. Cette alliance enflait le cœur du demi-barbare [2]; il prétendait que son oncle Théodose lui avait laissé la tutelle de ses deux fils, et ne supportait qu'avec impatience l'autorité dont Rufin jouissait en Orient.

Celui-ci, trompé dans ses projets par le mariage d'Eudoxie, craignant les entreprises de Stilicon qui levait des soldats, déchaîna les Barbares sur l'Empire; il invita les Huns à se précipiter sur l'Asie, et il livra l'Europe aux Goths [3]. Ces derniers étaient commandés par Alaric.

Alaric était né dans l'île de Peucé, à l'embouchure du Danube, au sein même de la barbarie. Claudien appelle poétiquement le Danube le dieu paternel d'Alaric. Cet homme, un des cinq ou six hommes millenaires ou fastiques, n'était pas de la famille des *Amales*, la première de la nation des Goths, mais de la seconde, la famille des *Baltes*. Son courage lui avait fait donner parmi ses compatriotes le surnom de Balt, qui signifie le hardi ou le vaillant.

Tout jeune encore, Alaric avait passé le Danube en 376 avec les Visigoths, lorsqu'ils fuyaient devant les Huns. Il s'était trouvé aux combats qui précédèrent et amenèrent la défaite et la mort de Valens [4]. Il fit la paix avec Théodose, et le suivit en qualité d'allié dans l'expédition contre Eugène.

Rufin alla déterrer, pour venger sa querelle domestique, l'homme que Dieu avait destiné pour venger la querelle du monde. Afin que le Goth ne rencontrât aucun obstacle, le favori d'Arcade plaça deux traîtres, Antioque et Géronce : l'un à la garde des Thermopyles; l'autre à celle de l'isthme de Corinthe [5] : ces deux portiers de la Grèce la devaient ouvrir aux Barbares.

Alaric, feignant donc quelque mécontentement de la cour d'Arcade, marauda tout le pays entre la mer Adriatique et le Pont-Euxin. Les Goths promenaient avec eux quelques troupes de Huns qui, l'hiver d'antan, avaient passé le Danube sur la glace. Les Barbares butinèrent jusque sous les murs de Constantinople, d'où Rufin sortit en habit goth pour parlementer avec eux [6].

Stilicon, sous prétexte de secourir l'Orient, se mit en marche avec l'armée que Théodose avait employée contre Eugène.

Alors arrive un ordre d'Arcade, qui redemande à Stilicon l'armée de

---

[1] Oros., lib. vıII, cap. xxxvII. — [2] Hier., *ep.* xxI. — [3] Id., *ep.* III, xxx, xx, pag. 783. — [4] Claud., *de Sext. Hon. consul.*, pag. 147; id., *de Bell. Get.*, pag. 170; Symm., lib. II; Jornand., cap. xIv, pag. 29. — [5] Zos., pag. 782. — [6] Claud., *in Ruf.*, pag. 22.

Théodose, et lui défend de passer outre de sa personne : Stilicon obéit : il remet le commandement de l'armée à Gaïnas, capitaine goth qui servait sous lui, et le charge secrètement de tuer Rufin ; entreprise dans laquelle il ne manqua pas d'être assisté par l'eunuque Eutrope [1].

Rufin se flattait d'être proclamé empereur par les soldats qui lui apportaient une autre pourpre ; il alla avec Arcade au-devant d'eux : Gaïnas le fit envelopper, et tout aussitôt massacrer aux pieds d'Arcade. Sa tête, détachée de son corps, fut portée à Constantinople au bout d'une pique, et promenée par les rues ; sa main droite coupée accompagnait sa tête ; on présentait cette main de porte en porte [2]. Un caillou introduit dans la bouche du mort la tenait ouverte, et les lèvres entrebâillées étaient censées demander l'aumône que la main[3] attendait ; satire populaire d'une effrayante énergie contre l'exaction et le pouvoir. On ne gagna rien au changement du ministre : Eutrope prit la place de Rufin.

Alaric et ses Goths, n'ayant plus rien à piller ni à combattre, passèrent le défilé des Thermopyles, qui n'était défendu que par le tombeau de Léonidas. Des pâtres avaient enseigné aux Perses le sentier de la montagne ; des *robes noires* (ce qui, dans le langage d'Eunape, signifie des moines) le découvrirent aux Goths [4]. Quel prodigieux changement dans les temps ! Quelle révolution parmi les hommes !

Les murailles de Thèbes la protégèrent [5] ; les souvenirs de cette ville venaient d'Œdipe, passaient par Épaminondas et Alexandre. Alaric épargna Athènes, qui n'était plus qu'une université, moins fameuse par sa philosophie que par son miel [6]. Il accepta un repas et se baigna dans la cité de Périclès et d'Aspasie pour montrer qu'il n'était pas étranger à la civilisation [7]. Mais l'Attique fut livrée aux flammes. On voit encore aujourd'hui cette Athènes qui ressemble, comme elle ressemblait au temps des Goths, à la peau vide et sanglante d'une vic-

---

[1] Zos., pag. 785 ; Philost., lib. ii, cap. iii. — [2] Data a Gaine tessera, simul universi Rufinum circumdatum gladiis feriunt. Et hic quidem ei dexteram adimebat, ille manum alteram procidebat. Alius a cervice revulso capite recedebat consuetos victoriæ Pœanas accinens... et manum ejus ubique per urbem circumgestarent et ab occurrentibus peterent insatiabili pecuniam darent. (Zos.; *Hist.*, lib. v, pag. 89.) Rufinus quidem etiam imperatorium nomen ad seipsum trahere omni arte studebat... Milites, in loco qui Tribunal dicitur, ad ipsos imperatoris pedes gladiis contrucidarunt... Eo ipso die quo ii qui militium delectum agebant, purpuram ipsi circumdaturi erant. (Philostong., *Hist. eccl.*, lib. ix, pag. 528.) — [3] Porro milites quum Rufino caput amputassent, lapidem ori ejus immiserunt : hastæque infixum circumferentes quaqua versum discurrere cœperunt. Dextram quoque ejusdem præcisam gestantes, per singulas officinas urbis circumtulerunt, hæc addentes : Date stipem insatiabili. Magnamque auri vim hujusmodi postulatione collegerunt. (*Id.*; *ibid.*) — [4] Eunap., cap. vi, pag. 93, *in Vita Philosoph.* — [5] Zos., pag. 783. — [6] Athenæ vero quondam civitas fuit, sapientum domicilium, nunc eam mellatores celebrant : quibus pars illud sapientum plutarcheorum adjice, qui non orationum suarum fama juvenes in theatris congregant, sed mellis ex Hymeto amphoris. (Synes., *epist.* cxxxv, *ad fratrem*, pag. 272.) — [7] Zos., p. 784.

time dont la chair avait été offerte en sacrifice [1]. On affirmait que Minerve avait remué sa lance, que l'ombre d'Achille avait effrayé Alaric [2]. Des esprits débilités par des fables sont bien petits dans les réalités des empires : la Grèce, conservée et comme embaumée dans ses fictions, opposait puérilement les mensonges du passé aux terribles vérités du présent.

Alaric continua sa marche vers le Péloponèse; Cérès périt à Éleusis avec ses mystères; plusieurs philosophes moururent de douleur, ou par l'épée des Barbares, entre autres Protaire, Hilaire et Priscus, si chéri de Julien [3]. Corinthe, Argos et Sparte virent leur gloire foulée aux pieds. Alors périt aussi peut-être ce Jupiter Olympien qui n'avait d'immortel que sa statue. Malheureusement il était d'or et d'ivoire; s'il eût été de marbre, quelque espoir resterait de le retrouver sous les buissons de l'Élide, à moins que la pensée broyée de Phidias ne fût devenue la chaux d'une cahutte ou d'un minaret.

Stilicon débarque avec une armée sur les côtes de la Grèce; il enferme Alaric dans le mont Pholoë, et le laisse ensuite échapper [4]. Sorti du Péloponèse, Alaric, par un soudain changement de fortune, est déclaré maître-général de l'Illyrie orientale, au nom de l'empereur Arcade. Ce prince prétendait qu'Honorius n'avait pas eu le droit de le secourir, parce que la Grèce était du ressort de l'empire d'Orient [5] : Arcade ne voulait rien perdre de la légitimité de sa couardise. Il crut gagner Alaric en l'investissant du commandement d'une province, et ne fit que le rendre plus redoutable. Une éternelle justice punit la lâcheté : Alaric venait d'égorger les fils; on lui donna la puissance sur les pères : on ne règne point par de pareils moyens.

Les Goths déclarèrent Alaric roi, sous le nom de roi des Visigoths : ils envahissent l'Italie, la première année même de ce cinquième siècle, fameux par la destruction de l'empire d'Occident et la fondation des royaumes barbares. Stilicon rassemble une armée; Alaric se retire; Honorius va triompher à Rome. Je ne vous parle de ce ridicule triomphe qu'afin de rappeler le véritable triomphateur; c'était un moine qui portait un nom voué à l'immortalité : Télémaque, sorti tout exprès de sa solitude de l'Orient, était venu à Rome sans autre autorité que celle de son froc, pour accomplir ce que les lois de Constantin n'avaient pu faire. Il se jette dans l'amphithéâtre au milieu des gladiateurs, et s'efforce de les séparer avec ses mains pacifiques. Les spectateurs,

---

[1] Nihil enim jam Athenæ splendidum habent, præter celeberrima locorum nomina. Ac velut ex hostia consumpta sola pellis superest animalis, quod olim aliquando fuerat indicium. (Synes., *ad fratrem*, ep. cxxxv, pag. 272.) — [2] Zos., p. 784. — [3] Eunap., cap. vi, p. 93-94. — [4] Zos., p. 784. — [5] Claud., *de Bell. Get.*

enivrés de l'esprit du meurtre, le massacrèrent[1] ; vrai martyr de l'humanité, il racheta de son sang le sang répandu au spectacle de la mort. De ce jour, les combats des gladiateurs furent définitivement abolis.

Stilicon, dont Honorius épousa successivement les deux filles, avait traité avec les Franks aux bords du Rhin. Marcomir et Sunnon, frères, régnaient sur ces peuples. L'un fut banni en Toscane, l'autre tué par ses compatriotes. On veut que Marcomir ait été père de Pharamond[2].

Saint Ambroise était mort dès l'année 397; Stilicon regarda sa mort comme la ruine de l'Italie[3].

Guidon se révolta en Afrique, et fut défait par son frère Marcezel. « L'incertitude des choses de ce siècle est si grande, écrivait alors saint Augustin; on voit si souvent tomber les princes de la terre, que ceux qui mettent en eux leurs espérances y trouvent leur ruine[4]. » Marcezel fut jeté dans une rivière près de Milan, par ordre de Stilicon jaloux.

Les Scots et les Pictes ravagèrent l'Angleterre. Alaric, sorti d'Italie, y rentre vers la fin de l'an 402. L'histoire confuse de cette époque ne laisse pas voir les causes de ces mouvements divers. Les partis s'accusent mutuellement : tantôt c'est Alaric représenté comme un chef sans foi, se jouant des serments qu'il prête tour à tour aux deux empereurs Arcade et Honorius; tantôt c'est Stilicon soupçonné de vouloir faire tomber la couronne sur la tête d'Eucher son fils, et suscitant à dessein les Barbares : mais cette fièvre à redoublements n'était que l'effet de la décomposition du corps social dans sa maladie de mort. L'Italie fut consternée à la seconde irruption d'Alaric. Rome répara les murailles d'Aurélien; Honorius, prêt à fuir, tremblait dans les marais de Ravenne. Stilicon attaque les Goths à Pollence, sur les confins de la Ligurie, et remporte une victoire chèrement achetée[5]. Les Goths avaient d'abord refusé le combat, à cause de la célébration des fêtes de Pâques (403). La femme et les enfants d'Alaric demeurèrent prisonniers entre les mains de Stilicon, et, pour les délivrer, Alaric consentit à évacuer

---

[1] Telemachus, monasticæ vitæ deditus. Hic ab Orientis partibus projectus, ejusque rei causa Romam ingressus..... Ipse quoque in amphitheatrum venit, et in arenam descendens, gladiatores qui inter se pugnabant compescere conabatur. Sed cruentæ cædis spectatores eum ægre ferentes, et dæmonis qui eo sanguine oblectabatur furorem animis suis concipientes, pacis auctorem lapidibus obruerunt. (THEOD. *episcop.*; CYRI *Eccl. Hist.*, lib. v, cap. xxvi, pag. 234; Parisiis, 1673.) — [2] ADRIAN.; VAL. *rer. Fr.*, lib. iii. — [3] AMBR., *Vit. P.*, cap. xlv. — [4] Deus noster refugium et virtus; sunt quædam refugia quo quisque quum fugerit magis infirmatur quam confirmatur. Confugis, verbi gratia, ad aliquem in seculo magnum... Tanta hujus seculi incerta sunt et ita potentum ruinæ quotidianæ crebescunt, ut quum ad tale refugium perveneris, plus tibi timere incipias. (AUG., *Enarrationes in Psalmos*, xlv, v, ii, pag. 299, cap. iv. — [5] CLAUD., *de Bell. Get.*, pag. 173; PRUD., *in Sym.*, lib. ii; OROS., lib. vii, cap. xxxvii; JORN., pag. 653. Pollence est encore un petit village dans le Piémont, sur le Tanaro.

ses conquêtes. Dieu avait, au milieu de l'empire romain, deux armées de Goths investies de ses justices : l'une conduite par un Goth chrétien, Alaric ; l'autre par un Goth païen, Radagaise, ou Rhodogaise, selon la forme grecque. L'armée de celui-ci était composée de toute la race gothe transdanubienne et transrhénane. Il menait aux batailles deux cent mille soldats.

Radagaise monta à son tour en Italie (405), comme une haute marée remplace celle qui est descendue. Stilicon rassemble des Alains, des Huns, et d'autres Goths commandés par Sarus. Les ennemis pénètrent jusqu'à Florence. Saint Ambroise apparaît à un chrétien dont jadis il avait été l'hôte dans cette ville, et lui promet une délivrance subite. Le lendemain Stilicon, par force ou par famine, contraint la multitude barbare à fuir ou à se rendre. Radagaise est pris, chargé de chaînes, et enfin exécuté : ses compagnons, parqués en troupeaux, sont vendus un écu pièce. Ils moururent presque tous à la fois : ce qu'on avait épargné en les achetant fut dépensé pour creuser leurs fosses.

Un an après la défaite de Radagaise (406), les Alains, les Vandales et les Suèves envahirent les Gaules, toujours, supposait-on, excités par Stilicon, qui renversait les Barbares par ses batailles, et les relevait par ses intrigues.

Les Bourguignons et les Franks suivirent les Alains, les Vandales et les Suèves dans les Gaules, en 407, et n'en sortirent plus.

Les légions de la Grande-Bretagne élurent cette même année, pour empereur, Marcus, qu'ils massacrèrent ; et ensuite un soldat, nommé Constantin. Celui-ci passa dans le continent, battit ce qu'il rencontra, et s'établit à Arles. Il fut reconnu ou toléré par Honorius, qui faisait paisiblement des lois assez bonnes pour des sujets qu'il n'avait plus. Il proscrivit les priscillianistes et les donatistes.

Constant, fils de ce Constantin, empereur d'Arles, d'abord moine, ensuite césar et auguste, se rendit maître de l'Espagne. Il en ouvrit la porte aux Barbares, en retirant la garde des Pyrénées aux fidèles et braves paysans chargés de les défendre [1].

Honorius épouse, en 408, Thermancie, seconde fille de Stilicon. Alaric traite avec Stilicon par députés : il obtient la qualité de général des armées d'Honorius, dans l'Illyrie occidentale. Aétius, donné en otage à Alaric, passa trois ans auprès de lui.

Alaric, non encore satisfait, s'avança vers l'Italie, et demanda quatre mille livres pesant d'or, que Stilicon lui fit accorder.

Honorius commençait à se défier de Stilicon, à la fois son oncle et

[1] Orose, pag. 223.

son beau-père, et accusé de songer à la pourpre pour Eucher, son fils, ouvertement attaché au paganisme.

Un camp réuni à Pavie, secrètement travaillé par Olympe, favori d'Honorius, donna le signal de la révolte. Stilicon apprend cette révolte à Bologne, en devine la cause, et se retire à Ravenne. Deux ordres d'Honorius arrivent, l'un pour arrêter, l'autre pour tuer le sauveur de l'Empire, déclaré ennemi public : il eut la tête tranchée le 23 d'août 408 ; c'était Rome qui portait sa tête sur l'échafaud. Héraclien exécuta Stilicon de sa propre main, et fut fait comte d'Afrique : par une vertu d'extraction, le sang d'un grand homme anoblissait son bourreau. Eucher, qui voulait les temples, et qui chercha à Rome un abri dans les églises, fut tué; Thermancie, femme d'Honorius, eut le même sort. Olympe hérita de la faveur dont avait joui Stilicon.

Durant ces troubles de l'Occident, l'Orient avait été gouverné par Arcade, successivement gouverné lui-même par Rufin et par Eutrope : l'un mauvais favori, qui se croyait haï à cause de sa fortune, et ne l'était que pour sa personne; l'autre, hideux eunuque, devenu consul, d'esclave d'un palefrenier qu'il avait été; avide publicain qui prenait tout, même des femmes; qui vendait tout par habitude, se souvenant d'avoir été vendu [1]. Vous avez vu la mort de Rufin.

Eutrope, pour défendre sa bassesse, inventa des lois qui restent dans le Code comme un monument de la honte humaine [2]. Ces lois appliquent le crime de lèse-majesté à ceux qui conspirent contre les personnes dévouées à l'empereur; elles punissent la pensée, et s'appesantissent jusque sur les enfants des coupables de lèse-favoris. Ces lois, qui ne mirent pas même leur auteur à l'abri, firent trembler des esclaves, et n'arrêtèrent pas des Goths. Tribigilde, chef d'une colonie d'Ostrogoths établie par Théodose dans la Phrygie, se révolta à l'instigation de Gaïnas, cet autre Goth, meurtrier de Rufin. Tribigilde, opprimé tant qu'il fut ami, fut respecté quand il devint ennemi; on reconnut qu'il avait été fidèle lorsqu'il cessa de l'être. L'eunuque régnant, accusé de ces désordres, les paya de sa chute. Il avait osé insulter l'impératrice Eudoxie. Saint Chrysostome, qui devait le siége épiscopal de Constantinople à Eutrope, eut le courage de défendre son bienfaiteur; s'il ne put le sauver du glaive de la loi, il l'arracha du moins aux fureurs populaires; il le peignit trop vil pour être égorgé, et réclama en sa faveur l'inviolabilité du mépris. Eutrope, tout tremblant, la tête couverte de poussière, s'était réfugié dans l'église à laquelle il avait retiré le droit d'asile. « Elle lui ouvrit son sein, dit

---

[1] Claud., *in Eutrop. eun.*, lib. I, pag. 94 et seq. — [2] *Cod. Th.*, loi du 4 septembre 397.

Chrysostome ; elle l'admit au pied de l'autel ; elle le cacha des mêmes voiles qui couvraient le lieu sacré : elle ne permit pas qu'on l'arrachât du sanctuaire dont il embrassait les colonnes [1]. »

Eutrope fut banni dans l'île de Chypre, ramené à Pantipe, et décapité. Cet homme, qui avait possédé plus de terre qu'on n'en pouvait mesurer, obtint à peine le peu qu'il en fallait pour couvrir son cadavre[2].

Saint Chrysostome sauva la vie à Aurélien et à Saturnin, que Gaïnas accusait d'être les auteurs des troubles de l'Orient. Gaïnas, trompé dans ses projets de vengeance, conspira ouvertement. Les Goths qu'il commandait, et à l'aide desquels il voulait surprendre Constantinople, furent massacrés, et lui-même, après avoir été défait par Fravitas, trouva la mort chez les Huns, de l'autre côté du Danube, dans l'ancienne patrie des Goths.

Eudoxie, proclamée *augusta*, ordonna d'honorer ses images. Une statue d'argent élevée à cette femme ambitieuse, assez près de l'église de Sainte-Sophie, excita le zèle de saint Chrysostome, et devint la principale cause de l'exil de ce grand prélat. Il sortit de Constantinople le 20 juin 404. Eudoxie succomba le sixième jour d'octobre : *une fausse couche termina sa vie, son règne, sa fierté, son animosité et tous ses crimes* [3].

Arcade mourut le 1ᵉʳ mai de l'année 408, quelques mois avant la fin tragique de Stilicon ; il laissa un fils unique, Théodose II [4]. Anthémius, préfet d'Orient, fut son tuteur. Les Huns et les Squières envahirent la Thrace.

Pulchérie, sœur aînée de Théodose, devint, dès l'âge de quinze ans, l'institutrice de son frère. Le palais se changea en monastère. Théodose se levait de grand matin avec ses sœurs, pour chanter à deux chœurs les louanges de Dieu. Jamais ce prince ne vengea une injure ; il laissa rarement exécuter un criminel à mort. Il disait : « Il est aisé de faire mourir un homme, mais Dieu seul lui peut rendre la vie. » Un jour le peuple demandait un athlète pour combattre les bêtes féroces ; Théodose, qui était présent, répondit : « Ne savez-vous pas qu'il n'y a rien de cruel et d'inhumain dans les combats où nous avons accoutumé d'assister [5] ? »

Ce prince doux avait inventé une lampe perpétuelle, afin que ses domestiques ne fussent pas obligés de se lever la nuit pour la rallu-

---

[1] *Homelia* iv, pag. 60. — [2] Ac tantum telluris possedit quantum nec facile nominare qui nunc exigua conditur humo, et quantulum ei non nemo miseratione motus imperties. (Chrys., tom. iv, page 481, a, d.) — [3] Tillemont, *Hist. des Emp.*, tom. v, pag. 472. — [4] Honorius, Théodose II, emp. Innocent Iᵉʳ, Zosime, Boniface Iᵉʳ, Célestin Iᵉʳ, papes. An de J.-C. 409-423. — [5] Populus vociferari cœpit : Cum fera bestia audax quidam bestiarius pugnet ! Quibus ille ita respondit : « Nescitis nos cum humanitate et clementia spectaculis interesse solitos ? » (Socr., pag. 362.)

mer¹. Instruit², aimant les arts jusqu'à peindre et à modeler de sa propre main, il écrivait si bien qu'on lui avait donné le surnom de *Calligraphe*. Du reste, il manquait de grandeur d'âme, avait peu de cœur, n'aimait point la guerre, achetait la paix des Barbares, et particulièrement d'Attila. Il mettait son seing au bas de tous les papiers qu'on lui présentait, sans les lire, tant il avait aversion des affaires ³. Il signa de la sorte l'acte de l'esclavage de l'impératrice ⁴. Ce fut Pulchérie qui essaya de le corriger par cette innocente leçon. Saint Augustin remarque que cet empereur aurait été un saint dans la solitude ⁵.

Théodose était livré aux eunuques, qui débauchaient la virilité du prince : Antioque, grand-chambellan du palais, conduisait tout. Théodose se mêla trop des affaires ecclésiastiques ; il favorisa l'hérésie d'Eutychès, et appuya les violences de Dioscore.

Je dois vous faire remarquer sous Théodose quelques lois caractéristiques du temps : lois contre les hérésiarques de toutes les sortes ; manichéens, pépuzéniens, phrygiens, priscillianistes, ariens, macédoniens, tunoniens, novatiens, sabastiens : lois pour les professeurs des lettres à Constantinople ; dix professeurs latins pour les humanités ; dix grecs ; trois latins pour la rhétorique ; cinq grecs appelés sophistes ; un pour les secrets de la philosophie ; deux pour le droit. C'était le sénat qui choisissait les professeurs publics ; ils subissaient un examen : lois pour défendre d'enseigner (419) aux Barbares la construction des vaisseaux, et qui prononcent la peine de mort contre les délinquants : lois qui accordent à chacun le droit de fortifier ses terres et ses propriétés ⁶. Ce droit est tout le moyen âge.

En 421 Théodose épouse Eudocie, fille d'Héraclide, philosophe d'Athènes, ou de Léonce, sophiste ; elle s'appelait Athénaïde avant d'être baptisée. Athènes, qui n'avait pas fourni un tyran à l'empire romain, lui donnait pour reine une muse : Eudocie était poëte : elle mit en vers cinq livres de Moïse, Josué, les Juges, et la touchante églogue de Ruth.

Il ne faut pas confondre Eudocie avec Eudoxie, nom de sa belle-mère et nom aussi de la fille qu'elle eut de Théodose, et qui fut mariée à Valentinien III, l'an 437.

---

¹ Soz., *Prolegom.*, pag. 396. — ² Semper lectitandis libris occupatus. (CONSTANTINI MANASSIS *Compendium*, pag. 55.) — ³ Si quis ei chartam offerret, rubris et in ea litteris nomen imperatorium subscribebat, non inspectis prius eis quæ essent in ea præscriptis. (*Id., ibid.*) — ⁴ Quamobrem divinis exornata dotibus Pulcheria fratrem ab hoc vitio revocare studens, singulari diligentia imperatorem monebat... Litteras fingit, in quibus proscriptum foret, imperatorem Pulcheriæ sorori conjugem suam veluti mancipium donasse. Hanc chartam fratri offert, rogat hanc scripturam litteris imperatoriis munire ac subsignare velit. Imperator precibus sororis annuit, mox calamum prehendit manu, et exaratis purpurei coloris litteris, chartam confirmat. (*Id., ibid.*) — ⁵ *Epist.* — ⁶ *Cod. Th.*

Revenons aux affaires de l'Italie.

Honorius, s'étant privé du secours de Stilicon, aurait pu donner le commandement des troupes romaines à Sarus le Goth, homme de guerre; mais il le rejeta parce que Sarus était païen. Alaric proposait la paix à des conditions acceptables; on les refusa : il vint mettre le siége devant Rome [1]. Serène, veuve de Stilicon, était dans cette ville; le sénat la crut d'intelligence avec Alaric, et la fit étouffer, par le conseil de Placidie, sœur d'Honorius.

Alaric ferma le Tibre : la famine et la peste désolèrent les assiégés [2]. Alaric consentit à s'éloigner moyennant une somme immense [3]. On dépouilla les statues des richesses dont elles étaient ornées, entre autres celles du Courage et de la Vertu [4].

Honorius, renfermé dans Ravenne, ne ratifiait point le traité conclu. Le sénat lui députa Attale, intendant des largesses, Cécilien et Maximien : ils n'obtinrent rien de l'empereur, dominé par Olympe.

Alaric se rapprocha de Rome, et battit Valens qui la venait secourir.

Olympe disgracié, puis rétabli, puis disgracié encore, eut les oreilles coupées, et on l'assomma. Jove succéda à Olympe; il avait connu Alaric en Épire; il était païen et versé dans les lettres grecques et latines. La nécessité des temps avait amené une tolérance momentanée; une loi d'Honorius de 409 accorde la liberté de religion aux païens et aux hérétiques.

Alaric assiége de nouveau la ville éternelle; l'habile et dédaigneux Barbare, voulant trancher les difficultés qu'il avait avec l'empereur, change le chef de l'Empire; il oblige les Romains à recevoir pour auguste Attale, devenu préfet de Rome. Attale plaisait aux Goths, parce qu'il avait été baptisé par leur évêque.

Attale nomme Alaric général de ses armées. Il va coucher une nuit au palais, et prononce un discours pompeux devant le sénat.

Il marche ensuite contre Honorius, son digne rival. Honorius envoie des députés à Attale, et lui offre la moitié de l'empire d'Occident. Attale propose la vie à Honorius et une île pour lieu d'exil. Jove trahit à la fois Honorius et Attale. Alaric, qui tient Ravenne bloquée, et qui commence à se dégoûter d'Attale, lui soumet néanmoins toutes les

---

[1] An 408. — [2] Portas undique concluserat, et occupato Tiberi flumine, subministrationem commeatus e porta impediebat... Famem pestis comitabatur. (Zosim., *Hist.*, lib. v, pag. 105; Basileæ.) — [3] Omne aurum quod in urbe foret et argentum. (*Id.*, pag. 106.) — [4] Non ornamenta duntaxat sua simulacris ademerunt, verum etiam nonnulla ex auro et argento facta conflarunt, quorum erat in numero Fortitudinis quoque simulacrum quam Romani Virtutem vocant. Quo sane corrupto quidquid fortitudinis atque virtutis apud Romanos superabat extinctum fuit. (Zosim., *Hist.*, lib. v, pag. 107; Basileæ.)

villes de l'Italie, Bologne exceptée [1]. Ces scènes étranges se passent en 409.

En Espagne, Géronce se soulève contre Constantin, l'usurpateur qui régnait à Arles, et communique la pourpre à Maxime.

L'Angleterre, que Rome ne défend plus, se met en liberté. Dans les Gaules, les provinces armoricaines se forment en républiques fédératives [2]. Les Alains, les Vandales et les Suèves entrent en Espagne (409, 28 septembre). Les Vandales avaient pour roi Gondéric, et les Suèves, Erméric. Les provinces ibériennes sont tirées au sort : la Galice échoit aux Suèves et aux Vandales de Gondéric, la Lusitanie et la province de Carthagène sont adjugées aux Alains, la Bétique tombe en partage à d'autres Vandales, dont elle prit le nom de *Vandalousie*. Quelques peuples de la Galice se maintinrent libres dans les montagnes [3].

En 410, sur des négociations entamées avec Honorius, Alaric dégrade Attale; il le dépouille publiquement des ornements impériaux à la porte de Rimini [4]. Attale et son fils Ampèle restent sur les chariots de leur maître. Alaric gardait aussi dans ses bagages Placidie, sœur d'Honorius, demi-reine, demi-esclave. Il essaye de conclure la paix avec le frère de cette princesse, auquel il envoie le manteau d'Attale. Honorius hésite; Alaric reprend son empereur parmi ses valets, remet la pourpre sur le dos d'Attale, et marche à Rome. L'heure fatale sonna le vingt-quatrième jour d'août, l'an 410 de Jésus-Christ.

Rome est forcée ou trahie : les Goths, élevant leurs enseignes au haut du Capitole, annoncent à la terre les changements des races [5].

Après six jours de pillage, les Goths sortent de Rome comme effrayés; ils s'enfoncent dans l'Italie méridionale; Alaric meurt : Ataulphe, son beau-frère, lui succède.

Dans les années 411 et 412 il n'y eut plus de consuls, comme il n'y avait plus de monde romain : du moins on ne trouve pas leurs fastes dans ces deux années. Il s'éleva pourtant alors un général de race latine. Constance était de Naïsse, patrie de Constantin; il s'était fait connaître du temps de Théodose; il avait le titre de comte lorsque Honorius songea à l'employer. Si l'on ne connaissait l'orgueil humain, on ne comprendrait pas qu'Honorius pardonnât moins à un chétif compétiteur qui lui disputait le diadème, qu'aux Barbares qui le lui arrachaient : Constance eut ordre d'aller attaquer Constantin, tyran des Gaules.

---

[1] Zosim., pag. 829 et seq. — [2] *Id., ibid.* — [3] Aug., ep. cxxii; Pros.; Zos., pag. 814; Idat., *Chr.*, pag. 10. — [4] Zos., pag. 830 — [5] Les détails se trouveront à l'article des *Mœurs des Barbares*.

Géronce, qui avait proclamé Maxime auguste en Espagne, tenait Constantin assiégé dans Arles : il fut abandonné de son armée aussitôt que Constance parut. Maxime tomba avec Géronce, et vécut parmi les Barbares dans la misère.

Constantin, délivré de Géronce, se remit lui et son fils Julien entre les mains du général d'Honorius : il s'était fait ordonner prêtre avant de se rendre [1], par Héros, évêque d'Arles; précaution qui ne le sauva pas : il fut envoyé avec son fils en Italie; on les décapita à douze lieues de Ravenne.

Édobic ou Édobinc, chef frank et général de Constantin, avait essayé de le secourir. Constance et Ulphilas, capitaine goth qui commandait sa cavalerie, défirent Édobic sur les bords du Rhône. Édobic se réfugia chez Ecdice, seigneur gaulois auquel il avait jadis rendu des services [2]. Ecdice coupa la tête à son hôte, et la porta à Constance [3]. « L'Empire, dit Constance, en recevant le présent, remercie Ulphilas de l'action d'Ecdice [4]; » et Constance chassa de son camp, comme y pouvant attirer la colère du ciel, ce traître à l'amitié et au malheur.[5]

Jovin prit la pourpre à Mayence, dans l'année 412.

Les Goths, après avoir évacué l'Italie, étaient descendus dans la Provence. Ataulphe s'allie avec Jovin, lequel avait nommé auguste Sébastien son frère : il se brouille bientôt avec eux, et les extermine [6]. Les généraux d'Honorius s'étaient joints aux Goths dans cette expédition.

L'an 413 Héraclien se révolte en Afrique. Il aborde en Italie, et, repoussé, s'enfuit à Carthage et va mourir inconnu dans le temple de Mnémosyne.

Honorius avait une qualité singulière : c'était de n'entendre à aucun arrangement; il opposait son ignominieuse lâcheté à tout, comme une vertu. Lui offrait-on la paix lorsqu'il n'avait aucun moyen de se défendre, il chicanait sur les conditions, les éludait, et finissait par s'y refuser. Sa patience usait l'impatience des Barbares; ils se fatiguaient de le frapper, sans pouvoir l'amener à se reconnaître vaincu. Mais admirez l'illusion de cette grandeur romaine qui imposait encore, même après la prise de Rome!

Ataulphe désirait ardemment épouser Placidie, toujours captive; il

---

[1] Post hanc victoriam... Constantinus, cognita Edobici cæde, purpuram et reliqua imperii insignia deposuit. Cumque ad ecclesiam venisset, illic presbyter ordinatus est. (Soz., cap. xv, lib. ix, pag. 816, d.) — [2] Profugit ad Ecdicium, qui multis olim beneficiis ab Edobico affectus, amicus illi esse putabatur. (Id., ibid.) — [3] Verum Ecdicius caput Edobici amputatum ad Honorii duces detulit. (Id., ibid.) — [4] Constantius vero caput quidem accipi jussit, dicens rempublicam gratias agere Ulfilæ ob facinus Ecdicii. (Id., ibid.) — [5] Sed cum Ecdicius apud eum manere vellet, abcedere eum jussit, nec sibi, nec exercitui commodam fore ratus consuetudinem hujus viri, qui tam male hospites suos exciperet. (Id., ibid.) — [6] Oros., pag. 224; Idat., Chr.

la demandait toujours en mariage à son frère, qui la refusait toujours. Pendant ces négociations, cent fois interrompues et renouées, le successeur d'Alaric s'empare de Narbonne et peut-être de Toulouse ; il échoua devant Marseille ; il y fut repoussé et blessé par le comte Boniface : Bordeaux lui ouvrit ses portes.

Les Franks, dans l'année 413, brûlèrent Trèves. Les Burgondes ou Bourguignons [1] s'établirent définitivement dans la partie des Gaules à laquelle ils donnèrent leur nom.

Las du refus d'Honorius, Ataulphe résolut de prendre à femme celle dont il eût pu faire sa concubine par le droit de victoire. Le mariage avait peut-être eu lieu à Forli [2], en Italie ; il fut solennisé à Narbonne au mois de janvier l'an 414. Ataulphe était vêtu de l'habit romain, et cédait la première place à la grande épousée : on la voyait assise sur un lit orné de toute la pompe de l'impératrice. Cinquante beaux jeunes hommes, vêtus de robes de soie, eux-mêmes partie de l'offrande, déposèrent aux pieds de Placidie cinquante bassins remplis d'or et cinquante remplis de pierreries [3]. Attale, qui d'empereur était devenu on ne sait quelle chose à la suite des Goths, entonna le premier épithalame [4]. Ainsi un roi goth, venu de la Scythie, épousait à Narbonne Placidie son esclave, fille de Théodose et sœur d'Honorius, et lui donnait en présent de noces les dépouilles de Rome : à ses noces dansait et chantait un autre Romain que les Barbares faisaient histrion, comme ils l'avaient fait empereur, comme ils le firent ambassadeur auprès d'un aspirant à l'empire, comme il leur plut de lui jeter de nouveau la pourpre.

Finissons-en avec Attale. Après le mariage de Placidie, ce maître du monde qui n'avait ni terre, ni argent, ni soldats, nomme intendant de son domaine le poëte Paulin, petit-fils du poëte Ausone [5]. Abandonné par les Barbares, Attale, qui avait suivi les Goths en Espagne, s'embarque pour aller on ne sait où : il est pris sur mer, et conduit enchaîné à Ravenne. A la nouvelle de cette capture, Constantinople se répandit en actions de grâces [6], et s'épuisa en réjouissances publiques. Honorius, dans une espèce de triomphe à Rome, en 417, fit marcher devant son char le formidable vaincu, le contraignit ensuite de monter sur le second degré de son trône, afin que Rome, déshonorée par Alaric, pût

---

[1] Il y a aussi les Burugondes, qu'il ne faut pas confondre avec les Burgondes ou Bourguignons. — [2] JORNAND., cap. XXXI. — [3] Inter alia nuptiarum dona, donatur Adulphus etiam quinquaginta formosis pueris, serica veste indutis, ferentibus singulis utraque manu ingentes discos binos, quorum alter auri plenus, alter lapillis pretiosis, vel pretii inestimabilis, quæ ex romanæ urbis dereptione Gothi deprædati fuerant. (IDAT., *Chron.*, an. 414. *Voyez* aussi OLYMP., *ap. Photium*.) — [4] IDAT., *Chron.*, an. 414 ; OLYMP., *ap. Phot.* — [5] PAULIN., *Pœnit. Euchar.*, poem., page 287. — [6] *Chron. Alex.*, pag. 708.

contempler et admirer l'illustre victoire du grand césar de Ravenne. Le prisonnier eut la main droite coupée, ou tous les doigts, ou seulement un doigt de cette main [1]; on ne craignait pas qu'elle portât l'épée, mais qu'elle signât des ordres; apparemment qu'il y avait encore quelque chose au-dessous d'Attale pour lui obéir. Il acheva ses jours dans l'île de Lipari, qu'il avait jadis proposée à Honorius; et, comme il était possédé de la fureur de vivre, il est probable qu'il fût heureux. On avait vu un autre Attale, chef d'un autre empire : c'était ce martyr de Lyon à qui on fit faire le tour de l'amphithéâtre, précédé d'un écriteau portant ces mots : *Le chrétien Attale.*

Honorius avait conclu la paix avec Ataulphe, son beau-frère; celui-ci s'engageait à évacuer les Gaules et à passer en Espagne. Placidie accoucha d'un fils qu'on nomma Théodose, et qui vécut peu. Retiré au delà des Pyrénées, Ataulphe est tué d'un coup de poignard par un de ses domestiques, à Barcelone (415). Les six enfants qu'il avait eus d'une première femme sont tués après lui.

Les Visigoths mettent sur le trône Sigéric, frère de Sarus; Sigéric est massacré le septième jour de son élection. Son successeur fut Vallia : Vallia traite avec Honorius, et lui renvoie Placidie, redevenue esclave, pour une rançon de six cent mille mesures de blé [2].

Constance, général des armées d'Occident, épousa la veuve d'Ataulphe malgré elle : elle lui donna une fille, Justa Grata Honoria, et un fils, Valentinien III.

L'année qui précéda l'éclipse de 418 marque le commencement du règne de Pharamond [3].

En 418, Vallia extermina les Silinges et les Alains en Espagne. Les Goths revinrent dans les Gaules, où Honorius leur céda la seconde Aquitaine, tout le pays depuis Toulouse jusqu'à l'Océan [4].

Le royaume des Visigoths prenait la forme chrétienne sous les évêques ariens [5]. Théodoric porta la couronne après Vallia. Vallia laissa une fille mariée à un Suève, dont elle eut ce Ricimer [6], qui devait achever la ruine de l'empire d'Occident. Une constitution d'Honorius et de Théodose, adressée l'an 418 à Agricola, préfet des Gaules, lui enjoint d'assembler les états généraux des trois provinces d'Aquitaine et de quatre provinces de la Narbonnaise. Les empereurs décident que, selon un usage déjà ancien, les états se tiendront tous les ans dans la ville d'Arles, des ides d'août aux ides de septembre (du 15 août au 13 sep-

---

[1] Onos.; page 224; Philost.; lib. xii, cap. v; Zos.; lib. vi. — [2] Pros.; *Chron.*; Prot.; Zos., lib. ix, cap. ix; Philost., lib. xii; cap. iv; pag. 534; Onos., pag. 224.— [3] Vales., *Rer. Franc.*, lib. iii; page 118. — [4] *Id., ibid.*, pag. 115.— [4] Sid. Ap. *Carm.*; ii, pag. 300.— [5] Dom. Bouq. *Rer. Gal. et Franc. script.*; Sid. Ap.

tembre). Cette constitution est un très-grand fait historique qui annonce le passage à une nouvelle espèce de liberté. Constance, père d'Honoria et de Valentinien III, est fait auguste et meurt.

Honorius oblige sa sœur Placidie, qu'il aimait trop peut-être [1], à se retirer à Constantinople avec sa fille Honoria et son fils Valentinien. Au bout d'un règne de vingt-huit ans, qui n'a d'exemple pour le fracas de la terre que les trente dernières années où j'écris, Honorius expire à Ravenne, douze ans et demi après le sac de Rome, attachant son petit nom à la traîne du grand nom d'Alaric.

Cette époque compte quelques historiens ; elle eut aussi des poëtes. Ceux-ci se montrent particulièrement au commencement et à la fin des sociétés : ils viennent avec les images; il leur faut des tableaux d'innocence ou de malheurs; ils chantent autour du berceau ou de la tombe, et les villes s'élèvent ou s'écroulent au son de la lyre. Une partie des ouvrages d'Olympiodore, de Frigérid, de Claudien, de Rutilius, de Macrobe, sont restés.

Honorius publia (414) une loi par laquelle il était permis à tout individu de tuer des lions en Afrique, chose anciennement prohibée. « Il faut, dit le rescrit d'Honorius, que l'intérêt de nos peuples soit préféré à notre plaisir. »

SECONDE PARTIE.

DE THÉODOSE II ET VALENTINIEN III A MARCIEN, AVITUS, LÉON 1er, MAJORIEN, ANTHÈME, OLYBRE, GLYCÉRIUS, NÉPOS, ZÉNON ET AUGUSTULE.

L'empereur d'Occident, Valentinien III [2], était à Constantinople avec sa mère Placidie lorsque Honorius décéda. Jean, premier secrétaire, profita de la vacance du trône, et se fit déclarer auguste à Rome. Pour soutenir son usurpation il sollicita l'alliance des Huns. Théodose défendit les droits de son cousin. Ardaburius passa en Italie avec une armée. Jean, abandonné des siens, fut pris : on le promena sur un âne au milieu de la populace d'Aquilée ; on lui avait déjà coupé une main [3]; on lui trancha bientôt la tête. Ce prince d'un moment décréta la liberté

---

[1] Phot., cap. LXXX, pag. 197, voce *Olymp.* — [2] Théodose II, Valentinien III, Martien, Avitus, Léon Ier, Majorien, Anthème, Olybre, Glycérius, Népos, Zénon et Augustule, emp. Célestin Ier, Sixte III, Léon Ier, Hilaire et Simplicius, papes. An de J.-C. 423-476. — [3] Philost., pag. 538 ; Procop., *de Bell. Vand.*, lib. I, cap. III.

perpétuelle des esclaves [1] : les grandes idées sociales traversent rapidement la tête de quelques hommes, longtemps avant qu'elles puissent devenir des faits : c'est le soleil qui essaye de se lever dans la nuit.

Valentinien avait six ans lorsqu'on le proclama auguste sous la tutelle de sa mère. L'Illyrie occidentale fut abandonnée à l'empire d'Orient. Un édit déclara qu'à l'avenir les lois des deux empires cesseraient d'être communes.

Deux hommes jouissaient à cette époque d'une réputation méritée : Aétius et Boniface ont été surnommés les derniers Romains de l'Empire, comme Brutus est appelé le dernier Romain de la République : malheureusement ils n'étaient point, ainsi que Brutus, enflammés de l'amour de la liberté et de la patrie; cette noble passion n'existait plus. Brutus aspirait au rétablissement de l'ancienne liberté affranchie de la tyrannie domestique : qu'auraient pu rêver Aétius et Boniface? le rétablissement du vieux despotisme délivré du joug étranger. Ce résultat ne pouvait avoir pour eux la force d'une vertu publique : aussi combattaient-ils avec des talents personnels pour des intérêts privés nés d'un autre ordre de choses. Il se mêlait à leurs actions un sentiment d'honneur militaire; mais l'indépendance de leur pays, s'ils l'avaient conquise, n'eût été qu'un accident de leur gloire.

La défaite d'Attila a immortalisé Aétius; la défense de Marseille contre Ataulphe et la reprise de l'Afrique sur les partisans de l'usurpateur Jean ont fait la renommée de Boniface : il est devenu plus célèbre pour avoir livré l'Afrique aux Barbares que pour l'avoir délivrée des Romains. Dans les titres d'illustration de Boniface, on trouve l'amitié de saint Augustin. Placidie devait tout à ce grand capitaine : il lui avait été fidèle au temps de ses malheurs; Aétius, au contraire, avait favorisé la révolte de Jean, et négocié le traité qui faisait passer soixante mille Huns des bords du Danube aux frontières de l'Italie.

Aétius était fils de Gaudence, maître de la cavalerie romaine et comte d'Afrique : élevé dans la garde de l'empereur, on le donna en otage à Alaric vers l'an 403, et ensuite aux Huns, dont il acquit l'amitié. Aétius avait les qualités d'un homme de tête et de cœur : un trait particulier le distinguait des gens de sa sorte : l'ambition lui manquait, et pourtant il ne pouvait souffrir de rival d'influence et de gloire. Cette jalouse faiblesse le rendit faux envers Boniface, quoiqu'il eût de la droiture : il invita Placidie à retirer à Boniface son gouvernement d'Afrique, et il mandait à Boniface que Placidie le rappelait dans le

---

[1] *Cod. Theod.*, tom. III, pag. 938.

dessein de le faire mourir [1]. Boniface s'arme pour défendre sa vie qu'il croit injustement menacée; Aétius représente cet armement comme une révolte qu'il avait prévue. Poussé à bout, Boniface a recours aux Vandales répandus dans les provinces méridionales de l'Espagne.

Gondéric, roi de ces Barbares, venait de mourir; son frère bâtard Genséric, ou plus correctement Gizéric, avait pris sa place. Sollicité par Boniface, il fait voile avec son armée et aborde en Afrique, au mois de mai 420 : trois siècles après, le ressentiment et la trahison d'un autre capitaine devaient appeler d'Afrique en Espagne des vengeurs d'une autre querelle domestique : les Maures s'embarquèrent où les Vandales avaient débarqué; ils traversèrent en sens contraire ce détroit dont les tempêtes ne purent défendre le double rivage contre les passions des hommes.

Les troubles que produisait en Afrique le schisme des donatistes facilitèrent la conquête de Genséric : ce prince était arien; tous ceux qu'opprimait l'Église orthodoxe regardèrent l'étranger comme un libérateur [2]. Les Vandales, assistés des Maures, furent bientôt devant Hippone, où mourut saint Augustin.

Boniface et Placidie s'étaient expliqués : la fourberie d'Aétius avait été reconnue. Boniface repentant essaya de repousser l'ennemi : on répare le mal qu'un autre a fait, rarement le mal qu'on fait soi-même. Boniface, vaincu dans deux combats, est obligé d'abandonner l'Afrique, quoiqu'il eût été secouru par Aspar, général de Théodose [3] : Placidie le reçut généreusement, l'éleva au rang de patrice et de maître général des armées d'Occident. Aétius, qui triomphait dans les Gaules, accourt en Italie avec une multitude de Barbares. Les deux généraux, comme deux empereurs, vident leur différend dans une bataille : Boniface remporta la victoire (432), mais Aétius le blessa avec une longue pique qu'il s'était fait tailler exprès [4]. Boniface survécut trois mois à sa blessure : par une magnanimité que réveillaient en lui les malheurs de la patrie, il conjura sa femme, riche Espagnole, veuve bientôt, de donner sa main à Aétius [5]. Placidie déclare Aétius rebelle, l'assiége dans les forteresses où il essaye de se défendre, et le force de se réfugier auprès de ces Huns qu'il devait battre aux champs Catalauniques.

Après avoir négocié un traité de paix avec Valentinien III, pour se donner le temps d'exterminer ses ennemis domestiques, Genséric s'approcha de Carthage, surnommée la Rome africaine; il y entra le 9 oc-

---

[1] Procop., *de Bell. Vand.*, lib. I, cap. III, page 183. — [2] Gibb., *Fall of the Rom. Emp.* — [3] Procop., *de Bell. Vand.*, lib. I, cap. III. — [4] Idat., *Chr.*; Marcel., *Chr.*; *Exc. ex Hist. Goth.*; Prisc. — [5] Marcel., *Chron.*

tobre 439. Cinq cent quatre-vingt-cinq ans s'étaient écoulés depuis que Scipion le Jeune avait renversé la Carthage d'Annibal.

L'année de la prise de la Carthage romaine par un Vandale, fut celle du voyage d'Eudocie, l'Athénienne, femme de Théodose II, à Jérusalem. Assise sur un trône d'or, elle prononça, en présence du peuple et du sénat, un panégyrique des Antiochiens [1], dans la ville dont Julien avait fait la satire. De Jérusalem, elle envoya à Pulchérie, sa belle-sœur, le portrait de la Vierge, fait, disait-on, de la main de saint Luc [2]. La tradition de cette image arriva, par la succession des peintres, jusqu'au pinceau de Raphaël : la religion, la paix et les arts marchent inaperçus à travers les siècles, les révolutions, la guerre et la barbarie. Eudocie, soupçonnée d'un attachement trop vif pour Paulin, retourna à Jérusalem, où elle mourut. Une pomme que Théodose avait envoyée à Eudocie, et qu'Eudocie donna à Paulin, découvrit un mystère dont l'ambition de Pulchérie profita [3].

Maintenant que je vous ai retracé l'invasion des Goths et des divers peuples du Nord, il me reste à vous parler de celle des Huns, qui engloutit un moment toutes les autres.

Lorsque les Huns passèrent les Palus-Méotides, ils avaient pour chef Balamir ou Balamber; on trouve ensuite Uldin et Caraton [4]. Les ancêtres d'Attila avaient régné sur les Huns, ou, si l'on veut, ils les avaient commandés. Mundnique ou Mundzucque, son père, avait pour frères Octar et Rouas, ou Roas, ou Rugula, ou Rugilas, et il était puissant.

Les Huns multiplièrent leurs camps entre le Tanaïs et le Danube [5] : ils possédaient la Pannonie et une partie de la Dacie, lorsque Rouas mourut [6]; il eut pour successeurs ses deux neveux, Attila et Bléda, qui pénétrèrent dans l'Illyrie. Attila tua Bléda, et resta maître de la monarchie des Huns [7]. Il attaqua les Perses en Asie, et rendit tributaire le nord de l'Europe : la Scythie et la Germanie reconnaissaient son autorité ; son empire touchait au territoire des Franks et s'approchait de celui des Scandinaves; les Ostrogoths et les Gépides étaient ses sujets; une foule de rois et sept cent mille guerriers marchaient sous ses ordres [8].

On veut aujourd'hui, sur l'autorité des *Niebelungen*, poëme allemand de la fin du douzième siècle ou du commencement du treizième, que le nom original d'Attila ait été *Etzel* : je n'en crois rien du tout. Dans

---

[1] *Chron. Alex.*, pag. 732; Le Sag., *de Hist. eccl.*, pag. 227. — [2] Nicephor., lib. xiv, cap. ii, pag. 44, b, c. — [3] *Chron. Pascal. seu Alexand.*, pag. 315-16. — [4] Jornand., cap. xxiv-xlviii ; Vales., *Rer. Franc.*, lib. iii; Phot., cap. lxxx. — [5] Amm. Marcell., lib. xxxi. — [6] Prisc., pag. 47; Prosp. Tis., *Chron.* — [7] Prosp. ; Marcell. — [8] Prisc., pag. 64; Prosp., *Chron.*; Jornand.

tous les cas il n'est guère probable que le nom d'Etzel fasse oublier celui d'Attila [1].

Vainqueur du monde barbare, Attila tourna ses regards vers le monde civilisé. Genséric, craignant que Théodose II n'aidât Valentinien III à recouvrer l'Afrique, excita les Huns à envahir de préférence l'empire d'Orient [2]. Vous remarquerez combien les Barbares étaient rusés, astucieux, amateurs des traités ; combien les intérêts des diverses cours leur étaient connus, avec quel art ils négociaient en Europe, en Afrique, en Asie, au milieu des événements les plus divers et les plus compliqués. Une querelle pour une foire au bord du Danube fût le prétexte de la guerre entre Attila [3] et Théodose (407 ou 408).

Le débordement des Huns couvrit l'Europe dans toute sa largeur, depuis le Pont-Euxin jusqu'au golfe Adriatique. Trois batailles perdues par les Romains amenèrent Attila aux portes de Constantinople. Une paix ignominieuse termina ces premiers ravages. Attila en se retirant emporta un lambeau de l'empire d'Orient : Théodose lui donna six mille livres d'or, et s'engagea à lui payer un tribut annuel du sixième ou des deux sixièmes de cette somme [4].

À la suite de ces événements le roi des Huns avait envoyé à Constantinople (449) une députation dont faisait partie Oreste, son secrétaire, qui fut père d'Augustule, dernier empereur romain. Ces guerres prodigieuses, ces changements étranges de destinée, nous étonnaient plus il y a un demi-siècle qu'ils ne nous frappent aujourd'hui : accoutumés au spectacle de petits combats renfermés dans l'espace de quelques lieues et qui ne changeaient point les empires, nous étions encore habitués à la stabilité héréditaire des familles royales. Maintenant que nous avons vu de grandes et subites invasions; que le Tartare, voisin de la muraille de la Chine, a campé dans la cour du Louvre, et est retourné à sa muraille; que le soldat français a bivouaqué sur les remparts du Kremlin ou à l'ombre des Pyramides : maintenant que nous avons vu des rois, de vieille ou nouvelle race, mettre le soir dans leurs porte-manteaux leurs sceptres vermoulus ou coupés le matin sur l'arbre, ces jeux de la fortune nous sont devenus familiers : il n'est monarque si bien apparenté qui ne puisse perdre dans quelques heures le bandeau royal du trésor de Saint-Denis: il n'est si mince clerc ou gardeur de cavales qui ne puisse trouver une couronne dans la poussière de son étude ou dans la paille de sa grange.

L'eunuque Chrysaphe, favori de Théodose, essaya de séduire Édé-

---

[1] *Voyez* les *Éclaircissements*, à la fin des *Études*. — [2] Prisc., pag. 40. — [3] *Id.*, pag. 33. — [4] Evag., *de Hist. eccl.*, pag. 62 ; Marcell., *Chron.* ; Jorn., *Rer. Goth.*, cap. xliv; Prisc., pag. 44 ; Théoph., *Chron.*, page 88.

con, un des négociateurs d'Attila, et crut l'avoir engagé à poignarder son maître. Édécon, de retour au camp des Huns, révéla le complot. Attila renvoya Oreste à Constantinople avec des preuves et des reproches, demandant pour satisfaction la tête du coupable. Les patrices Anatole et Nomus furent chargés d'apaiser Attila avec des présents [1]; Priscus les accompagnait; il nous a laissé le récit de sa mission et de son voyage. Ce même Priscus avait vu Mérovée, roi des Franks, à Rome [2].

Sur ces entrefaites Théodose mourut à Constantinople, l'an 450, d'une chute de cheval [3]; il était âgé de cinquante ans. Le code qui porte son nom a fait la seule renommée de ce prince; monument composé des débris de la législation antique, semblable à ces colonnes qu'on élève avec l'airain abandonné sur un champ de bataille; monument de vie pour les Barbares, de mort pour les Romains, et placé sur la limite de deux mondes.

Les historiens ecclésiastiques sont de cette époque; les rappeler, c'est reconnaître la position de l'esprit humain : Sozomène, Socrate, Théodoret, Philostorge, Théodore, auteur de l'*Histoire Tripartite*; Philippe de Side, Priscus, et Jean l'orateur.

Pulchérie, depuis longtemps proclamée *augusta*, plaça la couronne de son frère Théodose sur la tête de Marcien : pour mieux assurer les droits de ce citoyen obscur, moitié homme d'épée, moitié homme de plume, elle l'épousa et demeura vierge (461)[4]. Cette élection ne fut contestée ni du sénat, ni de la cour, ni de l'armée; prodigieux changement dans les mœurs. Ici commence un esprit inconnu à l'antiquité, et qui fait pressentir ce moyen âge où tout était aventures : des femmes disposaient des empires; Placidie, sœur d'Honorius et captive d'un Goth, passe dans le lit de ce Goth qui aspire à la pourpre; Pulchérie, sœur de Théodose II, porte l'Orient à Marcien; Honoria, sœur de Valentinien III, veut donner l'Occident à Attila; Eudoxie, fille de Théodose II et veuve de Valentinien III, appelle Genséric à Rome; Eudoxie, fille de Valentinien III, épouse Hunéric, fils de Genséric. C'est par les femmes que le monde ancien s'unit au monde nouveau : dans ce mariage, dont nous sommes nés, les deux sociétés se partagèrent les sexes : la vieille prit la quenouille, et la jeune l'épée.

Marcien était digne du choix de Pulchérie; il possédait ce mérite qu'on ne retrouve que dans les classes inférieures au temps de la décadence des nations. Il a été loué par saint Léon le Grand [5] : on dit qu'il avait le cœur au-dessus de l'argent et de la crainte. Il apaisa les

---

[1] Prisc., *de Leg.*, pag. 34 et seq. — [2] *Id., ibid.*, pag. 40. — [3] Theodor., p. 55. — [4] Evag., lib. I, cap. I. — [5] Leo., *ep.* LXXXIX, pag. 646; *id., ep.* XCIV, pag. 628.

troubles de l'Église par le concile de Chalcédoine ; il répondit à Attila qui lui demandait le tribut : « J'ai de l'or pour mes amis, du fer pour mes ennemis [1]. » Lorsque Aspar, général de Théodose, attaqua l'Afrique, Marcien l'accompagnait en qualité de secrétaire ; Aspar fut défait par les Vandales, et Marcien se trouva au nombre des prisonniers de Genséric : attendant son sort, il se coucha à terre, et s'endormit dans la cour du roi. La chaleur était brûlante ; un aigle survint, se plaça entre le visage de Marcien et le soleil, et lui fit ombre de ses ailes. Genséric l'aperçut, s'émerveilla, et, s'il en faut croire cette ingénieuse fable, il rendit la liberté au prisonnier dont il préjugea la grandeur [2].

La fière réponse de Marcien à Attila blessa l'orgueil de ce conquérant : le Tartare hésitait entre deux proies ; du fond de sa ville de bois, dans les herbages de la Pannonie, il ne savait lequel de ses deux bras il devait étendre pour saisir l'empire d'Orient ou l'empire d'Occident, et s'il arracherait Rome ou Constantinople de la terre.

Il se décida pour l'Occident, et prit son chemin par les Gaules. Aétius était rentré en grâce auprès de Placidie : on a vu qu'il avait été l'hôte et le suppliant des Huns.

Le royaume des Visigoths, dans les provinces méridionales des Gaules, s'était fixé sous le sceptre de Théodoric, que quelques-uns ont cru fils d'Alaric. Clodion, le premier de nos rois, avait étendu ses conquêtes jusqu'à la Somme ; Aétius le suprit et le repoussa [3] ; mais Clodion finit par garder ses avantages. Clodion mort, ses deux fils se disputèrent son patrimoine ; l'un d'eux, peut-être Mérovée, qui tout jeune encore était allé en ambassade à Rome [4], implora le secours de Valentinien, et son frère aîné rechercha la protection d'Attila [5].

Honoria, sœur de Valentinien, rigoureusement traitée à la cour de son frère, avait été aimée d'Eugène, jeune Romain attaché à son service [6]. Des signes de grossesse se manifestèrent ; l'impératrice Placidie fit partir Honoria pour Constantinople. Au milieu des sœurs de Théodose et de leurs pieuses compagnes, Honoria, qui avait senti les passions, ne put goûter les vertus : de même que Placidie, sa mère, était devenue l'épouse d'un compagnon d'Alaric, elle résolut de se jeter dans

---

[1] Prisc., pag. 39. — [2] Illi sub dium coacti circiter meridiem, quum a sole quippe æstivo languescerent, sederant : inter quos Marcianus negligenter stratus ducebat somnum ; quadam interim, ut perhibent, aquila supervolante, quæ passis alis ita se librabat, eumdemque in aere locum insistebatur, umbra blandiretur uni Marciano. Rem Gizericus e superiori contemplatus ædium parte, atque ut erat sagacissimus vir ingenio, divinum ostentum interpretatus... Deus illi destinasset imperium. (Procop., *de Bell. Vand.*, lib. I, pag. 185 et 176.) — [3] Idat., *Chron.*, pag. 49 ; Vales., *Rer. Franc.*, lib. III. — [4] Prisc., *Leg.*, pag. 40. — [5] Sid., *Carm.*, VII ; Greg. Tur., lib. II. — [6] Marcel., *Chron.*

les bras d'un Barbare : elle envoya secrètement un de ses eunuques porter son anneau au roi des Huns : Attila était horrible, mais il était le maître du monde et le fléau de Dieu [1].

Armé de l'anneau d'Honoria, le chef des Huns réclamait la dot de sa haute fiancée, c'est-à-dire une portion des États romains : on lui répondit que les filles n'héritaient pas de l'empire. Attila se prétendait encore attiré par des intérêts que mettait en mouvement une autre femme. Théodoric avait marié sa fille unique à Hunéric, fils de Genséric : sur un soupçon d'empoisonnement, Genséric la renvoya à son père, après lui avoir fait couper le nez et les oreilles. Les Visigoths menaçaient les Vandales de leur vengeance, et Genséric appelait Attila son allié pour retenir Théodoric son ennemi [2].

Trois causes ou trois prétextes amenaient donc Attila en Gaule : la réclamation de la dot d'Honoria, l'intervention réclamée dans les affaires du royaume des Franks, la guerre contre les Visigoths, en vertu d'une alliance existante entre les Huns et les Vandales. Arbitre des nations, défenseur d'une princesse opprimée, le ravageur du monde, devancier de la chevalerie, se prépara à passer le Rhin au nom de l'amour, de la justice et de l'humanité.

Des forêts entières furent abattues ; le fleuve qui sépare les Gaules de la Germanie se couvrit de barques [3] chargées d'innombrables soldats, comme ces autres barques qui transportent aujourd'hui, le long du Pénée, les abeilles nomades des bergers de la Thessalie [4]. Saint Agnan, évêque d'Orléans ; saint Loup, évêque de Troyes ; sainte Geneviève, gardeuse de moutons à Nanterre, s'efforcèrent de conjurer la tempête : vous verrez l'effet et le caractère de leur intervention quand je vous parlerai des mœurs des chrétiens.

Aétius n'avait rien négligé pour combattre ses anciens amis : les Visigoths s'étaient, non sans hésitation, joints à ses troupes ; beaucoup de négociations avaient eu lieu entre Théodoric, Attila et Valentinien [5].

---

[1] Jornandès place plus tôt l'envoi de cet anneau ; mais il confond les temps. — [2] Hujus ergo mentem ad vastationem orbis paratam comperiens Gizericus, rex Vandalorum, quem paulo ante memoravimus, multis muneribus ad Vesegotharum bella præcipitat, metuens ne Theodoricus, Vesegotharum rex, filiæ ulcisceretur injuriam, quæ Hunericho, Gizerici filio, juncta, prius quidem tanto conjugio lætaretur : sed postea, ut erat ille et in sua pignora truculentus, ob suspicionem tantummodo veneni ab ea parati, eam, amputatis naribus, spolians decore naturali, patri suo ad Gallias remiserat, ut turpe funus miseranda semper offerret, et crudelitas, qua etiam moverentur externi, vindictam patris efficacius impetraret. (JORNAND., de Reb. Get., cap. XXXVI.)

[3] . . . . Cecidit cito secta bipenni
Hercynia in lintres, et Rhenum texuit alno.
(SID. AP., Carm., VII, p. 97.)

[4] POUQUEVILLE, Voyage en Grèce. — [5] JORNAND., cap. XXXVII.

Aétius marcha au-devant des Huns, et les rencontra occupés et retardés devant Orléans, dont la destinée était de sauver la France ; Attila se retira dans les plaines Catalauniques, appelées aussi Mauritiennes, longues de cent lieues, dit Jornandès, et larges de soixante-dix [1] : il y fut suivi par Aétius et Théodoric.

Les deux armées se mirent en bataille. Une colline qui s'élevait insensiblement bordait la plaine ; les Huns et leurs alliés en occupaient la droite ; les Romains et leurs alliés la gauche. Là se trouvait rassemblée une partie considérable du genre humain [2], comme si Dieu avait voulu faire la revue des ministres de ses vengeances au moment où ils achevaient de remplir leur mission : il leur allait partager la conquête, et désigner les fondateurs des nouveaux royaumes. Ces peuples, mandés de tous les coins de la terre, s'étaient rangés sous les deux bannières du monde à venir et du monde passé, d'Attila et d'Aétius. Avec les Romains marchaient les Visigoths, les Lœti, les Armoricains, les Gaulois, les Bréonnes, les Saxons, les Bourguignons, les Sarmates, les Alains, les Allamans, les Ripuaires et les Franks soumis à Mérovée ; avec les Huns se trouvaient d'autres Franks et d'autres Bourguignons, les Rugiens, les Hérules, les Thuringiens, les Ostrogoths et les Gépides. Attila harangua ses soldats :

« Méprisez ce ramas d'ennemis désunis de mœurs et de langage, associés par la peur. Précipitez-vous sur les Alains et les Goths qui font toute la force des Romains : le corps ne se peut tenir debout quand les os en sont arrachés. Courage ! que la fureur accoutumée s'allume ! Le glaive ne peut rien contre les braves avant l'ordre du destin. Cette foule épouvantée ne pourra regarder les Huns en face. Si l'événement ne me trompe, voici le champ qui nous fut promis par tant de victoires. Je lance le premier trait à l'ennemi : quiconque oserait devancer Attila au combat, est mort [3]. »

Cette bataille (453) fut effroyable, sans miséricorde, sans quartier. Celui qui pendant sa vie, dit l'historien des Goths, fut assez heureux pour contempler de pareilles choses, et qui manqua de les voir, se priva d'un spectacle miraculeux [4]. Les vieillards du temps de l'enfance de

---

[1] C leugas, ut Galli vocant, in longum tenente, et LXX in latum. (JORNAND., cap XXXVI.) — [2] Fit ergo area innumerabilium populorum pars illa terrarum. (Id., ibid.) — [3] Adunatas despicite dissonas gentes. Judicium pavoris est, societate defendi. Alanos invadite, in Vesegothas incumbite. . . . . Nec potest stare corpus, cui ossa substraxerit. Consurgant animi, furor solitus intumescat. . . . . Victuros nulla tela convenient, morituros et in ocio fata præcipitant. . . . . Non fallor eventu, hic campus est quem nobis tot prospera promiserant. Primus in hostes tela conjiciam. Si quis potuerit Attila pugnante ocium ferre, sepultus est. (Id., ibid.) — [4] Ubi talia gesta referuntur, ut nihil esset, quod in vita sua conspicere potuisset egregius, qui hujus miraculi privaretur aspectu. (Id., cap. XL.)

Jornandès se souvenaient encore qu'un petit ruisseau, coulant à travers ces champs héroïques, grossit tout à coup non par les pluies, mais par le sang, et devint un torrent. Les blessés se traînaient à ce ruisseau pour y étancher leur soif, et buvaient le sang dont ils l'avaient formé [1]. Cent soixante-deux mille morts couvrirent la plaine ; Théodoric fut tué, mais Attila vaincu. Retranché derrière ses chariots pendant la nuit, il chantait en choquant ses armes ; lion rugissant et menaçant à l'entrée de la caverne où l'avaient acculé les chasseurs [2].

L'armée triomphante se divisa, soit par l'impatience ordinaire des Barbares, soit par la politique d'Aétius, qui craignit qu'Attila passé ne laissât les Visigoths trop puissants. Comme je marque à présent tout ce qui finit, la victoire catalaunienne est la dernière grande victoire obtenue au nom des anciens maîtres du monde. Rome, qui s'était étendue peu à peu jusqu'aux extrémités de la terre, rentrait peu à peu dans ses premières limites ; elle allait bientôt perdre l'empire et la vie dans ces mêmes vallées des Sabins où sa vie et son empire avaient commencé ; il ne devait rester de ce géant qu'une tête énorme, séparée d'un corps immense.

Attila s'attendait à être attaqué ; il ne s'aperçut de la retraite des vainqueurs qu'au long silence des campagnes [3] abandonnées aux cent soixante-deux mille muets de la mort. Échappé contre toute attente à la destruction, et rendu à sa destinée, il repasse le Rhin. Plus puissant que jamais, il entre l'année suivante en Italie, saccage Aquilée, et s'empare de Milan. Valentinien quitte sa cache de Ravenne pour se recacher dans Rome, avec l'intention d'en sortir à l'approche du péril : la peur le faisait fuir, la lâcheté le retint ; également indigne de l'empire en l'abandonnant ou en le vendant. Deux consuls, Avienus et Trigesius, et le pape saint Léon, viennent traiter avec Attila. Le Tartare consent à se retirer, sur la promesse de ce qu'il appelait toujours la dot d'Honoria : une raison plus intérieure le toucha ; il fut arrêté par une main qui se montrait partout alors, au défaut de celle des hommes : cela sera dit en son lieu.

Attila se jette une seconde fois sur les Gaules, d'où Thorismond, successeur de Théodoric, le repousse. Le Hun rentre encore dans sa

---

[1] Nam si senioribus credere fas est, rivulus memorati campi humili ripa prolabens, peremptorum vulneribus sanguine multo provectus, non auctus imbribus, ut solebat, sed liquore concitatus insolito, torrens factus est cruoris augmento. Et quos illic coegit in aridam sitim vulnus inflictum, fluenta mixta clade traxerunt : ita constricti sorte miserabili sordebant, potantes sanguinem quem fudere sauciati. (JORNAND., cap. XL.) — [2] Strepens armis tubis canebat, incussionemque minabatur : velut leo venabulis pressus, speluncæ aditus obambulans. (*Id., ibid.*) — [3] Sed ubi hostium absentia sunt longa silentia consecuta, erigitur mens ad victoriam, gaudia præsumuntur, atque potentis regis animus in antiqua fata revertitur. (*Id.,* XLI.)

ville de bois, méditant de nouveaux ravages : il y disparaît. Le héros de la barbarie meurt, comme le héros de la civilisation, dans l'enivrement de la gloire et les débauches d'un festin ; il s'endormit une nuit sur le sein d'une femme, et ne revit plus le soleil ; une hémorragie l'emporta : le conquérant creva du trop de sang qu'il avait bu et des voluptés dont il se gorgeait. Le monde romain se crut délivré ; il ne l'était pas de ses vices ; châtié, il n'était pas averti.

L'invasion d'Attila en Italie donna naissance à Venise. Les habitants de la Vénitie se renfermèrent dans des îlots voisins du continent. Leurs murailles étaient des claies d'osier : ils vivaient de poisson ; ils n'avaient pour richesse que leurs gondoles et du sel qu'ils vendaient le long des côtes. Cassiodore les compare à des oiseaux aquatiques qui font leur nid au milieu des eaux [1]. Voilà cette opulente, cette mystérieuse, cette voluptueuse Venise, de qui les palais rentrent aujourd'hui dans le limon dont ils sont sortis.

La Grande-Bretagne, malgré ses larmes et ses prières, avait été abandonnée des Romains.

Quand l'épée d'Attila fut brisée, Valentinien, tirant pour la première fois la sienne, l'enfonça dans le cœur du dernier Romain : jaloux d'Aétius, il tua celui qui avait retardé si longtemps la chute de l'Empire [2]. Valentinien viole la femme de Maxime, riche sénateur de la famille Anicienne [3] ; Maxime conspire ; Valentinien, dernier prince de la famille de Théodose, est assassiné en plein jour par deux Barbares, Transtila et Optila, attachés à la mémoire d'Aétius [4]. Maxime est élu à la place de Valentinien ; son règne fut de peu de jours, et il le trouva trop long. « Fortuné Damoclès ! s'écriait-il, regrettant l'obscurité de sa vie, ton règne commença et finit dans un même repas [5]. »

Maxime, devenu veuf, avait épousé de force Eudoxie, veuve de Valentinien et fille de Théodose II. Eudoxie cherche un vengeur, et n'en voit point de plus terrible que Genséric. Les Vandales étaient devenus des pirates habiles et audacieux ; ils avaient dévasté la Sicile, pillé Palerme, ravagé les côtes de la Lucanie et de la Grèce. Genséric, appelé par Eudoxie [6], ne refuse point la proie ; ses vaisseaux jettent l'ancre à

---

[1] Aquatilium avium more domus est. (VARIAR., lib. XII, ep. XXIV. Voyez aussi Verona illustrata de MAFFEI, et l'Histoire de Venise, par M. DARU. — [2] PROSP., IDAT.; an. 454. — [3] Maximus quidam erat senator romanus... Uxorem habebat singulari continentia et forma, commendatissimæ famæ præditam... Huic noctæ concubitu, obscœni libidine ardens Valentinianus... vim attulit obluctanti. (PROC., de Bell. Vand., lib. II, cap. IV, p. 487. — [4] Id., ib.; EVAG., lib. II, cap. VII. — [5] Dicere solebat vir litteratus atque ob ingenii merita quæstorius Fulgentius, se ex ore ejus frequenter audisse, cum perosus pondus imperii veterem desideraret securitatem : « Felicem te, Damocles, qui non uno longius prandio regni necessitatem toleravisti! » (SID. AP., ep. XIII, lib. II, p. 166.) — [6] PROCOP., de Bell. Vand., p. 188.

Ostie. Maxime se veut échapper; il est arrêté par le peuple, qui le déchire. Saint Léon essaye de sauver une seconde fois son troupeau, et n'obtient point de Genséric ce qu'il avait obtenu d'Attila; la ville éternelle est livrée au pillage pendant quatorze jours et quatorze nuits. Les Barbares se rembarquent; la flotte de Genséric apporte à Carthage les richesses de Rome, comme la flotte de Scipion avait apporté à Rome les richesses de Carthage. Le chantre de Didon semblait avoir prédit Genséric dans Annibal. Parmi le butin, se trouvèrent les ornements enlevés au temple de Jérusalem : quel mélange de ruines et de souvenirs ! Tous les vaisseaux arrivèrent heureusement, excepté celui qui était chargé des statues des dieux [1]. Ces nouvelles calamités n'étonnèrent pas : Alaric avait tué Rome; Genséric ne fit que dépouiller le cadavre.

Avitus, d'une famille puissante de l'Auvergne, beau-père de Sidoine Apollinaire, et maître-général des forces romaines dans les Gaules, remplaça Maxime. Il reçut la pourpre des mains de Théodoric II, roi des Visigoths, régnant à Toulouse. Ce Théodoric était frère de Thorismond, fils de Théodoric Ier, tué aux champs Catalauniques. Il soumit le reste des Suèves en Espagne; mais, tandis qu'il avait l'air de combattre pour la gloire de l'empereur, son ouvrage, Avitus était déjà tombé : il fut dégradé par le sénat de Rome, qui semblait puiser ce pouvoir d'avilir dans sa propre dégradation. Ricimer ou Richimer, fils d'un Suève et de la fille du roi goth Vallia, comme je vous l'ai déjà dit, fut le principal auteur de cette chute. Ce chef des troupes barbares, à la solde des Romains en Italie, donna une double marque de sa puissance en nommant l'empereur déposé (16 octobre 457) évêque de Plaisance [2] : la tonsure allait devenir la couronne des rois sans couronne. On ne sait trop comment finit Avitus : privé de l'empire, il le fut aussi de la vie, dit pourtant un historien [3].

Ricimer passa la pourpre à Majorien, ancien compagnon d'Aétius. Majorien était un de ces hommes que le ciel montre un moment à la terre dans l'abâtardissement des races : étrangers au monde où ils viennent, ils ne s'y arrêtent que le temps nécessaire pour empêcher la prescription contre la vertu [4]. Majorien ranima la gloire romaine en attaquant les Franks et les Vandales avec les vieilles bandes sans chef d'Attila et d'Alaric. On a de lui plusieurs belles lois. Ricimer ne l'avait placé sur le trône que parce qu'il le croyait sans génie; quand il s'aperçut de sa méprise, il fit naître une sédition, et Majorien abdiqua. On croit qu'il

---

[1] Navibus Gizerici unam qua simulacra vehebantur periisse ferunt. (Procop., *de Bell. Vand.*, lib. II, p. 189.) — [2] Vict. Tun. — [3] Idat., *Chron.* — [4] Sid. Ap., *Carm.*, v, p. 312; Procop., *de Bell. Vand.*, lib. I, cap. VII.

fut empoisonné [1] (7 août 461). Le faiseur et le défaiseur de rois (à cette époque de révolutions, cela ne supposait ni talents supérieurs ni grands périls) remit le diadème à Libius Sévère : il prit garde cette fois que le prince ne fût pas un homme, et il y réussit. On ne connaît guère que le titre impérial de ce Libius Sévère : l'excès de l'obscurité pour les rois a le même résultat que l'excès de la gloire ; il ne laisse vivre qu'un nom.

Deux hommes, fidèles à la mémoire de Majorien, refusèrent de reconnaître la créature de Ricimer : Marcellin, sous le titre de patrice de l'Occident, resta libre dans la Dalmatie ; Ægidius, maître-général de la Gaule, conserva une puissance indépendante : ce fut lui que les Bretons implorèrent, et que les Franks nommèrent un moment leur chef, quand ils chassèrent Childéric.

L'Italie continua d'être livrée aux courses des Vandales ; chaque année, au printemps, le vieux Genséric y rapportait la flamme. Par un renversement de l'ordre du destin, dit Sidoine, la brûlante Afrique versait sur Rome les fureurs du Caucase [2].

Léon Ier, surnommé le Grand, ou le Boucher, ou plus souvent Léon de Thrace, avait été élu empereur d'Orient après la mort de Marcien, arrivée vers la fin de janvier, l'an 457. Constantinople, échappée aux Barbares, obtenait sur Rome la prééminence, non la supériorité, que donne le bonheur sur l'infortune. L'empire d'Occident, sur son lit de mort, ressemblait à un guerrier ou à un roi dont on pille la tente ou le palais, tandis qu'il expire, ne lui laissant pas un linceul pour l'ensevelir. Léon, qui voyait donner des maîtres à Rome, lui accorda Anthême (468) en qualité d'empereur, sur la demande du sénat. Ricimer empoisonna Libius Sévère, et épousa la fille d'Anthême. Il y eut de grandes réjouissances ; tout parut consolidé dans une ruine.

Vous avez vu qu'Anthême pensait à rétablir le culte des idoles [3]. Les deux empires, et surtout celui d'Orient, préparèrent un puissant armement contre les Vandales. Le commandement en fut donné à Basilisque, qui laissa brûler sa flotte devant Carthage, réduit à la nécessité de passer pour un traître, afin de conserver la réputation d'un grand général. Sauvé de ce danger, Genséric reprit ses courses et s'empara de la Sicile.

---

[1] Selon une autre version, Majorien fut déposé par Ricimer, qui le fit tuer cinq jours après sa déposition.

[2] . . . . Conversosque ordine fati
Torrida caucaseos infert mihi Byrsa furores.
(Sidon. Apoll.)

[3] Ci-dessus, pag. 256.

Théodoric II avait rompu ses traités avec Rome à la mort de l'empereur Majorien ; il réunit Narbonne à son royaume. Ruric, son frère, qui l'assassina, acheva la conquête des Espagnes sur les Romains et sur les Suèves : ceux-ci reconnurent son autorité, en restant en possession de la Galice. Dans les Gaules, Euric ne fut pas moins heureux : il étendit sa domination, d'un côté, depuis les Pyrénées jusqu'au Rhône ; de l'autre, jusqu'à la Loire. En ce temps, les Bourguignons étaient alliés de Rome et se déchiraient entre eux ; il en était ainsi des Franks et des Saxons.

Cependant Ricimer se brouille avec Anthême, son beau-père, et se détermine à changer encore le maître titulaire de l'Occident. Il appelle à la pourpre Olybre, qui avait épousé Placidie, fille de Valentinien III. Il en résulte une guerre civile. Rome est saccagée une troisième fois, dit le pape Gélase, et les misérables restes de l'Empire sont foulés aux pieds. Anthême est tué (11 juillet 472), Olybre meurt, et Ricimer le précède dans la tombe où il avait précipité cinq empereurs, tous faits de sa main [1].

Gondivar ou Gondibalde, neveu de Ricimer, et élevé à la dignité de patrice par Olybre, pousse Glycérius à s'emparer du pouvoir. Gondibalde est peut-être le célèbre roi des Bourguignons. A Constantinople, on proclama Julius Népos empereur d'Occident. Il surprit son compétiteur Glycérius, le fit raser et ordonner évêque de Salone [2]. Julius Népos céda l'Auvergne à Euric, roi des Visigoths, croyant qu'on pouvait sacrifier ses amis à ses ennemis. Les troupes que Népos tenait à sa solde se révoltent ; il fuit, traînant dans sa retraite en Dalmatie un titre que lui seul reconnaissait : il retrouva à Salone son rival impérial qu'il avait fait évêque [3]. Népos ne valait pas la peine d'un coup de poignard, et fut assassiné pourtant [4]. Les Ostrogoths, pendant l'apparition de Glycérius, s'étaient montrés en Italie.

Les autres Barbares, qui opprimaient plus qu'ils ne défendaient ce malheureux pays, avaient alors pour chef Oreste, ce secrétaire d'Attila dont je vous ai déjà parlé. A la mort du roi des Huns, il passa au service des empereurs d'Occident, sous lesquels il devint patrice et maître-général des armées ; il avait eu un fils d'une mère inconnue, ou peut-être de la fille de ce comte Romulus que Valentinien envoya en ambassade

---

[1] Valois s'appuie de l'auteur anonyme, conforme, pour ces temps obscurs, à ce que l'on trouve dans les Fastes consulaires d'Onuphre, dans les Actes des Conciles, dans Cassiodore, dans Victor de Tunne, dans la Chronique d'Alexandrie, etc., etc. (VALES., *Rer. Franc.*) — [2] PHOT., cap. LXXVIII, pag. 372 ; ONUPH.; JORN., *de Reg. ac temp. suc.*, p. 654. — [3] Quo comperto, Nepos fugit in Dalmatias, ibique defecit privatus regno, ubi jam Glycerius, dudum imperator, episcopatum Salonitanum habebat. (VALES., *Rer. Franc.*, p. 227 ; *id., in not.* AMM. MARCELL.) — [4] ONUPH., p. 477 ; MARC., *Chron*, XVI.

auprès d'Attila. Ce fils est Romulus Auguste, surnommé Augustule : humiliez-vous, et reconnaissez le néant des empires !

Oreste refusa la pourpre que lui offraient ses soldats, et en laissa couvrir son fils [1]. Les Scyres, les Alains, les Rugiens, les Hérules, les Turcilinges, qui composaient ces défenseurs redoutables des misérables Romains, enflammés par l'exemple de leurs compatriotes établis en Afrique, dans les Espagnes et dans les Gaules, sommèrent Oreste de leur abandonner le tiers des propriétés de l'Italie : il leur crut pouvoir résister. Odoacre (peut-être fils d'Édécon, ancien collègue d'Oreste dans sa mission à Constantinople), Odoacre, après diverses aventures, se trouvait investi d'une charge éminente dans les gardes de l'Italie ; il se met à la tête des séditieux, assiège Oreste dans Pavie, emporte la place, le prend et le tue [2]. Le 23 août de l'an 476, Odoacre, arien de religion, est proclamé *roi d'Italie*. L'empire romain avait duré cinq cent sept ans moins quelques jours, depuis la bataille d'Actium ; on comptait douze cent vingt-neuf ans de la fondation de Rome.

Quand Augustule, dernier successeur d'Auguste, quitta les marques de la puissance, Simplicius, quarante-septième pontife depuis saint Pierre, occupait la chaire de l'apôtre dont l'empire avait commencé sous l'héritier immédiat d'Auguste ; les successeurs de Simplicius, après treize cent cinquante-quatre ans, règnent encore dans les palais des Césars.

Odoacre établit son siége à Ravenne. Le sénat romain renonça au droit d'élire son maître ; satisfait d'être eslave à merci, il déclara que le Capitole abdiquait la domination du monde, et renvoya, par une ambassade solennelle, les enseignes à Zénon, qui gouvernait l'Orient. Zénon [3] reçut à Constantinople les ambassadeurs avec un front sévère ; il reprocha au sénat le meurtre d'Anthême et le bannissement de Népos : « Népos vit encore, dit-il aux ambassadeurs ; il sera, jusqu'à sa mort, votre vrai maître. » Ce brevet de tyran honoraire, délivré par Zénon à Népos, est le dernier titre de la légitimité des Césars.

Augustule, trouvé à Ravenne par Odoacre, fut dégradé de la pourpre [4]. L'histoire ne dit rien de lui, sinon qu'il était beau [5]. Le premier roi d'Italie accorda au dernier empereur de Rome une pension de six mille pièces d'or : il le fit conduire à l'ancienne *villa* de Lucullus [6],

---

[1] Augustulo a patre Oreste in Ravenna imperatore ordinato. (JORNAND., cap. XLV.) — [2] ENNODII TICIN. *Vit. Epiph.*, p. 387. — [3] MALCHNO., *Excerp. de Leg.*, pag. 93. — [4] Non multum post, Odovacer, Turcilingorum rex, habens secum Scyros, Herulos, diversarumque gentium auxiliarios, Italiam occupavit, et Oreste interfecto Augustulum filium ejus de regno pulsum. (JORNAND., cap. XLVI.) — [5] Pulcher erat. (ANON. VALES.) — [6] Deposuit (Odovacer) Augustulum de regno... Tamen donavit ei reditum sex millia solidos. (ANON. VAL., pag. 706.) In Lucullano Campaniæ castello exsilii pœna damnavit. (JORNAND., cap. XLVI.)

située sur le promontoire de Misène, et convertie en forteresse depuis les guerres des Vandales : elle avait d'abord appartenu à Marius ; Lucullus l'acheta [1].

Ainsi la Providence assignait pour prison au fils du secrétaire d'Attila, à un prince de race gothique, revêtu de la pourpre romaine par les derniers Barbares qui renversaient l'empire d'Occident ; la Providence assignait, dis-je, pour prison à ce prince une maison où fut portée la dépouille des Cimbres, premiers Barbares du septentrion qui menacèrent le Capitole. C'est là qu'Augustule passa sa jeunesse et sa vie inconnues, sans se douter de tout ce qui s'attachait à son nom, indifférent aux leçons que donnait sa présence, étranger aux souvenirs que rappelaient les lieux de son exil.

Ajoutons ceci, attentifs que nous sommes à l'immutabilité des conseils éternels et à la vicissitude des choses humaines : les reliques de saint Séverin succédèrent à la personne d'Augustule dans la demeure que Marius décora de ses proscriptions et de ses trophées, Lucullus de ses fêtes et de ses banquets : elle se changea en une église [2]. Odoacre, n'étant encore qu'un obscur soldat, avait visité saint Séverin dans la Norique. Le solitaire, à l'aspect de ce Barbare d'une haute taille, qui se courbait pour passer sous la porte de la cellule, lui dit : « Va en Italie ; tu es maintenant couvert de viles peaux de bêtes ; un temps viendra que tu distribueras des largesses [3]. »

Enfin, le Dieu qui d'une main abaissait l'empire romain, élevait de l'autre l'empire français. Augustule déposait le diadème l'an 476 de Jésus-Christ, et l'an 481, Clovis, couronné de sa longue chevelure, régnait sur ses compagnons.

[1] Plut., *in Mario et in Lucull.* — [2] Eugip., *in Vit. S. Severin.* — [3] Vade ad Italiam, vade vilissimis nunc pellibus coopertus : sed multis cito plurima largiturus. (Anon. Val., p. 717.)

ÉTUDE CINQUIÈME

PREMIÈRE PARTIE.

MOEURS DES CHRÉTIENS. AGE HÉROÏQUE.

Arrêtons-nous pour contempler les vastes ruines que nous venons de traverser. Ce n'est rien que de connaître les dates de leur éboulement, rien que d'avoir appris les noms des hommes employés à cette destruction : il faut entrer plus profondément, plus intimement dans les mœurs, dans la vie des trois peuples chrétien, païen et barbare, qui se confondirent pour donner naissance à la société moderne. Elle va paraître, cette société, puisque l'empire d'Occident est détruit; voyons ce que fut le monde ancien dans les quatre siècles qui précédèrent sa mort, et ce qu'il était devenu lorsqu'il expira. Commençons par les chrétiens.

Le christianisme naquit à Jérusalem, dans une tombe que j'ai visitée au pied de la montagne de Sion : son histoire se lie à celle de la religion des Hébreux.

Pendant la durée du premier temple, tout fut renfermé dans la lettre de la loi de Moïse; quand le roi, le peuple, ou quelque partie du peuple, se livraient à l'idolâtrie, le glaive les châtiait.

Sous le second temple, la pureté de la loi s'altéra par le mélange des dogmes exotiques : la synagogue se forma.

La conquête d'Alexandre introduisit à son tour la philosophie grecque dans le système hébraïque. Des écoles juives se constituèrent; ces écoles, répandues dans la Médie, l'Élymaïde, l'Asie Mineure, l'Égypte, la Cyrénaïque, l'île de Crète, et jusque dans Rome, subirent l'influence des religions, des lois, des mœurs, et de la langue même de ces divers pays. Les livres des Machabées se scandalisent de ces nouveautés.

« En ce temps-là il sortit d'Israël des enfants d'iniquité qui donnèrent ce conseil à plusieurs : Allons, et faisons alliance avec les nations qui nous environnent . . . .

« Et ils bâtirent à Jérusalem un collége à la manière des nations [1].

« Les prêtres mêmes..... ne faisaient aucun état de ce qui était en honneur dans leur pays, et ne croyaient rien de plus grand que d'exceller en tout ce qui était en estime parmi les Grecs [2]. »

Il se forma bientôt quatre sectes principales : celle des pharisiens, celle des sadducéens, celle des samaritains, celle des esséniens.

Les pharisiens altéraient le dogme et la loi en reconnaissant une sorte de destin impuissant qui n'ôtait point la liberté à l'homme; ils se divisaient en sept ordres. Livrés à des imaginations bizarres, ils jeûnaient et se flagellaient; ils prenaient soin, en marchant, de ne pas toucher les pieds de Dieu, qui ne s'élèvent que de quarante-huit pouces au-dessus de terre. Ils mettaient surtout un grand zèle à propager leur doctrine.

Ce qui distingue les sectes juives des sectes grecques, c'est précisément cet esprit de propagation. La sagesse hellénique se réduisait, en général, à la théorie, la sagesse juive avait pour fin la pratique ; l'une formait des *écoles*, l'autre des *sociétés*. Moïse avait imprimé une vertu législative au génie des Hébreux, et le christianisme, juif d'origine, retint et posséda au plus haut degré cette vertu.

Les sadducéens s'attachaient à la lettre écrite; ils rejetaient la tradition, et conséquemment la science cabalistique : ne trouvant rien sur l'âme dans les livres de Moïse, ils étaient matérialistes, et préféraient Épicure à Zénon.

Les samaritains n'adoptaient que le Pentateuque, et remontaient à la religion patriarcale.

Les esséniens de la Judée (qui produisirent les thérapeutes de l'Égypte, secte plus contemplative encore) repoussaient la tradition comme les sadducéens, et croyaient à l'immortalité de l'âme comme les pharisiens. Ils fuyaient les villes, vivaient dans les campagnes, renonçaient au commerce, et s'occupaient du labourage. Ils n'avaient point d'esclaves et n'amassaient point de richesses : ils mangeaient ensemble, portaient des habits blancs qui n'appartenaient en propre à personne, et que chacun prenait à son tour. Les uns demeuraient dans une maison commune, les autres dans des maisons particulières, mais ouvertes à tous. Ils s'abstenaient du mariage, et élevaient les enfants qu'on leur confiait. Ils respectaient les vieillards, ne mentaient point, ne juraient jamais. Ils promettaient le silence sur les *mystères* : ces mystères n'étaient autres que la morale écrite dans la loi.

Les premiers fidèles prirent des esséniens cette simplicité de vie,

---

[1] Machab., lib. i, cap. i. — [2] *Id.*, lib. ii, cap. iv.

tandis que les thérapeutes donnèrent naissance à la vie monastique chrétienne.

Mais, d'une autre part, l'essénianisme était la seule secte juive qui n'attendît point le Messie et qui condamnât le sacrifice, en quoi les chrétiens ne la suivirent pas. Une opinion commune reposait au fond de la société israélite : le sauveur de la race de David, de tout temps promis, était espéré de siècle en siècle, d'année en année, de jour en jour, d'heure en heure ; homme et Dieu, roi conquérant pour les sadducéens, les caraïtes ou scriptuaires ; sage ou docteur pour les samaritains.

Il y avait encore chez ce peuple un fait qui n'appartenait qu'à ce peuple, je veux dire la grande école poétique des prophètes : commençant auprès du berceau du monde, elle erra quarante ans avec l'arche dans le désert; école que n'interrompirent point la captivité d'Égypte et celle de Babylone, la conquête d'Alexandre, l'oppression des rois de Syrie, la domination romaine, la monarchie des Hérodes, qui implantèrent de force et improvisèrent en Judée une éducation étrangère. Cette école de l'avenir évoquant le passé, et dédaignant le présent, ne manqua de maîtres ni dans la prospérité, ni dans le malheur, ni sur les rivages du Nil, ni sur les bords du Jourdain, ni sur les fleuves de Babylone, ni sur les ruines de Tyr et de Jérusalem. Et quels maîtres ? Moïse, Josué, David, Salomon, Isaïe, Jérémie, Ézéchiel, Daniel et le Christ, en qui s'accomplirent toutes les prophéties, et qui fut lui-même le dernier prophète.

Lorsqu'il eut paru, les Juifs le méconnurent : ils le regardèrent comme un séducteur. Les deux commentaires de la Mishna, le Talmud babylonien et le Talmud de Jérusalem, donnent de singulières notions du Christ [1].

« Un certain jour, lorsque plusieurs docteurs étaient assis à la porte de la ville, deux jeunes garçons passèrent devant eux : l'un couvrit sa tête, l'autre passa la tête découverte. Éliézer, voyant l'effronterie de celui-ci, le soupçonna d'être un enfant illégitime ; il alla trouver la mère qui vendait des herbes au marché, et il apprit que non-seulement l'enfant était illégitime, mais qu'il était né d'une femme impure [2]. »

---

[1] La Mishna est un recueil des traditions juives, fait vers le milieu du second siècle de l'ère chrétienne, par le rabbin Juda, fils de Simon, appelé le *Saint* à cause de la pureté de sa vie, et chef de l'école hébraïque à Tibériade en Galilée. « Ea omnia secundum certa doctrinæ capita disposuit, et in unum volumen redegit, cui nomen hoc *Mishna*, hoc est δευτέρωσις, imposuit. » Tela ignea Satanæ. (WAGENSEIL, pr., pag. 55.) — [2] Cum aliquando seniores sederent in porta (urbis), præterierunt ante ipsos duo pueri, quorum alter caput texerat, alter detexerat. Et de eo quidem, qui caput protexerat et contra bonos mores texerat, pronuntiavit R. Eliezer, quod esset spurius. . . . . Abiit ergo ad matrem pueri istius, quam cum videret sedentem in foro, et vendentem

Marie est appelée plusieurs fois dans le Talmud une coiffeuse de femmes.

Les Juifs composèrent deux histoires du Christ sous le titre de *Sepher toldos Jeschu*, livres des générations de Jésus. Joseph Pandera, de Bethléem, se prend d'amour pour une jeune coiffeuse nommée Mirjan (Marie), fiancée à Jochanan. Pandera abuse de Mirjan; elle accouche d'un fils, appelé Jehoscua (Jésus). Jehoscua, élevé par Elchanan, devient habile dans les lettres. Les sénateurs que Jehoscua ne voulut pas saluer à la porte de la ville firent publier, au son de trois cents trompettes, que sa naissance était impure. Il s'enfuit en Galilée, revient à Jérusalem, se glisse dans le peuple, apprend et dérobe le nom de Dieu, l'écrit sur une peau [1], s'ouvre la cuisse sans douleur, et cache son larcin dans cette incision. Avec l'ineffable nom Schemhaméphoras, il accomplit une foule de prodiges. Jehoscua, condamné à mort par le sanhédrin, est couronné d'épines, fouetté et lapidé ; on le voulait pendre à du bois, mais tous les bois se rompirent parce qu'il les avait enchantés. Les sages allèrent chercher un grand chou[2], et l'on y attacha Jehoscua.

Telle est une des misérables histoires que les Juifs opposaient à la majesté du récit évangélique.

La première Église juive se composa des trois mille convertis. Ces convertis écoutaient les instructions des Apôtres, priaient ensemble, et faisaient dans les maisons particulières la fraction du pain. Ils mettaient leurs biens en commun, et vendaient leurs héritages pour en distribuer le prix à leurs frères. Leur vie, comme je l'ai dit plus haut, était à peu près celle des esséniens.

Cette simplicité se conserva longtemps. Domitien, ayant appris que certains chrétiens juifs se prétendaient issus de la race royale de David, les fit venir à Rome. Questionnés sur leurs richesses, il répondirent qu'ils possédaient trente-neuf pléthres de terre, environ sept arpents et demi ; qu'ils payaient l'impôt et vivaient de leurs champs ; ils montrèrent leurs mains endurcies par le travail. L'empereur leur demanda ce que c'était que le royaume du Christ ; ils répliquèrent qu'il n'était pas de ce monde : on les renvoya. Ces deux laboureurs étaient deux évêques. Ils vivaient encore sous Trajan [3].

---

legumina. . . . . Unde apparuit puerum istum esse non modo spurium, sed et menstruatæ filium.

[1] Venit itaque Jesus Nazarenus, et ingressus templum didicit litteras illas, et scripsit in pergameno : deinde scidit carnem cruris sui, et in incisione illa inclusit dictam chartulam, et dicendo nomen, nullum sensit dolorem, et rediit cutis continuo sicut ante erat. — [2] Ipse quippe per Schemhamephoras adjuraverat omnia ligna ne susciperent eum. Abierunt itaque, et adduxerunt stipitem unius caulis qui non est de lignis, sed de herbis, et suspenderunt eum super eum. — [3] Nec sibi in pecunia subsistere, sed in æstimatione terræ, quod eis esset in quadraginta

En faisant l'histoire de l'Église, on a confondu les temps ; il est essentiel de distinguer deux âges dans le premier christianisme : l'âge héroïque ou des martyrs, l'âge intellectuel ou l'âge philosophique : l'un commence à Jésus-Christ et finit à Constantin ; l'autre s'étend de cet empereur à la fondation des royaumes barbares. C'est de l'âge héroïque que je vais d'abord parler. Je vous le vais montrer tel qu'il s'est peint lui-même et tel que l'ont représenté les païens.

« Chez nous, dit un apologiste, vous trouverez des ignorants, des ouvriers, de vieilles femmes, qui ne pourraient peut-être pas montrer par des raisonnements la vérité de notre doctrine ; ils ne font pas de discours, mais ils font de bonnes œuvres. Aimant notre prochain comme nous-mêmes, nous avons appris à ne point frapper ceux qui nous frappent, à ne point faire de procès à ceux qui nous dépouillent : si l'on nous donne un soufflet, nous tendons l'autre joue ; si l'on nous demande notre tunique, nous offrons encore notre manteau. Selon la différence des années, nous regardons les uns comme nos enfants, les autres comme nos frères et nos sœurs : nous honorons les personnes plus âgées comme nos pères et nos mères. L'espérance d'une autre vie nous fait mépriser la vie présente, et jusqu'aux plaisirs de l'esprit. Chacun de nous, lorsqu'il prend une femme, ne se propose que d'avoir des enfants, et imite le laboureur qui attend la moisson en patience. Nous avons renoncé à vos spectacles ensanglantés, croyant qu'il n'y a guère de différence entre regarder le meurtre et le commettre. Nous tenons pour homicides les femmes qui se font avorter, et nous pensons que c'est tuer un enfant que de l'exposer. Nous sommes égaux en tout, obéissant à la raison sans la prétendre gouverner [1]. »

Remarquez que ce n'est pas là une *école*, une *secte*, mais une *société*, fondée sur la morale universelle, inconnue des anciens.

Les repas se mesuraient sur la nécessité, non sur la sensualité : les frères vivaient plutôt de poisson que de viande, d'aliments crus, de préférence aux aliments cuits ; ils ne faisaient qu'un seul repas, au coucher du soleil, et s'ils mangeaient quelquefois le matin, c'était un peu de pain sec. Le vin, défendu aux jeunes gens, était permis aux autres personnes, mais en petite quantité. La règle prohibait les riches ameublements, la vaisselle, les couronnes, les parfums, les instruments de musique. Pendant le repas on chantait des cantiques pieux : le rire bruyant, interdit, laissait régner une gravité modeste.

---

minus uno jugeribus constituta, quam suis manibus excolentes, vel ipsi alerentur vel tributa dependerent. Simul et testes ruralis et diurni operis, manus labore rigidas et callis obduratas præferebant. Interrogati vero de Christo quale sit regnum ejus. . . . . responderunt, quod non hujus mundi regnum. (HEGESIP., *ap. Euseb.*, lib. III, cap. XX.)

[1] ATHENAGOR., *Apolog.*, trad. de FLEURY. (*Hist. eccl.*, lib. III, t. I, page 389.)

Après le repas du soir on louait Dieu du jour accordé, puis on se retirait pour dormir sur un lit dur : on abrégeait le sommeil afin d'allonger la vie. Les fidèles priaient plusieurs fois la nuit, et se levaient avant l'aube.

Leurs habits blancs, sans mélange de couleurs, ne devaient point traîner à terre, et se composaient d'une étoffe commune : c'était une maxime reçue que l'homme doit valoir mieux que ce qui le couvre. Les femmes portaient des chaussures par bienséance ; les hommes allaient pieds nus, excepté à la guerre ; l'or et les pierreries n'entraient jamais dans leurs parures : déguiser sa tête sous une fausse chevelure, se farder, se teindre les cheveux ou la barbe, semblait chose indigne d'un chrétien. L'usage du bain n'était permis que pour santé et propreté.

Cependant quelques ornements étaient laissés aux femmes comme un moyen de plaire à leurs maris. Point d'esclaves, ou le moins possible ; point d'eunuques, de nains, de monstres, aucune de ces bêtes que les femmes romaines nourrissaient aux dépens des pauvres.

Pour entretenir la vigueur du corps dans la jeunesse, les hommes s'exerçaient à la lutte, à la paume, à la promenade, et se livraient surtout au travail manuel : le ménage et le service domestique occupaient les femmes. Les dés et les autres jeux de hasard, les spectacles du cirque, du théâtre et de l'amphithéâtre, étaient défendus, comme une source de corruption. On allait à l'église d'un pas mesuré, en silence, avec une charité sincère. Le baiser de paix était le signe de reconnaissance entre les chrétiens ; ils évitaient pourtant de se saluer dans les rues, de peur de se découvrir aux infidèles. Toutes ces règles étaient visiblement faites en opposition avec la société romaine, et établies comme une censure de cette société.

La virginité passait pour l'état le plus parfait, et le mariage pour être dans l'intention du Créateur. Les vieillards disaient à ce sujet : « Il n'y a point, dans les maladies et dans le long âge, de soins pareils à ceux que l'on reçoit de sa femme et de ses enfants. Attachez-vous à l'âme ; ne regardez le corps que comme une statue dont la beauté fait songer à l'ouvrier et ramène à la beauté véritable. » On reconnaissait que la femme est susceptible de la même éducation que l'homme, et que l'on pouvait philosopher sans lettres le Grec, le Barbare, l'esclave, le vieillard, la femme et l'enfant : c'était l'espèce humaine rendue à sa nature.

Le chrétien honorait Dieu en tout lieu, parce que Dieu est partout. « La vie du chrétien est une fête perpétuelle ; il loue Dieu en labourant, en naviguant, dans les divers états de la société. » Néanmoins il y avait des heures plus particulièrement consacrées à la prière, comme tierce, sexte et none. On priait debout, le visage tourné vers l'orient, la tête et les mains levées au ciel. En répondant à l'oraison finale, on levait aussi symboliquement un pied, comme un voyageur prêt à quitter la terre [1].

Dieu, pour les disciples du Sauveur, était sans figure et sans nom : quand ils l'appelaient Un, Bon, Esprit, Père, Créateur, c'était par indigence de la langue humaine. L'âme seule, qui est chrétienne d'extraction, trouve intuitivement le vrai nom de Dieu, lorsqu'elle est laissée à son libre témoignage : toutes les fois qu'elle se réveille, elle s'exprime de cette façon dans son for intérieur : « *Ce qui plaira à Dieu. Dieu me voit. Je le recommande à Dieu. Dieu me le rendra.* » Et l'homme dont l'âme parle ainsi ne regarde pas le Capitole, mais le ciel [2].

Le pasteur avait la simplicité du troupeau : l'évêque, le diacre et le prêtre, dont les noms signifiaient président, serviteur et vieillard, ne se distinguaient point par leurs habits du reste de la foule. Médiateurs à l'autel, arbitres au foyer, il leur était recommandé d'être tendres, compatissants, pas trop crédules au mal, pas trop sévères, parce que nous sommes tous pécheurs [3]. S'ils étaient mariés, ils devaient n'avoir eu qu'une femme; ils devaient être en réputation de bonnes mœurs, de pères de famille exemplaires, et jouir d'une renommée sans tache, même parmi les païens. « Sous les épreuves, disait saint Ignace, qu'ils demeurent fermes comme l'enclume frappée [4]. » Ce même saint, dans les fers, écrivait à l'Église de Rome : « Je ne serai vrai disciple de Jésus-Christ que quand le monde ne verra plus mon corps. Priez, afin que je me change en victime. Je ne vous donne pas des ordres comme Pierre et Paul ; c'étaient des apôtres, je ne suis rien ; ils étaient libres, je suis esclave [5]. »

Les évêques étaient choisis dans toutes les conditions de la vie : on voit des évêques laboureurs, bergers, charbonniers. Les diocèses, sorte de républiques fédératives, élisaient leurs présidents selon leurs besoins; éloquents et instruits pour les grandes cités, simples et rustiques pour les campagnes, guerriers même, quand il le fallait, pour défendre la communauté. Aussi fuyait-on ces honneurs à grandes charges ; c'était dans les cavernes, au fond des bois, sur les montagnes,

---

[1] CLEM. ALEX., *Pedag.*, lib. I, II, III ; *id., in Strom.* — [2] Quod Deus dederit. Deus videt, et Deo commendo, et Deus mihi reddet... Denique pronuntians hoc non ad Capitolium, sed ad cœlum respicit. (TERTULL., *Apologeticus*, cap. XVII, pag. 64 ; Parisiis, 1657.) — [3] S. POLYC., *Epist.* — [4] Sta firmus velut incus quæ verberatur. (IGNAT. *ad Polyc.*, pag. 206 ; Genevæ, 1623.) — [5] Tunc ero verus Jesu Christi discipulus, cum mundus nec corpus meum viderit. Deprecemini Dominum pro me ut per hæc instrumenta Deo efficiar hostia. Non ut Petrus et Paulus hæc præcipio vobis : illi apostoli Jesu Christi, ego vero minimus; illi liberi utpote servi Dei, ego vero etiamnum servus. (IGNATII *Epistola ad Romanos*, pag. 247; Genevæ, 1623.)

que le peuple chrétien allait chercher et enlever ces princes de la foi. Ils se cachaient, ils se déclaraient indignes, ils répandaient des larmes ; quelques-uns même mouraient de frayeur.

Gérès, petite ville d'Égypte, à cinquante stades de Péluse, avait élu pour évêque un solitaire nommé Nilammon : il demeurait dans une cellule dont il avait muré la porte, et s'obstinait à refuser l'épiscopat. Théophile, évêque d'Alexandrie, s'efforça de le persuader : « Demain, mon père, dit l'ermite, vous ferez ce qu'il vous plaira. » Théophile revint le lendemain, et dit à Nilammon d'ouvrir. « Prions auparavant, » répondit le solitaire du fond de son rocher. La journée se passe en oraison. Le soir on appelle Nilammon à haute voix : il garde le silence ; on enlève les pierres qui bouchaient l'entrée de l'ermitage : le solitaire gisait mort au pied d'un crucifix [1].

Les premières églises étaient des lieux cachés, des forêts, des catacombes, des cimetières ; et les autels, une pierre ou le tombeau d'un martyr : pour ornements, on avait des fleurs, des vases de bois, quelques cierges, quelques lampes, à l'aide desquels le prêtre lisait l'Évangile dans l'obscurité des souterrains ; on avait encore des boîtes à secret, pour y cacher le pain du voyageur, que l'on portait au fidèle dans les mines, dans les cachots, au milieu des lions de l'amphithéâtre.

Tels étaient les chrétiens de l'âge héroïque.

Les païens les considéraient autrement.

Selon eux, ces sectaires grossiers, ignorants, fanatiques, populace demi-nue, prenaient plaisir à s'entourer de jeunes niais et de vieilles folles pour leur conter des puérilités [2]. Ils prétendaient que les Galiléens ne voulaient ni donner ni discuter les raisons de leur culte, ayant coutume de dire : « Ne vous enquérez pas [3] ; la sagesse de cette vie est un mal, et la folie un bien. » — « Votre partage, écrivait Julien [4], apostrophant les disciples de l'Évangile, est la grossièreté. Toute votre sagesse consiste à répéter stupidement : Je crois. » La religion du Christ était appelée par les latins *insania* [5], *amentia* [6], *dementia* [7], *stultitia*, *furiosa opinio* [8], *furoris insipientia* [9]. Les fidèles eux-mêmes étaient surnommés des *demi-morts*, à cause de leurs longs jeûnes et de leurs veilles [10].

Lucien, ou plutôt un auteur inconnu antérieur à Lucien, a peint,

---

[1] In oratione spiritum Deo reddidit. (*Martyr.*, 6 janvier.) — [2] Qui de ultima fæce collectis inferioribus et mulieribus credulis... plebem profanæ conjurationis instituunt... miseri... ipsi seminudi... maxime indoctis. (Theop., *Antioch.*, lib. ii ; Minut. Felix, *Apol.*) — [3] Nihil perquiras, sed duntaxat credito... humanam hanc sapientiam pro noxia esse habendam ; et pro bona frugique stultitiam..... Malam esse in vita sapientiam. (Orig., *Cont. Cels.*, lib. i.) — [4] *Apud* Greg. Naz. — [5] S. Cyp., lib. *ad Demet.* — [6] Plin., *epist. ad Traj.* — [7] Tert., *Ap.*, cap. i. — [8] Minut. Fel. — [9] Ac. Proc. *Mart. Scill.* — [10] Greg. Naz, *Cont. Julian.*

dans le dialogue satirique *Philopatris,* une assemblée de ces premiers chrétiens.

CRITIAS. « J'étais allé dans une des rues de la ville : j'aperçus une troupe de gens qui chuchotaient, et qui, pour mieux entendre, collaient leur oreille sur la bouche de celui qui parlait. Je regardais ces hommes, afin d'y découvrir quelqu'un de connaissance ; j'aperçus le politique Craton, avec qui je suis lié dès l'enfance. »

TRICPHON. « Je ne sais qui tu veux dire : est-ce celui qui est proposé à la répartition des tributs ? Qu'arriva-t-il ? »

CRITIAS. « Je m'approchai de lui après avoir fendu la presse ; et l'ayant salué, j'entr'ouïs un petit vieillard tout cassé, nommé Caricène, qui commença à dire d'une voix grêle et en parlant du nez, après avoir bien toussé et craché : *Celui dont je viens de parler payera le reste des tributs, acquittera toutes les dettes, tant publiques que particulières, et recevra tout le monde sans s'informer de la profession.*

« Caricène ajouta plusieurs autres futilités, également applaudies par ceux qui étaient présents, et que la nouveauté des choses rendait attentifs. Un autre frère, nommé Clévocarme, sans chapeau ni souliers, et couvert d'un manteau en loques, marmottait entre ses dents : un homme mal vêtu, venant des montagnes, et qui avait la tête rase, me le montra. . . . . Alors un des assistants, à l'œil farouche, me tira par le manteau, croyant que j'étais des siens, et me persuada à la malheure, de me trouver au rendez-vous des magiciens.
. . . .

« Nous avions déjà passé le *seuil d'airain* et les *portes de fer,* comme dit le poëte, lorsque, après avoir grimpé au haut d'un logis par un escalier tortu, nous nous trouvâmes, non dans la salle de Ménélas, toute brillante d'or et d'ivoire (aussi n'y vîmes-nous pas Hélène), mais dans un méchant galetas : j'aperçus des gens pâles, défaits, courbés contre terre. Ils n'eurent pas plutôt jeté les regards sur moi, qu'ils m'abordèrent joyeux, me demandant si je n'apportais pas quelques mauvaises nouvelles ; ils paraissaient désirer des événements fâcheux, et, semblables aux Furies, ils se gaudissaient des malheurs.

« Après s'être parlé à l'oreille, ils me demandèrent qui j'étais, quelle ma patrie, quels mes parents. . . . .

« Ces hommes qui marchent dans les airs, m'interrogèrent ensuite sur la ville et sur le monde. Je leur dis : « Le peuple entier est dans la « jubilation, et y sera de même à l'avenir. » Eux, fronçant le sourcil, me répondirent qu'il n'en irait pas ainsi, et qu'il se couvait un mal que l'on verrait bientôt éclore. . . . .

« Là-dessus, comme s'ils eussent eu cause gagnée, ils commencèrent

à débiter les choses où ils se plaisent : que les affaires allaient changer de face; que Rome serait troublée par des divisions; que nos armées seraient défaites. Ne pouvant plus me contenir, et tout enflammé de colère, je m'écriai : « O misérables !...... que les maux par vous an-
« noncés retombent sur vos têtes, puisque vous aimez si peu votre
« patrie !

TRICPHON. « Que répliquèrent ces hommes à tête rase, et qui ont l'esprit de même?

CRITIAS. « Ils passèrent cela doucement, et eurent recours à leurs échappatoires ordinaires; ils prétendirent qu'ils voyaient ces choses en songe, après avoir jeûné dix soleils et dépensé les nuits à chanter leurs hymnes. . . . Alors, avec un faux sourire, ils se penchèrent hors des lits chétifs sur lesquels ils se reposaient [1]. »

Cette assemblée, peinte par un ennemi, diffère étrangement du concile de Nicée. Les chrétiens étaient si méprisés à l'époque où fut écrite cette satire, qu'on les mettait au-dessous des Juifs. C'étaient pourtant ces hommes cachés dans un galetas, ces gueux que l'on traînait au supplice aussitôt qu'ils étaient reconnus, ces coupables, non de crimes, mais de naissance, ces créatures dégradées à qui l'on ne reconnaissait pas même le droit des plus vils serfs; c'étaient ces esclaves mis hors la loi qui devaient rendre au genre humain ses lois et ses libertés.

L'embarras des chrétiens devant leurs pères païens offre une ressemblance singulière avec ce qui se passe de nos jours entre les anciennes générations et les générations nouvelles : les premières ne comprennent point et ne comprendront pas ce qui est clair et accompli pour les secondes [2]. Le christianisme, véritable liberté sous tous les rapports, paraissait, aux vieux idolâtres nourris au despotisme politique et religieux, une nouveauté détestable; ce progrès de l'espèce humaine était dénoncé comme une subversion de tous les principes sociaux. « Dans les maisons particulières, on voit, dit Celse, des hommes grossiers et ignorants, des ouvriers en laine qui se taisent devant les vieillards et les pères de famille. Mais rencontrent-ils à l'écart quelques enfants, quelques femmes, ils les endoctrinent; ils leur disent qu'il ne faut pas écouter ni leurs pères ni leurs pédagogues; que ceux-ci sont des radoteurs, incapables de connaître et de goûter la vérité. Ils excitent ainsi les enfants à secouer le joug; il les engagent à se rendre au gynécée,

---

[1] *Philopat.*, et, dans BULL., *Hist. de l'Etabliss. du Christ.*, tirée des seuls auteurs juifs et païens, pag. 261; LARDNER, *Jewish and heaten testimonies*, etc., tom. II, pag. 366. J'ai conservé la version de Bullet, en faisant disparaître des contre-sens, des négligences et des obscurités de style; le texte est lui-même fort embarrassé, et n'a aucun rapport avec l'élégance de Lucien. Le *Philopatris* a été aussi traduit par d'Ablancourt et par Blin de Saint-More. — [2] Tout ceci était écrit longtemps avant les journées des 27, 28 et 29 juillet.

ou dans la boutique d'un foulon, ou dans celle d'un cordonnier, pour apprendre ce qui est parfait [1]. »

Les vertus, conséquence nécessaire du premier christianisme, faisaient haïr ceux qui les pratiquaient, parce qu'elles étaient un reproche aux vices opposés. Un mari chassait sa femme devenue sage depuis qu'elle était devenue chrétienne; un père désavouait un fils autrefois prodigue et volontaire, transformé par le changement de religion en enfant soumis et ordonné [2]. Les accusations portées contre les chrétiens étaient l'histoire même de leur innocence : « J'en prends à témoin vos registres, disait Tertullien, vous qui jugez les criminels : y en a-t-il un seul qui soit chrétien? L'innocence est pour nous une nécessité, l'ayant apprise de Dieu, qui est un maître accompli. On nous reproche d'être inutiles à la vie, et pourtant nous allons à vos marchés, à vos foires, à vos bains, à vos boutiques, à vos hôtelleries. Nous faisons le commerce, nous portons les armes, nous labourons [3]. Il est vrai que les trafiquants de femmes perdues, que les assassins, les empoisonneurs, les magiciens, les aruspices, les devins, les astrologues, n'ont rien à gagner avec nous [4]. »

On accusait les chrétiens d'être une faction, et ils répondaient : « La faction des chrétiens est d'être réunis dans la même religion, dans la même morale, la même espérance. Nous formons une conjuration pour prier Dieu en commun, et lire les divines Écritures. Si quelqu'un de nous a péché, il est privé de la communion, des prières et de nos assemblées jusqu'à ce qu'il ait fait pénitence. Ces assemblées sont présidées par des vieillards dont la sagesse a mérité cet honneur. Chacun apporte quelque argent tous les mois, s'il le veut ou le peut. Ce trésor sert à nourrir et à enterrer les pauvres, à soutenir les orphelins, les naufragés, les exilés, les condamnés aux mines ou à la prison, pour la cause de Dieu. Nous nous donnons le nom de frères; nous sommes prêts à mourir les uns pour les autres. Tout est en commun entre nous, hors les femmes. Notre souper commun s'explique par son nom d'agape, qui signifie *charité* [5]. »

La congrégation apostolique embrassait alors le monde civilisé comme une immense société secrète qui s'avançait vers son but, en

---

[1] Orig., *Cont. Cels.* — [2] Uxorem jam pudicam, maritus non jam zelotypus ejecit. Filium subjectum pater retro patiens abdicavit. (Tertull., *Apologet.*, cap. III, tom. II, p. 16; Parisiis, 1648.) — [3] Itaque non sine foro, non sine macello, non sine balneis, tabernis, officinis, stabulis, nundinis vestris, cæterisque commerciis cohabitamus hoc seculum. Navigamus et nos vobiscum, et rusticamur et mercamur. (Tertull., *Apologetic.*, pag. 343, cap. XLII, tom. II.) — [4] Plane confitebor si forte vere de sterilitate christianorum conqueri possunt. Primi erunt lenones, perductores, aquarioli. Tum sicarii, venenarii, magi. Item aruspices, arioli, mathematici. His infructuosos esse magnus fructus est. (Tertull., *Apologetic.*, cap. XLIII, pag. 356.) — [5] Tertull., *Apologetic.*

dépit des proscriptions et de la folle inimitié de la terre. Dès l'âge héroïque du christianisme, on entrevoit les changements radicaux que cette religion allait apporter dans les lois : c'était la philosophie mise en pratique. En attendant l'abolition de l'esclavage par des transformations graduelles, l'émancipation du sexe féminin commençait.

Les femmes parurent seules au pied de la croix; Jésus-Christ pendant sa vie pardonna à leur faiblesse, et ne dédaigna pas leur hommage : il les affranchit dans la personne de Marie, sa divine mère.

Des femmes suivaient les Apôtres pour les servir, comme Madeleine et les autres Maries avaient suivi le Christ [1]. Saint Paul salue à Rome les femmes de la maison de Narcisse.

Les femmes eurent une relation immédiate avec l'Église, en vertu de l'institution des diaconesses. La diaconesse devait être chaste, sobre et fidèle. Les veuves choisies pour cette fonction ne pouvaient compter moins de soixante ans; elles devaient avoir nourri leurs enfants, exercé l'hospitalité, lavé les pieds des voyageurs, consolé les affligés [2].

Les instructions des apôtres et des premiers Pères montrent de quelle importance étaient les femmes, à la naissance même de la société chrétienne. Tertullien écrivit deux livres sur leurs ornements et l'usage de leur beauté. « Rejetez le fard, les faux cheveux, les autres parures; vous n'allez point aux temples, aux spectacles, aux fêtes des gentils. Vos raisons pour sortir sont sérieuses : visiter les frères malades, assister au saint sacrifice, écouter la parole de Dieu [3]. Secouez les délices pour ne pas être accablées des persécutions. Des mains accoutumées aux bracelets supporteraient mal le poids des chaînes; des pieds ornés de bandelettes s'accommoderaient peu des entraves; une tête chargée de perles et d'émeraudes ne laisserait pas de place à l'épée [4]. »

Les vierges ne devaient paraître à l'église que voilées jusqu'à la ceinture : une pension leur était accordée ainsi qu'aux veuves.

Dans le traité *ad Uxorem*, on voit paraître la femme toute différente

---

[1] Erant autem ibi mulieres multæ a longe, quæ secutæ erant Jesum a Galilæa, ministrantes ei. Inter quas erat Maria Magdalene, et Maria Jacobi, et Joseph mater... (*Evang. secundum Matthæum*, cap. XXVII, v. 55, 56.) — [2] Vidua eligatur non minus sexaginta annorum, quæ fuerit unius viri uxor. In operibus bonis testimonium habens, si filios educavit, si hospitio recepit, si sanctorum pedes lavit, si tribulationem patientibus subministravit. (*Epist. B. Pauli ad Thimoth.*, cap. v, v. 9, 10.) — [3] Nam nec templa circuitis, nec spectacula postulatis, nec festos dies gentilium nostis. Nulla est strictius prodeundi causa, nisi imbecillis aliquis ex fratribus visitandus, aut sacrificium affertur, aut Dei verbum administratur. (Tertull., *de Cultu fœminar.*, lib. II, pag. 315; Parisiis, 1568.) — [4] Discutiendæ enim sunt deliciæ quarum mollitia et fluxu fidei virtus effeminari potest. Cæterum nescio an manus spathalio circumdari solita in duritia catenæ stupescere sustineat. Nescio an crus de periscelio in nervum se patiatur arctari. Timeo cervicem, ne margaritarum et smaragdorum laqueis occupata, locum spathæ non det. (*Id., ibid.*)

de la femme de l'antiquité, et telle qu'elle est aujourd'hui. C'est en même temps un tableau véritable de ce qui se passait alors dans la communauté générale et dans la famille privée des chrétiens.

Tertullien invite sa femme à ne pas se remarier s'il venait à mourir, surtout à ne pas épouser un infidèle. Le christianisme, conforme à la nature et à l'ordre, condamnait la polygamie des nations orientales, et le divorce admis par les Grecs et les Romains.

« La femme chrétienne, dit Tertullien, rendra à son mari païen les devoirs de païenne : elle aura pour lui beauté, parure, propreté mondaine, caresses honteuses. Il n'en est pas ainsi chez les saints : tout s'y passe avec retenue sous les yeux de Dieu [1].

« Comment pourra-t-elle (l'épouse chrétienne) servir le ciel ayant à ses côtés un esclave du démon chargé de la retenir? S'il faut aller à l'église, il lui donnera rendez-vous aux bains plus tôt qu'à l'ordinaire ; s'il faut jeûner, il commandera un festin pour le même jour ; s'il faut sortir, jamais les serviteurs n'auront été plus occupés [2]. Ce mari souffrira-t-il que sa femme visite de rue en rue les frères dans les réduits les plus pauvres? souffrira-t-il qu'elle se lève d'auprès de lui, afin d'assister aux assemblées de nuit? souffrira-t-il qu'elle découche à la solennité de Pâques? la laissera-t-il se rendre à la table du Seigneur, si décriée parmi les païens? Trouvera-t-il bon qu'elle se glisse dans les prisons, pour baiser la chaîne des martyrs, pour laver les pieds des saints, pour offrir avec empressement aux confesseurs la nourriture [3]? S'il vient un frère étranger, comment sera-t-il logé dans une maison étrangère? S'il faut donner quelque chose, le grenier, la cave, tout sera fermé.

« Quand le mari païen consentirait à tout, c'est un mal d'être obligé de lui faire confidence des pratiques de la vie chrétienne. Vous cacherez-vous de lui en faisant le signe de la croix sur votre lit, sur votre corps, en soufflant pour chasser quelque chose d'immonde? Ne croira-t-il pas que c'est une opération magique? ne saura-t-il point ce que vous prenez en secret, avant toute nourriture? et, s'il sait que c'est du pain, ne supposera-t-il pas qu'il est tel qu'on le dit [4]?

« Que chantera dans un festin la femme chrétienne avec son mari

---

[1] Tanquam sub oculis Dei modeste et moderate transiguntur. (TERTULL., *ad Uxor.*, lib. II, cap. IV, pag. 332.) — [2] Ut statio facienda est, maritus de die condicat ad balneas. Si jejunia observanda sunt, maritus eadem die convivium exerceat. Si procedendum erit, nunquam magis familiæ occupatio adveniat. (*Id., ibid.*) — [3] Quis denique in solemnibus Paschæ abnoctantem securus sustinebit? Quis ad convivium dominicum illud quod infamat sine sua suspicione dimittet? Quis in carcerem ad osculanda vincula martyris reptare patietur? aquam sanctorum pedibus offerre? (TERTULL., *ad Uxor.*, lib. II.) — [4] Il s'agit de l'Eucharistie, et toujours de l'histoire de l'enfant que devaient manger les chrétiens. Cum aliquid immundum flatu exspuis, non magiæ aliquid videberis operari?

païen? Elle entendra des hymnes de théâtre : il n'y aura ni mention de Dieu [1], ni invocation de Jésus-Christ, ni lecture des Écritures, ni salutation divine.

« L'Église dresse le contrat du mariage chrétien, l'oblation le confirme, la bénédiction en devient le sceau, les anges le rapportent au Père céleste qui le ratifie. Deux fidèles portent le même joug : ils ne sont qu'une chair, qu'un esprit; ils prient ensemble, ils jeûnent ensemble, ils sont ensemble à l'église et à la table de Dieu, dans la persécution et dans la paix [2]. »

Les femmes chrétiennes devinrent des missionnaires à leurs foyers, des intelligences du ciel au sein des familles païennes. Vous venez de voir qu'elles étaient chargées de soigner les malades et les pauvres : c'était surtout dans les temps de persécution qu'elles prodiguaient les trésors du zèle. Elles se glissaient dans les prisons, portaient les messages, distribuaient l'argent, pansaient les plaies des torturés, et mouraient elles-mêmes avec un héroïsme au-dessus de ce qu'on raconte des femmes de Sparte et de Rome. Dans leurs vertus, et jusque dans leurs faiblesses, était un charme pour adoucir les persécuteurs : la nourrice de Caracalla et la maîtresse de Commode étaient chrétiennes.

Plus tard, dans l'âge philosophique du christianisme, les femmes, mères, épouses, et filles d'empereurs, étendirent la puissance évangélique, tandis que d'autres femmes, emmenées en esclavage par les Barbares, convertissaient des nations entières; ainsi vous l'ai-je dit à propos des Ibériens. Vous avez également appris comment les Hélène et les Eudoxie renversèrent des temples et élevèrent des églises.

Plus tard encore, les vierges unies à Dieu dans les monastères se signalèrent par tous les genres de sacrifices et de dévouement. Saint Jérôme nous a fait connaître Marcelle, Aselle sa sœur, et leur mère Albine; Principia, fille de Marcelle; Paule, amie de Marcelle; Pauline, Eustochie, Léa, Fabiole, qui vendit son patrimoine pour fonder le premier hôpital que Rome ait opposé aux monuments de sang et de prostitution : dans cette maison de miséricorde les descendantes des consuls servaient les pauvres et les étrangers, avant de venir mourir pauvres et étrangères dans la grotte de Bethléem. Accomplissement des choses! les femmes, qui adorèrent les premières au fond des catacombes, rem-

---

Non sciet maritus quid secreto ante omnem cibum gustes? et si sciverit panem, non illum credet esse qui dicitur? (TERTULL., *ad Uxor.*, pag. 333.)

[1] Quid maritus suus illi, vel marito quid illa cantabit? quæ Dei mentio? quæ Christi invocatio? (*Id., ibid*) — [2] Ecclesia conciliat, et confirmat oblatio. Obsignatum angeli renuntiant, pater rato habet. . . . .
. . . . duo in carne una, ubi et una caro, unus et spiritus. Simul orant, simul jejunia transigunt. In ecclesia Dei pariter, in connubio Dei pariter, in angustiis, in refrigeriis. (*Id., ibid.*)

plissent les dernières ces églises où elles amenèrent les pères, où elles ne peuvent retenir les fils. Elles pleurèrent au pied du Calvaire qui vit expirer la grande victime; elles pleurent encore au pied de ce Calvaire; mais celui qu'elles mirent au tombeau est remonté au ciel : il n'y a plus rien sur la croix, rien au saint sépulcre.

L'émancipation de la femme n'est pas encore totalement achevée, surtout en ce qui regarde l'oppression des lois : elle le sera dans la rénovation chrétienne qui commence.

L'ère des martyrs offre un spectacle extraordinaire : chez un même peuple, des hommes et des femmes couraient aux jeux publics dans l'éclat du luxe et de l'enivrement des plaisirs; et d'autres hommes et d'autres femmes, consacrés à tous les devoirs, faisaient, en répandant leur sang, partie essentielle de ces jeux. L'âge héroïque du paganisme eut ses Hercules guerriers; l'âge héroïque du christianisme enfanta ses Hercules pacifiques qui domptèrent une autre espèce de monstres, les vices, les passions, les erreurs : héros dont la victoire était non de tuer, mais de mourir.

De tous les grands fondateurs de religion, Jésus est le seul qui n'ait point été puissant par la naissance, les armes, la politique, la poésie ou la philosophie; il n'avait ni sceptre, ni épée, ni plume, ni lyre; il fut pauvre, ignoré, calomnié, et le premier martyr de son culte. Ses apôtres souffrirent après lui; leur supplice forma la chaîne qui unit la Passion aux Passions particulières renouvelées pendant quatre siècles. L'hostie spirituelle était venue remplacer l'hostie matérielle; mais l'effusion du sang chrétien (qui était le sang même du Christ) ne se dut arrêter que quand l'holocauste païen disparut. Cela explique, d'après les fondements de la foi, la longueur des persécutions : il y eut des victimes chrétiennes à l'amphithéâtre, tant qu'il y eut des victimes païennes dans les temples; l'immolation des premières continua en proportion de celle des secondes : Constantin et ses fils abolirent le sacrifice, et le martyre cessa; Julien rétablit le sacrifice, et le martyre recommença.

Rendus habiles par le malheur, les chrétiens avaient perfectionné l'art de secourir : point de ruses que la charité n'inventât pour pénétrer dans les cachots, pour corrompre les geôliers, c'est-à-dire pour les faire chrétiens et les conduire avec leurs prisonniers à la mort. L'histoire du philosophe Pérégrin, qui se brûla à son de trompe et à jour marqué, nous a transmis une preuve inattendue de l'activité évangélique.

Pérégrin, en voyageant, s'était donné comme néophyte; arrêté en Palestine, les chrétiens se hâtèrent de l'environner. Dès le matin, des femmes, des veuves, des enfants, assiégeaient la prison; la nuit, quelque prêtre s'introduisait à prix d'argent auprès du philosophe. De toutes les cités de l'Asie affluaient des frères qui, par ordre de la communauté, venaient encourager le prisonnier. « C'est une chose inouïe, dit Lucien, que l'empressement de ces hommes : quand quelques-uns d'entre eux sont tombés dans le malheur, ils n'épargnent rien. Ces misérables se figurent qu'ils vivront après leur vie. Ils méprisent la mort, et plusieurs s'abandonnent volontairement aux supplices [1]. »

Dix batailles générales, les dix grandes persécutions, furent livrées, sans compter une multitude d'actions particulières : les femmes brillèrent dans ces combats. Symphorien était conduit au martyre à Autun, dans les Gaules ; sa mère lui criait du haut des murailles de la ville : « Mon fils, mon fils Symphorien, élève ton cœur en haut ; on ne te ravit pas la vie ; on te la change pour une vie meilleure [2]. »

Blandine, esclave, fut la dernière couronnée parmi les confesseurs de Lyon : elle subit les fouets, les bêtes, la chaise de fer embrasée : elle allait à la mort comme au lit nuptial, comme au festin des noces [3].

Il y avait en Égypte une autre esclave d'une rare beauté, nommée Potamienne ; son maître, devenu amoureux d'elle, voulut d'abord la séduire, et ensuite la ravir de force : repoussé par la vertueuse fille, il la livra au préfet Aquila, comme chrétienne. Le préfet invita Potamienne à céder aux désirs de son maître ; sur son refus, il la condamna à être plongée dans une chaudière de poix bouillante, et la menaça de la faire violer par les gladiateurs. Potamienne dit : « Par la vie de l'empereur, je vous supplie de ne pas me dépouiller et de ne pas m'exposer nue. Que l'on me descende peu à peu dans la chaudière avec mes habits. » Cette grâce lui fut accordée, et Marcelle sa mère subit le supplice du feu [4].

La dérision qui se mêlait à la cruauté débauchée n'ôtait rien à la gravité du malheur. Les sept vierges d'Ancyre, abandonnées à l'insolence de quelques jeunes hommes avant d'être noyées, ont effacé par un seul mot ce qui se pouvait attacher d'étrange à l'infortune de leur vieillesse. La plus âgée ôta son voile, et montrant sa tête chenue au jeune homme : « Tu as peut-être une mère *blanchie* comme moi. Laisse-nous nos larmes, et prends pour toi l'espérance [5]. »

Félicité, matrone romaine d'un sang illustre, fut jugée à mort avec ses sept fils qu'elle encouragea à confesser hardiment.

---

[1] Lucian., *in Pereg.* — [2] Nate, nate Symphoriane. Sursum cor suspende, fili ; hodie tibi vita non tollitur, sed mutatur in melius. (*Act. Martyr. in Symphor.*, pag. 72 ; Parisiis, 1689.) — [3] Beata vero Blandina ultima omnium... festinat, exsultans, ovans, velut ad thalamum sponsi invitata, et ad nuptiale convivium. (Euseb., lib. iv, cap. iii, p. 539.) — [4] Cum venerabili matre Marcella ignis suppliciis consummata est. (*Id.*, lib. vi, cap. v.) [5] Velum raptim discerpens ostendebat ei capitis sui canitiem ; et hæc inquit : Reverere, fili, nam et tu forsitan matrem jam canam habes. Et nobis quidem miseris relinque lacrymas ; tibi vero spem habe. (*Act. Mart. sincera*, pag. 360 ; Parisiis, 1689.)

Symphorose, de Tibur, avait également sept fils; Adrien l'appela devant lui, et l'exhorta à sacrifier; elle répondit : « Gétulius, mon mari, et son frère Amantius, étaient vos tribuns, et ils ont préféré la mort à vos idoles. » Symphorose, pendue par les cheveux, fut précipitée dans ces cascades qui avaient baigné les courtisanes et rafraîchi le vin d'Horace. Les sept fils suivirent leur mère [1].

Un des quarante martyrs de Sébaste avait résisté à la double épreuve de la glace et du feu : les bourreaux, l'oubliant à dessein et le laissant sur la place, espéraient qu'il abjurerait : sa mère le mit de ses propres mains dans le tombereau : « Va, dit-elle, mon fils! achève ton heureux voyage avec tes compagnons, afin que tu ne te présentes pas à Dieu le dernier [2]. »

Il n'est rien de plus célèbre dans les *Actes sincères* que le martyre de Perpétue et de Félicité à Carthage. Perpétue, femme noble, était âgée de vingt-deux ans; son père et sa mère vivaient; elle avait deux frères; elle était mariée et nourrissait un enfant : Félicité était esclave et enceinte.

Le père de Perpétue, païen zélé, engageait sa fille à sacrifier. « Après avoir été quelques jours sans voir mon père (c'est Perpétue qui écrit elle-même la relation du commencement de son martyre), j'en rendis grâces au Seigneur, et son absence me soulagea. Ce fut dans ce peu de jours que nous fûmes baptisés : je ne demandai, au sortir de l'eau, que la patience dans les peines corporelles. Peu de jours après, on nous mit en prison; j'en fus effrayée, car je n'avais jamais vu de telles ténèbres. La rude journée [3]! Un grand chaud à cause de la foule. Les soldats nous poussaient. Enfin je mourais d'inquiétude pour mon enfant. Alors les bienheureux diacres Tertius et Pompone, qui nous assistaient, obtinrent, pour de l'argent, que nous pussions sortir et passer quelques heures en un lieu plus commode dans la prison. Nous sortîmes; chacun pensait à soi : je donnais à teter à mon enfant [4], je le recommandais à ma mère; je fortifiais mon frère; je séchais de douleur de voir celle que je leur causais : je passai plusieurs jours dans ces angoisses.

« Le bruit se répandit que nous devions être interrogés. Mon père vint de la ville à la prison, accablé de tristesse; il me disait : « Ma fille,
« prends pitié de mes cheveux blancs! aie pitié de moi [5]! Si je suis
« digne que tu m'appelles ton père, si je t'ai moi-même élevée jusqu'à
« cet âge, si je t'ai préférée à tes frères, ne me rends pas l'opprobre
« des hommes! regarde ta mère, regarde ton fils qui ne pourra vivre

---

[1] Alia vero die jussit Adrianus imperator simul omnes septem filios ejus sibi præsentari et ad trochleas extendi. (*Act. Mart. sincera*, pag. 29.) — [2] O nate, inquit, perfice cum tuis contubernalibus iter beatum, ne unus desis illorum choro, ne reliquis serius Domino præsenteris. (*Act. sinc.*, pag. 469; Veron., 1731.) — [3] O diem asperum! — [4] Ego infantem lactabam. (*Act. sinc.*, pag. 81.) — [5] Miserere, filia, canis meis : miserere patri! (*Id., ibid.*, pag. 82.)

« après toi : quitte cette fierté, de peur de nous perdre tous ; car aucun
« de nous n'osera plus parler s'il t'arrive quelque malheur. »

« Mon père s'exprimait ainsi par tendresse, me baisant les mains, se
jetant à mes pieds, pleurant, ne me nommant plus sa fille, mais *sa
dame* [1]. Je le plaignais, voyant que de toute ma famille il serait le seul à ne
se pas réjouir de notre martyre. Je lui dis pour le consoler : « Sur l'écha-
« faud, il arrivera ce qu'il plaira à Dieu : car sachez que nous ne sommes
« point en notre puissance, mais en la sienne [2]. » Il se retira contristé.

« Le lendemain, comme nous dînions, on vint nous chercher pour
être interrogés. Le bruit s'en répandit aussitôt dans les quartiers voisins; il s'amassa un peuple infini. Nous montâmes au tribunal. . . . .
Le procureur Hilarien me dit : « Épargne la vieillesse de ton père :
« épargne l'enfance de ton fils; sacrifie pour la prospérité des empe-
« reurs. — Je n'en ferai rien, répondis-je. — Es-tu chrétienne ? » me
dit-il. Et je répliquai : « Je suis chrétienne [3]. » Comme mon père s'efforçait de me tirer du tribunal, Hilarien commanda qu'on l'en chassât,
et il reçut un coup de baguette; je le sentis comme si j'eusse été frappée moi-même, tant je souffris de voir mon père maltraité dans sa
vieillesse [4] ! Alors Hilarien prononça notre sentence, et nous condamna
tous à être exposés aux bêtes. Nous retournâmes joyeux à la prison.
Comme mon enfant avait été accoutumé de me teter et de demeurer
avec moi, j'envoyai aussitôt le diacre Pompone pour le demander à
mon père : mais il ne le voulut pas donner [5], et Dieu permit que l'enfant
ne demandât plus la mamelle, et que mon lait ne m'incommodât plus. »

La relation de Perpétue finit à la troisième des visions qu'elle eut
dans son cachot.

« Félicité était grosse de huit mois, et voyant le jour du spectacle si
proche, elle était fort affligée, craignant que son martyre ne fût différé,
parce qu'il n'était pas permis d'exécuter les femmes grosses avant leur
terme. Les compagnons de son sacrifice étaient sensiblement tristes, de
leur côté, de la laisser seule dans le chemin de leur commune espérance [6]. Ils se joignirent donc tous ensemble à prier et à gémir pour
elle, trois jours avant le spectacle. Aussitôt après leur prière, les douleurs la prirent : et comme l'accouchement est naturellement plus difficile dans le huitième mois, son travail fut rude, et elle se plaignait.
Un des guichetiers lui dit : « Tu te plains, que feras-tu quand tu seras
« exposée aux bêtes [7] ? » Elle accoucha d'une fille qu'une femme chré-

---

[1] Et lacrymis non filiam sed dominam vocabat. — [2] Scito enim nos non in nostra potestate esse
constitutos, sed Dei. — [3] Christiana sum. (*Act. sinc.*, pag. 82 et 83.) — [4] Sic dolui pro senecta
ejus misera! — [5] Sed dare pater noluit. — [6] Ne tam bonam sociam quasi comitem solam in via
ejusdem spei relinquerent. — [7] Quid facies objecta bestiis? (*Act. sinc.*, pag. 86.)

tienne éleva comme son enfant.............................
Les frères et les autres eurent la permission d'entrer dans la prison et de se rafraîchir avec eux. Le concierge de la prison était déjà converti. Le jour de devant le combat on leur donna, suivant la coutume, le dernier repas, que l'on appelait le *souper libre*[1], et qui se faisait en public : mais les martyrs le convertirent en une agape. Ils parlaient au peuple avec leur fermeté ordinaire..........................

« Remarquez bien nos visages, disaient-ils, afin de nous reconnaître « au jour du jugement[2].

« Celui du combat étant venu, les martyrs sortirent de la prison pour l'amphithéâtre comme pour le ciel, gais, plutôt émus de joie que de crainte. Perpétue suivait d'un visage serein et d'un pas tranquille, comme une personne chérie de Jésus-Christ, baissant les yeux pour en dérober aux spectateurs la vivacité [3]. Félicité était ravie de se bien porter de sa couche, pour combattre les bêtes. Étant arrivés à la porte, on les voulut obliger, suivant la coutume, à prendre les ornements de ceux qui paraissaient à ce spectacle. C'était pour les hommes un manteau rouge, habit des prêtres de Saturne [4] ; pour les femmes, une bandelette autour de la tête, symbole des prêtresses de Cérès. Les martyrs refusèrent ces livrées de l'idolâtrie.....................

« Perpétue et Félicité furent dépouillées et mises dans des filets pour être exposées à une vache furieuse. Le peuple en eut horreur [5], voyant l'une si délicate, et l'autre qui venait d'accoucher : on les retira, et on les couvrit d'habits flottants. Perpétue fut secouée la première, et tomba sur le dos : elle se mit en son séant, et voyant son habit déchiré par le côté, elle le retira pour se couvrir la cuisse, plus attentive à la pudeur qu'à la souffrance [6]. Elle renoua ses cheveux épars, pour ne pas paraître en deuil, et voyant Félicité toute froissée, elle lui donna la main afin de l'aider à se relever [7]. Elles allèrent ainsi vers la porte Sanavivaria, où Perpétue fut reçue par un catéchumène nommé Rustique. Alors elle s'éveilla comme d'un profond sommeil, et commença à regarder autour d'elle, en disant : « Je ne sais quand on nous « exposera à cette vache. » On lui dit ce qui s'était passé : elle ne le crut que lorsqu'elle vit sur son corps et sur son habit des marques de ce qu'elle avait souffert[8]. Elle fit appeler son frère, et s'adressant à lui et à Rustique, elle leur dit : « Demeurez fermes dans la foi ; aimez-vous

---

[1] Illa cœna ultima quam liberam vocant. — [2] Ut cognoscatis nos in die illo judicii. — [3] Vigorem oculorum dejiciens. (*Act. sinc.*, pag. 77.) — [4] Viri quidem sacerdotum Saturni. — [5] Horruit populus. — [6] Ad velamentum femorum adduxit, pudoris potius memor quam doloris. — [7] Sed manum ei tradidit, et sublevavit illam. — [8] Quando, inquit, producimur ad vaccam, nescio... Non prius credidit nisi quasdam notas vexationis in corpore et habitu suo recognovisset. (*Act. sinc.*, pag. 590.)

« les uns les autres, et ne soyez point scandalisés de nos souffrances. » Le peuple demanda qu'on les ramenât au milieu de l'amphithéâtre. Les martyrs y allèrent d'eux-mêmes, après s'être donné le baiser de paix [1]. Félicité tomba en partage à un gladiateur maladroit qui la piqua entre les os et la fit crier ; car ces exécutions des bestiaires demi-morts étaient l'apprentissage des nouveaux gladiateurs. Perpétue conduisit elle-même à sa gorge la main errante du confecteur [2]. »

Dans cette même Carthage, qui rappelait tant d'autres souvenirs, Cyprien remporta la palme due à son éloquence et à sa foi ; ce premier Fénelon eut la tête tranchée : il se banda lui-même les yeux ; Julien, prêtre, et Julien, diacre, lui lièrent les mains ; ses néophytes étendirent des linges pour recevoir son sang.

Longtemps avant lui, Polycarpe, qui gouvernait l'église de Smyrne depuis soixante-dix ans, et qui avait été placé par l'apôtre Jean, fit, d'après l'ordre du consul, son entrée sur un âne dans sa ville épiscopale, comme le Christ dans Jérusalem. Le peuple criait : « C'est le docteur de l'Asie, le père des chrétiens, le destructeur de nos dieux ; qu'on lâche un lion contre Polycarpe ! » Cela ne se put, parce que les combats des bêtes étaient achevés. Alors le peuple cria tout d'une voix : « Que Polycarpe soit brûlé vif ! »

Le bûcher préparé, Polycarpe ôta sa ceinture et se dépouilla de ses habits. On le voulait clouer au bûcher comme son maître à la croix ; il déclara que cette précaution était inutile, et qu'il demeurerait ferme ; il fut donc simplement attaché : il ressemblait à un bélier choisi dans le troupeau comme un holocauste agréable et accepté de Dieu [3]. Le vieillard regarda le ciel, et dit :

« Dieu de toutes les créatures, je te rends grâces ! Je prends part au calice de la Passion de ton Christ pour ressusciter à la vie éternelle. Je te bénis, je te glorifie par le pontife Jésus-Christ, ton fils bien-aimé, à qui gloire soit rendue, à toi et à l'Esprit saint, dans les siècles à venir ! Amen [4]. »

Quand il eut dit, le feu fut mis au bûcher ; les flammes se déployèrent autour de la tête du martyr comme une voile de vaisseau enflée par le vent [5]. Ses actes portent qu'il ressemblait à de l'or ou de l'argent

---

[1] Osculati invicem ut martyrium per solemnia pacis consummarent. — [2] Inter costas puncta exululavit. . . . . . . et errantem dexteram tirunculi gladiatoris ipsa in jugulum suum posuit. (*Act. sinc.*, pag. 88.) — [3] Tanquam aries insignis ex immenso grege delectus, ut holocaustum gratum et acceptum Deo. — [4] Deus totius creaturæ tibi gratias ago. In calice passionis Christi tui particeps fiam in resurrectionem vitæ æternæ! Te laudo, te benedico, te glorifico per Jesum Christum dilectum tuum filium pontificem : gloria nunc et in secula seculorum ! Amen. (Euseb., *Hist. eccl.*, lib. iv, pag. 73.)
— [5] Tanquam velum navigii ventorum flatibus turgescens, caput martyris undique obvallat. (*Ibid.*)

éprouvé au creuset[1], et qu'il exhalait une odeur d'encens ou d'un parfum vital[2]. Le confecteur chargé d'achever les bêtes blessées perça Polycarpe ; il sortit tant de sang des veines du vieillard qu'il éteignit le feu[3].

Pothin, évêque de Lyon, âgé de plus de quatre-vingt-dix ans, faible et infirme, fut battu, foulé aux pieds, traîné dans l'arène, et rejeté dans la prison, où il rendit l'esprit. Ses compagnons de souffrances semblaient, au milieu des supplices, se guérir d'une plaie par une plaie nouvelle ; les exécuteurs, en les tourmentant, avaient moins l'air de bourreaux qui font des blessures que de médecins qui les pansent, tant ces confesseurs étaient joyeux. Plusieurs d'entre eux, du fond des cachots où on les replongea avant de leur donner le coup de la mort, écrivirent en grec le récit de leur martyre. La lettre portait cette suscription : *Les serviteurs de Jésus-Christ, qui demeurent à Vienne et à Lyon, en Gaule, aux frères d'Asie et de Phrygie qui ont la même foi et l'espérance dans la rédemption : paix, grâce et gloire de la part de Dieu le Père, et de Jésus-Christ Notre-Seigneur*[4].

Je ne vous parlerai point du martyre de séduction employé après l'inutilité des menaces et des douleurs : dignités, honneurs, fortune, voluptés même essayées par de belles femmes, furent sans succès comme les lions et le feu.

Il y a de la puissance dans le sang : ces générations de l'âge héroïque chrétien, qui subjuguèrent les classes industrielles, enfantèrent les générations de l'âge philosophique chrétien, qui conquirent à leur tour les hommes de l'intelligence. Cet âge philosophique n'est pas séparé brusquement de l'âge héroïque ; il prend naissance dans celui-ci ; ses premiers génies enseignent et meurent sur l'échafaud, mais leur doctrine règne et triomphe dans leurs successeurs, quand l'heure des confesseurs est passée. Le christianisme philosophique ne détruisit pas non plus le christianisme héroïque, mais les sacrifices s'accomplirent d'une autre façon dans les combats contre les hérésiarques, ou sous le fer des Barbares.

[1] Tanquam aurum et argentum in camino ignis ardore probatum. (*Ibid.*) — [2] Fragrantem odorem inde hauriebamus, velut ex thure odorifero, aut quovis alio aromate. (*Ib.*) — [3] Tanta cruoris copia effluxit ut ignem prorsus exstingueret. (*Id.*, cap. xv, pag. 72.) — [4] Servi redemptionis fidem J. C. qui Viennam et Lugdunum Galliæ incolunt, fratribus in Asia et Phrygia qui eamdem nobiscum et spem habent, pax, gratia et gloria, a Deo Patre et Christo Jesu Domino nostro sit vobis. (*Id., ibid.*, lib. v, cap. i, pag. 84.)

FIN DU PREMIER VOLUME DES ÉTUDES HISTORIQUES.

TABLE DES MATIÈRES

	Pages.
Préface générale. (Édition de 1826.)	1

ÉTUDES HISTORIQUES.

Avant-Propos (mars 1831)	5
Préface	7
Origine commune des peuples de l'Europe. — Documents et historiens étrangers à consulter pour l'histoire de France	Ib.
Archives françaises	12
Écrivains de l'Histoire générale et de l'Histoire critique de France avant la révolution	18
École historique moderne de la France	21
École historique de l'Allemagne. — Philosophie de l'histoire. — L'histoire en Angleterre et en Italie	23
Auteurs français qui ont écrit l'histoire depuis la révolution. — Mémoires, traductions et publications. — Théâtre. — Roman historique. — Poésies. — Écrivains fondateurs de notre nouvelle école historique	29
De ces Études historiques	45
Étude première. — Exposition	63
— Première partie. — De Jules César à Dèce ou Décius	77
— Seconde partie. — De Dèce ou Décius à Constantin	128
Étude deuxième. — Première partie. — De Constantin à Valentinien et Valens	159
— Seconde partie. — De Julien à Théodose Ier	183
Étude troisième. — Première partie. — De Valentinien Ier et Valens, à Gratien et à Théodose Ier	220
— Seconde partie	233
— Troisième partie	257
Étude quatrième. — Première partie. — D'Arcade et Honorius à Théodose II et Valentinien III	269
— Seconde partie. — De Théodose II et Valentinien III à Marcien, Avitus, Léon Ier, Majorien, Anthème, Olybre, Glycérius, Népos, Zénon et Augustule	283
Étude cinquième. — Première partie. — Mœurs des chrétiens. — Age héroïque	299

EN VENTE CHEZ LES MÊMES ÉDITEURS

Œuvres de Chateaubriand, ancienne édition, 16 vol. grand in-8°, illustrés de 64 gravures sur acier.
Œuvres littéraires de M. A. de Lamartine, 5 vol. grand in-8°, 30 gravures.
Œuvres de Buffon, 10 demi-vol. in-8°, 100 gravures sur acier coloriées à la main, et le portrait de l'auteur.
Histoire de France, 6 beaux vol., 34 gravures.
Histoire de Paris depuis les premiers temps historiques, par J.-A. Dulaure, continuée jusqu'à nos jours par C. Leynadier, 8 vol., 150 gravures dont 50 coloriées à la main.
Histoire maritime de France, par M. Léon Guérin, historien titulaire de la marine, 7 vol. grand in-8°, 50 gravures sur acier ou plans. Les trois derniers volumes, qui comprennent les événements maritimes depuis 1854 jusqu'en 1857, se vendent à part.
Histoire de Napoléon III et de la Dynastie napoléonienne, par Paul Lacroix (Bibliophile Jacob), 4 vol., illustrés de 40 gravures inédites sur acier.
La Collection de l'Écho des Feuilletons, 17 vol., 180 gravures sur acier, et 540 gravures sur bois.
Louis XIV et son siècle, par A. Dumas, 60 gravures, 240 vignettes, 2 vol. grand in-8°.
Histoire de Louis XVI et de Marie-Antoinette, par A. Dumas, 3 vol., 40 gravures.
Monte-Cristo, par A. Dumas, 2 vol. grand in-8°, 30 gravures sur acier.
Les Mousquetaires, par A. Dumas, 1 vol. grand in-8°, 33 gravures.
Vingt ans après, par le même, 1 vol., 37 gravures.
Le Vicomte de Bragelonne, par A. Dumas, 2 très-beaux vol. grand in-8°, 60 gravures.
Mémoires d'un Médecin, par A. Dumas, comprenant : *Joseph Balsamo, le Collier de la Reine, Ange Pitou* et *la Comtesse de Charny*, 6 volumes divisés en 12 tomes, ornés de 200 gravures inédites tirées sur papier teinté chine.

EN COURS DE PUBLICATION

Œuvres de Chateaubriand, nouvelle et riche édition, 20 vol. grand in-8° jésus, ornés de 100 gravures inédites sur acier.
Géographie universelle de Malte-Brun, revue, rectifiée et complétement mise au niveau de l'état actuel des connaissances géographiques, par M. CORTAMBERT, membre et ancien secrétaire général de la Société de Géographie, 8 forts tomes divisés en 16 vol., illustrés de 80 gravures et types coloriés, plus, de 8 cartes inédites.
Les Héros du Christianisme à travers les Ages, magnifique ouvrage illustré de 48 splendides gravures sur acier; 4 parties de 2 vol. chaque.
Histoire de France, nouvelle et riche édition, comprenant la guerre d'Orient, illustrée de 60 gravures sur acier, 4 cartes et plans, 12 vol. grand in-8° ou 6 forts tomes.
Nouvelles Œuvres illustrées de A. Dumas, comprenant : *El Salteador, Maître Adam le Calabrais, Aventures de John Davys, le Page du duc de Savoie, les Mohicans de Paris, Salvator le Commissionnaire, Journal de madame Giovanni*, etc., etc., etc.

LAGNY. — Imprimerie de VIALAT.

www.ingramcontent.com/pod-product-compliance
Lightning Source LLC
Chambersburg PA
CBHW050751170426
43202CB00013B/2378